北师大高教评论
（2015—2016）

执行主编：洪成文 刘慧珍
　　　　　杜瑞军 方　芳

学苑出版社

图书在版编目（CIP）数据

北师大高教评论. 2015-2016/ 洪成文等主编. —北京：学苑出版社，2017.6

ISBN 978-7-5077-5261-8

Ⅰ.①北… Ⅱ.①洪… Ⅲ.①高等教育-文集 Ⅳ.①G64-53

中国版本图书馆 CIP 数据核字（2017）第 158466 号

责任编辑	任彦霞
出版发行	学苑出版社
社　　址	北京市丰台区南方庄 2 号院 1 号楼
邮政编码	100079
网　　址	www.book001.com
电子信箱	xueyuanpress@163.com
销售电话	010-67601101（销售部）、67603091（总编室）
经　　销	新华书店
印　　刷	北京京华虎彩印刷有限公司
开本尺寸	710×1000　　1/16
印　　张	34.25
字　　数	460 千字
版　　次	2017 年 7 月第 1 版
印　　次	2017 年 7 月第 1 次印刷
定　　价	89.00 元

编委会

主　任　钟秉林
副主任　王英杰　王善迈　周作宇
委　员　毛亚庆　洪成文　刘慧珍
　　　　　李　奇　刘宝存　姚　云
　　　　　周海涛

序　言

高等教育历来是学术界关心的重点。当高等教育还在"精英教育"阶段，大学追求学术高深，似乎问题还不是太突出。但等到进入"大众教育"阶段，问题就多起来了。高等教育的目标如何设定、结构如何构建、人才如何选拔都需要重新考虑。

我国高等教育自1999年扩招以来，很快就迈进了"大众教育"阶段，2012年高等学校毛入学率已达30%，于是各种矛盾凸显出来。这就给高等教育理论界提出了挑战。高等教育理论界应该迎接这个挑战，为高等教育的发展服务，为领导部门科学决策服务，同时也在研究中不断提高高等教育研究的水平。如何加强高等教育研究，提升高等教育研究水平呢？北京大学汪永铨先生撰文指出，队伍建设是关键。因此，培育高教研究人才、建立好一支高教研究队伍就成为当务之急。同时，高教研究队伍的建设也只有让他们投入到实践的研究之中才能达成。

在高等教育研究中，首先需要我们放眼全球，汲取高等教育成功发展的国际经验。世界各国高等教育发展有起有落。为何有些学校很快就发展起来，有些学校却墨守成规，停滞不前？我们可以从中吸取什么经验教训？这些问题都值得我们深思。当今世界，虽然不能说教育全球一体化，但教育国际化程度越来越强，任何国家的高等教育改革都会影响到各国。我们要密切关注国际高等教育改革的动向和发展趋势。例如美国推出网络课程，这种新的动向值得我们认真研究。

高等教育研究，必须以回答本国高教发展实践问题为本。当前，我国高等教育正处在重要转变时期，即由数量发展向内涵发展的转变。如何实现高等教育的内涵发展？《国家中长期教育改革和发展规划纲要（2010—2020年）提出，高等教育要全面提高教育质量，即要提高人才培养质量、提升科学研究水平、增强社会服务能力；要优化结构和办出特色。如何落实？高等教育理论工作者应该研究这些问题，从理论上予以回答。

《北师大高教评论（2015-2016）》是北师大教育学部全体教师及部分学生的集体努力，集2015年一整年的时间，从多个理论视角，试图探讨高等教育发展中的理论问题。能在一年时间内有如此丰富的成果，这是可喜的事。从论文的选择来看，理论篇为重点，反映了北师大科学研究的传统和特色。这些成果的结集出版，必将促进北师大人在高教研究和探索方面的热情，推进高教研究发展，促进知识流动，在政策和实践服务方面产生良好影响。

当然，因为这是一部论文集，且又受制于作者的范围和时间的限定，论文难免不很整齐。作者研究经历不同，选取研究视角不一，各自的观点可能不太一致。尽管如此，我们还是要坚持求真精神。百家争鸣，学术才能繁荣。

最后，祝愿并希望北师大的学者继续秉承优良科研传统，坚持"守正出奇"，在"守正"和"出奇"中求平衡。

顾明远

（中国教育学会名誉会长）

目 录

第一章 高等教育理论研究 ……………………………… / 1
 引言 ……………………………………………………… / 3
 强化高校办学主体地位　促进内涵建设和
  质量提升 …………………………………… 钟秉林 / 9
 大学官本位何以久治不愈 …………………… 王英杰 / 18
 教育改革的特征及思维品质探析 …………… 周作宇 / 28
 "基于证据"教育政策研究的评估与整合
  ——以英国 EPPI 与美国 WWC 的
   经验为例 ……………………… 洪成文　莫蕾钰 / 32
 美国新保守主义对学术自由判例的影响
  ——以尤诺夫斯基案为例 ……………… 林　杰 / 48
 大学生发展理论 ……………………………… 谷贤林 / 61
 高等教育质量差异与区域
  创新 ………………………… 赖德胜　王　琦　石丹淅 / 72
 批判话语分析在大学章程文本中的应用研究
  ——以新加坡国立大学章程为例 …… 张奂奂　高益民 / 91
 基于知识图谱软件分析近十年我国高等教育研究现状

　　　　——以 CNKI 期刊（2005—2014 年）数据
　　　　　　为例 ………………………………… 钟名扬　伦艳华 / 104
　　论高等教育评估的价值选择 ………………… 刘慧珍　张红伟 / 114
　　建设世界一流大学场域中的制度化机制研究
　　　　——基于组织分析的新制度
　　　　　　主义理论 …………………………… 张　熙　刘慧珍 / 120

第二章　高校招生与考试政策 ……………………………… / 129
　　引言 ………………………………………………………… / 131
　　深化综合改革，应对高考招生制度改革新挑战 …… 钟秉林 / 133
　　高等学校要主动应对高考招生制度改革新挑战 …… 钟秉林 / 143
　　从耶鲁大学招生看 20 世纪 60 年代以来美国研究型
　　　　大学招生政策改革 ………………………… 刘　敏　孙煦东 / 152
　　德国大学入学招生制度的基本程序及其变革
　　　　与走向 ……………………………………… 刘　敏　王苏雅 / 161
　　我国新一轮高考改革的路径及挑战
　　　　——教育家对话企业家微论坛纪要 …… 杜瑞军　洪成文 / 172
　　新高考改革助推教育升级 ………………… 周海涛　景安磊 / 189

第三章　高等教育治理 ……………………………………… / 201
　　引言 ………………………………………………………… / 203
　　新建本科院校要高度重视内涵发展和质量建设
　　　　——基于41所本科院校合格评估结果的分析 … 钟秉林 / 205
　　高等教育评估的几个关键问题 …………… 乐美玲　辛　涛 / 216
　　美国大学中的院长：制度、文化和责任 ………… 王英杰 / 224
　　法国大学治理与大学章程 ………………………… 王晓辉 / 236
　　高校章程中学术机构及其运行模式

——基于教育部核准的 18 所大学章程的

　　文本分析 …… 洪　煜　钟秉林　赵应生　林光彬 / 249

完善民办高校法人治理结构的难题与

　　策略 ………………………………… 周海涛　施文妹 / 262

我国高校建设中国特色新型智库的政策分析 ……… 薛二勇 / 272

基于利益相关者逻辑的高等教育重点建设

　　政策分析 …………………………… 王维懿　胡咏梅 / 284

从知识动员视角探析我国高等教育宏观决策有效性

　　缺失问题 ……………………………… 孟　彦　洪成文 / 299

第四章　高校人才培养 ………………………………………… / 311

　　引言 ………………………………………………………… / 313

　　"慕课"发展与大学人才培养模式改革 … 钟秉林　方　芳 / 315

　　从学分到学位——MOOC 与大学的融合 ………… 曾晓洁 / 324

　　试析本科院校学科建设与专业建设 ……… 钟秉林　李志河 / 338

　　大学生自我报告的学习结果和学校满意度的

　　　　关系研究 ………………………………… 穆兰兰　魏　红 / 347

　　教育专业学位新拓展　职业教育发展新举措

　　　　——写在增设职业技术教育领域教育

　　　　硕士之际 ………………… 钟秉林　和　震　张斌贤 / 361

　　互联网教学与高校人才培养 ……………………… 钟秉林 / 369

第五章　高校财政与社会筹资 ……………………………… / 379

　　引言 ………………………………………………………… / 381

　　我国高校留本基金事业发展的前景及对策

　　　　——兼论高等教育强国梦 ………………………… 洪成文 / 383

　　如何突破民办高校筹资的困境 …………… 周海涛　张墨涵 / 386

财政支持民办高等教育的必要性和

可行性分析 ································· 方 芳 / 397

当代美国一流大学"顾客导向"大额捐赠管理

模式研究 ····························· 林成华 洪成文 / 408

当代华人企业家对美国大学大额捐赠现象、动因及

政策思考 ····························· 林成华 洪成文 / 424

大学筹款伦理的内涵、价值与实践策略

——基于大学领导的职责 ······ 李庆成 尤玉军 洪成文 / 439

第六章 国际高等教育比较研究 ································· / 451

引言 ·· / 453

艰难的创业：美国高等教育早期历史的

特征与成因 ································· 张斌贤 / 454

变革中的大学学科排名

——QS 世界大学学科排名最新进展与

反思 ························· 刘 强 潘鹏飞 王玉清 / 465

法国创建世界一流大学的政策及

其特征 ······························· 张 惠 刘宝存 / 479

外部论文项目：苏黎世联邦理工学院研究生

教育的特色 ························· 马健生 田 京 / 496

美国高校绩效技术人才培养特色及启示

——以博伊西州立大学组织绩效与工作场所

学习系为例 ························· 方圆媛 刘美凤 / 508

日本教职大学院的课程设置及其实践性分析

——以东京学艺大学教职大学院

为例 ································· 周逸先 陈英和 / 525

感谢 ·· / 535

第一章
高等教育理论研究

引 言

本章收集了11篇理论探讨类研究论文，这些论文从不同角度对国内外高等教育理论与现实问题进行了讨论分析或概括介绍，其所包含的研究主题、研究发现和研究动向介绍，对理解高教理论和推进研究实践都有很好的参考价值。

依法管理高等教育活动，形成高等教育按自身规律科学发展的运行系统，是我国高等教育改革的终极目标。高校的办学主体地位，是统一学校责权的法律基础，只有以平等的主体身份依法进行高教活动，学校才能够也应该对自己的教育活动过程和结果负责。在《强化高校办学主体地位 促进内涵建设和质量提升》一文中，作者钟秉林对高校主体地位建设与提升高教质量的关系问题做出了深入分析，并对强化高校主体地位的路径与提升学校内涵和质量建设的方法进行了深入的分析讨论。

钟秉林指出，从制定高等学校章程入手建立现代大学制度，同时将原本属于学校但被转移到管理机构的教育行动权利归还给学校，是强化高校办学主体地位的有效路径。截至2015年底，央属和地方院校基本都制定了自己的学校章程，为学校的独立运行提供了制度基础。教育部回归到宏观调控和高教秩序系统维护者地位，将学位授予权与学位质量保障责任统一交到各个学校，将学校内机构设置权和经费使用权归还给学校主体。就高校内涵建设和质量提升问题，作者在文中提出了五项重要的具体措施：转变观念为内涵建设的先导、改革人才培养模式是内涵建设的核心、教师队伍建设为内涵建设提供关键支持、创新体制机制为内涵提供制度保障、营造优良校园文化是内涵建设的基础。

大学官本位或行政化是一个学界探讨最多的话题,如何破解官本位之谜,探索破解之路径,进而构建理想的大学,保护好大学的理想,创造良好的学术共同体氛围,都需要理论工作者做出回应。王英杰从三个方面做出了深刻的反思,首先,作者指出了大学官本位的后果必然让大学流于平庸,官本位的存在,大学的功能将无法发挥,理性的灯塔将不复存在。紧接着,作者分析了大学官本位制度久治不愈的原因。最后,提出了具体的对策和方案,以构建大学本应该为大学的制度和文化基础。

改革开放后30多年,我国高等教育实践领域改革不断,改革不仅是高教发展的重要的驱动力,而且,在某种程度上改革实践也成为了我国高教活动新常态,或者说改革成为了高教活动中最为重要的实践过程。但现实的教育研究中,对高教改革的本身的反思和研究并不够。周作宇在《教育改革的特征及思维品质探析》一文中指出,我们需要对教育改革本身做出认真的分析,尤其是对教育改革中存在的思维定式问题要有深入和系统的认识。

周作宇认为,对教育改革问题的认识存在三层境界:一是能不能认识到当前存在的问题;二是有没有足够的知识破解所看到的问题;最后能不能将理性建议转化为合理的教育改革行动。其概括出高教改革有六个特殊性:历史性、主体性、价值选择性、政治性、系统性和发展性;与此相关,我们研究教育改革的分析与思考,也必须具备相应的思维品质:历史眼光、人之体性的介入、价值判断、政治选择、综合与发展地看待和处理改革问题、选择改革措施。

洪成文与莫蕾钰的论文《"基于证据"教育政策研究的评估与整合——以英国EPPI与美国WWC的经验为例》,对"基于证据"的研究与政策模式在英美等国的运用情况做出了比较全面的介绍。其内容主要包括对"基于证据"研究的理论内涵的概括,对该研究工具在英美教育政策研究中的应用情况介绍以及该研究范式对我国教育研究的借鉴价值三个主题。

该文作者认为,证据是使得政策目标变得更明确,能获取更优政策效率效果的系统信息。基于证据的研究理论涉及三个核心问题：什么是证据、如何生产优质证据、如何评估与整合证据；为了进一步阐明该研究工具的应用技巧效果，文章深入介绍了英国的政策与实践信息协调证据中心（EPPI）与美国的有效教育策略信息交流中心（WWC）对此研究方法的应用情况，这些研究结果都获得政府支持，并在行业中得到充分的认可；"基于证据"的研究，对提升包括教育政策在内的公共决策的科学性和社会效益起到了切实有效的作用，也为我国教育政策研究提供了很好的经验借鉴。作者认为，我们可以通过以下三种举措，来提升我国的教育政策研究水平：为智库提供服务平台，创造更高质量的政策"证据"，设立清晰的评估标准，设立专业的评估组织及数据库。借此构建我国教育政策研究的"证据化"研究路径，形成符合我国实际，具有中国特色的教育政策研究评估标准和理论框架。

林杰的文章《美国新保守主义对学术自由判例的影响——以尤诺夫斯基案为例》，从个案分析视角详尽地介绍和分析了美国新保守主义对教育的影响。20世纪90年代之后，受新保守主义政治力量的影响，美国的一些州政府通过立法以强化保守的社会道德。弗吉尼亚州立法机关颁布了一条法案，禁止本州公职人员从公用电脑上下载具有暴露的性信息的内容。弗吉尼亚联邦大学历史学教授尤诺夫斯基与其他六位弗吉尼亚州公立学院和大学的教授联名向亚历山大地区法院提起诉讼，教授们认为弗吉尼亚州该项法案涉嫌干涉了他们的教学和研究自由，剥夺了宪法第一修正案赋予他们言论自由的权利。

地方法院初审教授胜诉，州政府上诉至联邦第四巡回法院，该法院判定学术自由是大学组织的特权，而非教师个体的特权。作者认为，政府和法院奉行的新保守主义，不仅引发了对言论自由是公民的普遍权利，还是教师的特殊权利的争议，对学术自由是大学组织的自由，还是教师个体的自由等问题争议，同时也对学术自由的高等教育传统价值理念构成了威胁。因为第四巡回法院在判决中强调，学术自由是AAUP确立的行业标准，而非一个法律概念。作者认为，这一案例演变过程显示，实践中，对学术自由原则的把握会受到教育内外环境变化的影响，为坚守学术自由原则，学界也需做出不懈的努力和斗争。

谷贤林在《大学生发展理论》一文中指出，伴随着我国高等教育进入大众化发展阶段，大学生发展问题也变得日益突出。如何让所有的学生都能得到更好的发展，这既需要有理论指导，也需要有切实可行的措施。该文对美国大学生发展理论做了介绍，美国大学生发展理论主要有两大派系：一是"大学生发展理论"，另一类是"院校影响理论"。作者对四个影响较大的理论做了具体的介绍与分析，包括大学生"七向量发展理论"、个体与环境互动理论、大学生离校理论和本科生社会化理论。

作者认为，上述这几种有关大学生发展的理论虽然学科基础不同，关注的中心问题也不一样，但却有一些共同特点：（1）都把学生发展放在一个系统中加以考察，并从多学科来探讨大学生发展问题；（2）都非常重视环境，尤其是由学生和教师、学生与学生构成的人际环境对大学生发展的影响；（3）都注重模型的可操作性和对大学实际工作的指导作用。正是这些特点，使它们成为了目前最有影响的大学生发展理论。

《高等教育质量差异与区域创新》一文，对我国的高等教育资源分布与区域经济创新关系进行了理论分析。作者赖德胜、王琦、石丹淅认为，高等教育促进创新的作用机理可以通过四条途径来实现，即是人力资本积累、研发成果直接转化为生产力、优质教育资源培育创新骨干团队，优质教育机构研究高端前沿技术，对地理区域整体创新能力的提升。高校间的学术竞争和交流，都有知识溢出效应，可以被用来解释创新发生机制。论文提出并用宏观数据统计分析验证了其研究假设：在其他条件（包括区域内总体教育水平）相同的情况下，不同区域内大学教育的差异水平与区域创新水平呈现倒"U"形分布特征，即区域内大学教育质量差异过大和过小不利于创新合作，适当差异利于创新合作。

在《批判话语分析在大学章程文本中的应用研究——以新加坡国立大学章程为例》一文中，作者张奂奂和高益民对高教研究中的话语分析方法应用情况作出了自己的分析。该论文以新加坡国立大学章程为例，运用英国社会语言学家诺曼·费尔克拉夫提出的以文本为中心的批判话语分析的三维模型，应用到大学章程文本的研究中，并借用语料库分析软件提出具体的操作步骤，从情态系统和互文性两个视角深入分析章程文本的语体、风格和话语角度，呈现新加坡国立大学的内部治理结构和外部治理格局。

作者引用费尔克拉夫的批判话语分析三维框架，即"文本""话语实践"和"社会实践"，对新加坡国立大学章程进行了深入、全面的话语分析。文章的研究结论如下：一是，国大章程重视大学内部组织架构的划分和人员的职权界定，通过使用高值、中值、低值的情态操作语来规约各个责任主体的权利和义务，理顺了大学内部治理结构。其二，章程制定者成功地运用了具体互文性和体裁互文性两种互文手段，向读者呈现了大学新型的外部治理格局。最后，研究揭示了形成此种格局的主流意识形态话语分析不仅是一种反映社会现实的工具，又是一种干预社会现实、构建社会现实的工具。

在论文《基于知识图谱软件分析近十年我国高等教育研究现状——以 CNKI 期刊（2005—2014 年）数据为例》中，作者钟名扬与伦艳华为高等教育研究提供了量化研究的新视角。以"高等教育"为主题，对 2005—2014 年高等教育核心期刊在中国知网（CNKI）的文章进行检索，运用知识图谱软件分析发现，我国高等教育领域的热点大致概括为三类：现代大学制度研究、政策类研究、人才培养研究。其中的人才培养研究热度和持续度最高，是近十年我国高等教育研究的长期性关注点；政策解读类研究是凸显的研究热点，而高等教育内涵式发展则可能成为未来的研究热点；以"现代大学制度"理念的落实来推动高等教育的改革与创新将会成为今后的研究关注点。潘懋元、刘献君、钟秉林和别敦荣等 12 位，是高教研究领域 h 指数大于 20 的高影响力学者。

刘慧珍和张红伟在《论高等教育评估的价值选择》一文中，对高等教育评估中的价值问题作了分析讨论。作者认为，高等教育评估离不开价值选择，其所涉价值领域相当广泛，包括管理价值和教育价值、知识价值和能力价值、社会价值和个人价值、终结性价值和形成性价值。首先，高等教育评估要做到价值前置，先做好评估的价值选择再进行评估方案的设计和评估方法的选择。所以，政府、高校、公众不应依据单一评估结果来判断高等教育，而要重视综合评估，确保对高校和高等教育实践形成全面准确地理解与把握。其次，在高等教育评估的价值选择问题上，要做到价值平衡或价值兼顾。以往的高等教育评估在价值选择上重管理价值、知识价值、社会价值和终结性价值，当前的高等教育评估要注意价值纠偏，对教育价值、能力价值、个人价值和形成性价值给予更多重视和强调，借以维护教育的本质与持续发展。

在论文《建设世界一流大学场域中的制度化机制研究——基于组织分析的新制度主义理论》中，作者张熙与刘慧珍，从组织分析的新制度主义理论视角出发，结合该理论流派中主要的制度化观念、基础性要素和制度传递者，探讨了建设世界一流大学场域中的制度化现象及其影响机制，并基于对制度主义理论的反思提出了进一步的研究构想。

强化高校办学主体地位
促进内涵建设和质量提升[①]

钟秉林[②]

随着我国高等教育大众化进程的推进，教育规模急剧扩大，普及程度不断提高。2014年，高等教育毛入学率升至37.5%，高考录取率超过75%，各类高等教育在学总规模达到3559万人，入学机会已不再是稀缺教育资源。与此同时，优质高等教育资源短缺、"上好大学难"的矛盾日益凸显，热点难点问题更加突出。满足社会需求和公众愿望，提高高等教育质量，拓展优质高等教育资源；合理配置有限的优质高等教育资源，促进入学机会公平，已经成为我国高等教育面临的重大现实问题和时代任务。为此，我国高等教育发展方式正在发生根本性的转变，从以规模扩张和空间拓展为特征的外延式发展，转变为以提高质量和优化结构为核心的内涵式发展。

教育主要矛盾的转化和发展方式的转变、教育发展内部和外部环境的变化、教育诸影响因素之间的相互作用和相互制约以及不同教育利益相关者的利益博弈，使得教育决策难度明显增加，教育改革实践推进更为艰难。贯彻落实党的十八届三中全会和四中全会精神，加强系统研究，深化综合改革；坚持依法治教，激发高校办学活力，是缓解高等教育主要矛盾、破解热点难点问题、平稳涉过教育改革"深水区"的必然选择。

[①] 本文为国家自然科学基金重点项目"中国教育资源配置理论与重大现实问题研究"（项目批准号：71133002）的研究成果。

[②] 作者简介：钟秉林，北京师范大学教育学部教授，中国教育学会会长。

一、强化办学主体地位，增强质量建设的紧迫感

近年来，教育行政体制改革不断深化，各级政府及教育行政部门转变职能，简政放权，推进管办评分离。从近期出台的一系列高等教育政策和改革举措来看，其重要价值取向是扩大高校办学自主权，强化高校办学主体地位，推进高校内涵发展和质量建设。

（一）制定高等学校章程

2012 年伊始，教育部第 31 号令《高等学校章程制定暂行办法》正式实施，对章程的性质与内容、制定程序、核准与监督等做出明确规定；2014 年初，教育部第 35 号令《高等学校学术委员会规程》颁布实施，对高校学术委员会的基本功能、组成原则、运行规则与监督机制等做出明确规定。截至 2014 年年底，"985 工程""211 工程"大学的章程制定工作已经完成，地方高校的章程制定工作也将在 2015 年年底基本完成。

高等学校章程是现代大学制度的重要载体，是高等学校依法自主办学、实施管理和履行公共职能的基本准则。高等学校章程在国家法律框架内，规定大学与政府的关系，明晰办学宗旨，保障自主办学；规定大学与社会的关系，参与社会变革，坚守大学精神；规定大学内部治理结构，明确管理和决策规则，平衡学术权力与行政权力。高等学校章程由包括高校举办者、管理者、教职工、学生以及其他利益相关者在内的代表参与制定，并由高校的举办者最终审定和颁布。可以预期，高等学校章程的制定和实施，将进一步强化高校的办学主体地位。一方面，推进高校依法治校、科学发展，坚持正确办学方向，遵循高等教育规律，完善内部法人治理结构，扎实推进内涵建设；另一方面，激发高校办学活力，调动师生员工的积极性和创造性，在人才培养、科学研究、社会服务、文化传承创新等方面开拓性地履行职能，为经济社会发展提供人力资源支撑和智力贡献。

（二）取消统一印制学位证书

国务院学位委员会和教育部于 2015 年 6 月颁布《学位证书和学位授予

信息管理办法》，自 2016 年 1 月 1 日起，学位证书由各学位授予单位（含高等学校和科研机构）自行印制，国务院学位委员会办公室印制的学位证书不再使用；同时对学位证书制发的监督与管理、学位授予信息的采集与统计做出了明确规定。

目前国内颁发的博士、硕士和学士学位证书均由国务院学位委员会或教育部制定格式和统一印制发行，涉及三级学位的中文正本、全日制、成人教育、专业学位、来华留学生及外文副本等十余种，各级学位证书均印有国徽。这种行政主导的统一格式内容和印制学位证书的办法在特定历史阶段起到了规范学位证书使用、防止滥授学位和伪造学位证书等积极作用，但随着学位工作的发展和高等教育综合改革的深化，问题也逐渐显现。一是统一印制带有国徽的学位证书，容易混淆"国家学位制度"和"国家学位"两个完全不同的概念，社会上往往将学校学位误解为国家学位；二是在中外合作联合培养中统一制发带有国徽的证书，体现不出联合培养内容，也不方便国际交流；三是统一制发学位证书难以体现学位授予单位的文化和特色，也不利于高校自主办学。可以预见，在新办法实施后，保证高校学位证书的"含金量"、应对招生和就业新挑战等问题会更加突出，这将推进高校进一步增强质量建设和特色发展意识，不断提高人才培养质量和办学声誉。

（三）取消本科招生录取批次

以促进教育公平、科学选拔人才和引导学生全面发展为目标的高考招生制度改革已经于去年揭开序幕，改革内容涉及到招生分配计划调整、入学考试制度改革和招生录取机制改革等诸多方面。本着积极稳妥、试点先行的原则，上海和浙江的高考综合改革试点工作已经正式启动，其中一个重要举措就是逐步取消本科招生录取批次。

现行本科招生录取办法是，按重点高校（部属高校、省属重点大学）、地方公办高校和民办高校（含独立学院）将本科院校划分为"一本""二本""三本"院校，考生按批次填报志愿，高校按批次调档录取。这种做法有利于考生分流，但同时也人为地将本科高校划分为三六九等，固化了高校身份，甚至误导了考生的选择。事实上，在所谓"二本""三本"高校中，有些专业的人才培养质量较高，甚至比重点大学还有特色，毕业生受到用人单位欢迎和社会认可，但由于录取批次的限制，往往招收不到好的生源，影响了招生录取的公平性和学校办学的积极性。取消录取批次后，将实行大平行志愿和"专业+学校"的录取方式，增加考生报考的选择权，扩大高校录取的自主权。对于专业建设水平较高且有特色的地方高校和民办高校，将有可能招收到更好的生源；而对于重点大学一些水平不高或缺乏特色的专业，则难以靠专业调剂录取高分学生，将面临生源危机。显然，这一改革举措将倒逼高校加强内涵建设，不断提高专业建设质量和整体办学水平。

（四）取消高校研究生院行政审批

"研究生院"是指承担研究生培养任务的高等学校中组织实施研究生教育工作的管理机构，但长期以来，高校内部的"研究生院"成为了政府"特许授权"机构，从1984年到2003年，先后有五批56所高校经国务院或教育部批准试办研究生院。这其间在1995年，原国家教委制定颁布了《研究生院设置暂行规定》，对设置研究生院的高等学校应当具备的条件、研究生院应当履行的职责等都作了明确规定。设有研究生院的高校在招生名额、保研比例和学位授权学科点增设等方面均可享受政策优惠。而未经批准试办研究生院的高校，其相关机构一般称为"研究生部"或"研究生处"。

客观而言，通过行政审批设置高校内部组织机构的做法在特定的历史阶段具有一定的积极意义，如设有研究生院的高校承担了全国三分之二以上博士生和近一半硕士生的培养任务，在我国研究生教育和高水平科学研究中发挥了重要作用；但与《高等教育法》有关条款不能自洽，不利于高校公平竞争等问题日渐凸显。2011年，研究生院设置办法实施改革，由原来的"报批"改为"报备"，即高校设置研究生院不再需要经由教育部批准，报国务院学位委员会备案即可。2012年9月，在《国务院关于第六批取消和调整行政审批项目的决定》中，取消了研究生院设置的行政审批。

至此，高校研究生院的设置回归"本位"，设有研究生院的高校不再是高水平大学的代名词。显然，这一举措将促进高校进一步强化质量意识和竞争意识，不断提高研究生培养质量。

（五）扩大教育专项经费开放度

财政性教育专项经费是高校经费来源的重要组成部分，也是政府对高校进行宏观管理和分类指导的重要经济杠杆。近年来，国家推出了一系列高等教育专项计划或工程，比如，实施"211 工程""985 工程"，推进一批高校建设一流学科或国际知名大学；实施"优势学科创新平台""特色重点学科项目""中西部高等教育振兴行动计划"，支持具有地方或行业背景的高校建设优势重点学科等。这些专项计划或工程在取得显著建设成效的同时，等级身份固化、体制改革滞后、效益意识不强等问题开始显现，迫切需要改进国家重大项目的管理模式，加强动态管理，注重绩效评价，在项目支持范围与遴选条件等方面适度开放，鼓励平等竞争。

2012 年，旨在建立协同创新机制、全面提升创新能力的"高等教育创新能力提升计划"（"2011 计划"）正式启动，该专项面向各类高校开放，2013 年首批批准建设 14 个协同创新中心，4 所地方高校榜上有名，在高教界引起了强烈震动。最近，中央全面深化改革领导小组审议通过了《统筹推进世界一流大学和一流学科建设总体方案》，强调要引导和支持高等院校优化学科结构，凝练学科发展方向，突出学科建设重点，通过体制机制改革激发高校内生动力和活力，推动一批高水平大学和学科进入世界一流行列或前列，提升我国高等教育综合实力和国际竞争力。可以预期，方案的实施将进一步破除高校身份壁垒，引导高校增强竞争意识和效益意识，不断深化综合改革，全面提高学科建设水平和人才培养质量。

二、集中精力抓好内涵建设，不断提高办学质量

为应对上述新的挑战，高等学校要进一步强化办学主体意识、质量意识、效益意识和竞争意识，增强质量建设和特色发展的紧迫感和责任感，遵循教育规律，深化综合改革，推进内涵建设，不断提高办学质量和社会声誉。

（一）转变教育观念——内涵建设的先导

首先，要确立促进学生全面发展的教育价值观，明晰学校的发展目标定位，坚持各安其位、多样化发展，切忌盲目攀比和目标模式趋同；要遵循教育教学规律和人才成长规律，围绕立德树人开展各项工作。其次，要重建富有时代内涵的人才观，重构符合大众化阶段发展规律和经济社会发展需求的多样化的质量观，突破传统的"千校一面""万人一面"的培养模式的禁锢，尊重学生选择权，鼓励学生兴趣特长发展，探索多样化和个性化培养。再次，要在教学活动中坚持以学生学习为中心的教学观，转变教师角色，构建师生学习共同体，探索先进的教学方式和学习方式，加强师生互动，鼓励学生自主学习和合作学习，提高学习效率，改善学习效果。最后，要树立科学的发展观，坚持规模、结构、质量、效益和速度协调发展，在规模适度扩张的同时，注重调整优化结构、提高质量效益、把握发展节奏，促进学校的健康可持续发展。

（二）改革人才培养模式——内涵建设的核心

首先，明确人才培养目标和规格。要认真研究经济社会和科学技术发展对人才培养提出的新挑战，明确人才培养目标；根据社会需求和专业特点，优化学生的知识、能力和素质结构，细化专业大类（或专业群）以及专业的人才培养规格，避免学校、专业之间的盲目攀比和规格趋同。其次，优化人才培养方案和课程体系。要根据培养目标和规格要求，平衡通识教育与专业教育、理论教学与实践教学、宽口径培养与职业能力养成、对口按需培养与夯实拓宽学科专业基础之间的关系；要面向行业和企业需求，推进产学合作和产教融合，探索多样化的人才培养模式，提高人才培养效果与社会需求的契合度，改善学生的就业和创业能力。再次，加强专业建设与改革。要明确专业设置原则，调整学科专业结构，构建科学的专业体系，建立和完善专业准入、调整和退出机制；要处理好专业发展与学科建设之间的辩证关系，发挥学科建设在专业人才培养中的基础性作用。最后，改革传统的课堂教学模式。要研究互联网和知识数字化技术发展带来的知识传播渠道和方式的变革，关注"慕课""翻转课堂""微课程"

等基于互联网的教学模式对人才培养带来的冲击,探索探究式学习、讨论式教学、线上线下教学结合等以学生学习为中心的教学和学习方式,重视学生独立思考能力、知识融会贯通能力、批判精神和分析与解决问题能力的养成。

(三) 加强师资队伍建设——内涵建设的关键

首先,完善教师队伍建设规划。要研究经济社会和科技文化发展新特点,跟踪国内外教育改革新趋势,结合学校实际情况,进一步明确教师队伍建设的思路和重点;要加强师德建设和学术规范建设,倡导敬业精神和团队精神,关注教师的职业生涯发展;要优化教师队伍结构,包括年龄、学科专业、学位、职称、学缘结构以及专兼职和"双师型"教师结构,不断提高教师队伍的整体素质。其次,加强制度建设和政策导向。要改革教师聘任和考核制度,引导教师教学相长、教研相长,积极参与教学改革试验;要重视将科学研究和技术研发资源转化为优质教学资源,转化为课程与教材的新内容、开出新的教学实验、为本科生提供毕业论文(设计)选题以及支撑特色专业建设,为培养创新型人才创造条件。再次,加强教师和管理干部的培训工作。要加强教师的在职培训工作,尤其要重视提高教师的教学水平和职业发展能力;要通过培训提高教学管理人员和学生工作干部的专业化水平,为学生成长成才提供服务和保障。最后,关心教师的生活待遇,解决他们的后顾之忧,努力形成体面生活、开心工作、在竞争中成长的氛围。

(四) 创新体制机制——内涵建设的保障

首先,加强人才培养体制改革的系统研究和顶层设计,积极探索学习制度创新。比如,适时开展学分制、短学期制、书院(学堂)制的改革探索,抑或进行订单式培养、产学合作育人等多样化的改革尝试。其次,调整院系设置和教学组织,优化高校组织结构,探索学部制或大部制改革;适应学习制度创新和人才培养模式改革的要求,创新教学管理和学生事务管理机制。再次,加强高校内部教育教学质量监控和保障体系建设,明晰质量标准,健全政策规章,改革评价方式,强化评估结果反馈和工作改进机制；要注重对学生学习效果和资源使用效益的评价，提高质量保障体系的有效性。最后，推进现代大学制度建设。要抓住一揽子修订教育法律的契机，健全面向社会依法自主办学、自主发展、自我约束的机制，调动师生员工参与学校管理的积极性；坚持校务公开和信息公开，接受师生咨询、社会监督和政府问责；要优化内部治理结构，完善高校领导体制，协调学术权力与行政权力的关系，保证高等学校章程实施的严肃性，为学校内涵发展和战略目标实现提供制度保障。

（五）营造优良校园文化——内涵建设的基础

大学文化是大学的灵魂，是一所大学在长期发展过程中形成的历史积淀、人文品格和价值理念。大学文化内化于大学的办学理念、价值追求和学术品位，外显于大学的制度规范、行为方式和物质条件，以潜移默化的方式影响着师生思想行为和大学发展方向，是内涵建设和特色发展的内在支撑。要努力形成学术自由、科学与人文精神并重、传统与现代交融的文化以及价值宽容的多元文化和全球视野的开放文化。要充分利用学校的软资源，通过党建、思政、学生工作、导师制、寄宿制等多种方式，在学习态度、价值观念和生活目标等方面对学生施加潜移默化的影响，重视学生社会责任感的养成，形成优良校风学风，营造良好育人氛围。

参考文献

[1] 赵应生，钟秉林，洪煜. 转变教育发展方式：教育事业科学发展的必然选择 [J]. 教育研究，2012（1）.

[2] 钟秉林. 加强综合改革，平稳涉过教育改革"深水区" [J]. 教育研究，2013（7）.

[3] 钟秉林. 加强综合改革，应对高考招生制度改革新挑战 [J]. 教育研究，2015（3）.

[4] 钟秉林. 人才培养模式改革是高等学校内涵建设的核心 [J]. 高等教育研究，2013（11）.

[5] 钟秉林. 高度重视高等学校教师发展问题 [J]. 中国高等教育，2011

(18).

［6］钟秉林，赵应生.中国特色现代大学制度建设——目标、特征、内容及推进策略［J］.北京师范大学学报（社会科学版），2011（4）.

［7］钟秉林，赵应生.加快建设中国特色的大学文化——关于当前大学文化建设工作的若干思考［J］.国家教育行政学院学报，2010（9）.

大学官本位何以久治不愈

王英杰①

大学官本位不是一个新问题，早在30年前党中央为了解决这一问题就在《中共中央关于教育体制改革的决定》（1985）中指出：

"现在的主要问题是：在教育事业管理权限的划分上，政府有关部门对学校主要是对高等学校统得过死，使学校缺乏应有的活力；而政府应该加以管理的事情，又没有很好地管起来。"

"有条件的学校要设立由校长主持的、人数不多的、有威信的校务委员会，作为审议机构。要建立和健全以教师为主体的教职工代表大会制度，加强民主管理和民主监督。"[1]

我们可以清晰地看到，《中共中央关于教育体制改革的决定》要扩大高等学校的自主权，改变政府部门对高等学校统得过死的状况，加强高等学校的民主管理和监督，而最重要的是调动教师的积极性。如果说，当时《中共中央关于教育体制改革的决定》尚没有直接针对大学的行政化和官本位问题，那么《国家中长期教育改革和发展规划纲要（2010—2020年）》则直指日趋严重的大学官本位问题，非常明确地提出改变大学行政化的目标和要求：

"探索建立符合学校特点的管理制度和配套政策，克服行政化倾向，取消实际存在的行政级别和行政化管理模式。"

"坚持和完善党委领导下的校长负责制。完善大学校长选拔任用办法。

---

① 作者简介：王英杰，北京师范大学国际与比较教育研究所教授。

充分发挥学术委员会在学科建设、学术评价、学术发展中的重要作用。探索教授治学的有效途径，充分发挥教授在教学、学术研究和学校管理中的作用。加强教职工代表大会、学生代表大会建设，发挥群众团体的作用。"

"加强章程建设。各类高校应依法制定章程，依照章程规定管理学校。尊重学术自由，营造宽松的学术环境。"[2]

《国家中长期教育改革和发展规划纲要（2010—2020年）》还提出了明确的建立现代大学制度的改革试点意见，如"制定和完善学校章程，探索学校理事会或董事会、学术委员会发挥积极作用的机制""推进管理人员职员制"和"完善校务公开制度"等。

应该说党中央对大学的行政化和官本位问题的认识是非常清晰的，并且就如何解决也提出了非常明确的路线图。但遗憾的是大学的官本位问题却仍然愈演愈烈，对大学发展造成了严重的伤害。

一、大学官本位制度的恶果

大学官本位制度正在全方位地解构大学，颠覆大学的理念，蚕食大学的学术实力，使大学流于平庸，失去国家创新发动机的地位，难以继续成为引领社会文化和道德价值的理性灯塔。

第一，官本位制度使大学失去独立自主的办学目标、定位和发展战略。大学主要负责人被冠以"副部级"或"司局级"之后，更认同自己的官员地位，而把"教育家"只看作一个概念，一个观念转变层面的问题。他们更注重对上级政府部门负责，而非对自己所领导的大学负责，他们在工作中格外注意利用自己在政府部门中建立的各种"关系"，以求获得"政绩"，得到晋升。他们所忙碌的主要是如何满足政府所提出的各种短期目标，应对政府的各种考评等。他们不大可能冒失去官员地位的风险，从政府争取更多的办学自主权，也不大可能关注大学的长远发展战略。目前校长或书记的岗位难以把一名学者培养成教育家，更可能将其历练成官吏或熟练利用关系的"政客"。

官本位制度正在使大学办学模式单一化。在中国几乎所有的大学都瞄准了"综合性、研究型、世界（或国内）一流"，大学的校长和书记为此游说各方，甚至不惜贿赂主要有关领导，其中一个重要的驱动力量就是实现学术飘移，升格学校的行政级别，当然最终的目标自然要落在学校领导的官员级别上。其实，"从来没有一个独一无二的成功大学模式，也不存在一个我们所有人都必须追求的'全球性研究型大学模式'"[3]。

第二，官本位制度正在改变大学的使命。大学的使命随着时代和社会需求的变化而变化，从单一的教学发展到教学、科研和服务的结合。但是我们要有清醒的认识，大学的服务必须是在研究基础上的服务，必须有利于学生的培养，不能离开学术来谈服务，更不能以服务吸引了领导层的眼球而沾沾自喜，更不能以营利为主要目的。美国著名的高等教育学者弗莱克斯纳（A. Flexner）认为大学主要关注的应该是学术工作——科研与教学。他指出，"现代大学要全身心地、毫无保留地、极尽一切可能地促进知识发展，研究不管产生自何方的任何问题，以及培养人"[4]。今天我们的大学由于官本位作祟，正在改变大学的教育使命，大学本应培养具有创新精神的学生，"培养能够提出和解答问题的学生"[5]。而官本位制度与创新之间存在着基本的价值冲突，创新是不断质疑权威意见和观点的过程，而官本位则是要学生唯命是从，这就使学生失去问问题的兴趣、勇气，甚至能力。我们的大学教师今天确实把主要精力投入到科研中去，但目标有时是功利的，甚至是媚上的。大学的服务则更多地以领导的意志和获取利益为转移。哀哉，大学！我们要切记，"打破常规、拓展视野，这一直是高等教育特有的关切。正是因为拥有对我们自己、对世界永不满足的求知欲，大学才能蓬勃发展"[6]。

第三，官本位制度正在改变大学的价值取向，造就精致的个人主义者。一些教师在官本位制度下精心设计和规划自己的职业生涯，他们游走在从政和学术之间，力求升官与学术职称晋升两不误。"双肩挑"者实现了个人利益最大化，在校园中具有很强的示范效应，引领了价值取向和职业生涯抉择，使得一部分优秀青年学者进退失据，进入领导岗位后，或者不能全身心地投入领导工作，或者根本不具有必要的领导能力，更可怕的是利用手中权力捞取个人好处，而与此同时在自己的学科领域，逐渐失去领先地位，仅仅徒具虚名而已。这种制度误导了大批学者，葬送了一批优秀青年学者。

一些本来可以很优秀的学生，只要全身心投入学习，是可以在学问上不断进取，成为优秀的毕业生的。但是他们却把学生干部作为一种工具，来规划人生的道路。笔者在这里并不想批评学生干部，只是想说他们中的一部分，扭曲了价值观，不是把担任学生干部作为一种服务，一种人生经验，而是利用学生干部身份来铺平自己未来的职业发展道路，争取个人利益的最大化。这些学生可能人数并不多，但是却具有可怕的示范效应，成为精致个人主义者"喜获成功"的展示橱窗。

第四，官本位制度正在改变大学的基础结构。今天的大学从外观上看与30年前的大学最大的区别除"壮美"的校园建筑以外，可能就是各个楼前和楼中目不暇接的金字招牌。它们基本上可以分为三类：一类是院系所名牌，一类是各种奖牌，一类是各种中心或实验室名牌。我们从这些牌匾中所嗅到的是大学的浮躁。毋庸置疑，以学科为基础的院系是大学的学术核心、基本组织单元，大学需要不断建设和细心呵护。当然，这些机构有它遗传的缺陷，就是很难跨学科解决科学、技术、社会和文化发展的复杂问题。因此在大学中构建跨越学科、以问题为中心的研究机构也就顺理成章了。但是，问题在于这些中心的成立太过随意，经常是校长、书记或其他学校领导，甚至学校职能部门领导一手建立起来，他们决定建立时所考虑的主要因素往往是上级领导的意图，或者市场的需求。这种考虑本身并没有什么错，问题是他们对大学的基本属性，大学能干什么、不能干什么却考虑不多，决策也很少经过学术机构（比如学术委员会）的讨论审批。这些机构在运行中更多地得到领导们的关爱，分享更多的学校资源。更有甚者，他们往往自任这些机构的领导，在这些机构中他们往往独断专行，更像政府部门中的首长或企业中的CEO。这些机构最大的问题是过于功利，急于求成，做了一些大学并不擅长的工作，而忽略了大学对社会和国家所能提供的最好服务在于通过基础研究进行创新，也就是提供长远和战略上的服务。大学切不可把主要注意力仅仅放在这些中心上，而忽略了大学传统的院系所的建设。

第五,官本位正在解构大学的核心——学术共同体。大学是一个学术共同体,学术共同体治理的基本原则是民主,成员共享平等的权利,具有共同的责任,通过达成一致意见做出决定,尊重个人思想自由的权利,从而形成和谐的学术氛围。这几乎成了共同体成员的信仰。在这种学术共同体里拂去世俗的纷扰,静下心来从事自己所喜爱的对真理的探索工作,对于大学教师的生存具有决定性意义,成为吸引大学教师安之若素、安贫乐道的决定性因素。但是,这样的原则与官本位制度格格不入。在官本位制度下,大学的人、财、物等重大决策权实际上都在主要领导手中,在校园中形成了领导与被领导、行政权力与学术权力之间持续紧张的关系。

由于大学管理中的官本位,学术资源的分配严重失衡,学校领导所在的学科占据了不合比例的学校资源,中层以上官员也相应占据了大量学校资源,与普通教师相比他们获取了与其比例不相应的过多的重大科研课题和各种学术奖励。这就导致许多教师失去了参与大学治理的兴趣,不得不去应对行政主导的偏向量化指标的学术评价。一旦学术共同体遭到破坏,学术研究就可能背离学术精神和学术至上的价值,官本位制度成为学术出版"膨胀"和学术行为不端滋生的温床。

在官本位的制度之下,学术共同体遭到解构,当大学学术共同体不复存在或被扭曲之后,依托于学术共同体的大学文化品位与传统——"利益无涉的研究、对真理的自由追求、信息的自由分享、广阔而平衡的知识追求与传播、共同参与治理所包含的价值"[7]——也会随之烟消云散,荡然无存了。

二、大学官本位制度为什么久治不愈

每年"两会"的发言、大量文章以及大学教师在私下与公开场合所表达的意见,对大学的官本位制度已经进行了深刻广泛的口诛笔伐,一位校长甚至公开表示,把校长职务与副部级联系起来,是对其的侮辱。中央文件也直面这一问题,并且确定了改革的方向与路径。看起来已经进入了解决这个问题的快车道,会很快得到解决。但是,现实却是大学中的官本位愈演愈烈，这使我们不得不认真思考一下，到底原因在哪里。

第一，大学的官本位制度在我们的社会中有深厚的文化传统和群众基础，有生存和发展的肥沃土壤。在长期的封建制度中，中国创建了文武官制度，整个社会围绕这样的制度运转。"读书做官"是教育的核心内容和几乎唯一的目标，是读书人的精神和物质追求。在人们的观念中基本上只有官与民，而二者的关系则是"上智下愚"，官是父母官，民是子民，民主和参与根本不在封建国家治理的语汇中。自辛亥革命以降，无数志士先贤尝试搏击官本位制度，但是这种融化在我们民族血液中的制度却难以消失殆尽。

1949年以后，中国以计划为核心治理整个社会生活，建立了庞大的、全能的政府。社会各种机构（文教体育卫生机构、群众团体、党派和宗教机构等）都成为政府治下的分支机构，都具有了行政级别，负责人都成为具有行政级别的官员，在我国基本上不存在真正的第三部门或非政府组织。有问题找政府，成为社会生活的常态。于是官本位成为社会生活的突出特点，社会和公共资源的分配掌握在各级政府官员手中，社会的各种制度、工资、医疗、退休和保险等都向政府官员倾斜。

第二，在这种整体的官本位环境下，我们可以说，政府是大学官本位的始作俑者和推动者。政府把大学作为实现国家即时目标的工具，作为政府的下属部门。政府任命大学的领导干部，赋予大学领导干部行政级别，按照国家干部标准与要求管理大学领导。在大学领导被赋予行政级别以后，大量的政府官员蜂拥到大学"做官"。据统计，2014年新上任的15位部属院校书记中有8位来自党政机关。在地方，进入院校做领导，已然成为地方官员获得晋升的重要渠道。政府官员进入大学以后，把政府的工作范式和程序带到大学，写报告和发文件成为他们主要的工作内容，发命令、跑关系成为他们的主要工作方式。教师和学生既没有权力选择学校领导，也没有权力监督学校领导，致使大学领导的权力不受监督，官本位制度得以不断延续和强化。大学的官本位制度正在校内外形成利益链。大学设置行政级别，就为政府安排大批官员打开了大门，就为大学中的官员到政府从政开辟了渠道。这样就不断强化了大学从属于政府的地位，大学与政府的关系就演化成为官员之间的关系，而官员之间的关系常常是以利益为驱动的；政府以行政化的方式配置大学资源，强化了大学从属于政府的地位和逻辑，大学领导不断"跑步"到政府，力争"钱进"；政府的触角也延伸到了教师，政府管人才，主导了各种人才计划，使得人才愈来愈等级化，影响了大学和谐的学术环境；政府还管学科建设、管科研项目、管工程建设项目、管招生，甚至管到教材。可以说我们的政府对大学无所不管，无所不包。

第三，在大学内部复制了政府的管理模式，成立了与政府主管部门一一对应的职能部门，以科层制的方式控制、管理学术事务，管理层级增加，行政权力不断膨胀。大学内部也以行政化的方式和逻辑配置资源，那些"跑步"到大学担任领导的部门和学术机构，就能获取大学的大量资源。大学为"双肩挑"者设置了理想的晋升路径，提供了一般教师所不能及的机会。大学中的各项政策也向他们倾斜，在大学中创造了官本位得以畅行无阻的组织保障和制度基础。大学内部的学者"自治"组织处于被大学领导者组织与管理的状况。这些组织的成员实际上由大学领导选任，其工作范围由大学领导确定，甚至工作日程也由大学相关职能部门制定。所谓"校长治校，教授治学"不过是目前官本位制度下的一块遮羞布。

第四，当前大学所面对的激烈市场竞争对大学的官本位制度推波助澜。从社会整体来说，从战略上看，市场经济的发展将会不断压缩官本位制度存在的空间。但是很蹊跷的是，大学在应对激烈市场竞争中却强化了官本位制度，管理超越了学术成为应对激烈竞争性市场挑战的主要动力源泉。大学正在经历一种管理范式的转变，从传统的学院（学者社团）精神向经济理性主义和新管理主义意识转化。一套新的管理话语已经生成：市场价值、成本—效益、战略规划、成就指标、质量保障、问责和审计等。当前大学管理范式的主要特点是强有力的行政主管控制气氛和市场优先的战略选择。行政管理者的主要作用是促进大学的商业价值和实践，像管理公司、企业那样管理大学。于是大学的领导不仅是政府的官员，还成为大学这一每年流通几十亿元巨大企业的CEO，大学领导的这两种角色互相支撑，互相强化。

第五，大学中行政文化已经生成，并且在不断发展，不断挤压学术文化。大学既是传播文化的地方，又是不同文化激烈碰撞的地方。曾任美国约翰·霍普金斯大学校长的穆勒（S. Muller）指出，大学"早期存在的人之间的密切关系和人文标准正在受到规模、制度和程序的侵蚀。这种演变使得大学自治更难于实施"，大学"不可避免地官僚化了"[8]。美国高等教育学家克拉克（B. Clark）更明确地阐明，"在学术事业和系统中最少被注意到，但又变得日益重要的是行政文化从教师和学生文化中的分离。行政人员在很大程度上彼此相互影响作用，他们每日的工作与教学和科研根本不同。他们把教师和学生看作是缺乏现实感的人，甚至是制造麻烦的人和敌人。一种独立的文化产生了"[9]。一种新文化一旦生成就会不断向原有的主流文化挑战，不断挤压原有的文化。这样，在大学中两种文化——学术文化与行政文化——独立并存，相互冲突，影响着大学的发展和前途。学术人员和行政人员之间的紧张关系成为大学治理中一个持久的、挥之不去的问题。这种新文化成为大学官本位制度的土壤和雨露。问题的严重性还在于大学的领导经常自觉不自觉地代表行政文化，帮助行政机构和管理人员获取更多的权利，从而不断强化行政文化，挤压学术文化生存的空间。

三、建立现代大学制度，重构大学的思想、制度和文化基础

我国大学被有着几千年历史的官本位文化传统所束缚绑架，现在要根本改变这一文化传统，建立现代大学制度，第一，要在社会、政府和大学之间达成共识，即大学不是政府的附属机构，不是企业，大学是自由追求真理的地方，是守护人类文明的精神家园。社会与其代表机构政府要履行大学与社会之间长期形成的社会契约，维护大学的学术自治。这是处理大学与社会关系的重要准则，是大学独享的特权。大学要捍卫学术自由，因为学术自由是教师追求真理的基本保障，"追求真理"是大学永恒的使命，是大学存在的基本理性，是大学精神的灵魂，是大学文化的核心。如果社会、政府和大学能够树立起这样的观念，那么我们就向着建立现代大学制

度迈出了重要的第一步。

第二，大学的自治要有法律保障，以法律的形式约定大学与政府的关系，通过法制建设遏制政府干预大学的冲动。政府要依据法律尊重大学的自主权，尽快改变以管理政府官员的模式管理大学的领导的做法，取消大学及大学领导的行政级别，制定相应政策让教师能够参与大学领导的选任，监督大学领导选任的全过程。制定大学宪章，明确大学的学术权力和行政权力的内容和边界，规定大学主要领导的遴选制度与程序。

第三，可以尝试通过大学理事会（董事会）制度的建立，一方面在大学和社会之间建立起防火墙，挡住政府的直接干预；另一方面体现社会和政府对大学的合法诉求，同时建立起对大学行政权力的监督机制。

第四，构建现代大学的共同治理模式，将以学术权威为基础的大学学术权力制度化，并且建立起组织保证机制。保证教师（主要是没有行政职务的教师）参与大学的重大决策。建立"终身聘用制"和"教师投诉听证制"等制度，从制度上保证教师享有学术自由，保障教师积极参与大学的治理。

四、结语

鉴于官本位制度在中国是一个顽疾，已在大学生根，成为大学的一种制度文化，要想摒弃这种制度，建立起现代大学制度还有很长的道路要走。但是中国大学要摆脱平庸，建立起自信心，迈向世界一流，必须义无反顾地、坚实地走在这条道路上。第一步就是要取消大学及大学领导的行政级别。解铃还须系铃人。政府这样做了，大学的官本位制度也就开始坍塌了，尽管路还很长，但是毕竟宣示了政府的改革决心。同时，大学领导要自省，不断检讨自己的立场，认识自己不仅仅是大学行政最高负责人，不仅仅要向政府负责，还要不断重申自己是大学学术的代表，要对教师和学生负责。大学领导要有勇气顶住各种利益集团的压力，向社会争取和捍卫自主办学的空间，在校内还要抑制行政权力的空前膨胀。大学教师要积极参与大学治理，积极参加学术组织的工作。一心只读圣贤书，只关心自己学科领域的世界，就会失去自己心目中的理想大学，就会使官本位制度畅行无阻，学术共同体的良好氛围就会荡然无存。总之，中国大学要打破官本位制度的围困，需要政府、大学领导、教师和学生的共同努力。

参考文献

［1］中共中央关于教育体制改革的决定［N］.人民日报，1985-05-29.

［2］国家中长期教育改革和发展规划纲要（2010—2020年）［N］.中国教育报，2010-07-30.

［3］哈佛大学校长福斯特在清华大学的演讲"大学与气候变化带来的挑战"［N］.北京青年报，2015-03-23.

［4］Flexner，A. *Universities：American，English，and German*［M］.London：Oxford University Press，1968，p.24.

［5］Dibiaggio，J.A.（1989）. *The President's Roleinthe Quality of Campus Life*［J］.Educational Record，vol.70，no.2.

［6］Clark，B.R.（1983）. *The Higher Education System：Academic Organizationin-Cross-national Perspectives*［M］.Berkeley：University of California Press，p.89.

教育改革的特征及思维品质探析

周作宇①

在论坛中,陈学飞教授对高等教育观念中的适应论作了批判,我以为学术交流必须要从批判的角度出发,同时要在批判的基础上建设。我们现在进入到一个新的改革与发展的阶段,《国家教育中长期改革与发展规划纲要》对改革本身有这样一个说法,叫以改革为动力。改革的动力又是什么?谁改革?改革什么?怎么改革?怎么才能够建立一项教育改革达到的预期目的?而这个预期的目的又是谁来确定?所有的这些问题都涉及到教育改革本身就是值得我们探讨研究的一个领域。

教育是一项实践活动,在这个实践活动过程当中,有历史的积淀,有文化的传承,有未来的展望,有现实的分析,所有这些都涉及到现实当中的教育哪一些是我们必须要改的,哪一些是必须要继承的,还有哪一些是处于模糊地带,需要我们去探讨的。这些问题如果概括起来说就是三个境界,第一个就是能不能看到当前存在的问题;第二个就是看到之后我们有没有足够的知识里破解这些问题,光是知道还不够;最后能不能转化成一种行动,教育改革就涉及到这三个境界。

我们刚才提到,教育改革作为一种动力首先是要基于批判,批判是有超越的,对高等教育适应论的批判目的也是要超越高等教育适应论。昨天我看到我们一些有关于课程改革的题目,对于课程改革本身的思考也是企图能够超越课程改革当下的境遇,所以批判和建设始终是两个环环相扣的

---

① 作者简介:周作宇,北京师范大学副校长,教授。

锁钥。现实当中有两种情况，一种情况就是问题批判得多，另外一种情况就是在建设方面又缺乏很深入、细致的、基于时间根据的改革的方案。要解决这个方案、要解决这样的问题，需要考虑教育改革自身的一系列根本性的问题。如果把这一系列的根本性问题进一步追溯，首先要回答一个问题就是一项良好动机的改革为什么会出现负面影响？我想在考虑教育改革的时候，这是不可回避的一个问题。纵观过去 30 年我们国家教育的发展，可以说有一系列大大小小的改革，有的改革是在国家层面，有的改革是在区域层面，有的改革是在学校层面。这些改革的效果究竟怎么样，什么因素又制约着这些改革最后的效果，核心就是人的因素，是人的思维最后决定改革的发动、改革的操作、改革的效果，所以思维的约束是改革的根本约束。

对教育改革的思维约束来说，有一个非常特殊、非常普遍而又熟视无睹的现象，那就是我们对教育的现实看法常常是受制于个人长期以来形成的一个思维定式的约束。同样对一个现象站在不同的角度可以看到完全不同的事实，也就是说，看起来单一的事实有许许多多不同的解释。这个不同的解释由什么产生？是由思维定式产生的。无论是对教育改革的发动者来说，还是对教育改革的执行者来说，还是对教育改革的评价者来说，都是我们思维定式的奴隶，这是一种基本的观点。所以考虑一下教育改革，或者说更抽象地考虑教育过程，必须要看到和教育改革相关的思维的特点。

综合各种各样的教育改革，我总结了六个教育改革的特征，附带六个与教育改革相关的思维品质。第一个是教育改革的历史性，要求教育改革要以历史的眼光、历史的思维来穿透教育改革的历史长河。第二个是历史改革的主体性，所有的改革最后都要归结到人上来，没有人的主体参与、没有人的主体介入，改革不可能成功，当然也不可能发动。既然是人的问题，人的价值观必然会带到教育改革当中来。第三，每一项教育改革就是一个价值驱动的教育改革。由于是价值驱动的教育改革，就会不可避免地产生利益冲突，会产生价值冲突。第四，教育改革还带有政治性。教育改革的政治性还体现在教育和其他诸多领域之间的相互关系，比如说政治、经济、文化、人口等等。第五点，陈老师讲到了高等教育和政府的关系、和政党的关系、和经济的关系，其实这里边就是涉及到这个系统性的教育改革观的考量。第六，教育改革本身是需要发展的，教育改革是在发展中开始的，也是需要在发展当中不断调整的，这就是我想对于教育改革本身而言，从思维的角度来看，有六个特殊性。

从教育改革的历史性来说，我们过去有许多改革，现在回头想一想，是超越了当时的历史阶段，超越了当时的经济发展水平，超越了当时文化的积淀水平。比如1958年伴随着我们国家的"大跃进"，教育开展了教育的大革命，教育机构的发展有一个破天荒的突破，这个突破是什么特点？就是对历史状况的超越。这是1958年前后的学校形成了一个特殊历史时期的特殊高等教育发展状况，这样的一种发展状况我以为就是超越了当时我们国家的历史发展水平。另外，教育的主体性，我以为教育的改革是人的改革，是人的自我改造，因此必须突出教育改革的主体性。教育改革的主体性要为不同的层次，在国家层次的主体、区域的主体和高校的主体本身需要改革的内容是千差万别的。另外一个是价值性，在教育的过程当中，与我们这一次的中长期改革与发展规划为例，这一次的中长期改革规划有20个字，就是"教育优先、以人为本、改革创新、促进公平和提高质量"，这些本身就是有价值判断、价值预设的。在其中我们可以看出教育改革它本身所指向的一些目标，这些目标究竟是在哪一些层面是要实现呢？哪一个层面要实现什么样的价值呢？这是有待于我们探讨的。还有一个是教育的政治性，教育的政治性和教育改革之间有密切的关系，大家知道在过去十年当中，课程改革是我们国家非常重要的一项改革，课程改革希望解决的问题就是1999年提出的素质教育决定的问题。如何改变中国的基础教育的实践，克服弊端，能够真正实现人的发展，是当时提出的一个口号。但是改了十年，为什么到现在为止我们的学生负担不但没有减轻，反而有所加强呢？关键的问题就是教育改革它不纯粹是一个教育的问题，是涉及到社会改造的问题，涉及到社会分层的问题，涉及到社会流动的问题。我在给大家列出的五个等级十大社会阶层，其实这是真正影响千万个家长、千万个家庭决定他的孩子接受什么样教育的重要依据。过去的30多年当中，包括北京大学、清华大学等高校的各种政治运动，上山下乡各种政治决策，所有这些都反映一个事实，就是教育改革是带有政治性的。再有一个是教育改革的系统性，单一的改革教育不可能成功，单一的思路也不可能整体上适合教育改革的路径，所以必须从系统性出发来设计改革。系统地设计教育改革我以为有三个基本立场：第一个是基于系统思维的改革设置，整体来设计改革方案；第二是基于数据的科学分析与决策系统；第三是基于人本的沟通策略和文化建设。最后是教育的发展性，教育改革本身是需要发展的，教育改革过程当中出现的一些问题必须回避，我现在发现有一个现象，所有发生过的教育改革给人的印象都是成功的，似乎看不到哪项改革不成功，我认为这样的一个话语背后潜藏着一个假设，就是改革必须是成功的，改革本身不需要发展，改革本身不需要修正，这是一个错误的认识。改革本身需要改革，改革本身需要发展，所以必须要把改革本身放在评价和监测的平台上来，改革是在不断改革过程当中实现的。

综合这六个特性，考察我们当前的教育改革，第一，我们的教育改革在许多方面是需要重新考虑我们的历史阶段；第二，从改革的发动和改革的执行要充分考虑主体的参与；第三，要进一步考虑价值；第四，要考虑我们的整体改革究竟是为人服务的；第五，在改革过程当中需要系统思考，不能头痛医头，脚痛医脚。最后，改革是需要学习的，改革是要在发展中改革。

"基于证据"教育政策研究的评估与整合

——以英国EPPI与美国WWC的经验为例

洪成文 莫蕾钰[①]

如何提高包括教育政策在内的公共政策的质量、优化决策的科学性是当前世界各国政府管理部门关注的焦点。近20年，被称为"千禧年的最大理念"的"基于证据"的研究与政策模式[1]受到英美等国政府的推崇，为政策研究的实用化及决策的科学化提供理论与技术支持，已成为影响目前西方医疗保健、农业、科技、教育等各领域公共决策的基本范式。学者们认为实施"基于证据"的政策切实提高了具体政策方案的针对性、有效性和时效性[2]，提升了政府的公信力，而且产生了更大的政策影响与社会效益。

1993年起，我国教育政策追求的目标是教育决策的科学化。[3]然而，我国教育研究仍无法为教育决策提供科学的证据，无法实现真正意义上的"基于证据"的政策决策。深入理解"基于证据"的政策理论，分析英美代表性教育证据评估机构对"基于证据"政策研究的评估理念与实践经验，能为我国教育政策研究的"证据化"提供思路，为形成符合我国国情、建设中国特色的教育政策研究评估标准提供参考。

一、基于证据的政策理论内涵

基于证据（Evidence-based）的理念最早出现于20世纪90年代的医学

---

① 作者简介：洪成文，北京师范大学教育学部高等教育研究所副所长，教授，博士生导师；莫蕾钰，中国矿业大学（北京）副教授。

领域，当时的循证医学（Evidence-based Medicine，EBM）旨在通过科技手段（及实验方式）采纳最优可得证据，用于最终临床和政策决策。[4]近20年来该思想方法逐渐扩展到社会科学领域的研究与决策之中。联合国在《千年发展目标报告》中将基于证据的政策（Evidence-based Policy，以下简称EBP）定义为：一种帮助规划者在更充分信息条件下决策的政策过程，该过程以最佳可得证据为核心。[5]尽管当前人们对EBP的理解难以达成一致，但一些定义还是可以帮助我们作较为深入的理解。从政府的角度看，EBP为决策提供理想、客观指导的指南，且不受传统、私人利益、意识形态和个人偏见等力量的影响；从学者的角度看，EBP是政策开发和实施的理论方法，使用严谨的技术开发和维持政策开发、决策和实施所需的证据基础。[6]无论侧重点如何，EBP理论都会涉及三个核心问题：什么是证据、如何生产优质证据、如何评估与整合证据。

（一）（政策）证据的内涵是什么

证据是使得政策目标变得更明确，能获取更优政策效率效果的系统信息。学者们普遍认可"重要的是什么在起作用"，具体涵盖内容存在不同层次：有学者将证据局限于事实、趋势、调查信息等硬数据，亦有学者将符合逻辑和技术标准的分析与推理也包含进来。最为宽泛的定义还囊括相关的观点与经验，如客户或选举人的观点（反馈）以及"使用者经验"等，既包含帮助理解问题的证据，也有提供有效解决方式的证据。[7]1999年，英国政府内阁办公室对在公共政策中可采用的证据定义较为全面，即"专家的知识、现有的国内外研究、现有的统计资料、利益相关者的咨询意见、以前的政策评价、网络资源、咨询结果、多种政策方案的成本估算、由经济学和统计学模型推算的结果"[7]。

（二）如何生产优质的证据

虽然学界对证据的解读不一，但均承认证据的品质存在差异。而产生差异的原因主要存在于三个方面：一是证据是否具有相关性，即效度问题；二是证据是否具有可靠性，即信度问题；三是证据是否具有可复制及可推广性，即政策方案可行性问题。那么生产优质的证据需要相应达到三个方面的标准：第一，优质的证据需要良好的信度，即证据与拟解决的问题在内容上应准确对应；第二，优质的证据要求证据信度高，而源于自然科学的证据概念更偏爱科学实验的结果，近年社会科学研究开始重视验证干预（Intervention）与结果（Outcome）之间的联系，尤其是随机控制试验、准实验研究等更得推崇；第三，证据需带来可行性方案，这些方案不但要具有一定的代表性，符合当前文化与经济需求，而且必须是翔实、可以由此推进的。

（三）如何评估与整合证据

EBP 的核心在于将证据运用于政策的开发与执行之中[8]。证据的评估与整合是选择并利用证据的基础，也是当前我国推行 EBP 的基础环节和突破重点。从证据的评估来看，虽然政府官员与学者对优质证据的特点有基本共识，但在具体评估中还存在一些问题，且我国在此方面的研究与经验都较少。如在具体评估上应该秉承哪些理念，在评估标准上是否应当坚持应然的标准，抑或应依据我国政策研究的水平与具体政策问题进行相应调整等。而针对政策议题的证据群的整合更是盘活证据存量、获取全面决策依据的过程，是 EBP 执行的重点难点。为此，国外学者在社会研究领域沿用和开发了包括系统评价（Systematic Review）、Meta 分析、叙述性评论（Narrative Reviews）和现实主义综合分析方法（Realist Synthesis）等富有技术性的方法来分析和处理各类在政策领域中出现的实验及经验证据。

当前我国虽强调将科学证据运用于决策，但具体到"基于证据"的政策实践的经验还有限。尤其在证据的评估与整合方面，亟须了解与借鉴英美等发达国家的经验，加强机构、理念及操作。英美国家在教育领域中 EBP 的经验，为优化我国教育政策研究与决策提供了思考。

二、英美教育中的 EBP

（一）政府的重视

英国于 1997 年布莱尔政府开始倡导基于证据的政策活动，并在 1999 年英国工党政府的《政府现代化》白皮书中明确表示将"基于证据的政策"纳入政府制定政策的基本理念[9]，并设立了 ESRC EBBP（经济和社会研究委员会"基于证据的政策和实践中心")、EPPI(政策与实践信息协调证据中心)、Campell(Cochrane 协作干预评估中心)、SCIE(杰出社会保障研究与实践审查中心)四个中心计划来系统深入地发展 EBP 的理论及实践,并且这些中心都涉及教育类研究的评估与整合。

美国于 2002 年布什总统"不让一个孩子落后"(NCBL)法案开启了美国教育"基于证据的政策"模式之门,此后的奥巴马政府被称为美国历届政府中最重视决策证据的政府,在众多教育政策制定中都强调科研证据的作用。

(二) EPPI 与 WWC 的设立

将"基于证据"的理念具体落实在教育行业中,国内外学者和实践者都在证据的来源、分类与界定、评估、总结等方面展开了讨论与尝试。[10] 英国的政策与实践信息协调证据中心(The Evidence for Policy and PracticeInformation and Coordinating Centre,EPPI-Centre,以下简称 EPPI)与美国的有效教育策略信息交流中心(What Works Clearinghouse,以下简称 WWC)都获得其政府支持并在行业中得到充分的认可,其范式已走在国际前列。分析它们之间的理念与实践差异,选择符合中国特色和基础的方式,对我国建立和发展"基于证据"的教育研究与决策具有重要意义。

英国 EPPI 由伦敦大学教育学院主导于 1993 年成立,由英国经济和社会研究委员会(ESRC)、医学研究理事会、国家卫生和卓越护理研究院(NICE)、欧盟、英国若干政府部门和慈善机构及其他国家和国际伙伴提供资助,在针对社会科学(含教育)与公共政策等领域,执行研究整合与文献评审工作,旨在为政策制定者或实务工作者的决策提供可靠的研究发现。研究领域包括教育和社会政策、健康促进和公共卫生、国际卫生制度和发展等,其在社会科学与公共政策领域的系统评价及其方法论方面一直处于领先地位。

美国 WWC 由美国教育部出资于 2002 年成立。该中心由美国教育科学院(Institute of Education Science,IES)负责,委托数学政策研究公司(Mathematical Policy Research,Inc.)建立。WWC 旨在透过发展与运用标准程序来评阅与整合教育相关研究,寻找有效、高质量的研究,为教育决策提供可靠的科学证据来源。WWC 希望通过高效模仿"循证医学"的方式,解决教育政策中的问题,让国会议员、民众清楚地知道他们花的钱取得了哪些成效。WWC 文献综合评估的主题含成人识字、初学阅读、品格教育、高等教育、择校、教师教育与有效领导、教师激励等 18 项主题。

三、EPPI 与 WWC 的评估理念、产品及范围

英美两国推进 EBP 评估的总体目标是一致的,即为教育政策制定提供更具可靠且更易获取的证据,而英国 EPPI 与美国 WWC 均为政府出资、具有相当社会影响力和技术优势的专业评估机构,它们都提供了决策者和实践者可理解的各类评估产品,为推进本国教育决策的科学化贡献着不容小觑的力量。然而在评估实践中,这两个中心在理念上存在不同,同样在评估范围及产品上也有所差异。

(一)评估理念

英国 EPPI 在证据评估中强调权变性与人性化,将评估看作是开放性的研究过程,给予评估专家充分的自主权来制定符合评估论题的研究方法,且可以随着研究的深入调整评估计划。为了顾及利益相关者的意见,将用户纳入到评估过程的各个环节中去,保证服务使用者、教育实践者、研究者、雇主及公众成员及包含不同性别、年龄、种族的各类代表均能参与。

美国 WWC 在证据评估中强调标准化与独立性,将评估过程看作是专业性的评判过程,有着统一、公开、明确的严苛标准,评估过程有清晰的抽样标准或数据计算程式,强调技术专家的独立性,尽量避免非专业人员(如政治人物)的涉入而造成"证据污染"。

(二)评估的产品

EPPI 主要采用系统评估的方式来对证据进行评估与整合,强调研究方法成系统,最终获得可信的结果。评估过程本身就是一种研究,研究最后会对现有该议题的研究发现进行合成,并以决策者和实践者可理解的方式发布。其产品注重不同的阅读对象,包括三种形式(见表1)。

表1 EPPI 评估产品

产品形式	内容	特点
小结（Summary）	篇幅为1页左右，总结评估研究的结论	重实用、易读
短报告（Short Report）	篇幅略长，对研究的结论背景描述更详细	强调研究结论及背景，便于经验复制
技术报告（Technical Report）	篇幅约为100页，包括评估的细节及方法论述	强调技术方法分析，提供信效度支持，便于未来的研究方法讨论及更新
附属产品：研究数据库、评估人工作软件系统等		

WWC 的评估产品由评估目标与证据类型来决定。既包含对某干预因素的检验，多见于对某研究议题的证据评估与整合，又包括针对实践经验、个别研究项目的其他报告形式，主要有以下四种（见表2）。

表2 WWC 评估产品

产品形式	内容	特点
教育干预报告	审阅特定时间段里已经出版的相关教育干预效果的所有研究。对达到 WWC 标准的研究，会综合所有的研究发现来估计教育干预的效果值	根据研究的数量、样本大小、数据的显著性和量值来阐明干预率（Intervention Rating）和研究结果的有效程度
实践指导报告	针对一线实践教育工作者的具体问题提供实践建议	基于评估总结果和国家公认的专家组（含研究者、教育专家）的专业判断
个别研究评估	对个别教育项目、教育政策、教育实践研究的评估	辨识研究是否达到 WWC 标准，如达到，将会总结其研究结果的有效程度
快速评审	获取媒体足够重视的研究将被优先评审	研究会被快速审核，并发布3页的快速审阅小结
附属产品：研究数据库		

(三) 评估的范围

1. 评估的内容

英国EPPI一般使用系统评估方法对证据进行评估与整合。传统系统评价更关注针对干预性研究的评价，但对非干预性研究的查找、评价以及合成是EPPI目前面临的主要挑战和工作重心。[6]而对于教育研究议题的评估并没有具体的约束，该中心正积极拓展教育研究以及英国现代教育研究数据库。

美国WWC目前主要审核四类研究设计，包括随机对照试验（RCT）、有匹配对照组的准实验设计、回归不连续性设计（RDD）以及单案例设计（SCD）。并为符合标准的研究或主题提供因果证据报告。即便如此，WWC需要评估的研究仍较多，故而对评估对象有具体的评分式预挑选，具体准入及优先指标见表3。

表3 WWC评估研究的准入标准及优先指标

	准入及优先标准	具体指标	评分
教育干预报告	内部效度标准	随机控制试验	3
		回归间断设计或单例设计	2
		准实验设计	1
		不符合以上标准	0
	规模标准	清晰指出被试数量达到250个以上儿童或10个以上班级	加分
	实验干预权重	无前研究	3
		有前研究	$[1+0.1\times(当前年-首报告年)]^2$
实践指导报告		适用范围广泛（学生或特别重要的亚群体）、政策针对性强、教育界内部需求大、有严谨的研究来支持建议可用性的优秀研究优先，此外，IES可要求WWC对具体个别问题提供实践指南	
个别研究评估	准入及优先标准	IES请WWC就特定研究进行评估	
		研究来自网站帮助平台的公众意见，或获IES资助的研究	
		研究符合WWC快速审查的标准	

续表

准入及优先标准		具体指标	评分
快速评审	及时	必须近期发布	
	曝光性	在全国各大新闻媒体或重大教育新闻出版物上发表	
	主旨明确	必须已经或有意探讨教育干预直接或间接提高学生学业的有效性符合WWC标准的快速评审研究可再进行个别研究评估	

2. 数据的搜集范围

EPPI为了避免数据搜集的价值倾向和遗漏，其搜寻对象包含未发表及难获得的研究结果，并根据系统评估项目的具体需求，选择并综合使用多种搜索源，以达到全面性和针对性的均衡。基本搜索源涵盖：电子数据库搜索、手动核心期刊检索、专业网站搜索、搜索引擎（如"谷歌"和"谷歌学术"）、个人联系丰富搜索范围（访问已收录研究的作者和该领域专家）。在搜寻过程中注意技巧，其中包括评估问题与数据库的选择、关键词的变换及研究方法的评估等，要求评估组成员接受相应训练。

WWC的证据搜索范围，一般包括已出版的文献和虽未出版但可以找到的公开文献资料。接受评估的研究必须同意被公开获取，且个别研究评估和快速评审必须达到一定程度的公众关注才可纳入评估。符合WWC资质的评估人会按照具体评估草案中的关键词，在WWC常用综合搜索数据库（13种）和组织网站（25种综合网站，32种专题搜索数据库及网站，54个媒体网站）中进行搜索。

四、EPPI与WWC评估的过程与质量控制

（一）过程控制

1. 基本流程控制

EPPI强调评估方法明确且透明，严格遵循标准化步骤：组建评估及顾问组→确定评估计划（范围及策略）→搜集数据→评估数据处理→撰写报

告→评估结果的传播。其中直到评估数据处理阶段，EPPI 均允许评估专家在详细的论证之下调整评估标准与纳入评估的具体研究数量，但对每个过程均需要详细的记录，可供相关研究人员随时查证，以此来保证评估过程的严谨与可复制性。EPPI 在评估结果的传播上也十分重视，不仅鼓励对研究证据在现实中的应用提供开放式解读与讨论，还为评估结论解读提供详细的背景信息，为未来实践应用与评估更新提供参考。

WWC 的评估步骤包括拟定评估草案→确定评估（文献）范围→按照 WWC 标准初步筛选合格研究→评估合格研究→撰写报告。WWC 比 EPPI 多一个初步筛选过程，后期会在网络上公开最终报告文本。其中筛选流程控制图如下（见图 1）。

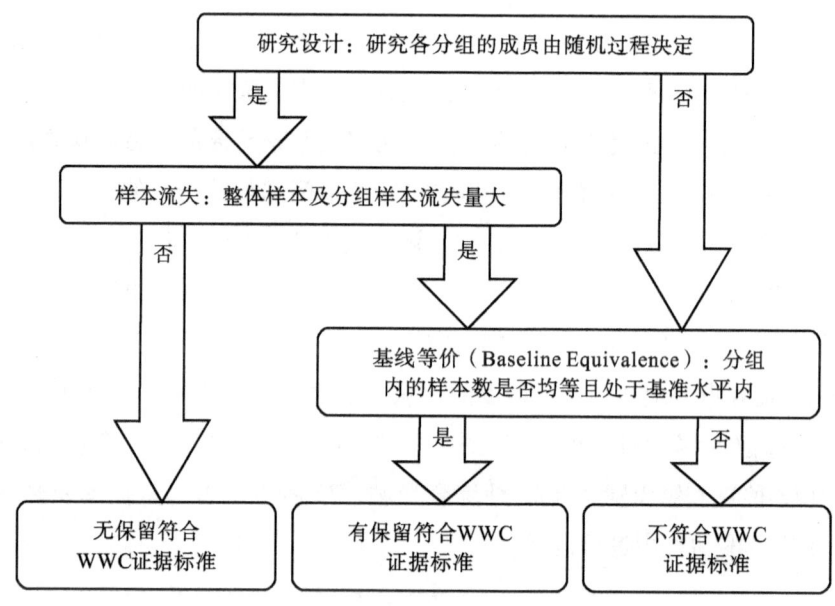

图 1 WWC 的研究设计筛选评估流程控制

2. 标准控制

虽然 EPPI 与 WWC 都强调评估人员应受过专业的训练，获得过资质或相关学位，但就具体评估来看，EPPI 评估仅在方法质量、方法适切性、主题相关性和证据总体权重的确定方面进行原则性规范，而给予评估专家更大的自由度。而 WWC 标准更趋于明确，即便对于主观性较强的实践指导报告也给出了相当清晰的评估分档标准（见表4）。

表4　EPPI 与 WWC 的证据评估标准比较

国别	问题来源	评估团队	搜索范围	量化评估标准控制	质性评估标准控制
英国EPPI	主要为政策议程①	评估组、咨询组	依据需要选择数据库与网站，必要时依据重要作者和专家访谈添加文献	标准由方法论专家主导，重视控制性实验分析	为专家评估提供基本框架列表，但主要依靠专家的主观判断
美国WWC	主要来自研究者、传媒议程及公共议程	评估组	有固定数据库和网站库进行查验	重视随机控制试验和准实验研究，注意内外部效度及信度分析	限于实践指导的证据评估，逻辑推理与实践经验的价值低于实验结果

（二）质量保证

1. EPPI 的质量保证

首先，内部审查评估。包括聘请一组具有不同专长的专家合作进行评估，确保参与评估的研究具有相关性和恰当的质量，最终的报告也具有高相关性和高质量。并且，在关键阶段可得到咨询小组支持。

其次，外部审查评估。系统评估不但查阅主要的研究计划和学术出版物，还在评估协议制定和最终报告阶段参考同行评议。尤其欢迎同行专家对评估的质量和相关性作出独立评估。

再次，良好的过程控制。在评估的不同阶段，都查证评估人对评估过

---

① 英国"基于证据"的教育研究秉承的是英国政府"决策现代化"的理念，主要为政府的决策工作服务。

程与标准的理解和贯彻。一方面，EPPI 在评估正式开始前提供任务模拟服务；另一方面，EPPI 通常要求对每个研究的数据提取和整合都至少由两个评审人独立评审，再将他们的结论进行比较。

最后，维护数据库记录。每个阶段都有详细的数据记录。这样不但保证了评估的透明性（可讨论监督）、可持续性更新（过程及方法的优化及该领域研究更新），还为对特定研究感兴趣的用户提供详细的信息。

2. WWC 的指标评估控制

WWC 的标准严苛、清晰，具有较强的可操作性，且由于指标系统较为全面和详尽，对于不同的评估者来说，产生差异化结果的可能性已被大大降低。具体如表5、表6所示。

总的来看，英国 EPPI 的系统性评估方式沟通成本高、耗时较长，但开放性较好，鼓励学者讨论与交流；WWC 标准严苛，损失了部分证据的人文及其他细节性考量，但评估效率较高，激励了政策研究者以更类似于自然科学的方式开展研究。

表5　WWC 干预报告的评估指标

评估内容		分类	具体解释
研究幅度评估		连续性结果	$s = \dfrac{\omega(y_- y_)}{\sqrt{\dfrac{(x-1)x^2 + (x-1)x^2}{x_1 + x_2 - 2}}}$
		二分性结果	…
	改进指数	实验组均值-控制组均值	
统计意义	累计统计	$t = g\sqrt{\dfrac{n_1 n_2}{n_1 + n_2}}$	
干预有效性评估	积极作用	显示强积极效用，无有力反证	
	潜在积极作用	显示积极效用，无有力反证	
	无明显效果	对效果无肯定性证据	
	混合效应	显示不一致的影响证据	
	潜在的负面影响	显示负效应的证据，无压倒性反证	
	负面影响	显示有力负面影响证据，无压倒性反证	

续表

评估内容	分类	具体解释
证据程度	大中型	含的研究多于1个（必要）
		含1个以上的背景设置（必要）
		样本量多于350个学生（必要）或含有14个班×每班25名学生的样本量
	小型	仅含1个研究（可能）
		仅含1个背景设置（可能）
		样本量少于350个学生或每班25名学生的情况下，样本量低于14个班

表6 WWC实践指导报告的证据强度分析标准

标准	坚实证据基础	中等证据基础	微弱证据基础
效度	研究符合WWC标准，且有高度的内部和外部效度	研究具有高内部效度但中等外部效度，或高外部效度和中等内部效度	证据不能达到中等或高度证据的研究标准
对相关结果的影响	研究表明一致的正向影响，研究内部效度高，且不存在不一致的证据	研究显示正向影响的证据占优势；研究中的矛盾证据，必须在指导的相关范围内进行讨论，并将推荐强度视为评估干预的组成部分	可能有效果微弱或矛盾的证据
相关性范围	研究范围内显示出直接相关性——相关内容、抽样、比较及结果都将被评估	研究范围内相似的相关性可能变化，至少有一些研究能在范围内显示直接相关关系	研究也许在实践指导的范围之外

续表

标准	坚实证据基础	中等证据基础	微弱证据基础
研究与建议的关系	研究中直接对建议进行测试,或是建议是被测干预中的主要成分	作为被测干预的组成部分,"建议"的推荐强度不同	作为被测干预的组成部分,"建议"的推荐强度低,或反映专家意见的建议是由研究合理推断出来的
专家组信心	专家组对这项实践的有效性有高度信心	专家组判定研究不能达到高强度水平,但比最低程度的证据有说服力,专家组不能确定在大部分或全部情境下该实践能切实有效	根据专家组意见,这些建议只能被当作实践指南的一个部分:且专家组不能指出研究中显示出中度或高度的证据
专家意见的作用	不适用	不适用	根据理论合理解读的专家意见
重点推荐的评估	评估标准参观"教育与心理学测试标准"	证据的样本效度并不足以代表建议所关注的人群	不适用

五、对我国教育政策研究的建议

(一) 为智库提供服务平台,创造更高质量的政策"证据"

2014年初,教育部印发《中国特色新型高校智库建设推进计划》通知,提出高校要为"教育现代化建设"提供智力支持,充分体现出政府对提高教育研究服务政府决策能力的希望和重视,也为未来"教育证据"的生产提供了政策支持。此前,教育部还专门设立"国家教育咨询委员会",为教育部决策科学化提供组织保障。然而,落实有证据的决策还需要高校转变观念,提供具体战略规划予以支持,且高质量地实现该计划更需要高校具体的政策定位与评估系统的配合。根据上文研究，我们可参考英国的经验①，建立与高校研究声誉与资助水平直接挂钩的配套激励制度。

当然，智库的水平也与智库的独立性有关联。与政府距离近的决策研究和咨询机构，其独立性会受到一定的影响。因此，在发展政府系统内的政策研究智库的同时，我们也不能忽视其他智库的作用。因此，一个比较合理的主张是：整合行政性智库和民间智库的作用，建构有效而科学的智库系统。

（二）设立清晰的评估标准

"基于证据"的教育研究与决策也经常受到批评，很多学者认为其严苛的统计化倾向和方法论有脱离教育本质与过程的嫌疑。但我们无法否认，更严谨的实验和数据分析所提供的证据已得到包括欧盟、世界银行等国际组织与欧美先进国家的充分认可并广泛应用于决策之中，且常得成功。一味地批判有可能使得我们在此领域落后于人。因此，理性的思考是建立清晰的评估标准。

尽管美国倡导的随机控制试验和英国重视的控制实验都存在范围广、样本大、控制难、单项目费用高等问题，在现实中推进有一定的困难，但其有效范围和可复制程度都远远高于普通的调查研究，也非小规模调研叠加能比拟，明显提高决策与实践的价值，是未来研究发展的趋势。我们需要及时学习随机控制试验的研究模式，并依此建立相应的高标准，如确保研究设计的程序信度、内外部效度[11]，虽然在推进的初期会有一定的难度，但对未来教育研究水平的整体提高起着标杆作用。当然，鉴于当前研究水平及客观实验条件和经费的限制，参考Sanderson的观点，将证据的标准从"什么才是有效的（What Is Work）"转换为"什么才是适当的（What Is Appropriate）"[12]，以此来为研究设计提供一定的灵活度和次优

---

① 近年来，英国改革了大学研究工作的评价体系（RAE），建立了新的（REF）评价体系。核心是在传统研究质量评价的基础上增加了对社会影响力和学术环境两方面的评价。其中，在对社会影响力的评价中，重要的一项指标是研究证据对公共政策与服务的影响，以此来引导和激励科学家在学术研究的基础上增强对政策制定的支撑作用。该评价结果既决定了英国大学在研究领域的声誉，还决定了政府对大学拨款资助的规模，直接激发了高校生产高质量"证据"的动力。

标准,也不失为我国"教育证据"研究发展设定的阶段性目标。

(三) 设立专业的评估组织及数据库

教育证据评估机构不仅需要本领域专家与方法论专家团队(包括质性研究和量化研究专家),而且也需要专业的软件管理与数据处理专家。此外,为了吸纳合适的议题、了解教育决策者与一线决策者的需求,评估机构还应有相应的调研方式及互动平台,这都需要人力和财力的支持。

建议政府成立有关机构,建设国家级的证据数据库。除建立国家级的系统性评阅组织外,亦可与国际学者合作,建立以证据为本的联盟,加强交流、合作,分享相关数据。在有限资源下,初期由独立研究者透过小型系统性评阅组织的成立,为建立证据本位的理念而努力,亦是国内教育学者们可参考的方向。这样不仅能为国内教育提供长期性的证据,有效解决现行研究元分析所面临的资料搜集费时、费力、连续性研究资料累积的困难,还能提高研究成果的可信度,为未来决策改善和研究资料的整合、更新提供便利。

参考文献

[1] Ray Pawson. *Evidence-Based Policy: A Realist Perspective* [M]. SAGE Publications Inc, 2006.

[2] Brown-Chidsey, R. & Steege, M. W. *Response to intervention: Principles and Strategies for Effective practice* [M]. New York: Guilfor, 2005.

[3] 洪成文. 完善知识动员机制促进教育决策科学化 [J]. 教育发展研究, 2014 (5).

[4] Philip Davies. *What Is Evidence-Based Education?* [J]. British Journal of Educational Studies, 1999 (2).

[5] United Nations International Children's Emergency Fund (UNICEF). Bridging the Gap. The Role of Monitoring & Evaluation in Evidence-based Policy-making [EB/OL] http://www.unicef.o-rg/ceecis/evidence_based_policy_making.pdf, 2015-04-21.

[6] 马小亮, 樊春良. 基于证据的政策: 思想起源、发展和启示 [J]. 科学学研究, 2015 (3).

［7］Strategic Policy Making Team Cabinet Office. Professional Policy Makingfor the Twenty-first Century ［EB/OL］. http:// dera.ioe.ac.uk/ 6320/ 1/ profpolicymaking.pdf, 2015-02-13.

［8］Davies, H., Nutley, S. & Smith, P. *What works? Evidence-based Policy and Practice in Public Services* ［M］ Bristol: Policy Press, 2000.

［9］李晓轩,杨可佳,杨柳春. 基于证据的政策制定——英国的实践与启示［J］. 中国科学院院刊, 2013 (6).

［10］阎光才. 对英美等国家基于证据的教育研究取向之评析［J］. 教育研究, 2014 (2).

［11］钮文英. 教育研究方法与论文写作［M］. 台北: 双叶书廊, 2007.

［12］Sanderson, W. C. *Are Evidence-based Psychological Interventionspracticed by Clinicians in the Field* ［J］. Medscapemental Health: a Medscape EMed Journal, 2002, 7 (1).

美国新保守主义对学术自由判例的影响
——以尤诺夫斯基案为例

林 杰[①]

20世纪50—80年代，美国政府和司法机构主要奉行自由主义政策，成为维护学术自由最重要的政治基础。在90年代之后，为回应自由市场、知识经济及社会变迁的挑战，美国新保守派迫使政府通过立法与行政的手段以期促进保守主义的价值观和道德观，对大学教师的学术自由构成威胁。在此背景下，1998年发生了由诺夫斯基诉艾伦案：弗吉尼亚州通过法案限制大学教师在研究与教学中使用和展示与性相关的材料。该案上诉至美国联邦第四巡回法院即尤诺夫斯基诉吉尔莫案。[②] 巡回法院基于保守主义立场推翻了初审法院的判决，引起美国学术界的争议。

一、尤诺夫斯基案的过程

1996年，年美国弗吉尼亚州立法机关颁布了一条法案，禁止本州公职人员从公用电脑上下载具有暴露的性信息的内容：除了经专门机构批准的研究项目，其他公共机构的职员一律不得使用公用电脑浏览、下载、打印或存储任何含有暴露的性信息的文件与内容。该法案中有关暴露的性信息的界定非常广泛，内容包括与性器官和性变态等相关的描述性或

[①] 作者简介：林杰，北京师范大学国际与比较教育研究院教授。
[②] 在尤诺夫斯基案的初审和上诉中，被告人分别是当时担任弗吉尼亚州州长的George Allen 和 Jams S. Gilmore，案件故名。

可视性材料。① 弗吉尼亚州称出台该法案的目的是要提升公共机构的工作效率，维系一个无不良信息污染的工作环境。公立大学和学院的教师也属于州公共机构的公职人员，所以也须遵循此法。

1998年，弗吉尼亚联邦大学历史学教授尤诺夫斯基与其他六位弗吉尼亚州公立学院和大学的教授联名向亚历山大地区法院提起诉讼，即尤诺夫斯基诉艾伦案。② 教授们宣称，弗吉尼亚州该项法案涉嫌干涉了他们的教学和研究自由。尤诺夫斯基举证：他给学生布置作业，要求他们以最快捷的方式找到含有性信息的网页，目的是对联邦颁布的《传播净化法》进行评价，但教师此举却违反了弗吉尼亚州的这项法案。③ 而该法案并不约束学生，学生们倒可以不计法律后果地浏览那些信息。其他教授申诉的理由也大同小异：一位教授的个人网页上因载有性别角色和性取向的材料而受到审查；一位教授以"不良信息法"为题给学生布置作业，学生们却不能上网寻找相关资料；一位教授研究同性恋问题却无法使用互联网查找资料。教授们声称宪法第一修正案赋予他们的权利被剥夺了，他们的研究项目被迫中止。[1]

地区初审法院的判决支持教授一方，认为州公共机构的公职人员阅读、研究、讨论与性问题相关的材料，比政府试图保证工作场所的效率并在公开场合禁止性信息更为重要。地区初审法院基于两个理由判定弗吉尼亚州该项法案违宪：一是"包容过窄"，即除了性信息外，遗漏了其他形式的不良信息（网上不良信息很多，为何偏偏与性信息过不去）；二是"包容过宽"，即对公职人员的活动的限制太多（大学教师的学术自由也被剥夺）。1999年，弗吉尼亚州政府不服初审判决，上诉至美国联邦第四巡

---

① 弗吉尼亚州该项法案 Va. CodeAnn. §§2.1—804to—806 中"暴露的性信息"包括：下流裸露、人兽相交、性刺激、受虐癖、恋尿癖、嗜粪癖、恋物癖和性行为（包括真实或描写的自慰行为）、性交、同性恋、生殖器、阴部、屁股、乳房的外露等描述的或可视的材料。参见 http://www.internetlibrary.com/pdf/Urofsky-Gilmore-4th-Cir.pdf, 1999-02-10。
② 尤诺夫斯基是历史学教授，也精通美国法律史，并对公共政策卓有研究。
③ 《传播净化法》是美国于1996年通过的法案，它是对1934年的《通信法案》的补充。该法案规定，若信息的传递者在知晓信息接收者不满18周岁的情况下依然向其传递淫秽、猥亵的信息，将被视为犯罪。

回法院。① 由三位法官组成的合议庭推翻了初审法院的判决，认为弗吉尼亚州的法案没有违反第一修正案所保护的个人的言论自由权利。弗吉尼亚州该项法案仅在州公职人员使用公用电脑时适用。根据"皮克林平衡原则"，判断一个公民（包括公职人员）的言论自由是否合法，主要看其言论的主题是否与公共利益有关。而弗吉尼亚州该项法案并没有触及公共利益。因此，并无不妥。[2]

教授们不服联邦巡回法院的判决，进行反诉，这就是尤诺夫斯基诉吉尔莫案。教授们申诉的基本观点可归纳为两条：第一，弗吉尼亚州该项法案违反了受联邦宪法保护的公民（公共机构的公职人员也是公民）言论自由权；第二，即使该法案适用于绝大多数公共机构的公职人员，但也不适用于大学教师，因为大学教师的学术自由受到宪法第一修正案的特别保护。大学教师拥有宪法赋予的权利，自由决定自己的研究、写作与教学，即便大学管理者也不能随意干预。然而，联邦第四巡回法院经过全体法官的联席审理，对教授们申诉的两个基本观点都未采纳。针对第一个观点，法官们援引联邦最高法院的判例②，认为公共机构的公职人员在工作场所，仅就公共问题发表的言论受到法律保护，且还要根据其言论的具体形式、内容和背景来定夺。并非什么自由的言论都是合法的。而使用公用电脑浏览含有暴露性信息的资料不属于公共问题。因此，这种自由权利不在第一修正案的保护范围之内。针对第二个观点，法官们认为，学术自由的权利隶属于大学组织，而非大学教师个体。

2000年6月，联邦第四巡回法院对案件进行听证和审理后，最终以8比4的投票结果，支持此前合议庭三位法官做出的判决。大多数法官并没

---

① 美国法院分为联邦和地方两大系统，前者根据联邦宪法和国会法律设立，后者由各州设立。两个法院系统各有其管辖权，在组织上没有隶属关系；美国的法院都拥有司法审查权，但以联邦最高法院的裁决为终审裁决。

② 判例，主要是指法庭在判决书中的判决理由，而不是它的处置意见。因为每个案件都有其本身的特殊性，历史上不可能出现完全相同的案件，所以重要的不是这个案件本身的事实对错，而是这个案件涉及的一些对法律问题的解释，为以后判案提供规则。1882年，美国政府开始印行《美国联邦最高法院判例报告》，这些判例在全国范围内都有约束力，为审理同类案件的依据。最高法院的判案一般都是遵循先例，以保证法律的稳定，但也不死守先例，会因时代的改变做出新的裁决。

有受教授们的意见影响,他们坚持认为决定研究什么内容,这是教授们的自由,但是如果要通过因特网查询与性相关的材料和信息,需要得到学校管理者的同意,并且最终权力掌握在州政府机关手里。联邦巡回上诉法院判定学术自由是大学组织的特权,而非教师个体的特权。

二、尤诺夫斯基案引发的争议

由于美国的大学教师聘任制度不像欧洲国家那样招聘后基本就是终身聘用,所以美国的大学教师长期为维护自己的职业安全而战,学术自由成为保障教师权利的武器。1967年,美国联邦最高法院在凯伊西安案中宣称学术自由是"第一修正案特别关注的问题"①,承认了学术自由是受联邦宪法保护的权利。[3]但是联邦最高法院只是在特定情境下承认学术自由的合法性,却没有对学术自由概念做深入的分析,也没有最后定论。因此,美国各级法院和学术界一直就学术自由所保护的对象和内容争论不下。尤诺夫斯基案等于在长期论战的浑水中又投下一枚炸弹,引发广泛争议,争议主要集中在两点:

(一) 公民的普遍权利,还是教师的特殊权利

美国大学教授联合会(以下简称AAUP)一直是维护学术自由的中坚力量,并为学术自由制定了行业规范。1940年,AAUP宣言宣布自由求知和自由发表是大学教师的基本权利。因为无私的知识对于促进公共利益是必要的。终身聘任制也为大学教师提供了必要的职业与经济保障。但"权利"与"责任"是连带的:作为教师,"他们不能在课堂上发表与授课内容无关的争议性话题";作为公民,"他们必须在任何时候都保持正确,适当克制,尊重他人观点,不为所在组织代言"。[4]学术自由赋予了大学教师比一般从业人员要多的专业自治权利。随着时间流逝,AAUP有关学术自

---

① 大法官布伦南对此案的判词给出迄今仍通行的关于学术自由的法律陈述:"我们的国家有责任捍卫学术自由,其永恒的价值不仅事关教师,而且事关所有人。学术自由受第一修正案的特别关切,宪法修正案不允许任何法律践踏教师的课堂权力,或借法律之名将所谓的正统观念强加于课堂。美国没有什么地方比学校更需要学术自由的保护了。课堂是各种思想观念交汇的场所。国家的未来依赖于培养出英明的领导者,而培养途径是通过让他们自己在各种思想观念的众声喧哗中发现真理,而不是由某种权威代替他们做出选择。"

由的界定成为美国教育联合会（NEA）、美国教师联合会（AFT）等行业协会认定的标准。AAUP经常通过调查的方式敦促美国大学和学院遵循学术自由的原则。

由于尤诺夫斯基案已启动法律诉讼程序，所以AAUP并未介入调查。第四巡回法院在判决中强调，学术自由是AAUP确立的行业标准，而非一个法律概念。弗吉尼亚州公立大学和学院的教师首先是州的公职人员，其次才是各校专业领域的享有自治权的专家。既然是公共机构的公职人员，那么州政府就有权根据公职人员的责任限定其行为方式。联邦宪法第一修正案保护学术自由，但它所保护的是大学教师作为公民对于公共事务的发言权，而不是作为专家的特殊权利。这就触及到学术自由案件的争议焦点：如何平衡教师作为公民和作为公职人员的双重角色？

在尤诺夫斯基案中，第四巡回法院认为关键问题在于大学教师在行使言论自由权时，当时他的主要角色是作为公民，还是作为公职人员。有关公职人员的言论自由在1968年的皮克林案中有了判定：公共机构的公职人员作为公民有权就公共事务发表意见。由这个案件还引申出"皮克林平衡测试"：作为教师发表的议题如果是备受公众关注的问题，就享有宪法赋予公民的言论自由权。①如果大多数人认为该问题被公众关注的程度不够，那么就不适用皮克林平衡原则。在该案中，第四巡回法院依据皮克林平衡原则，认为公立大学的教师因工作之需而使用公用电脑查寻被禁止的资料时，他的身份是公共机构的公职人员，而非就公共问题发表意见的公民，况且弗吉尼亚州的法案也没有触犯公共利益，只是对公职人员的行为进行了限制，因此，法院认为这项法案没有违宪。

反对者则称，公立大学教师虽然也是公职人员，但他们研究的学术问

---

① 皮克林是一位中学教师，他致信报社，反对地方教育当局通过操纵债券交易开辟学校财源，揭露校方对持反对立场的教师进行打压。地方教育当局认为皮克林在报上所言不实，损害了教育部门的声誉。联邦最高法院站在皮克林这边。最高法院判决，政府公职人员，包括教师的言论受第一修正案的保护。教师就公共事务发表见解是其正当的自由权利，不能成为学校或教育部门开除其的托词。皮克林案是联邦最高法官首次对公职人员（包括教师）的言论自由权予以明确阐述，并提出"皮克林平衡"的准则，即在作为公民与作为公职人员的双重身份之间取得某种利益平衡。参见Pickerin gv. Board of Education391US563（1968）。

题一般都是社会公共问题，大学教师从事学术研究也是出于公共服务的目的。所以，许多学者认为巡回法院误读了皮克林平衡，即误解了公职人员的言论自由与作为教师个体学术权利之间的关系。皮克林平衡原则要保护的是公职人员作为普通公民的言论自由，比如公民对公共事务发表看法的权利。而大学教师的学术自由是由其职业所赋予的特殊权利，无论其研究和发表的是公共问题，还是不受公众关注的很狭窄的专业问题，其权利都应该受到尊重和维护。如果按照法院的审判逻辑：大学教师只有对公共问题发表看法才适用于皮克林平衡原则，其言论自由才受法律的保护，那么，政府机构就可以从自身的好恶出发，不仅限制对性问题的研究和讨论，只要是那些与政府利益不符的议题，如马克思主义、进化论、堕胎等敏感的问题，都能以危害公共利益为由，禁止其讨论和研究。[5]大学教师不仅被剥夺了学术自由，大学的自治也受到侵害，最终损害的将是社会利益和国家利益。

（二）大学组织的自由，还是教师个体的自由

在美国，学术自由的权利到底是归属于大学组织，还是教师个体，是学术自由案件另外一个争执不休的焦点。美国许多大学和学院根据 AAUP 的宣言，采取相应政策与程序以保护学术自由，具体体现在教师的聘用、晋升、评估与解聘方面。可靠的组织管理是维护教师权利的必要条件，大学教师在组织的战略决策、资源的分配、校长的选聘等方面必须有强有力的发言权。[6]

但是，大学政策的制定者和实施者往往是大学的董事会成员和高层管理者。20世纪60年代末以来，随着大学教师与大学管理层冲突的增多，组织自由和个体自由的矛盾也日益凸显。大学管理者和董事会成员坚持认为学术自由首先是大学组织的自由。联邦最高法院在凯伊西安案中，虽然承认学术自由"受第一修正案的特别关注"，但这一陈述非常模糊。联邦最高法院从未就学术自由的概念进行过系统的分析和论述，也未承认过大学教师拥有第一修正案所赋予他们自己决定教学与研究内容的学术自由，而仅肯定大学在学术事务上具有自我管理的权力。因此，要澄清组织自由

和个体自由的法律内涵，并处理二者的关系一直悬而未决。下级法院在审判案件时，也未将大学组织的自由与教师个体的自由加以区分。[7]

在尤诺夫斯基案中，联邦巡回法院采取了支持大学组织的自由的立场。针对尤诺夫斯基等教授所申诉的"在获取与研究相关的网上性信息之前，必须征得学校的同意，弗吉尼亚州这项法案侵犯了他们学术自由的权利"，第四巡回法院批驳道："宪法赋予了每个公民学术自由的权利，但权利在大学，而不在教师个体。"[8]与联邦最高法院的立场相一致，第四巡回法院认可学术自由是宪法所赋予的权利，但它是由主管学术事务的大学组织所掌握的权利，而不是大学教师个体自主决定其研究、写作和教学的权利。上诉的教授们没有预料到法院会做出大学组织的学术自由优先于教师个体的学术自由这样一个判决结果。

第四巡回法院在判决中也援引了其他判例，如第十一巡回法院判决的贝肖普案：大学有权禁止一个教师在其生理学课堂上讨论宗教信仰的话题；第五巡回法院判决的马丁案：公立大学有权开除一个在经济学课堂上用亵渎神灵的语言辱骂学生的讲师；第六巡回法院判决的丹姆布诺特案：法院支持一所州立大学解聘一个篮球教练，因其使用了"黑鬼"辱骂队员。这些案件的共同点是法院都支持大学管理者对教师的言论自由拥有限制的权利。但与尤诺夫斯基案不同的是这些案件主要涉及宗教自由和种族平等，法院支持大学管理者处罚违规的教师理所应当。

而尤诺夫斯基案涉及的却是极富争议性的性话题。弗吉尼亚州颁布的法案虽未严格禁止教授接触与性相关的材料，但它要求教师必须征得相关部门的允许，比如院长的同意，等于只承认了大学管理者的学术权利。执行该法案的后果将直接导致大学教师不能在办公时间、利用公共资源获取与性相关的信息，而巡回法院做出的组织的学术自由高于个体的学术自由的判决则潜移默化地改变了学术界内部的权力平衡：大学管理者的权力被强化，他们能够迅速进行决策，以减少公共组织的费用，提高组织的效能。大学教师群体和个体的权力则不断被弱化。

针对这样的判决结果，美国一些人士批评第四巡回法院的保守主义立场。纽约州立大学教育学者金塞等认为，学术自由具有双重性。一方面，学术自由意味着大学拥有自我管理以及维系自由探究氛围的权力；另一方面，学术自由是大学教师自由探究的个体权利，即使是大学管理者也不能剥夺这种权利。第四巡回法院只承认前者，却否认了后者。相较之前美国各级法院的判决，第四巡回法院大大窄化了学术自由的法律内涵。其判决为大学管理者干预大学教师的教学和研究活动洞开了方便之门。[9]乔治顿大学法学家拜恩撰文指出，弗吉尼亚州该项法案是州政府对大学的野蛮入侵，第四巡回法院的判决是一个危险的信号，是将大学与市井混为一谈。他呼吁美国联邦最高法院受理此案，重申宪法所赋予的学术自由权利。[10]

也有学者对法院的判决表示理解：大学并非一个高度同质的共同体，而是充满歧见——有的学科和学者以市场为价值导向支持自由主义；有的学科和学者以传统的伦理道德为旨归支持保守主义。在不断激增的学术自由判例中，包含着诸多冲突者——教师、学生、管理者、公民和宗教团体，法院面对各执一词的诸方，倾向于将学术自由与遵从司法联系起来，支持组织或雇主的权威。[11]尤诺夫斯基案的判例表明，在传统上法院倾向于认定学术自由的权利首先是属于组织而非教师个体，大学组织优先享有这一权利。

三、新保守主义对学术自由的威胁

在美国，没有成文法规范学术自由的权利，主要依赖于各级法院对判例的解释。在美国司法史上，法官对宪法和法律解释的方法分为历史的、哲学的和社会学的三类。其中，社会学的解释方法是法院探究其判决的社会效果，根据公众的价值观有意识地权衡相冲突的社会利益。这一种解释方法越来越占主流地位。[12]在许多案件中，法院的判断经常包含着社会的价值判断。法官的价值判断也可能会取代立法者的价值判断。[13]当保守主义思潮与政治势力渗透进政府机构和大学时，法院在判案时也不可避免地顾虑，甚至倒向某一价值立场。

尤诺夫斯基案触及的依然是几乎所有学术自由判例的核心问题，即学术自由的界定、性质和归属。但不同的是，尤诺夫斯基案起因于新保守主义的性道德及公共政策。这将学术自由的老问题重置于新的社会背景下。

新保守主义是从冷战时期的自由主义阵营中"变节"而来的一种政治和社会思潮。新保守主义没有统一的运动和纲领,没有严密的信条,只是一种倾向。[14]但从20世纪70年代到90年代,经过20多年的发酵,发展成为深刻影响美国政治、经济、社会和文化的主流思潮。2001年布什就任总统后,对堕胎、同性婚姻、干细胞研究、克隆技术等问题都持反对立场,就是深受天主教新保守主义的影响。[15]

新保守主义和新自由主义的许多思想不乏重叠之处。但新自由主义的理性基础是市场,新保守主义的理性基础是道德和意识形态。所以,新保守主义和新自由主义在文化和政治观念上截然对立。文化上,新保守主义反大众文化,崇尚精英文化与古老信条,认同传统家庭观念。政治上,新保守主义直言不讳地宣扬:国家的权力应服务于道德目的。与新自由主义不同,新保守主义在政治上强调强化政府权力以及权力使用的广度。与旧保守主义也不同,新保守主义主张国家权力道德化。新保守主义坚信政府以及法律,对国家,甚至全世界都负有道德和宗教的使命。因此,政府不仅拥有政治权力,也被赋予道德权威。[16]尤诺夫斯基案是新保守主义抽象的道德理想和政治理念的具体体现:弗吉尼亚州政府颁布的法案一方面借口提高管理效率,强化政府和大学管理者的权力;另一方面,宣扬了新保守主义的道德观念。新保守主义在道德上回归基督教道德观和传统伦理观。性的自由和开放自然在其打压之列。

在尤诺夫斯基案之前,美国大学教授联合会、美国教育联合会、美国教师联合会等组织以及联邦最高法院的判决都支持学术自由是学术职业的行业标准。但在尤诺夫斯基案中,新保守主义力量影响州的立法,挑战了学术职业的传统标准。弗吉尼亚州法案反映的是新保守主义的价值观念:公共机构的人员如果没有得到管理者的允许,就不能在网上搜集与性相关的信息,其隐含的道德主张是禁止公共机构的人员接触性信息。公共机构也包括公立大学,因此,公立大学教师作为学者个体进行研究的权利被限制。这项法案的意图是防止教师借学术研究之名,使用作为新兴传媒的电脑和网络,将不良信息传播给学生。在美国历史上,保守主义曾试图通过立法来约束性道德,新保守保守主义延续了这一传统。[17]

在美国，言论自由是公民基本的宪法权利。许多学者和大法官将联邦宪法第一修正案中"发表和言论的自由"作为解释学术自由权利的法理依据。但言论自由不是绝对的，在特定情境下，某些言论自由的权利受到了完全或部分的限制。限制的原因主要是基于其传播的影响，比如煽动、造谣、恐吓、商业欺诈等。其中，色情也是言论自由受限制的原因。1973年，联邦最高法院在米勒案中创立了米勒测试原则：按照当前的社会标准，能唤起淫欲并引起人们明显反感的对象和作品不在言论自由保护之内。大法官们认为淫秽物品会激起一般人的反社会行为。[18] 照此推理，如果大学教师在研究过程中浏览、存储性信息并有可能传播给学生，有意或无意造成不良影响，那么其学术自由是否就像言论自由一样理应受到法律的限制？法官们在审理时自然要根据美国当前的主流价值和意识形态来判断。

学术自由不仅源于大学教师与大学组织之间的"集体谈判"，也源于法院对判例的解释。新保守主义力量虽然没有直接干预大学管理的权力，联邦第四巡回法院的判决则诠释了在一个新保守主义日益蔓延的州，法官们是如何用主流意识形态来重新"解释"宪法。法院确认州政府有权让大学教师就范于管理者，大学组织的学术自由优先于教师个体的学术自由。这意味着法院在判例中承认的是大学的自治权力，但对大学教师在专业领域内所享有的学术自由不予认同。这与20世纪90年代之后联邦最高法院关于公共机构的一系列案件的判决相像：公共机构的公职人员没有多少权利可言。① 在这些案件中，法院都站在新保守主义立场，在大学管理者和大学教师的冲突中支持前者。

尤诺夫斯基案绝非新保守主义力量深入美国公共机构和大学的孤例。② 其判决结果对学术自由的威胁显而易见，只要政府以及大学管理者

---

① 如联邦最高法院判定：一个区法院助理法官对他的上司直言不讳的言论不受保护；政府机构的公职人员，其言论自由要受到一定程度的限制。

② 尤诺夫斯基案是新保守主义在道德上做文章，还有一些学术自由案件，是新保守主义势力在政治上直接采取行动。如邱吉尔案：2005年，科罗拉多大学教授沃德·邱吉尔因多年前写的一篇有关"9·11"事件的文章，受到一些媒体和公众的指责。科罗拉多州州长比尔要求科罗拉多大学解聘邱吉尔，科罗拉多大学总校校长汉克·布朗也支持这个要求。2007年，科罗拉多大学董事会投票解聘了邱吉尔。

反感某些议题和研究项目,就可以利用手中的权力下一纸禁令,借口"与公共利益无关",限制其教学和研究的自由。从20世纪50—80年代,维护学术自由的政治基础是自由主义政府。而当新保守主义成为美国政治和社会的主流意识形态,大学教师的学术自由不仅面临来自市场经济的压力,也面临着政治集团和意识形态的挑战。美国各级法院审理案件时,社会学解释方式的盛行,使得许多法官持新保守主义的价值立场,做出不利于教师个体的判决。因此,要在新的政治形态下维护学术自由困难重重。

担任过弗吉尼亚州检察长并曾在一些大学任教职的法学家瑟罗根据尤诺夫斯基案等近些年在美国发生的学术自由案件,不无深刻地指出,学术自由是一个宪法上的"迷思"。尽管联邦最高法院承认学术自由受到"特别关注",尽管大学教师和管理者都将学术自由奉为圭臬,但是大学组织和大学教师所拥有的法律权利并不比其他机构和个体多或少。联邦宪法并未给予学者以特权。所以,这导致法院在审理相关案件时不可能法外开恩。但瑟罗同时强调,学术自由又是一种事实存在,因为学术自由与宪法的价值相切合,是学术职业的需要,也符合契约精神(学者总是愿意到承诺更多自由的大学去工作)。[19]所以,联邦宪法虽未言明学术自由的价值,但是鉴于它作为事实存在以及其不可替代的地位,在制定公共政策以及修订州的宪法时应该予以充分考虑。

四、结语

学术自由的实践远比理论复杂得多。学术自由的定义并不复杂,它是教师和学生不受外部权威干预追求真知的权利。而在实践中,学术自由必然涉及权力与统治的问题。大学课程内容、教师聘任与晋升的标准、教学和研究的性质在更大程度上取决于大学外部和内部的权威。今天的美国高等教育系统和社会环境,包括教学和学习方式,都迥异于精英教育时代。时代在变,学术自由就像"民主""平等""正义"一样,也不能一成不变。[20]它的概念定义及政策内涵需要根据外部环境的变化,做出相应的调整。大学教师不仅是公职人员,更是学术职业的从业者,他们必须找到捍卫学术自由和大学自治的新途径。如果大学教师不能维护自己的权利,那么,他们作为专家的地位就会受到威胁。大学管理者、政府机构、政治人物、学生、公民,都能将他们的意志强加给学者,政治与权力将凌驾于真理之上。因此,美国学术界不得不面对保守主义的政府和法院,应对外部政治环境的变化,重新定位学术自由的关系,保障大学教师作为学术从业者的特权。虽然他们的专业研究有可能威胁到传统道德,但对公共利益却是不可或缺的。

参考文献

[1] Urofskyv. Allen. 1998. No. 995F. Supp. 634; U. S. Dis. LEXIS2139, 13.

[2] WarrenG. Sandmann, "Kincaidv. Gibson: Hazel Wood Goes to College", The Annual Meet in Gof the National Communication As Sociation. 86th, Seattle, WA, November 9-12, 2000, pp. 7-8.

[3] Keyishianv. Board of Regents of the Universit y of the State of New York. No. 105Su Preme Court of the United States385U. S. 589, 603 (1967).

[4] "1940 Statement of Principleson Academic Freedomand Tenure", AAUP Policies & Reports, http://www.aaup.org/report/1940-statement-principles-academic-freedom-and-tenure, 2013-08-15.

[5] "Constitutional Law. First Amendment. Academic Freedom. Fourth Circuit Upholds Virginia Statute Prohibiting State Employees from Downloading Sexually Explicit Material. Urofskyv. Gilmore, 216F. 3d401 (4thCir. 2000) (enbanc), Cert. Denied, 69 U. S. L. W. 3259 (U. S. Jan. 8, 2001) (No. 00-466)", HarvardLaw Review 114, 4 (2001), pp. 1414-1420.

[6] DavidM. Rabban, "AFunctionalAnalysis of 'Individual' and 'Institutional' Academic Freedomunderthe First A-mendment", Lawand Contemp orary Problems3 (1990), pp. 229-237.

[7] AAUP, "On the Relationshi pof Faculty Governanceto Academic Freedom", In Policy Documentsand Reports, http://www.aaup.org/file/facult y-g overnance-academic-freedom.pdf,1995,pp. 141-142.

[8] Urofskyv. Gilmore. 2000. No. 401. 216F/3rd401, 4014th Circuit.

[9] Kevin Kinser, Richard Fossey, "Urofskyv. Gilmore:The Fourth Circuit Takesa Narrow View of Academic Freedom", Journalof Personnel Evaluationin Education, 15 (2001), pp. 51-52.

[10] J. PeterByrne, "Constitutional Academic Freedom in Scholarshi p and in Court", The Chronicle of Higher Education, http://chronicle.com/article/Constitu tional-Ac-ademic/9100,2001-01-05.

[11] James D. J. or gensen, Lelia B. Helms, "Academic Freedom, the First A-mendment and Competing Stake Holder: the Dynamics of a Changing Balance," Review of Higher Education 32 (2008), p. 18.

[12] 詹姆斯·安修. 美国宪法解释与判例 [M]. 黎建飞, 译. 北京: 中国政法大学出版社, 1999.

[13] 卡尔·拉伦茨. 法学方法论 [M]. 陈爱娥, 译. 北京: 商务印书馆, 2003.

[14] 吕磊. 美国的新保守主义 [M]. 南京: 江苏人民出版社, 2004.

[15] 1996 年美国国会通过了《迪基-威克修正案》(*Dickey-Wicker Amendment*), 禁止联邦资金用于资助制造或破坏人类胚胎的研究活动。2001 年, 小布什签署总统令, 禁止将联邦资金用于提取胚胎干细胞及其研究。

[16] Wendy Brown, "American Nightmare: Neoliberalism, Neoconservatism and De-Democratization", Political Theory 34 (2006), p. 697.

[17] Sheila Slaughter, The American Academic Profession: Transformationin Contemporary Higher Education (The Johns Hopkins University Press, 2011), p. 264, 266.

[18] Beverly G. Miller, "Millerv. California: A Cold Shower for the First Amendment", St. John's Law Review, 48 (1974), p. 571.

[19] William E. Thro, "Academic Freedom: Constitutional Myths and Practical Realities", Journal of Personnel Evalua-tionin Education19 (2007), pp. 136-143.

[20] HowardA. Doughty, "Academic Freedom Revisited", College Quarterly, Winter2010, 1.

大学生发展理论

谷贤林[①]

从世界范围来看,高等教育进入大众化阶段之后的一个显著变化就是学生群体的变化。这主要表现在:第一,在大学里接受高等教育的人,既有从高中直接升入大学的学生,也有相当数量工作之后重新返回大学学习的成人,且在学生中女性以高于男性的比例上升;第二,在学习方式上,既有人选择全日制,也有人工读兼顾;第三,随着高等教育入学机会扩大、选拔性降低,在大学里因为学业准备不足而选择转学、辍学或延长修业时间的人将越来越多。因此,如何让这些背景多样、学习方式、学习基础、学习动机不同的学生获得发展、走向成功,这是所有进入高等教育大众化之后的国家都会经历并要解决的问题。这也是大学生发展理论产生、发展、引起广泛关注的直接原因。

美国是世界上第一个进入高等教育大众化的国家,也是最早开展大学生发展研究的国家。但是,如果从成果的质量来看,从第二次世界大战之后至20世纪60年代,各类研究基本上是探索性的,还没有形成系统性的成果,直到60年代之后才出现了一批有影响的成果。美国大学生发展理论主要有两大派系:一是"大学生发展理论",另一类是"院校影响理论"。第一类成果主要集中在心理学领域,如阿瑟·齐可林(Arthur W. Chickering)的大学生发展七向量理论(Seven Vectors of Studen tdevelopment);第二类成果融合了教育学、心理学、社会学等多个学科,如个体与环境互动

[①] 作者简介:谷贤林,北京师范大学国际与比较教育研究院教授,博士生导师。

理论（Theory of Person-enviroment Interaction）、大学生离校理论（Theory of Student Departure）和本科生社会化理论（Theory of Undergradute Socialization）等。

一、大学生发展七向量理论

大学生发展七向量理论是阿瑟·齐可林1965年在他撰写的《教育与人格》中首次提出来的。为适应社会变化，1993年他在吸收其他学者的成果后又进行了修改，该理论是美国社会心理学派中影响最大的大学生发展理论，被美国学者誉为"典范中的典范"。齐可林于1959年在哥伦比亚大学师范学院获学校心理学博士学位，他认为，"为了有效地教育全部学生，大学必须雇用并促使自己的员工了解什么是学生发展以及如何让学生发展"。[1]他构建该理论的目的也就是为了给美国大学促进学生发展提供理论指导。因此，他的理论一方面基于他对自身实践工作的总结，另一方面合理地吸收了艾瑞克·埃里克森（Erik Erikson）关于"认同与亲密性"的研究成果。埃里克森认为，人的一生需要经过8个心理社会阶段，每个阶段都需要解决一个危机或一个重要问题。大部分人能顺利解决每个阶段的心理社会危机，然后又去迎接新的挑战；然而，有些人并不能完全解决这些危机。如一些人在成年之后仍然没有解决青少年时期的"自我认同问题"。这些危机塑造了他们的人格，涉及个体与他人的关系。对于如何解决这些危机，埃里克森强调环境的作用。这种环境的作用在一个人发展的早期阶段，主要表现为与父母及家庭其他成员的相互作用；上学后，对大多数人来说，起主要作用的是学校环境，因为"个性和社会性的发展阶段是个体在与他人及社会的持续相互作用中，作为一个整体来完成的"[2]。

与埃里克森一样，齐可林也重视环境对学生发展的重大影响及人与人之间的社会化作用。但是，与埃里克森强调人的发展就是解决一个又一个的危机不同，他认为学生的发展就是一种又一种能力的发展，他将其归纳为七个向量。对于什么是向量，他解释为：是学生通向个体（Individuation）或者成熟的路径、领域。齐可林的七向量构成见

图1。

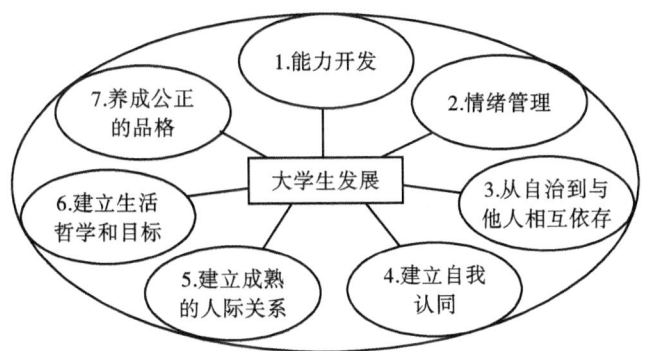

图1 阿瑟·齐可林大学生发展七向量构成图

第一,能力开发(Developing Competence)。由交叉在一起的智力(Intellectual Competence)、身体与手工技能(Physical and Manual Skills)和人际交往能力(Interpersonal Competence)组成。其中,智力指与获取知识有关的技能及智慧的、文化的审美的能力的发展与批判性、理性思维能力的提升;身体与手工能力产生于体育、娱乐和艺术等活动,注重健康;人际交往能力包括:沟通能力、领导力及与他人有效合作的能力。齐可林认为,个体的效能感是其解决迎面而来的问题,成功实现目标的基础。

第二,情绪管理(Managing Emotion)。即培养认识并接受,以合适的方式表达并控制情绪的能力。他指出:"当学生们在暴跳如雷之前就能够找到恰当的方式去释放心中的怒气,在恐惧降临时学生们不会目瞪口呆,也不会因为自己情感上的伤痛而影响到他人,那这些学生就已经具备了管理自己情绪的能力。"[3]

第三,从自治到与他人相互依存(Moving Throughautonomy Toward InterDependence)。提高情绪的独立性,不再受他人赞许、情绪和安慰的影响。凡事既能够自我作出决定,又能够理解并认可与他人相互依赖的重要性。

第四，建立自我认同（Establishing Identity）。齐可林认为，自我认同是大学阶段学生在身体与人格等方面初步成熟的重要标志，自我认同是自尊与他尊的基础。这种认同感的形成主要涵盖以下七个方面：（1）对自己身体与外表的接纳；（2）对自己性别的认同；（3）在社会、历史、文化背景中对自我的认知；（4）明确自我的角色定位；（5）在他人的反馈中寻找自我；（6）自我接纳与自尊；（7）人格的稳定与完整。[4]

第五，建立成熟的人际关系（Developing Matureinterpersonal Relationships）。包括两个方面：一是对彼此及文化差异的包容与欣赏；二是与他人建立起持久的、健康的亲密关系的能力。

第六，建立生活哲学和目标（Developing a Purpose and Philosophy of Life）。这由三个方面组成：（1）确立清晰的职业目标；（2）对特定人员的利益与活动作出有意义的承诺；（3）相互之间信守承诺。而且，即使遇到反对也不改变决定。

第七，养成公正的品格（Developing Integrity）。这一过程包括"三个前后相继但又相互重合的阶段"，分别是：（1）人文价值的养成，即不再机械地固执己见，而在坚持原则的前提下寻求自我利益与他人利益的平衡；（2）价值观念的人格化，即有意识地在强化核心价值观念的同时尊重他人的观点；（3）人文价值与人格化价值的和谐统一，即使人格化价值观与社会责任相匹配。

齐可林认为，这些向量反映的是大学生发展的不同领域和层次，一个领域的发展为其他领域的发展创造条件。但是，这七个向量之间不是严格的单方向发展关系，即学生的发展不总是从一个向量到另一个向量，而是彼此之间以不同的速度相互影响。按照这七个向量，大学应该从以下七个方面对学生发展施加影响：（1）清晰地阐明大学的目标，确保大学政策、实践与活动内在的一致性；（2）控制学校的规模，让学生有更多参与交流的机会；（3）课程设置照顾学生的个性差异，提供多样化的观点，让学生明白他们之所学；（4）采用多样化的指导方式和制度，鼓励学生投入学习；（5）建立住宿学院制度，充分发挥人际交往对大学生发展的影响；（6）形成友谊与学生共同体，"一个学生最重要的老师通常是另外一个学生",通过不同背景、不同价值观学生之间的交流,在大学建立有意义的亚文化;(7)根据学生的教育内容与目标,开发有特色的大学生发展项目与服务,为他们提供与教师合作的机会。[5]

尽管有美国学者批评齐可林的向量忽视了大学生的认知发展,没有考虑每个向量的变化过程,在理论上也不具有系统性,但是,由于它像地图一样能够简单而明了地帮助人们了解学生发展处在什么阶段,下一步又该向那儿发展而被广泛采用,齐可林也因此而成为了迄今为止美国最被认可的大学生发展理论家。[6]

二、个体与环境互动理论

个体与环境互动理论重视大学环境对大学生发展的影响,强调大学生发展是学生个体与大学环境相互作用的结果。在这类理论中,代表性的有:阿斯汀(Alexander Astin)的"输入-环境-输出"模型(Input-Environment-Output Model,I-E-O)及"学生投入"(Student Involvement)理论,桑福德(Nevitt Sanford)的"挑战与支持"(Challenge and Support)理论和尤里·布郎芬布瑞勒(Urie Bronfenbrenner)的"人类发展生态学"模型(Ecology Model of Human Development)等。[7]其中,由加州大学洛杉矶分校"高等教育与组织变革"教授阿斯汀提出来的"输入-环境-产出"模型既是产生最早,也是迄今影响时间最久的大学生发展理论模型。

在阿斯汀的模型中,"输入"是指大学生在入学时的才智(Talent)发展水平,由多个变量组成,包括:(1)学生的自然特征,如年龄、性别、种族等;(2)家庭背景,如父母收入等;(3)入学前的学习与社会经历,如高中年级、上大学的理由、入学考试成绩、部队服役状况等。"环境"是指在大学学习期间所有能够对学生发展产生影响的校内、校外经历,影响源既可以是人,也可以是项目、政策、文化、经历和资源等。变量主要集中在以下领域:(1)教育环境,如院校特征、学校氛围、学生同辈群体特征、教师特征等;(2)教育活动,如课程、专业、教育项目、教育干预、课外活动,等等;(3)教育资源,如财政资助、住宿制、导师制、学校设施、附属组织等。"产出"则是指学生在受到环境影响后所表现出来的特征、知识、技能、态度、价值观、信仰和行为。变量包括平均级点成绩、考试成绩、课程绩效、学位获得情况、全部课程的满意度等。阿斯汀的模型见图2。

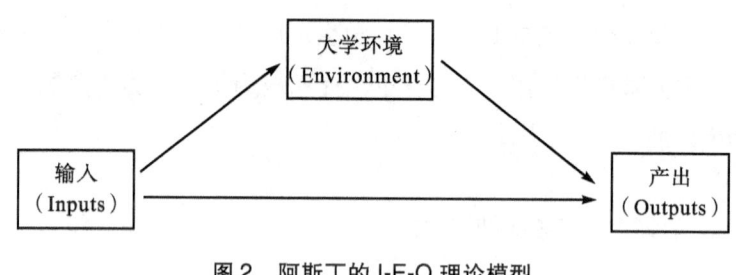

图2　阿斯丁的I-E-O理论模型

资料来源：Cassandra C. Green. The Effectiveness of a First-Year Learning Strategies Seminar. Wilmington University，2010. p. 16。

阿斯汀认为，在大学生发展过程中，尽管环境起着至关重要的作用，但是，大学生最终的发展结果如何主要还是取决于他们在受环境影响时的投入（Involvement）。他们做了什么，又是如何做的。如学习是否尽力，是否积极投身于各种学术与社会活动，是否充分利用了大学提供的各种资源。输入（Inputs）只是发展的基础，投入才是发展的动力。因此，在1984年他提出了著名的"学生投入理论"。阿斯汀的投入理论由五个方面组成：[8]（1）投入指的是学生投入到各种客体（Object），如课程、学术与社会活动等之中的体力与心力的总量。投入既可以是具体的，如学生为准备某门课程考试所花费的学习时间，也可以是笼统的，如学生花在学生活动中心与同伴待在一起的时间。（2）投入是一个连续性的概念。不同的学生基于兴趣，对不同的客体投入的体力与心力不同；同一学生对不同客体投入体力与心力也不同。如有的学生在课程学习时更投入，而有的学生在参加社会活动时更投入，他们获得的发展是否不同，原因是什么，值得关注。（3）投入既有数量也有质量特征。从数量上衡量，如学生把多少时间用于学习;从质量上衡量,如学生有没有深入思考。(4)学生学业表现、个人发展水平与学生投入的数量、质量直接相关。(5)学校教育政策或实践的效果与该政策或实践促进学生的投入直接相关。至此,阿斯汀的"输入-环境-输出"模型得以转化(见图3)。

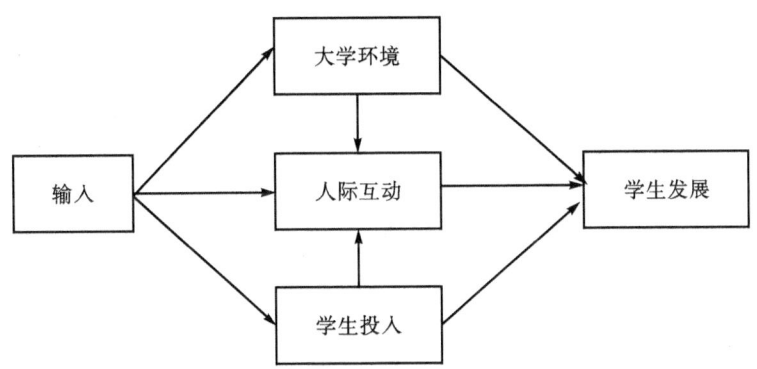

图3 阿斯汀的"输入-环境-输出"转化模型

阿斯汀总结道:一所大学真正的卓越能力是它对其教师和学生产生积极影响、促进他们智力与学术发展,让他们的生活美好的能力。最卓越的大学就是那些对自己学生的知识、个人发展能够产生最大影响、让他们价值最大化的大学。[9]而通过向学生提供一系列不同的、包含新的观点、人员和经历的学术和社会活动,吸引学生投入其中,充分利用这些活动让学生获得发展,使其转化成学生自身的资本是关键。因此,学生发展不只是大学影响的结果,而是要靠学生投入学校提供的环境。

阿斯汀的模型及投入理论产生了广泛的影响。其一,它为大学制定招生标准、创设学术环境、展现学术预期、建立学生支持系统来影响学生发展提供了最实用的参照框架。其二,该理论虽然是美国人对美国学生进行研究而得出的结论,但这一理论模型适用于各种不同的文化条件,而不仅仅适用于美国。因为这类理论试图解释学生个体及群体是怎样受环境影响的以及又是怎样反过来影响环境的,具有跨文化的适用性。[10]其三,这一理论还为其他的大学生发展理论研究奠定了基础。如在阿斯汀投入理论的基础上，库恩（George D. Kuh）等人提出了"学习产出模型"，帕斯卡雷拉（Ernest T. Pascarella）通过对该模型"输入""环境""产出"中不同变量的调整，构建出了学生发展综合因果模型，提出大学生发展是院校结构及组织特征如招生人数、师生比、招生选拔性、住宿生比例等与院校环境、学生背景、学生的努力程度和社会性互动等直接、间接共同作用的结果。

三、大学生离校理论[11]

大学生离校理论的构建者是锡拉丘兹大学（Syracuse University）的文森特·廷托（Vincent Tinto）教授，他也是美国最负盛名的研究大学生辍学问题的专家。他发现在美国四年制院校，大学生毕业率仅为61%，也就是说，高达39%的学生最终没能获得学士学位。[12]廷托提出，学生选择离校与否是学生与大学的学术和社交系统相互作用的结果。对于是什么原因造成这种现象，廷托提出了"融合"的概念，即如果学生能很好地融入大学的学术和社交系统，他们的大学期望和目标就能够得到满足，那么他们就会选择继续留在这所大学。相反，如果他们没能融合到大学的学术和社交系统，他们的大学期望和目标就不会得到满足，那么他们就会选择辍学或者是转学。廷托还明确提出了学生在进入大学之前所形成的性格和个人特质以及大学之前的学习经验都会直接影响他们对于大学的期望和目标，进而影响学生融入大学学术和社交系统的深度，最终会影响学生是否会选择离校。如果大学要提高学生的保留率，就必须有效地介入大学的学术和社交系统，让学生更好地融入大学组织中。离校理论中的融合思想与个体、环境互动理论中的投入概念有着异曲同工之妙，都强调大学生要融入大学生活，参与到校园课堂内外的活动，与老师、同学积极互动。[13]

四、本科生社会化理论

本科生社会化理论的创立者是曾在明尼苏达大学任教的约翰·魏德曼

(John C. Weidman)。该理论建立在下列三个方面的基础上：一是他自己有关大学校园经历与父母社会化对本科生职业选择影响的研究；二是齐可林和阿斯汀的模型；三是社会学领域里有关成人社会化的研究。[14] 与阿斯汀、帕斯卡雷拉和廷托的理论主要关注大学环境对大学生发展的影响不同，魏德曼认为，大学不是一个封闭系统，学生发展既受校内环境的影响，也受校外因素的制约，因此，他更重视非认知因素对本科生社会化的影响。这些因素影响学生吸收什么知识，掌握什么技能，形成什么态度。

本科生社会化理论的内容如下所述：第一，大学是一个规范性的组织，虽然本科生社会化发生在大学的规范情境（Normative Context）中，是大学共同体中学生与其他成员相互影响的过程，但是，这一过程却受到学生背景特征，如家庭社会经济地位，入学前形成的习性、职业偏好、抱负、价值观等影响。一旦大学的影响与这些背景特征不一致，这些背景特征就会调节或抵消学生大学经历的影响。第二，学生在读大学期间会受到既可能发生在正式情境下，也可能发生在非正式情境下的规范压力（Normative Pressure）的影响。这些规范压力主要来自：（1）父母与子女之间的关系，如父母的支持与控制、对学业成绩的要求等。（2）学生在大学里与教师和同伴的关系。好的师生与同伴关系具有促进学生在学术与社会方面整合的作用，这不仅关系到学生能否达到大学的目标，也关系到学生个人目标能否实现。另外，好的关系还能够让大学成为一个"道德权威"，因为在规范情境下，成员间的社会关系既能够为传递规范的影响提供网络，同时，积极的社会关系还能够让规范变得更易于被成员内化。反之，坏的师生与同伴关系则会对大学生社会化起到消极的作用。（3）教师以不同形式表达出来的大学使命所产生的规范要求与期待。学生虽然是大学组织的一员，但是，他们主要隶属于一个学系，学位及完成学业的要求通常也是学系制定的。学系作为学院最主要的工作场所对学生不仅有相当明确的目标要求与期待，同时还拥有有效的规范和实用的惩处条例。[15] "学生越能够从校园环境中感受到期待，大学影响学生社会化的潜力也就越大"。[16]（4）学生拿来与自己作比较的参照群体。这些都是影响学生社会化的因素，在某种程度上，它们影响学生在大学里的选择和经历。第三,学生对规范压力中的不同方面进行评估,确定什么是阻碍实现个人目标的关键因素。第四,改变或维持入学前的价值观、抱负与个人目标,完成社会化。本科生社会化理论的模型见图4。

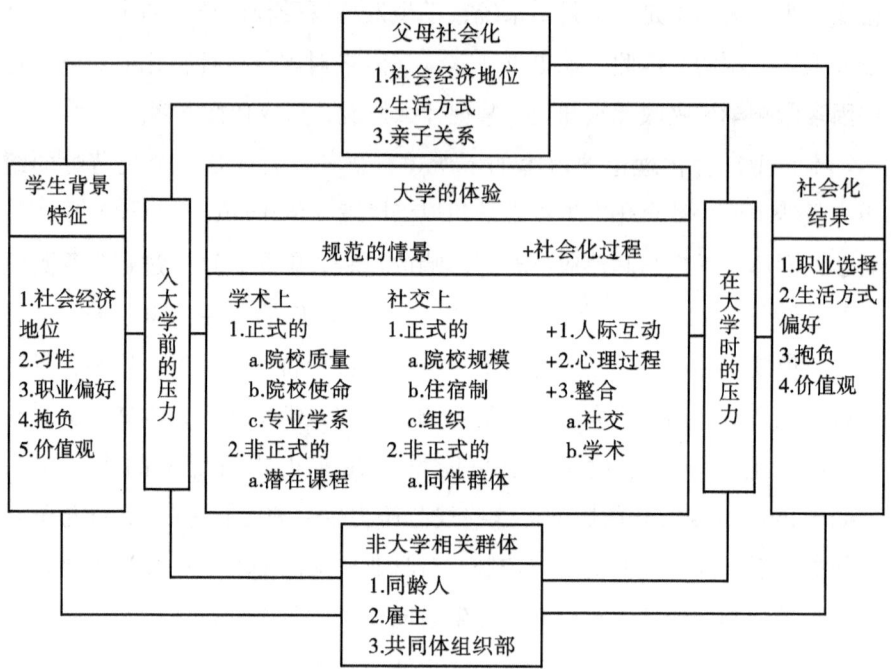

图4 魏德曼大学生社会化模型

资料来源:Pascarella, Emest T., Terenzini, Patrick T.. *How College Affects Students* [M]. San Francisco:Jossey-Bass Publishers, 2005, p.59。

五、结语

上述这几种有关大学生发展的理论虽然学科基础不同,关注的中心问题也不一样,但却有一些共同特点。(1)都把学生发展放在一个系统中加以考察,并从多学科来探讨大学生发展问题;(2)都非常重视环境尤其是由学生和教师、学生与学生构成的人际环境对大学生发展的影响;(3)都注重模型的可操作性和对大学实际工作的指导作用。这些特点也使它们成为了目前最有影响的大学生发展理论。

参考文献

［1］ Jennifer L. Wycoff. *First-year Seminarsand Student Persistence in SelectedFour-year Institutions: A Study from the 2006 National Surveyon First-year Seminars* ［D］. University of Alabama, 2014, p. 33.

［2］ Robert E. Slavin. *Educational Psychology, Theory and Practice* ［M］. Pearson Education, Inc, 2003, p. 43.

［3］［4］ 王鹏. CHICKERING 的教育认同理论与我国高校学生工作的适应性问题探讨 ［J］. 武汉科技学院学报, 2008（1）.

［5］［8］［13］［14］ Pascarella, Ernest T., Terenzini, Patrick T. *How College Affects Students* ［M］. San Francisco: Jossey Bass Publishers, 2005, p. 23, 51, 54, 58.

［6］ Nancy J. Evans, etc. *Student Development in College* ［M］. San Francisco: Jossey-Bass Publishers, 2010, p. 81.

［7］［10］ Kristen Renn. 李康译. 学生发展理论在学生事务管理中的应用：美国学生发展理论简介 ［J］. 高等教育研究, 2008（3）.

［9］ Alexander W. Astin. *Achieving Educational Excellence* ［M］. San Francisco: Jossey-Bass Publishers, 1985, pp. 60-61.

［11］ 胡苗苗. 美国适应性新生研讨课研究 ［D］. 北京师范大学, 2015.

［12］ Joe Cuseo. The Freshman Orientation Seminar: A Research-Based Rationale for Its Value, Delivery, and Content ［EB/OL］. http://files.eric.ed.gov/fulltext/ED334883.pdf. 2014-11-10.

［15］［16］ JohnC. Weidman. *Impact of Campus Experiences and Parental Socialization on Undergraduates' Career Choices* ［J］. Research in Higher Education, 1984, 20（4）.

高等教育质量差异与区域创新

赖德胜 王 琦 石丹淅[①]

一、引言

在看到中国整体创新水平不断提升的同时，也不容忽视不同区域创新水平的差距。中国创新产出的聚集现象明显，如近五年来，北京、上海、江苏等地区专利授权数占全国总量一直维持在60%~70%，而专利授权数最少的青海、新疆、甘肃等地区不足1%。地区经济实力、研发经费投入、科研机构（包括大学）的整体实力等都会影响区域创新水平，其中，高等教育被视作最重要的影响因素之一。学者们通过研究高等教育资源的分配与产出的关系、高等教育与创新的关系，证明了如下结论：以大学为主的教育机构是实现创新的基本主体之一，这一主体通过人才培养和科学研究的方式为创新注入动力。[1]因此，一个地区总体教育水平的提升有利于推动知识和技术传播，进而带动创新水平提升。[2]

但是，中国的现实状况却似乎与上述结论不相符。1999年扩招以来，中央和地方政府对高等教育投资增大，各地高校毕业生累积量激增。一些创新产出较为落后的地区，如内蒙古、安徽、宁夏等普通高等学校数的增速一度超过了100%，远超过北京、上海等创新发达地区。到2012年，安徽、河南等地区普通高等学校数都超过了100所，不仅远高于全国平均水

[①] 作者简介：赖德胜，北京师范大学经济与工商管理学院教授；王琦，北京师范大学教育学部硕士；石丹淅，北京师范大学管理学博士。

平（78所），而且高于浙江等发达地区。另外，高等教育经费新增投入量和增速也有非发达地区远高于发达地区的现象，但大部分地区的创新成果没有随高等教育投入力度的增加而大量涌现[3]，大学、企业联合的方式还没有对区域创新产生特别显著的正向影响[4]，区域创新差异大的问题也没有得到根本解决[5]。虽然不同区域有着不同的经济制度环境、知识生产方式和技术转移方式[6]，但一般情况下，大学为企业提供技术和知识，企业将其转化为动力源泉，继而促进技术革新的规律是客观存在的[7]。出现这样的矛盾现象，除了上述总量指标之外，不同区域内高等教育差异水平也是影响创新的因素之一。

从中国大学的分布发现，不仅公认的优质大学分布集中在几个地区，而且区域内大学质量差异也大，部分地区形成了"个别高校独领风骚，其他院校望其项背"的局面。是不是高等教育资源在区域内的配置差异影响了创新？更进一步说，是不是大学特别是优质大学，比如"985"高校、"211"高校在区域上的分布特性导致了教育质量的差异，进而影响创新活动的有效进行？如果这种影响真的存在，什么样的高等教育资源配置对区域创新有利？本文力图借助知识溢出理论、人力资本理论以及宏观与微观数据的分析来探究大学质量差异、知识流动与创新的内在联系。

二、理论模型

（一）理论分析

高等教育对区域创新的作用不仅体现在人力资本积累、直接参与研发等方面，还包括高等教育培养出差异化人才，不同人才在各层次进行创新、创新推广与创新成果的制造等。另外，不同层次的科研机构承担前沿探索、创新知识传播与转移等任务。

1. 高等教育对区域创新的作用机理

创新离不开高等教育，优质高等教育资源是重要的外部技术源泉。[8]一般来讲，高等教育促进创新的作用机理可以通过四条途径来实现。一是人力资本积累。大学促进劳动者知识、技能提高，培养专用型人力资本和通用型人力资本[9]，是促进人的"知识进展"的重要场所[10]，而基于"知识进展"的人力资本积累引发了技术进步和创新。二是高等教育机构的研发成果直接转化为生产力。校企联合的科学发明、校企合作的研究基地等都是高等教育促进创新的体现。[11]三是优质教育资源打造的高层次人力资本形成"领头羊"团队，一般教育资源培养的具有一定学习能力的人力资本进一步推动技术成熟。[12]具体而言，那些接受了优质高等教育的人进入企业研发部门或独立的研究机构，组成核心团队，进行发明创新；同时，进入生产领域的这些高技能人才构成的创新型团队又吸纳了更多的、能在短时间内掌握该创新技术的一般人才，最终带动创新产品生产。[13]四是优质教育机构研究高端前沿技术，一般学校学习并随时跟进，促进地理区域内整体创新能力提升。前两种机制强调高等教育对区域创新的正向影响，而后两种机制强调了教育体系分层以及不同层次人力资本培养对区域创新的重要性。

2. 知识溢出与创新的关联机制

知识交流过程中，在知识的非竞争性和部分排他性因素作用下，知识溢出产生。[14]竞争效应和交流效应都是知识溢出效应的具体表现，被用来解释创新发生机制。一是竞争效应，它强调同质性对创新的作用。地理空间临近的两个机构（企业或者研究机构，这里主要指大学）之间存在竞争关系。政府往往对人才培养和科研成果达到既定目标的机构投入更多资源，比如科研机构申请科研项目要看研究成果和研究基础。类似这样的措施促进了机构间竞争，推动知识创造，最终推动创新。二是交流效应，它强调差异性对创新的作用，可以借助"知识关联"理论[15]来阐释。如果地理空间临近的两个人的知识水平完全没有差异，那么，这两个人进行知识交流毫无意义；如果两个人的知识水平差距太大，交流的可能性低，那么，他们之间合作的可能性也是很低的，这种潜在的、能够最大限度提高交流效应的合作可能性称为人与人之间的"创新合作边界"。从这个意义上讲，上文提到的高等教育资源对区域创新的第三条作用渠道就具有了其理论基础，因为只有借助不同的教育机构培养出有一定差异，但差异又不是特别大的劳动力,他们在进行分工合作的时候才能实现知识溢出和创新。

(二) 倒"U"关系假设

借助上文的理论分析,我们提出教育质量差异与区域创新的倒"U"关系假设。首先,按照教育学理论,人获取知识最重要的渠道之一是教育,而高等教育是获取专业知识的主要渠道。从高等教育和人才培养的关系来看,人的基本素质一定的条件下,高质量大学传播知识的能力更强,更容易创造出综合能力(包括创新能力)更强的个体;择优录取机制存在的情况下,高质量大学能招收到高质量学生,两股力量合并,更有利于顶尖人才培养。因此,造就高质量大学有其必要性。但是,根据"合作边界"定义,如果顶尖人才寥寥可数,那么这就意味着人与人之间很难达到"合作边界",不利于创新合作。其次,学校间适当的差异导致信息、教师资源双向流动,如果这种流动产生思想碰撞引发知识溢出并导致创新的产生[16],那么学校间差异过大就可能会在一定程度上影响智力合作进而影响创新。同时,其他条件一定的情况下,如果区域内高校的教育水平完全没有差异,那么这两个区域就不会有知识溢出,这两个区域组成的大的地理范围内基于校际合作的创新可能性就为零。

总之,通过理论分析可以假设:在其他条件(包括区域内总体教育水平)相同的情况下,不同区域内大学教育的差异水平与区域创新水平呈现倒"U"形分布特征,即区域内大学教育质量差异过大和过小不利于创新合作,适当差异利于创新合作。因此,既能保证竞争又存在合作交流可能的教育资源配置更加合理。为方便论述,对应"合作边界"的定义,不妨定义倒"U"顶点所对应的质量差异为"教育的创新合作边界",即其他条件相同的情况下,大学质量差异继续扩大或减小都会影响创新的临界值。将"教育的创新合作边界"所在的区间定义为"教育的创新合作区间"(见图1)。

(三) 模型推导

为了证明只有当衡量区域内教育差异的指标值达到某一标准或者落在

一个适当的区间内，创新合作才是最有效的，换言之，在一个地区总体教育质量水平、经济发展水平等其他条件一定的条件下，存在"高等教育的创新合作边界"或"创新合作区间"，可以借助下述模型表示（见图2）。

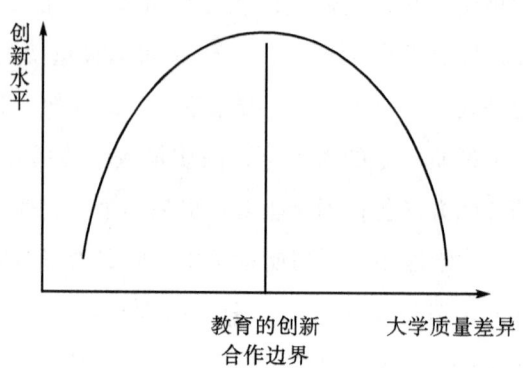

图1 大学质量差异与区域创新水平分布特征

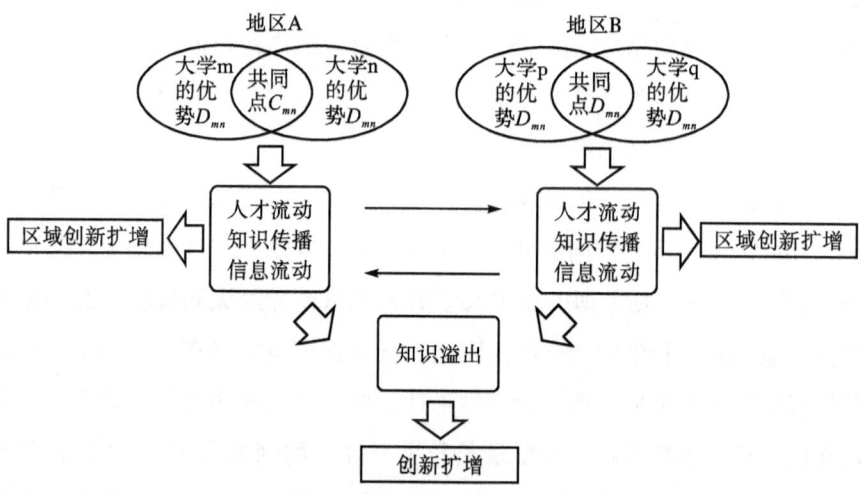

图2 大学质量差异与区域创新关系理论模型

将人与人之间的知识交流模型[17]形式推广到大学间知识交流问题。以地区A为例，假设S_m、S_n分别代表大学m和n的禀赋水平，S_{mn}^d代表大学

m 相对于大学 n 的优势 D_{mn} 的大小，S_{nm}^d 代表大学 n 相对于大学 m 的优势 D_{nm} 的大小，S_{mn}^c 代表大 m 和 n 的共同点 C_{mn} 的大小，$S_{mn}^c = S_{nm}^c$（见图2），几个变量的关系图1大学质量差异与区域创新关系图2大学质量差异与区域创新关系理论模型可以用以下公式表示：

$$S_m = S_{mn}^c + D_{mn}^d \qquad (1)$$

$$S_n = S_{nm}^c + S_{nm}^d \qquad (2)$$

假设其他条件一定的前提下，学校间的人才交流和科学研讨促进了知识传播和知识创造，而知识传播和知识创造都是创新不可或缺的要素，并且二者是有联系的，知识传播为知识创造提供了前提，知识创造丰富了知识传播的内容。知识传播和知识创造有两个来源，一是"自给自足"，学校借助自身禀赋优势进行知识传播和创造，用数学表达式 $K_{mn} = (S_{mn}^d)^\varphi$ 来表示；二是"合作共赢"，凭借与其他学校相近的特征进行充分的交流合作，在这个过程中进行知识传播和知识创造。"合作共赢"的实践性决定了它不仅对显性知识的传播和创造有积极意义，而且利于隐性知识的激发。用 $(S_{mn}^c)^{1-\varphi}$ 来表示"合作共赢"的效果。合力作用 k 可以用如下公式表示：

$$K_{mn} = \gamma \cdot (S_{mn}^d)^\varphi \cdot (S_{mn}^c)^{1-\varphi} \qquad (3)$$

其中，φ 表示校际间差异系数，即大学 m 较之大学 n 的优势水平 S_{mn}^d 占大学 m 总质量水平的比率，$1-\varphi$ 表示大学 m 与大学 n 的相同特征量 S_{mn}^c 占大学 m 总质量水平的比率。有了知识创造和知识传播，进一步考虑国家（或地区）两所以上大学质量差异和创新的问题。为区别表示，区域内多所大学质量差异系数为 G，Griliches 给出如下形式的知识生产函数[18]：

$$lnY = F(R, Z) \qquad (4)$$

其中，Y 为创新产出，lnY 为创新产出的对数，R 为创新投入，Z 为其他控制变量。根据上文的推论，大学的研发水平、培养的人力资本的质量差异都会对创新产生影响。而包含了科研、教学等指标在内的大学的整体质量水平差异可能会更全面地反映大学教育对创新的影响，因此，在式（4）基础上加入衡量区域内大学质量水平差异的变量（G）。

$$lnY = F(G, R, Z) \tag{5}$$

假设上文命题是成立的,且数据是连续的,模型(5)中的 G 应该存在一个取值,使得 Y 有最大值,即控制了其他影响创新的因素之后,适当的大学质量差异有利于创新合作。知识溢出理论和创新产出函数似乎可以借助高等教育的差异性问题联系到一起,但是这种理论推导结果还需要借助数据进行检验才能进一步得到证明。

三、研究方法与数据说明

(一)模型设计

本文首先借助宏观数据构造平衡面板数据[19]进行计量分析。具体地说,被解释变量是中国大陆 31 个省(市、自治区)2007—2012 年各年专利授权数的对数,主要解释变量是区域内大学质量水平差异系数(G)以及差异系数的平方(G^2)。控制变量(Z)的设计分别从创新的资金投入、人力资本投入、创新的经济环境、地区总体高等教育水平几个方面考虑。第一,用各地区研究与试验发展经费内部支出(R&DK)来代表创新资本投资情况。第二,用各地区年度研究与试验发展全时人员数(R&DL)代表创新活动的人力资本投资情况。第三,用人均 GDP(AGDP)代表区域创新的经济基础。第四,用大学质量综合得分的平均分(MSC)代表地区总体高等教育水平。模型形式如下:

$$lnY_{it} = \alpha_i + \beta_1 G_{it} + \beta_2 G_{it}^2 + \beta'_z Z + \mu_{it} = \alpha_i + \beta_1 G_{it} + \beta_2 G_{it}^2 + \beta_3 R\&DK_{it} + \beta_4 R\&DL_{it} + \beta_5 AGDP_{it} + \beta_6 MSC_{it} + \mu_{it} \tag{6}$$

其中,t 表示时间(年),i 表示地区,α_i 为截距项,β_1、β_2 为主要解释变量系数,β'_z 为控制变量系数向量,μ_{it} 为随机扰动项。

(二)计算"教育的创新合作边界"

从研究方法来看,只需要对不同大学的人才培养、教学成绩、科研等各方面进行有效测度,就可以从数字上区分不同大学之间的质量差异性,描述性统计结果可以分析变量的基本特征,计量模型可以证明区域教育质量差异对创新的影响是否显著。但是,更有意义的工作是在一个可信性强、公信度高的大学教育质量评价体系下找到一个标准化的数值（教育的创新合作边界）或者区间（教育的创新合作区间），给高等教育投资方一种信号：该地区的大学质量差异是否合理，如何投资才可能对该地创新更有利？从数学理论上容易推导，式（6）可以变形为：

$$Y_{it} = exp(\alpha_i + \beta_1 G_{it} + \beta_2 G_{it}^2 + \beta'_z Z + \mu_{it}) \tag{7}$$

假设数据是连续的，对公式求偏导可以得到倒"U"曲线顶点对应的 Gini 系数值：$\partial G_{it} = (\beta_1 + 2\beta_2 G_{it}) exp(\alpha_i + \beta_1 G_{it} + \beta_2 G_2 it + \beta'_z Z + \mu_{it})$

令上式为 0，得到：

$$G_- = -\frac{\beta_1}{2\beta_2} \tag{8}$$

根据第二部分理论模型介绍，我们称 G_- 为"创新的教育合作边界"。

（三）数据选择与描述

首先，本文以中国大陆 31 个省（市、自治区）为研究样本，采用了 2007—2012 年《大学》杂志与中国校友会网等机构联合公布的大学质量综合得分数据计算各地区的大学质量差异系数 G。G 可以有如下计算方式：基尼（Gini）系数；测度差异的指标，如 Mehran 指数、Kakwani 指数、Theil 指数等。需要说明的是，由式（3）和式（5），基尼系数的性质决定了它可以较为方便地测度区域内大学质量差异。简单来看，当只考虑两所大学时，令 $G=\varphi$，G 取最大值 1 时意味着区域内教育质量差异特别大，以至于没有合作和交流的空间；G 取最小值 0 时，意味着校际没有差异，不存在交流与合作的必要。两个极端情况下，学校间互动形成的创新源泉丧失，即 $k_{mn}=0$。当 G 取大于 0 小于 1 的值时，它还可以表示大学 i 较之大学 j 的优势水平 S_{mn}^d 占大学 i 总质量水平的比率。

其次，选择 2007—2012 年国家统计局公布的 31 个省（市、自治区）的申请授权专利数进行分析，计算得到专利数与上述基尼系数的相关系数值为 0.686，且在 1% 的水平上显著。鉴于不同地区专利申请授权数差异较大，且数据较为分散，将其取对数值之后的结果与基尼系数值组合做散点图，分析发现，多数地区大学质量综合得分的基尼系数值在 0.6~0.8 之间，且存在倒"U"特征，各地差异特征明显。但是，这一特征是否显著尚须进一步的计量检验（见图3）。

西藏自治区、新疆维吾尔自治区、青海省等地区的大学质量综合评价得分的基尼系数均小于0.4，为清晰地展示图示，这里没有标示在刻度轴上。另外，为了呈现不同省份的数据特征，把省市名称标注在了散点图下方。

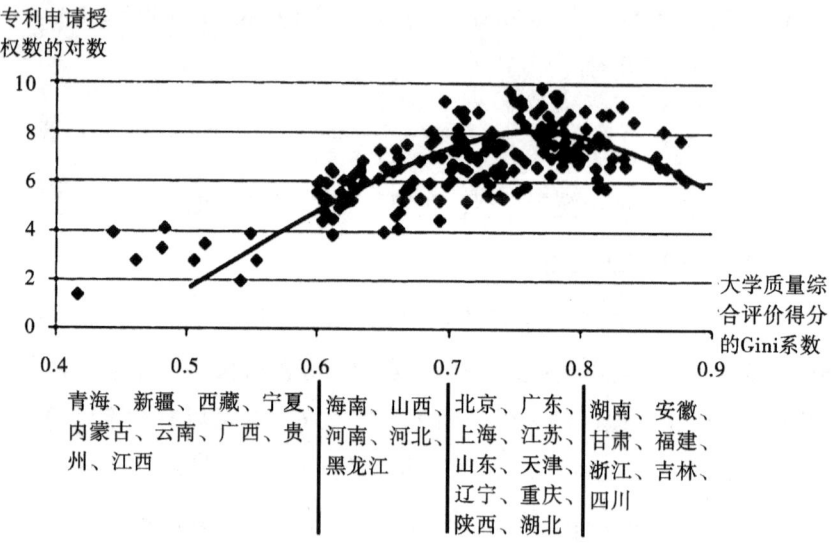

图3　大学质量综合得分Gini系数与申请授权专利数的对数

四、研究结果与检验

（一）模型实证结果

基于模型（6）和宏观数据样本，进行计数面板数据模型的Hausman检验，得到卡方值为88479.47，在1%的显著水平上拒绝了采用随机效应模型的假设。下表列示了OLS和固定效应模型估计结果，显然OLS方法高估了系数值，从统计意义上看，固定效应模型结果更为合理（见表1）。

第一，对比模型1-1至模型1-3，不难发现所有模型的二次项系数

(G^2）均小于0，表明控制其他变量不变的情况下，前文提出的理论假设用宏观数据得到了证明，即适度的教育质量水平差异对创新合作有促进作用。加入了其他变量以后（见表1中模型1-3），模型系数值减小，但依然显著，根据式（7）计算发现，倒"U"形曲线最低点对应的基尼系数值在0.75左右，与之前的描述性分析具有一致性。也就是说，用《大学》杂志计算的教育质量得分Gini系数度量的中国"创新的教育合作边界"在0.75左右。

表1　宏观数据模型实证结果

解释变量	模型1-1（OLS）	模型1-2（FE）	模型1-3（FE）
大学质量综合得分的基尼系数（G）	14954.92 (7618.661)*	48.955 (0.877)***	11.720 (0.816)***
大学质量综合得分的基尼系数的平方（G^2）	−22937.85 (7206.312)***	−42.246 (0.594)***	−8.640 (0.576)***
研究与试验发展经费内部支出（R&DK）			−0.00004 (0.000)***
研究与试验发展全时人员数（R&DL）			−0.004 (0.001)***
人均GDP（AGDP）			−0.241 (0.001)***
大学质量综合得分的平均分（SCM）			−0.217 (0.372)
Wald		23.940.13	41442.94
F	7.66		
P值	0.001	0.000	0.000
观测数	186	186	186

说明：括号外和括号内的数值分别代表估计系数和标准误差，*、**、***分别代表显著性水平为1%、5%和10%。

第二，模型 1-1 至模型 1-3 中，科研人力资本投入（R&DL）、人均 GDP（AGDP）的系数值显著且均为正，符合经济意义。说明从事研发的劳动者越多，当地经济发展水平越好，专利交易市场越活跃的地区专利授权数越多，创新水平越高。大学质量综合得分的平均分（MSC）系数不显著，原因在于一个经济较发达，人均 GDP 较高的地区，整体教育质量往往较高，所以 MSC 和 AGDP 高度相关，MSC 不显著容易解释。但是，研究与试验发展经费内部支出（R&DK）系数值虽然不高却显著且为负，似乎说明科技活动经费投入多的省市创新水平反而低，这显然与一般经济意义相悖。产生这一结果在于在目前的统计口径下经费内部支出包括了人员经费，也就是说，R&DL 和 R&DK 具有高度相关性，剔除人员经费之后会更好地解决多重共线性问题，但是统计局只从 2009 年起开始公布"按支出用途分研究与试验发展（R&D）经费内部支出"，所以下文借助微观数据再次对该问题进行实证分析和阐释。

（二）稳健性检验

1. 基于微观数据的检验

如上文所述，用宏观数据得到的模型中，部分解释变量系数符号与经济意义相悖。另外，上述模型的系数稳健性也待检验。鉴于此，这里选择 2007—2012 年中国上市公司的微观数据再次进行检验：上市公司所在地区的大学教育质量差异过大是否影响该公司的创新成果。由于不同企业上市时间不同，所以数据结构为非平衡面板数据，构造模型过程中，删掉公司 IPO 公告中明确说明"研发费核算不适用"的样本，最终得到 1485 家公司的数据，占到了所有上市公司总数的 60%。继续采用式（6）的模型形式，只是被解释变量和控制变量略作调整。被解释变量为企业授权专利数的对数，其他变量见表 2。Hausman 检验得到卡方值为 1.39，随机效应模型更为合适。

从表 2 发现，引入不同的控制变量，对 G 和 $G2$ 两个变量的系数值影响不大，且均在 1% 的水平上显著，倒"U"形顶点所对应的教育质量得分的 Gini 系数值在 0.75 左右，和宏观数据的结果差异不大，说明第三部分理论推演结果同样可以找到微观数据支持。另外，企业高管中"211"高校、"985"高校毕业生占比（Mratio）的系数并不显著，"名校高管促创新"的论断似乎并不成立。这可能与中国上市公司企业特征有关，不少有"国字号"背景的资源消耗型企业创新空间不大、转型可能性低，只能从"节约"而非"出新"方面下功夫，所以专利技术少。2009年，中国才推出创业板市场，"创业板"企业尚未形成气候，"名校高管"发挥作用的效果还没有显现。另外，企业上市年数（Age）系数值为负，表明上市时间越短的公司创新成果越多。这些企业大多属于IT等新兴行业，管理层大多学历水平较高，创新能力强，给区域创新带来了活力。

表2 基于微观数据模型的稳健性检验结果

解释变量	模型2-1（RE）	模型2-2（RE）	模型2-3（RE）
主要解释变量			
企业所在地区大学质量综合得分的基尼系数（G）	14.731 (4.897)***	15.898 (5.424)***	15.960 (5.436)***
企业所在地区大学质量综合得分的基尼系数平方（G^2）	-9.465 (3.494)***	-10.388 (3.863)***	-10.317 (3.876)***
控制变量			
企业开发支出额（R&D）		0.452 (0.068)***	0.382 (0.069)***
企业高管中"211""985"院校毕业生占比（Mratio）			-0.062 (0.073)
企业期末资产的对数（Infund）			0.144 (0.020)***
企业上市年数（Age）			-0.019 (0.006)***

续表

解释变量	模型 2-1（RE）	模型 2-2（RE）	模型 2-3（RE）
企业所在地区人均GDP（AGDP）			0.114（0.013）***
大学质量综合得分的平均分（SCM）			-0.116（0.372）
模型基本信息			
Wald	17.83	60.02	232.61
P 值	0.001	0.000	0.000
观测数	5261	5261	5261

说明：企业开发支出额包括资产投入和技术劳动力投入；括号外和括号内的数值分别代表估计系数和标准误差，*、**、***分别代表显著性水平为1%、5%和10%。

2. 基于控制变量的再检验

在上述分析过程中，我们发现以下几个问题：第一，按照《大学》杂志的综合评价方法，用大学质量综合得分的平均值衡量地区整体教育水平可能存在一定问题，因为极端值的影响可能导致我们的判断不可信。以北京学校为例，得分最高的达到100分，得分最低的只有几分。所以用地区内拥有重点大学的数量来衡量该地整体的教育水平可能更具代表性，鉴于国家曾经在政策上向部分指定院校进行资源性倾斜，这里用地区内拥有"211"高校（包括所有"985"高校）的数量（$N211$）作为该地教育总体水平的衡量标准再次进行计量检验。第二，有些省份，如河北、山西高校质量普遍不高，但创新能力并非很差，是否相邻省市的优质教育资源对该地区产生了影响，如北京的高校毕业生去河北工作产生了教育投资的正外部性？所以控制这种外部性进行再检验具有实际意义。鉴于控制变量选取方式的多样性可能会对结果产生影响，这里按照两个标准设置虚拟变量进行检验，以期得到更可信的结论。一是设虚拟变量 $D11$，使与创新集中地的北京、上海、江苏、广东相邻，没有"985"高校，且"211"高校小于等于两所的省份河北、江西、广西为1，其他省份为0。二是设虚拟变量

$D12$，令与上述四省市直线距离在 1000 公里以内，没有"985"高校且"211"高校小于等于两所的省份河北、山西、河南、江西、广西壮族自治区为 1，其他省份为 0。第三，描述性统计分析过程中，发现几个边远少数民族地区的整体教育质量水平普遍不高，且区域内教育水平差异不大。这些地区大多位于西部，经济发展落后，教育资源匮乏，且距离发达经济带较远，其他高等教育发达的地区教育投资的正外部影响很难波及这些地区。另外，少数民族地区产业特征与其他地区存在差异，基于其独有的文化特色，这些地区往往以旅游等产业为支柱，专利产出量相对较少。为了控制这些因素对创新的影响，本文设置虚拟变量 $D2$ 再次进行稳健性检验，设五个自治区和少数民族最多的省份云南为 1，其他省市为 0。再次对模型进行估计，结果如表 3 所示。

上述结果表明主要解释变量系数变化不大，之前模型较为稳健。另外，还有几个结论颇有价值。第一，"211"高校数量（$N211$）依然不显著，说明变换衡量大学质量总体水平的变量之后得到的结果变化不大（见模型 3、模型 4）。该结果再次证明，并非一个地区高等教育质量总体水平对该地区企业的创新没有作用，而是区域高等教育整体水平与当地经济发展水平高度正相关，导致模型系数不显著。第二，$D11$、$D12$ 系数部分显著，在一定程度上，教育投资的外部性是存在的，且受到地理空间的限制。第三，在控制了经济差异因素前提下，少数民族区域特征（$D2$）系数显著，如前文所述，少数民族地区的地理环境和产业特征影响了创新数量。

表3 基于控制变量调整的稳健性检验

解释变量	模型 2-4（RE）	模型 2-5（RE）	模型 2-6（RE）	模型 2-7（RE）
主要解释变量				
大学质量综合得分的基尼系数（G）	13.068 (4.701)***	15.499 (5.433)***	14.657 (5.432)***	11.728 (5.538)**

续表

解释变量	模型 2-4 (RE)	模型 2-5 (RE)	模型 2-6 (RE)	模型 2-7 (RE)
大学质量综合得分的基尼系数平方（G^2）	-8.127 (2.072)***	-9.943 (3.866)***	-8.988 (3.888)**	-7.869 (3.910)**
控制变量				
"211"院校数量（$N211$）	-0.0020 (0.0026)			
教育投资外部性（$D11$）		0.042 (0.169)		
教育投资外部性（$D12$）			0.259 (0.125)**	
少数民族区域特征（$D2$）				-0.542 (0.175)***
模型基本信息				
观测数	5.261	5.261	5.261	5.261
Wald	227.14	220.93	235.33	230.82
P 值	0.000	0.000	0.000	0.000

说明：①为节约篇幅，这里仅列示主要解释变量和新增加的控制变量，其他变量的显著性几乎没有变化，系数值略有变化；②括号内、外的数值分别代表估计标准误差和系数，*、**、***分别代表显著性水平为 1%、5% 和 10%。

五、结论

本文通过拓展的知识溢出和知识创新生产模型，提出了区域内大学质量差异过大或过小对区域创新都会造成负向影响的命题，并利用 2007—2012 年宏观和微观数据证明了该结论的正确性，不同地区的经济特征、产业特征、地理特征等其他影响创新产出的因素一定的前提下，随着区域高等教育质量差异的扩大，区域创新水平存在着显著的先增后减的倒"U"趋势，主要研究结论如下。

第一，其他条件相同的情况下，高等教育质量差异适中的地区创新水平高，差异过小或者差异过大则会对创新水平产生抑制作用。教育水平普遍落后地区的创新能力最差，整体教育水平不低但校际间差异过大的地区创新能力会受到一定负面影响，整体教育水平不低且校际间质量差异适中的地区创新能力强。如果用《大学》杂志公布的高校质量综合得分的基尼系数来衡量"创新的教育合作边界"，这一值维持在 0.7~0.8 较为合理。上海、北京、江苏等地大学质量差异处在"创新的教育合作边界"临界值附近；安徽、四川、浙江、福建等地大学质量差异过大，已经在一定程度上抑制当地创新；青海、广西壮族自治区等地的高等教育呈现普遍落后，差异不大的局面。

第二，教育投资具有正的外部性，但是这种外部性的显著性水平与地理距离有关，较远地理距离的创新合作较弱。河北、山西、海南等地没有几所高质量大学，拥有"985"高校数量甚至为零，但这几个省份也具备一定的创新实力，而且这种创新实力甚至高过安徽、甘肃这些拥有"985"高校的地区。这些省份或是凭借地理位置优势吸引周边发达地区的高校到该地区建立分校，或是借助自然资源、地理优势、经济发展优势享受到了临邻省市的人才流动收益。如 20 余所北京及东北地区的高校在河北省廊坊市建立了分校，山西和海南分别实施了"百人计划"和出台了《吸引高层次专业技术人才暂行办法》，以引进优质人力资本，包括应届高学历毕业生。这从另外一个侧面说明尽管区域内大学质量差异过大，对创新的抑制作用可以通过其他途径来弥补，但是这种弥补可能需要该地区有区位比较优势，或者通过增加行政成本的方式引进人才。

第三，区域整体教育水平与该地经济发展水平和经济结构特征高度正相关。中国高等教育在一定程度上存在"地方割据"现象，即经济发展好的地区大多高等教育资源充足，教育质量高，人才培养成效优，创新成果多。个别经济落后地区因为历史或政策原因保留一两所优质大学，但基础不够雄厚的其他院校往往得不到政府的更多扶持，最终形成"马太效应"，导致优质学校更强，一般学校更弱。而这种"马太效应"又恰好与知识溢出理论中所强调的"适度差异利于创新"的规律相悖。这种高等教育发展模式不仅不利于地区内校际合作，而且最终影响区域创新。另外，少数民族地区的产业特征也在一定程度上影响了创新产出。

第四，优质大学培养的学生进入管理层，促进企业创新的现象在未来会更加明显。本研究显示高管中有多少人毕业于名校对中国上市企业的创新水平并没有显著影响，但上市年限更短的企业的创新水平更高。随着云计算、大数据、新材料、生物工程等新兴技术产业的壮大以及投资环境、政治环境的优化，靠所谓的社会资本垄断发家的企业会逐渐丧失竞争力，没有专业特长，靠所谓的疏通社会关系、占有特殊资源制胜的企业管理者会逐渐减少。既具备管理能力又具有较强专业素养的高学历优质人才主导企业发展的机会越来越多，区域内大学培养人力资本与企业创新产品生产的过程会紧密地结合起来。

上述结论得出以下启示：

一是要建立有效战略联盟。单就教育领域来看，大学需要通过科学研究及成果产业化、课程设置与讲授、人力资源开发等整合方式提升核心竞争力，大学之间的战略联盟[20]作用越来越突出。进一步地从经济学视角来审视高等教育问题可以发现，利于创新的战略联盟既不是几个低水平院校的合伙与拼接，也不是一个"先进"带领几个"落后分子"进行学习与效仿，而是若干具备一定水平的大学之间的交流、联合与协作。因此，最优的模式是区域内优质院校云集，且它们强强联合。但现实情况是一个地区内的高校质量参差不齐，而一个次优的、更符合现实的模式是不同水平的院校联合，既有竞争，又有合作，协同发展。最差的模式是优质院校与一般院校独立的、各自为营的发展。总之，高校联合、大学跨区发展将有利于知识流动和创新人才培养。

二是要合理配置教育资源。在我国政府办高校的大环境下，不同区域不同学校教育质量的差异和政府的倾斜性投入有关，所以透过教育质量差异考量资源投入差异具有现实意义。首先，上海、北京、江苏等地的大学质量差异较利于创新合作，不适合继续增加针对"985"高校、"211"高校或其他类似的重点院校进行资源的倾斜性分配，按照全国平均教育投入增速对这些学校进行投资即可。其次，安徽、四川、浙江、福建等地大学质量差异过大，需加大对非重点高校的扶持力度。其中，浙江、福建等地区经济发达，但是省内优质大学少，主要靠经济优势吸引其他省市大学培养的部分人才来提高区域创新水平，如果适当缩小区域内大学质量差异，充分发挥本地大学对创新的推动作用，其创新潜力会进一步迸发。再次，青海、广西壮族自治区等地的高等教育普遍落后，有待国家大力提高教育投入。

参考文献

[1] 赖德胜. 教育经济学 [M]. 北京：高等教育出版社，2011.

[2] G. M. 彼得·斯旺. 创新经济学 [M]. 上海：格致出版社，2013.

[3] 赖德胜. 教育、劳动力市场与创新型人才的涌现 [J]. 教育研究，2011 (9).

[4] 吴玉鸣. 大学，企业研发与首都区域创新的局域空间计量分析 [J]. 科学学研究，2006 (3).

[5] 张战仁. 我国区域创新差异的形成机制研究——基于集聚互动，循环累积与空间关联视角的实证分析 [J]. 经济地理，2013 (4).

[6] Siegel, D. S., Waldman, D. A., Atwater, L. E., Link, A. N., *Commercial Knowledge Transfers from Universities to Firms: Improving the Effectiveness of University-industry Collaboration* [J]. The Journal of High Technology Management Research, 2003 (14).

[7] Belderbos, R., Carree, M., Diederen, B., Lokshin, B., Veugelers, R. *Heterogeneity in R&D Cooperation Strategies* [J]. International Journal of Industrial Organization, 2004 (22).

[8] Andersson R., Quigley J. M. Wilhelmsson, M. *Urbanization, Productivity, and Innovation: Evidence from Investment in Higher Education* [J]. Journal of Urban Economics, 2009 (1).

[9] 孙志军. 中国教育个人收益率研究：一个文献综述及其政策含义 [J]. 中国人口科学，2004 (5).

[10] Jaffe A. B. Trajtenberg M. *International Knowledge Flows: Evidence from Patent Citations* [J]. Economics of Innovation and New Technology, 1999 (8).

[11] Santoro M. D, Chakrabarti A. K. *Firm Size and Technology Centrality in In-*

dustry-University Interactions [J]. Research Policy, 2002 (7).

[12] Benhabib J., Spiegel M. *The Role of Human Capital in Economic Development Evidence from Aggregate Cross-Country Data* [J]. Journal of Monetary Economics, 1994 (2).

[13] Black S. E., Lynch L. M. Krivelyova A. *How Workers Fare When Employers Innovate* [J]. Industrial Relations: A Journal of Economy and Society, 2004 (1).

[14] Romer, P. M. *Endogenous Technological Change* [J]. Journal of Political Economics, 1990 (5).

[15] BerliantM., Fujita M. *The Dynamics of Knowledge Diversity and Economic Growth* [J]. Southern Economic Journal, 2011 (4).

[16] Chang Y. B., Gurbaxani V. *Information Technology Outsourcing, Knowledge Transfer, and Firm Productivity: An Empirical Analysis* [J]. Management Information Systems Quarterly, 2012 (4).

[17] Fujita M. *Towards the New Economic Geography in the Brain Power Society* [J]. Regional Science and Urban Economics, 2007 (4).

[18] Griliches Z. *Issues in Assessing the Contribution of R&D to Productivity Growth* [J]. Bell Journal of Economics, 1979 (10).

[19] Acemoglu D., Linn J. *Market Size in Innovation: Theory and Evidence from the Pharmaceutical Industry* [J]. The Quarterly Journal of Economics, 2004 (2).

[20] 赖德胜, 武向荣. 论大学的核心竞争力 [J]. 教育研究, 2002 (7).

批判话语分析在大学章程文本中的应用研究
——以新加坡国立大学章程为例

张奂奂　高益民[①]

一、引言

批判话语分析（Critical Discourse Analysis，CDA），是20世纪70年代末至80年代初发展起来的一种语篇分析理论框架和研究方法，旨在通过分析语篇的语言特点和生成的社会历史背景来考察语言结构背后的权力及意识形态之间的关系。CDA研究的队伍庞大、流派众多，其中以英国社会语言学家诺曼·费尔克拉夫（Norman Fairclough）创立的以文本为中心的批判性话语分析体系最具影响力，这一体系的主要理论来源包括社会批评理论和韩礼德（Halliday）的系统功能语言学理论。因此，这一体系的最大特点是将语言学上的文本分析同社会学分析有机结合起来，研究者既关注静态的社会情境，又突出动态的意义建构过程，真正做到了联系、发展地看待社会问题。[1]

二、批判话语分析在大学章程文本中应用的研究路径

费尔克拉夫的批判性话语分析包含了从微观到宏观的三个研究维度，即"文本""话语实践"和"社会实践"。文本是话语实践的产物，话语

[①] 作者简介：张奂奂，北京师范大学博士；高益民，北京师范大学国际与比较教育研究院副教授。

实践是文本的生产分配消费过程，而话语实践是由社会实践所决定。以这三个维度为基础，费尔克拉夫提出了批判话语分析的三维框架。[2]（见图1）该框架应用到章程的文本分析中大致包括三个步骤。首先，描述章程文本的语言使用和篇章结构特征。单纯的语言使用特征，可以描述文本的情态系统（Modality）、及物系统、分类系统、名物化和被动化的运用以及隐喻表达。文本的篇章结构特征，可以从章程文本与其他文本的互文性甚至章程文本内部的篇际互文性入手。同时，我们可借助WordSmith软件的语料库分析方法查询和统计大样本章程文本中的高频词，或使用语境共现检索（Concord）功能查询搜索词（Search Word）的常用词丛搭配甚至可以扩展到该词丛所在的索引行。还可使用关键词（Keywords）功能揭示文本中超常使用的词，即与某一标准相比频率显著偏高的词，偏高的程度就是该关键词的"主题性"（Keyness）。这里需要说明语料库语言学中的主题词含义和传统上表示"重要"之意有所区别，它指在和参照语料库（Reference Corpus）比较时统计出的具有特殊词频的词[3]。也即一个词是否是某一文本的关键词，不是取决于该词在该文本的出现频率，而是取决于该词在与之相对比的参照语料库中的出现频率[4]，这种方法为研究和对比不同章程文本的主题提供了定量分析的实证依据。

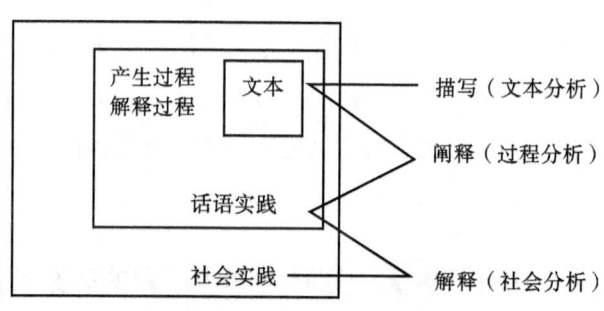

图1　费氏的三维分析模型

第二步是阐释章程文本的生产、分配和消费过程，这是话语分析的关键环节。具体而言，依据章程文本的语言形式特征辨识其语体、话语角度和风格①以及这三个要素在同一文本中的搭配组合，这是研究章程文本的生产过程[1]。表达权利和义务关系的情态动词可以体现章程文本的风格；重新词汇化（Relexicalizaton）的语法现象则可以反映章程文本的语体和话语角度，比如，被动化和名物化的运用可以将章程某些利益主体的行动抽象化或者把某些施事主体隐性化或者淡化。章程文本的分配和消费过程实际上是指章程实施的状况，研究章程文本和学校公布的年度报告或者利益相关者的访谈记录可以明确两者话语角度的呈现方式是否一致，以此来说明章程在执行过程中某些政策是否发生二次扭转。

前面两个步骤都是文本在说话，而最后一步是研究者在说话，研究者在最后一步需要解释章程话语实践过程与社会实践之间的关系。话语实践受制于社会实践，反过来也构建社会实践，即话语实践具有建构性又是被建构的[5]。社会实践分析的目的是解释话语实践为什么会是这样。章程文本的社会实践分析主要是解释章程文本背后的多元主体权力配置关系形成的原因以及大学与政府和市场之间外部关系的确立是如何受社会变迁的影响。

通过以上三个步骤，微观的文本分析与宏观的社会分析被话语实践分析联系了起来，话语实践充当了连接语言运用和社会实践之间的桥梁，这是费尔克拉夫批判话语分析方法论体系的精髓所在。

三、新加坡国立大学章程文本的批判话语分析

（一）理顺大学内部治理结构—情态系统的分析

章程文本的语言风格是对大学内部学术权力和行政权力关系的再现，体现了教师、学生作为大学管理者参加大学治理身份的认同程度。章程制定者力图使用章程文本的语言风格去说服利益相关者和大众接受其设定的人际关系和勾画的权力格局，而人际关系的功能主要通过情态系统的表达来实现。本文运用韩礼德系统功能语言学有关情态系统的理论分析新加坡

---

① 语体主要是指表达者与他人的交往模式，突出了文本的行动功能；话语角度是表达者出于特定角度对事物进行的描述与阐释，也就是文本的表征功能；风格是表达者对其表达内容与视角所持的基本立场，体现了文本的身份功能。其中，文本的行动功能和身份功能对应的就是韩礼德的人际功能。

国立大学（以下简称"国大"）章程文本情态动词的使用特征及其映射的人际意义。按照韩礼德对情态三种赋值的划分，Shall、Should 等词的取值是中值，而 May 的取值为低值，Must 的取值为高值[6]。

运用 WordSmith 软件的词频列表（Wordlist）功能，我们发现在国大章程中出现频率最高的情态动词是 Shall 和 May，分别占文本词数百分比的 1.65% 和 0.85%，其次是 Must 和 Should，各占 0.07% 和 0.03%。词频分析结果见表 1。

表 1 情态动词的词频分析

量值	情态表达	数量	百分比
高	Must	14	0.07
中			
	Shall	327	1.65
	Should	6	0.03
低	May	168	0.85

国大章程重视大学内部组织架构的划分和人员的职权界定，通过使用高值、中值、低值的情态操作语来规约各个责任主体的权利和义务，理顺了大学内部治理结构。让我们首先讨论出现频率最高的 Shall，运用 WordSmith 软件的语境共现检索功能，以 Shall 为搜索词，把词丛跨度设为 1~6，能够最大限度产出 Shall 的搭配词（Collocate），排在前几位的主要有董事会（Board）、学生（Student）和评议会（Senate）。

1. 学术评议会和董事会的权力制衡

大学章程首先要明确规定大学的学术机构，学术评议会是国大的最高学术权力机构，负责管理大学的学术工作、规范并监管学生的纪律、享有制定大学学术政策的全部权力，可以和各个院系、研究所直接打交道。如，章程 2 第二条, The Powers of The Senate Shall Be to: (a) Establish, Organise, Rename and Dissolve Faculties and Academic Units; (b) …规定了评议会的学术权力：设立、组织、重命名和解散学院、学术单位和研究所；制定、审查和终止学术项目；规范学生的入学资格，出勤率；任命并指导考官和考试委员会，并监督考试；授予、剥夺或撤销学位、学历、证书以及其他荣誉标志；设立、审查和授予各种助学金；颁发荣誉学位和名誉教授称号。再如，章程 2 第五条，Every Power or Duty Delegated …Shall Continue to Be Vested in the Senate But Shall Be So Vested Concurrently in the Senate Delegacy，其中 Shall Be Vested 规定所授予的一切学术权力或职责属于评议会，也属于评议代表团。此外，章程中还规定了评议会和评议会代表团的人员构成、会议法定人数、任期和选举、工作程序等内容，从而使得评议会组织具有合法性和规范性，也保证了大学决策的民主公道。条例 1 第四条（c），Agendas of Meetings Shall Be Delivered Seven Days in Advance Before the Date of Any Such Meeting to Each Person …规定了评议会的会议程序，即评议会的义务：应在任何会议召开前 7 日将会议通知和议程发送至有权投票的每位与会成员。

  国大的董事会主要是引导和规范学生社团和活动，确保学校的各项纪律得到落实，并确保大学资源得到有效使用。章程 5 中提到 The Board of Trustees Shall Have Power to Make Regulations, Rules …董事会有权制定规则、规定、政策和程序，以管理学生会及其任何组成机构。The Board of Trustees …Shall Have the Authority to …在校长建议的基础上，董事会有权对学校历史赠予的规定进行更改。在涉及捐赠基金等财务事宜上，还设立了投资委员会以辅助董事会执行委员会管理学校基金，以产生用于支持学校作为高等教育公共机构的相关活动的稳定收入来源。

  权力制衡理论的经典创始人孟德斯鸠，在其名著《论法的精神》中指出，拥有权力的人都容易滥用权力，这是一条亘古不变的真理，权力不能过分集中，这样才能有效地预防独断专行的决策行为[7]。国大大学评议会和董事会是平行的组织，同由大学理事会管理，是一种典型的两院制治理模式，这种模式也是英美一流大学的主导治理模式。评议会主要负责学术事务，主要由教授代表组成；董事会的职能以管理为核心，负责行政和财务事宜，包括管理捐赠和基金以及学生社团等，主要由大学之外的人员组成（社会名流、企业领袖、校友代表、政府官员构成了董事会的大多数）[8]。为了使整个治理过程更加公开和透明，评议会和董事会下设有许多附属委员会，分委会可以根据自己的情况确定发展目标与作用，向评议会提出建议，它们分别是学校教育政策委员会、荣誉学位和名誉教授提名委员会、纪律委员会、纪律上诉委员会，其中纪律上诉委员会由一名董事会成员担任主席。

2. 学生纪律处分制度完备

将国大章程的文本建为观察语料库，美国三所大学（耶鲁大学、华盛顿大学和密歇根大学）的章程文本建为参照语料库，一般要求参照语料库的库容是观察文本的 2 倍以上。通过 WordSmith 软件的关键词检索功能对比两个语料库中某一关键词的主题性，发现观察文本中纪律（Discipline）、申诉（Appeal）、学生（Student）这三个词的显著频率偏高，证明有关学生纪律处罚的规章制度是国大章程的一个特色，值得进一步研究。章程词频的主题性分析见表 2。

表 2　国立大学章程词频的主题性分析

N	Keywords	1. Freq	2. %	3. RC. Freq	4. RC. %	5. Keyness
1	DISCIPLINAR	146	0.7387	0		365.58
2	DISCIPLINE	103	0.5211	4		226.3
3	APPEAL	83	0.4199	0		207.64
4	GIFT	99	0.5009	9	0.0183	191.83
5	STUDENT	164	0.8297	104	0.2115	122.62

说明：1. 观察文本的词频；2. 观察文本词频的百分比；3. 参照语料库的词频；4. 参照语料库词频的百分比；5. 主题性。

例 1：Any student who is alleged to have committed or attempted to commit …, may be subject to disciplinary proceedings：（a）…（r）；an existing student of the university at the time the allegations of offences are adjudicated：（a）…（g）；

例 2：The student may, …, appeal to the dean of the corresponding faculty …

例1是章程6第三条和第十条分别列举了可能导致纪律处分的18种情形和7种惩罚措施，从中我们可以发现章程详细列举了纪律处分的依据：学术不守信，诽谤或殴打学生或教员；性骚扰或种族歧视；恶意投诉学校员工或学生；有损学校声誉；不遵守学校行政处分等。这些"不当行为"的明确规定为高校管理学生提供了详细可靠的法律依据，用于判断学生行为的适当与否，并根据行为不适当的种类和程度级别，采取对学生的不同程度的惩戒措施，比如罚款、公开谴责或者勒令退学等，从而避免了高校与学生的纠纷，达到了真正的"有章可循"。

国大通过章程的强制约束力对学生实行严格管理，学生有义务遵守国大章程中的纪律规定。然而，通过例1和例2中May这个低值情态词的使用，我们发现章程也赋予了学生一定的自主权和申诉空间，即学生可以默许校方的制裁，也可以选择申诉，体现章程对法律受众主体学生权利的许可：如果教务长对其处罚有争议，可向其所在学院院长上诉（在学术单位负责人给其纪律处分的情况下）或向负责学生事务的院长上诉（在非学术单位负责人给其纪律处分的情况下），也可进一步向纪律上诉委员会呈递申诉报告。纪律委员会和纪律上诉委员会都会提前14天书面通知相关人员需要举行一个公平的书面和口头听证会，给学生留下充分的时间准备材料抗辩。章程通过完备的上诉和听证制度，维护了学生作为学术共同体一员的合法权利，遵循了权利与义务相统一的法律原则。

章程作为一个高校的根本大法，是高校制定规则的依据和阐述其作为独立法人使命的典范，这就要求其语言具有准确性和规范性，使各利益主体的权利和义务一目了然，没有模棱两可的地方，也没有理解上的歧义现象[9]。所以，在其语言中大量使用表示权利和义务的情态动词Shall。另外，值得一提的是反映权力意志的高值情态表达成分Must和Should很少在文本中出现，取而代之的是表示相对平和语气的中值情态词Shall和低值情态词May，其原因可能是：Shall通常表示应履行的义务和被赋予的权力，May本身含有一种"可以但不必需"的意思，通常表示主体有自由选择的空间，容易让读者产生认同感，而Must和Should表示应服从的命令，使文本从人际意义的角度给人一种居高临下和强迫的感觉，从而缩小了文本与读者的人际意义协商空间。劝说高校的各利益相关者以责任主体想要的方式自愿地行动，也就是通过语言营造认同感或至少是达成默许来行使权力，要比强迫（Coercion）更有效，这是一种缓和章程条文过于命令化、抽象化和非人格化的一种有效的语言手段[10]。

卢梭（Rousseau）认为，一个人或组织无论有多么强大，如果不能把自己的权力（Power）转化成权利（Right），把他人的服从（Obedience）转化成义务（Duty），是不能长久支配他人的。语言是一种做事情的方式，国大章程通过两类表示义务与权力的情态表达式的使用，尤其是 Shall 和 May 的多次重复使用，潜移默化地把主体自身的权力转化成权利，把他人的服从转化成义务[11]。

（二）构建新型的外部治理格局——互文性的分析

"任何语篇都是由引语拼凑而成的，任何语篇都是对另一语篇的吸收和转化。"法国后结构主义文论家克丽丝蒂娃（Kristeva）把语篇的这一特性称为"互文性"（Intertextuality）[12]。在她看来，每个文本好像马赛克般的引文拼嵌起来的图案，是对其他文本的吸收、模仿和转化，是不同文本之间的相互引用和相互吸纳。国内学者辛斌从读者或者分析者的角度把互文性分为"具体的"（Specific）和"体裁的"（Generic）。具体互文性指一个语篇包含可以找到具体来源（写作主体）的他人的话语，包括那些不加标明引用他人话语而产生的互文关系；体裁互文性指在一个语篇中不同文体（Style）、语域（Register）或体裁（Genre）的混合交融，巴赫金将其称为"杂体语言"（Heteroglossia）[13]。费尔克拉夫认为，对于语体、话语角度和风格的辨析是文本互文性分析的一个重要组成部分。首先，在具体互文性分析方面，话语角度可以被用作突破口，揭示某种意义表述是如何操控语篇读者认同作者所建构的社会身份和传递的意识形态；在体裁互文性分析方面，语体即体裁可以作为切入点，以展现语篇作者的价值取向以及文本背后所反映的社会变迁[14]。通过对新加坡国立大学章程文本中语体与话语角度的分析以及它们之间的搭配组合，我们发现章程制定者成功地运用了具体互文性和体裁互文性两种互文手段，向读者呈现了大学新型的外部治理格局，同时也向我们揭示了形成此种格局的主流意识形态：新加坡社会深受传统儒家文化的影响，集权化思想作为一股潜在力量制约着在全球化背景下新加坡大学治理理念的现实路径选择，即政府在适当放权、大学获得自治的同时从来也不会放松对大学的引导和管理。

1. 大学与市场——体裁互文性的视角

在批评语言学里人们经常用"话语殖民"（Discourse Colonization），或者"话语霸权"（Discourse Hegemony）这两个词来比喻不同体裁或者文类的相互影响与渗透，这种影响与渗透表现在语篇中就是"体裁互文性"（Generic Intertextuality），即不同体裁特征在同一语篇中的混搭使用。从章程 7 和章程 8 对学校的赠予和捐赠基金使用的各项规定中，我们发现招标（Solicitation）、投资（Invest）、投资委员会（Investment Committee）、稳定收入来源（Consistent Stream of Income）、获取收入（Earn Income）等商业领域的词汇充斥在章程这样的教育法规语篇中，这种现象反映了商业在现代社会中的主导地位以及由此导致的商业话语对教育话语的殖民趋势。这就是不同体裁的典型特征在同一语篇中的混搭使用[13]，即语篇的体裁互文性。章程文本这种体裁的混合使用正折射了新加坡大学公司化改革的社会背景。2006 年，《新加坡国立大学公司化法案》提出新加坡国立大学由政府全资投入的法人机构转向有担保的企业型责任有限公司，大学变革为企业化大学后，对法定机构的有关规定和限制就不再适用，新自由主义的市场机制被引入高等教育系统，大学在拥有更大自主权的同时，也承担了更大的责任和风险，需要不断接受政府的问责[15]。简而言之，当商业话语的殖民趋势置于大学公司化改革这一具体的社会情境时，高校的营利行为和商业活动在章程中得以合法化和制度化。正如巴赫金所指出的那样，"言语体裁能比较直接地、敏锐地、灵活地反映出社会生活中所发生的一切变化，是联结语篇与社会语境的桥梁"[13]。

2. 大学与政府——具体互文性的视角

具体互文来自新加坡教育部 1980 年颁布的《新加坡国立大学法》（2001 年修订），这个外部法界定了大学与政府的基本关系：弱化政府控制，强化大学自治，是对大学自治身份的认同。章程旨在宣扬大学自治的理念，对这个法案最基本的原则或政策方针加以引用并转化是必然的事。我们认为，章程对政府出台的基本法案的互文是界定大学与政府关系的重要策略。

章程7中规定学校具有管理和控制基金的唯一权利（The University Shall Have the Sole Right to …），唯一具有了排他性，意指大学拥有完全独立的财务自主权，不受政府的制约。在《新加坡国立大学法》第7部分是这么表述的：大学可以根据自身需求任意（All Moneys Paid to the University …For All or Any of the Purposes）支配各种款项[16]。章程和教育法的语义呈现角度具有高度一致性（话语角度一致）：都强调了大学拥有高度的财政自主权，可以管理使用自己的经费，以使有限的资源得到最大效率的使用。在这段互文性中，大学自治的身份通过Sole Right和Any of the Purposes两个词被建构并被合法化。正如Fairclough所言，互文性与权力有紧密的关系，尤其法律语篇是权力的表达，互文性作为一种重要的话语策略，在身份建构过程中发挥了重要的社会符号功能。[17]

陈永国对克丽丝蒂娃的互文概念重新做了阐述，"互文引语从来不是纯洁的、清白的、直接的，它总是被改变的、被曲解的、被位移的、被凝缩的，总是为了适应言说主体的价值体系而经过编撰的。可以说，互文性这一语言现象具有意识形态传递功能"[18]。《新加坡国立大学法》第7部分明确指出财政部长应该不时地把议会拨给大学的资助以基金的形式如数拨付；章程规则12指出政府对国大捐赠基金保持1:1配套资助的原则，并将政府配套资助累加到国大捐赠基金中，甚至根据捐赠用途提高资助配比，比如捐赠用来提高本科教学质量（1.5:1）或者促进诸如国大耶鲁学院这样的国际合作办学项目（3:1）。从这段互文我们可以发现章程在呈现大学与政府的关系时做了适当的扩充和调整（话语角度的修正）：政府不仅充当了服务购买者（Service Purchaser），同时又是一个促进者（Facilitator）。具体来说，新加坡政府和大学的关系呈现出了两个新的动向：其一，虽然实行了公司化改革，政府的拨款仍然是新加坡公立大学经费的主要来源。据统计，2004年，国大、南洋理工、新加坡管理大学捐赠基金合计约为17亿美金，私人捐赠和基金投资收入目前只占到了三所公立大学总常规收入的0.3%～2.7%。教育部的经费在大学总收入中所占比例最大，为75%[20]。新加坡政府把充足的财政资助看作是确保高等教育质量的关键,政府有充足的财政预算去确保国大和南洋理工去追求卓越并跻身世界一流大学的行列[19]。其二,通过政府对大学捐赠的配套资助可以洞见政府角色职能的转变:随着大学治理和资助体系的改革,新加坡政府逐渐从直接干预的控制者转变成远程遥控的促进者,通过提供适当的刺激与奖励为大学追求卓越营造一种更有利的竞争环境。政府的配套资助属于一种激励机制,在这种激励框架下鼓励大学加大筹款力度,建立与社会的广泛联系,积极寻求和拓展经费来源,例如提高高校从捐赠和基金会等第三方吸纳资金的能力来辅助其目标和任务的达成。同时,为激励捐赠者积极捐赠,推动新加坡正在萌芽的慈善文化,政府还提供了各种捐赠命名机会,以允许大学可以更为确定地获得潜在捐赠。

总之,大学、政府与市场的关系并不存在统一的模式,在不同的国家,政府、市场对大学的作用迥异,大学自身权力的大小也不尽相同。大学、政府与市场之间需要保持平衡,大学不是政府和政治领域的延伸的信条,要有充分的办学自主权,政府的角色要适当,市场的边界要合理[21]。新加坡虽然属于典型的遵循市场逻辑、秉持市场经济发展加速论理念的国家(Market-accelerationist State),但由于受到传统的"强政府弱社会"政治体制的影响,新加坡政府和大学在公共治理过程中形成了一种相对稳定的新型关系样态,既不同于传统的政府计划干预,也不同于完全自治。新加坡政府通过不断的宏观管理和外部引导确保了大学成本效益的最大化和资源利用的最优化,有效地抵制了市场机会主义,这证明了新加坡高等教育的发展没有完全被全球化的新自由主义浪潮所埋没[22]。

四、结语

批判话语分析自问世以来就致力于揭露和最终摧毁不平等的控制与从属关系以及权力滥用造成的不平等[23],尤其在官方政策文本中它一度发挥着"批判"的功能。但是,随着其在各个学科的广泛运用,它的功能也开始发生转向。在章程文本分析中,批判话语分析的作用不一定一味地聚焦意识形态的批评和权力不对等关系的揭露，研究者不能总去寻找文本的话语矛盾作为切入点。批判话语分析应该成为沟通章程制定者和教师、学生、行政管理者等利益相关者以及政府和社会的重要渠道。批判话语分析主张的话语实践与社会实践之间的辩证关系表明话语分析不仅是一种反映社会现实的工具，又是一种干预社会现实、建构社会现实的工具。理解章程文本意味着理解章程产生的制度环境和社会环境，探索章程制定的语境、过程与文本语言之间的内在关系意味着更好地理解章程在建构人际和社会关系中的意义，在后资本主义语境下章程文本如何作为"透镜"去表征社会变迁的过程是今后批判话语分析的重要任务。

参考文献

[1] 王熙. 批判性话语分析对教育研究的意义 [J]. 教育研究, 2010 (2).

[2] Fairclough N. *Discourse and Social Change* [M]. London: Longman, 1992, p. 73, 53.

[3] Williams R. *Keywords: A Vocabulary of Culture and Society* [M]. Oxford University Press, 1976, p. 15.

[4] 杨惠中. 语料库语言学导论 [M]. 北京: 中国财富出版社, 2002.

[5] Ruth Wodak, Michael Meyer. *Methods for Critical Discourse Analysis Second Edition* [M]. SAGE Publications Ltd., 2001, p. 6.

[6] Halliday M A K. *An Introduction to functional Grammar* (2nd edition) [M]. London: Routledge, 1994, p. 362.

[7] 周光礼, 袁伟. 多伦多大学法的修订对我国教育立法的启示 [J]. 江苏高教, 2009 (1).

[8] William Saint. Guiding Universities: Governance and Management Arrangements Around the Globe [EB/OL]. （2014-03-07）[2015-01-23] http://siteresources.worldbank.org/EXTHDO-FFICE/Resources/5485726-1 239047988859 /University-Governance-and-Management-FINAL-Revised-2-Feb-2010.pdf. 2009, pp. 5-13.

[9] 王洁. 法律语言学教程 [M]. 北京: 法律出版社, 1997.

[10] Fairclough N. *Language and Power* [M]. New York: Longman Inc., 1989, pp. 3-4.

［11］Thomas L, Wareing S, Singh I, Peccei J S, ThornborrowJ, Jones J. *Language, Society and Power* ［M］. London: Routledge, 2004, p. 10.

［12］Kristeva J. *Word, Dialogue and the Novel* ［M］. New York: Columbia University, 1989, p. 37.

［13］辛斌. 批评语言学: 理论与应用［M］. 上海: 上海外语教育出版社, 2005.

［14］Fairclough N L. *Analysing Discourse: Textual Analysis for Social Research* ［M］. New York: Routledge, 2003, p. 164.

［15］Charles J Russo. *Handbook of Comparative Higher Education Law* ［M］. Maryland: Rowman and Littlefield Education, 2013, p. 277.

［16］National University of Singapore Act and Constitution Revised Edition. 2001［EB/OL］（2014-04-02）［2015-01-23］http://www.nantah.info/index.php/%E6%96%87%E5%AD%-97/234-nus-act?path,4.

［17］Fairclough N L. *Discourse and Social Change* ［M］. Oxford: Polity Press, 1992, pp. 102-103.

［18］陈永国. 互文性［J］. 外国文学, 2003（1）.

［19］MokKa-Ho. Centralization and Decentralization: Educational Reforms and Changing Governance in Chinese Societies. Comparative Education Research Centre (CERC) and Kiuwer Academic Puvlishers［C］. Michael H Lee, Saravanan Gopinathan. Centralized Decentralization of Higher Education in Singapore Series CERC Studies in Comparation in Education. 2003, pp. 128-130.

［20］王喜娟. 东盟高等教育政策丛书: 新加坡、菲律宾、文莱高等教育政策法规［M］. 桂林: 广西师范大学出版社, 2013.

［21］陈洪捷, 施晓光, 蒋凯. 高等教育文献讲读［M］. 北京: 北京大学出版社, 2014.

［22］Ka Ho Mok. *The Quest for Regional Hub of Education: Searching for New Governance and Regulatory Regimes in Singapore, Hong Kong and Malaysia* ［C］. East-West Senior Seminar on Quality Issues in the Emerging Knowledge Society, Kuala Lumpur, Malaysia. 2009, p. 3.

［23］孙亚. 隐喻与话语［M］. 北京: 对外经贸大学出版社, 2013.

基于知识图谱软件分析近十年我国高等教育研究现状

——以 CNKI 期刊（2005—2014 年）数据为例

钟名扬　伦艳华[①]

近十年来，高等教育的改革与发展十分迅速，中国知网数据库中发表的高等教育文章是我们研究高等教育的重要数据资料。本研究运用知识图谱软件 Citespace 对中国知网 2005—2014 年间主题为"高等教育"的期刊文章进行了分析，试图建立近十年我国高等教育研究的现状图景。

一、研究理论与方法

本文运用的研究理论为知识图谱理论，采用的方法是共现分析方法，对中国知网数据库中定义的高等教育核心期刊文献进行分析。知识图谱是以科学知识为对象，其理论基础和方法是数学、图形学、计量学等，目的是探究知识结构与发展过程之间的关系。在学科范畴上，其属于科学计量学。[1]知识图谱一般也称为知识可视化图谱，知识图谱可以把研究问题的前沿热点、亲缘关系和演化规律等直观而形象地展示出来，目前该理论已成为学术研究中分析研究热点、发现前沿、辅助决策的基础。

共现分析是把多种信息源中共同出现的信息进行定量分析的一种方法，目的是分析出信息的关联和特征。大量文献之间共同出现的主题、关

---

① 作者简介：钟名扬，北京师范大学博士生；伦艳华，北京师范大学教育学部硕士。

键词、合作者、合作机构等都属于共现研究的范畴。在本文的分析中，共现分析主要采用关键词共现。所谓关键词共现，即多个（≥2个）以上关键词在一篇文献中出现。通过建立关键词共现矩阵来分析关键词出现的次数，并通过大量文献中的聚类分析，可以描述关键词之间的关联与结合，揭示某一领域学术研究的现状与发展趋势。

二、研究数据与分析工具

中国知网定义了14种高等教育核心期刊，它们分别是：《大学教育科学》《复旦教育论坛》《高等工程教育研究》《高等教育研究》《高教探索》《黑龙江高教研究》《江苏高教》《教育发展研究》《现代大学教育》《现代教育管理》《学位与研究生教育》《中国大学教育》《中国高等教育》《中国高教研究》。本研究主要从这14种期刊中进行数据收集。检索条件为：时间（2005—2014）+来源（CNKI高等教育核心期刊）+主题＝"高等教育"，检索日期截至2015年1月29日。共收集记录9951条，把非学术性文献（征稿通知、报纸文章、通讯、会议、期刊编辑部、记者、评论员、未署名等文献）剔除之后，实际获得学术性期刊文献为9394篇。在一定程度上可以反映出我国高等教育领域近十年来的研究现状。目前广泛使用的知识图谱软件为Cite Space软件，由美国德雷塞尔大学的陈超美教授开发。[2]这款软件擅长分析分时、多元、动态的知识网络，在文献的定量研究中迅速成为较有影响力的软件。其中，该软件的共现分析技术主要包括关键词、作者、作者共被引、文献共被引、机构等分析。在本文的研究中，我们主要采用的共现分析方法是关键词共现，另外还辅助采用Note Express软件，对作者信息进行了统计与分析。

三、高等教育研究热点分析

（一）热点分布

关键词出现的频率与该领域的研究热点密切相关。在软件中把关键词设定为研究的节点（Node），研究的时区设定为1年，在每个时区（每1年）中选择引用量最高的前50篇文章，采用最小生成树算法进行分析，以关键词为节点信息绘制出共现图形，通过这个共现图形，我们可以判断出近十年中我国高教领域的研究热点（见图1）。

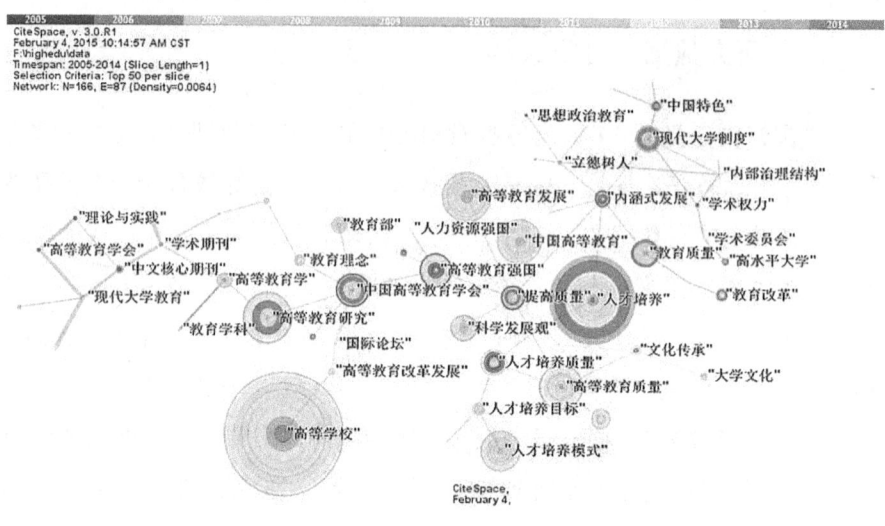

图1　2005—2014年间我国高等教育领域研究热点分布

图谱中圆圈的大小表示频次，内部不同的深浅灰度的圈表示不同的年份；外边色为加粗黑色边的节点是高中介中心度（Centrality）的节点，中介中心度反映了节点在整个网络中的媒介能力，这些黑色边节点也称为关键节点。关键节点在整个图谱网络中占据重要地位。从图1的热点分布来看，可将我国高等教育领域的热点大致概括为三类：现代大学制度研究、政策类研究、人才培养研究。

在现代大学制度研究方面，从图1我们可以看出，关键词节点上有"中国特色""内部治理结构""学术权力""学术委员会"以及"高水平大学"等词汇。在进一步的文献分析中，我们发现关于中国特色现代大学制度的研究中，主要是关于现代大学制度的含义和特征及其构建的研究。[3-5]钟秉林等（2011）对中国现代大学制度建设有过相应的论述，他们认为中国大学制度应与西方大学制度的内容相结合，并论述了中国特色现代大学制度建设的内容及推进策略。[6]张应强（2013）则指出中国特色现代大学制度建设需要在大学、政府、社会以及内部治理结构方面处理好三方面的关系并加大改革力度。[7]从文献的分析可以看出，我国现代大学制度建设的路径是把国外高水平大学制度建设的内容与我国的人文环境相结合，最终形成有中国特色的现代大学制度。关于大学内部治理结构，多数研究主要集中在行政权力与学术权力及其关系上，学者普遍认为当前大学行政权力和学术权力存在着严重的失衡，其中学术权力处于弱势地位。还有的研究者从不同的角度对大学内部治理结构进行了分析，有的学者从利益相关者视角出发，认为大学治理的核心是协调大学内部各种利益关系的一系列制度安排。作为协调大学内部利益关系的大学治理结构需要重视各利益相关者的权力诉求。[8]可以看出，在大学内部治理中，学术权力和行政权力的关系是重点和难点，需要长期的探索和实践。在学术权力的研究中，有的学者对学术权力进行了解释，认为学术权力是大学治理权力结构体系之一，是法律规定学术性任务型组织所行使的权力。这种权力的准则主要源于专业，是以"技术权限"为基础的，以专家为基础的，而不是以"官僚权限"为基础的。[9]有的研究者针对当前大学内部治理中学术权力运行不规范、作用得不到有效发挥的现象提出了建议，认为要加强学术组织及运行机制的规范性建设，有效发挥学术权力作用。他们还强调通过建立学术委员会来保证学术权力的运行，并界定好学术权力的职能范围[10]，保证学术权力的合理有效行使，实现高校学术权力运行的程序化。[11]

在政策类研究方面，我们可以看出关键词节点上有"教育部""中国高等教育学会""科学发展观""高等教育改革发展""高等教育强国"等词汇。从这些关键词可以看出政府部门和高等教育学会对高等教育政策具有重大影响力。分析和解读教育改革和发展规划纲要是此类研究的关注点。关于"高等教育改革发展"，有的研究者认为提高质量是当前高等教育改革的核心。[12]还有的研究者对《国家中长期教育改革和发展规划纲要

（2010—2020年）》进行了解读和学习[13]，反映了研究者对国家重大政策的关注。这些文章分析了国家和地方在中长期的教育发展中关于高等教育的规划和趋势。"规划纲要"作为关键词在《国家中长期教育改革和发展规划纲要（2010—2020年）》发布前后迅速出现，但是到2012年之后，相关的研究迅速减少，说明对于"规划纲要"的研究带有鲜明的时间节点特性，这也表明该研究是一个凸显的研究热点。

在人才培养方面，我们可以看出关键词节点上有"人才培养质量""人才培养目标""人才培养模式""高等教育质量""提高质量""人力资源强国"等词汇。在人才培养质量的相关研究中，构建大学人才培养质量评价体系、内部保障体系和反馈机制是研究的焦点[14—16]，其中教学评估有着较多的研究，认为教学评估是人才培养质量的保证[17]，必须全面监控[18]。除此之外，也有一些人才培养的个案研究。在人才培养目标的研究中，创新型人才的培养是研究的重点。[19]在人才培养模式的研究中，研究者分别对研究型大学、独立学院和地方性大学人才培养模式改革进行了探索。人才培养模式的创新和改革[20]也是人才培养研究中的重点。还有的研究者对创新型人才培养模式进行了探索。从上述分析中可以看出，在高等教育质量的研究中，人才培养质量的相关研究众多。人才培养质量是高等教育质量的核心，无论是人才培养的目标还是模式都需要与经济社会发展相适应，紧紧跟随时代发展的步伐，不断进行改革。人才培养的研究是高等教育研究的持续关注点。

（二）前沿分析

CiteSpace软件中，运行"突变术语"（Burstterm）功能，利用词频探测技术进行研究前沿关键词分析，得到突变关键词99个，经过精简合并，列出凸显系数列前10位的关键词（见表1）。

由表1的高等教育突变关键词，我们可以看出，"内涵式发展"这一关键词在2013年凸显出来，凸显系数为31.14，可以初步判断与"内涵式发展"相关的研究可能成为高教未来的研究前沿。对文献的进一步分析我们也可以看出，随着高教发展从规模扩张到质量提升的转变,有学者提出了高等教育在评价机制、教学科研等方面要从重数量向重质量转变的观点[21],论述了内涵式发展的实质和内涵。有学者提出了"分类指导、特色发展"内涵式发展的路径。[22] 还有的学者从理念维度、目标维度、生态维度以及制度维度四个方面构建我国高等教育内涵式发展的模式。[23] 随着"推动高等教育内涵式发展"这样的表述在党的十八大报告中提出之后,广大高教研究者也敏锐地进行了跟踪研究,预计针对内涵式发展的研究将成为未来一个时间段的高等教育可能的研究前沿。

表1 2005—2014年间我国高等教育领域排名前10位的凸显关键词

凸显系数	关键词	凸显时间	出现频率
49.03	人才培养	2005	126
31.14	内涵式发展	2013	66
20.78	文化传承	2011	49
20.65	现代大学制度	2006	137
19.78	高等教育强国	2008	137
16.11	立德树人	2013	28
15.54	人才培养质量	2007	134
12.59	教育改革	2011	87
12.32	规划纲要	2010	43
11.85	中文核心期刊	2012	52

(三)高影响力学者

h指数是一个混合量化指标,由乔治·赫希(Jorge Hirsch)首先提出,其目的是量化独立个体的科研人员的研究成果。在本研究中,用NoteExpress软件剔除非学术性文献作者,选取频次≥20的第一作者共计12名。在CNKI的学者成果库中按照"学者姓名+研究领域"进行查询,各研究学者在高等教育领域的h指数见表2。表2的结果可在一定程度上反映近十年来高等教育领域高影响力的学者情况。

表2　2005—2014年间我国高等教育领域高影响力研究学者排行（按h指数）

序号	作者	出现频次	频次百分比	h指数	h指数排名	作者现工作单位
1	潘懋元	30	0.22%	51	1	厦门大学
2	刘献君	28	0.20%	34	2	华中科技大学
3	钟秉林	34	0.25%	32	3	中国教育学会
4	别敦荣	24	0.17%	30	4	厦门大学
5	周光礼	26	0.18%	25	5	中国人民大学
6	马陆亭	28	0.20%	15	6	教育部教育发展研究中心
7	周远清	38	0.27%	14	7	中国高等教育学会
8	周建松	20	0.14%	14	7	浙江金融职业学院
9	徐绪卿	20	0.14%	13	9	浙江树人大学
10	王建华	27	0.19%	10	10	南京师范大学
11	李枭鹰	20	0.14%	7	11	广西民族大学
12	范笑仙	20	0.14%	4	12	中国高教研究杂志社

四、结论与展望

在2005—2014年的近十年间，针对我国的高等教育改革和发展方面的理论和实践问题，政府官员、大学教授等从不同角度发表了大量的高等教育研究期刊文章。在中国知网中，学术期刊文章，特别是发表在高等教育核心期刊上的文章，一定程度上可以反映出我国高教的研究现状。在对2005—2014年近十年的文献的关键词进行共现分析的基础上总结了近十年来我国高等教育领域的研究现状，从关键词分析的结果来看，我们可以得出以下结论：

第一，高等教育是一个复杂的系统，有很多的内容需要我们深入地进行探讨研究。它既有理念的更新改进问题，也有制度建设方面的问题。从发展理念来看，可持续发展观无疑是指导性的观念，应该统领高等教育的发展，是高等教育建设和发展必须遵守的指导原则。在制度建设方面，在国际竞争异常激烈的背景下，现代大学制度的建设是亟待解决的大事，需要我们不断进行探索研究，最终形成具有中国特色的、符合中国国情的现代大学制度，这是我国高等教育顺利发展、不断进步的制度保障。

第二，我国高等教育中以"现代大学制度"理念的落实来推动高等教育的改革与创新将会成为今后的研究关注点。当前高等教育存在的问题除了有结构性问题和技术性问题之外，更深入的是制度层面的问题。为了解决上述问题，内涵式发展概念也顺理成章地出现在高等教育领域。在高等教育内涵式发展中，内部治理结构是今后建设的重点，而行政权力和学术权力关系的协调是内部治理的难点，如何界定好两者的权限，协调好两者之间的关系，特别是学术权力行使及其保障，将是今后该类研究中持续的焦点。

第三，中央文件、教育部的教育政策和高等教育学会等对高等教育研究具有重大影响力，直接引领了高等教育研究热点的变化。从知识图谱可视化结果中，我们不仅发现了诸如"规划纲要""内涵式发展""立德树人"等关键词，而且通过文献的调研，发现此类关键词文章的研究数量在某一个时间段呈突发式增长，过一两年后，该类文章的数量就会突发式减少。这一现象表明了高等教育研究领域中，国家政策对于研究者研究旨趣具有明显的驱动效应。

第四，在高等教育研究领域我国已形成专业的研究学者群，研究问题的广度和深度上都比以往有了很大提高，研究对象和范畴日益完善。从CNKI数据库的h指数的统计表中我们可以发现，目前我国高等教育领域中专业的研究学者群主要集中在大学、学会、研究中心和杂志社等领域。从文献调研的结果来看，大部分高引用率的文献是从这些专家中产生的，这说明了高等教育研究学者群已经相对稳定，这部分专家学者的研究成果也在一定程度上反映了当前我国高等教育的研究水平。

通过运用知识图谱软件，我们可以简单明了地看出高等教育研究的现状和演变趋势，在大量文献的基础上，通过量化研究可视化生成直观的关键词图像，然后根据关键词的凸显程度和彼此之间的网状关系，继续深入研究相关高质量的文献，进行定性分析。这种定量和定性相结合的研究方法，不仅给高等教育的研究提供了一个新的视角，也能使研究变得更加便捷灵活，可以帮助我们不断挖掘新的研究问题，使研究更加细化。

参考文献

[1] 刘则渊，陈悦，侯海燕. 科学知识图谱方法与应用 [M]. 北京：人民出版社，2008.

[2] Chen, C.. *Cite Space II：Detecting and Visualizing Emerging Trendsand Transient Patternsin Scientific Literature* [J]. Journal of the American Society for Information Science and Technology, 2006 (3).

[3] 邬大光. 论建立有中国特色的现代大学制度 [J]. 中国高等教育，2006 (19).

[4] 王洪才. 论现代大学制度的结构特征 [J]. 复旦教育论坛，2006 (4).

[5] 杨化仁，吴振声，孙欣. 建立具有中国特色现代大学制度的探讨 [J]. 辽宁教育研究，2006 (10).

[6] 钟秉林，赵应生，洪煜. 中国特色现代大学制度建设——目标、特征、内容及推进策略 [J]. 北京师范大学学报（社会科学版），2011 (4).

[7] 张应强，蒋华林. 关于中国特色现代大学制度的理论认识 [J]. 教育研究，2013 (11).

[8] 苏守波，康兆庆. 利益相关者视角下的大学内部治理结构研究 [J]. 黑龙江高教研究，2009 (12).

[9] 秦惠民. 我国大学内部治理中的权力制衡与协调——对我国大学权力现象的解析 [J]. 中国高教研究，2009 (8).

[10] 刘朝晖. 重视发挥大学学术权力的作用完善现代大学内部治理结构 [J]. 辽宁教育研究，2007 (1).

[11] 郭为禄. 对高校学术权力运行程序化的思考 [J]. 教育发展研究，2011 (7).

[12] 袁贵仁. 把提高质量作为高等教育改革发展的核心任务 [J]. 中国高等

教育，2010（11）.

[13] 马陆亭. 以制度保证质量和公平——《国家中长期教育改革和发展规划纲要》学习体会 [J]. 现代教育管理，2010（10）.

[14] 徐安兴. 构建大学人才培养质量评价体系 [J]. 教育发展研究，2006（3）.

[15] 戴林富. 关于构建高校人才培养质量内部保障体系的思考 [J]. 高教探索，2006（3）.

[16] 王辉，张小诗，刘海军. 高校人才培养质量反馈机制建构 [J]. 现代教育管理，2011（11）.

[17] 眭依凡. 教学评估：大学人才培养质量的保证 [J]. 高等工程教育研究，2010（3）.

[18] 张淑梅，杨勇. 实施教学质量全面监控提高本科人才培养质量 [J]. 中国高等教育，2007（16）.

[19] 张兄武，陆丽，唐忠明. 中国大学本科人才培养目标的历史演进与发展趋势 [J]. 现代教育管理，2011（4）.

[20] 孙纬业. 创业人才培养模式研究 [J]. 教育发展研究，2010（1）.

[22] 韩震. 高等教育内涵式科学发展战略的实质和内涵 [J]. 中国高等教育，2009（20）.

[23] 余蓝，刘丽. 我国高等教育实现"内涵式发展"的三条路径 [J]. 教育发展研究，2013（7）.

[24] 佟林杰，孟卫东. 我国高等教育内涵式发展"四维一体"模式构建 [J]. 现代教育管理，2013（10）.

论高等教育评估的价值选择

刘慧珍　张红伟[①]

一、高等教育评估离不开价值选择

马克思说："价值这个普遍概念是从人们对待满足他们需要的外界物的关系中产生的。"[1]如果某物满足了我们某种需要，我们就认为它在这方面对我们是有价值的。不同的人和群体有不同的价值偏好，他们在不同的时间和地点也会有不同的价值选择。对于不同的人和群体而言，价值之间可能存在冲突，也可以相互融合、促进。

评估就是判断某个主体、某项工作、某个方案做得怎么样，是否实现了目标，通过这种判断可以奖优罚劣，也可以发现不足、改善提高。高等教育评估就是对高等教育进行的评估，是对其价值实现状态做出的判断，是一个宽泛的概念，是一系列具体高等教育评估的集合或总称，包括本科教学水平评估、大学排名、学科评价、学生评教等。要判断就需要有标准，而标准的确立就必须依据一定的立场，这就是所谓的价值选择。对于高等教育评估而言，不同的价值选择就会有不同的评估标准，就会有不同的评估方案设计和不同的评估方式选择。如学生评教首先要清楚学生评教的价值选择是什么，如果选择了管理价值，那么其标准就应该围绕着老师是否按时按点完成教学内容，是否严格按照教学大纲和计划开展教学，是

---

① 作者简介：刘慧珍，北京师范大学教育学部高等教育研究所副教授，硕士生导师；张红伟，北京师范大学博士。

否认真批改作业等以及一些管理制度规定相关的内容来设计；如果选择了教育性价值，那么其标准就应该围绕着学生成长而设计，包括教学内容是否有前瞻性，老师的教学是否有利于引领学生向更高层次迈进；教学方法是否有利于激发学生的思考和探索等。进行每一项具体的高等教育评估都会遇到价值选择问题，如果不去深入理解和探究它，评估就可能本末倒置、舍本逐末，达不到目的。总之，高等教育评估离不开价值选择。

二、高等教育评估中的价值选择

高等教育评估是一种政府管理高校的手段，也是学校管理师生的手段，有着管理意义上的价值；同时，高等教育评估的评估对象有着典型的教育价值。对于高等教育中的学生评估而言，还存在着知识价值和能力价值的选择问题。当然，高等教育作为培养社会发展所需人才的组织而言，还有着重要的社会价值；而对于个人的成长发展而言，还有着不可忽视的个体价值。此外，评估是为了形成一个最终结果，用于奖优罚劣，还是为了发现问题不断改进，涉及终结性价值和形成性价值的选择。

（一）管理价值和教育价值

众所周知，高等教育评估在我国本身就是作为一种政府宏观管理高等学校的手段提出来的，其对管理价值的追求不言而喻。在评估实践中，高等教育评估对其管理价值的追求也尤为突出。如《普通高等学校本科教学工作水平评估方案》的制定就是为了"进一步加强国家对高等学校教学工作的宏观管理和指导"而出台的。还有一些评估在实施的过程中体现出了明显的管理价值倾向，如学生评教，一些学校的管理部门在开展学生评教的过程中强制学生填写评价问卷，不填写就不让学生选课；有的学校把学生评教的评价结果主要用到对老师的职称评定等管理事务中；中央教育科学研究所高等教育研究中心为考查高校资源的利用效率对72所教育部直属高校所做的绩效评价也带有明显的管理价值取向。[2]

高等教育评估除了管理取向的价值追求外，还需要考量教育价值。这就需要结合高等教育的特殊性。高等教育评估之所以特殊，是因为其评估对象包括高等教育内部的人、制度、学术、文化等。高等教育作为一种特殊的社会活动,把培养人才作为其存在目的。高校是培养人、促进受教育者身心健康、全面发展的场所,也是培养"社会良心"的地方。

(二) 能力价值和知识价值

在很大程度上,知识的积累有助于能力的提升,而能力的体现必定要求一定的知识积累,二者相辅相成,互为促进。但是,二者又不完全等同,书本知识的学习并不必然带来能力的提高,尤其在当下对人才综合素质要求越来越高的情况下,更是如此。当前,我国高等教育评估中更多表现出对知识价值的追求,对能力价值的追求严重不足。如学校还是以学生考试成绩为主来评判学生的优劣,在学生的综合测评中学习成绩仍然占主要位置,而学习成绩的考核仍然是以知识性为主。可喜的是,已有研究者强调对大学生就读经验进行评估,从学生的自身体验出发来评价学生的发展。[3]此评估就不是单纯地来衡量学生所学的知识,而是全面衡量学生各方面的发展。新时期我国的目标是建设创新型国家,高等教育的要求是培养创新型人才,以创新精神和创新能力为核心。这是对我国高等教育提出新的要求和挑战。与此同时,"当今社会,人们越来越意识到学习能力、就业能力、工作转换能力和创业能力是一个人生存发展的立身之本、幸福之源"[4]。单纯以知识来衡量学生水平的时代已经一去不复返,学生的能力成为评估高等教育质量的重要方面。

(三) 社会价值和个人价值

教育的价值取向问题,一直是教育学研究的基本理论问题。无论是国外还是国内,教育价值取向问题一直存在着争论。把教育的社会价值和个人价值对立起来,做二者择一的选择,会使人们的认识和选择发生偏差,影响正常的教育行为。我国以往的高等教育评估更强调教育的社会价值,主要表征为评估的标准,经济、政治等社会外部特征明显。在人才观和质量观上总是强调适应社会经济发展。[5]在这种价值取向的影响下,高等教育评估对个人价值实现的关注远远不够。这种评估导向致使高校更关注以市场为导向,在专业结构和课程设置上做出调整,而对如何增进学生身心健康、促进学生全面发展方面则考虑不周，用心不够。现在，我国政府以"以人为本"为核心价值理念，要求把"科学发展观"落到实处。科学发展观又把以人为本置于首位，强调把人民群众的利益作为一切工作的出发点和落脚点，强调把满足人的全面需求和促进人的全面发展作为公共政策的终极目标。培养适应社会发展的人才固然重要，但是教育作为培养人的活动，学生的身心健康、自我发展更为重要。这就要求我国的高等教育评估既要重视社会价值的追求，也要重视个人价值的追求。教育的价值取向应该在社会需求与个人发展之间形成统合。[6]

(四) 终结性价值和形成性价值

终结性评价的目的是下结论或者分等，形成性评价的目的是改进和提高。像大学排名就是终结性评价，它的目的就是依据自己的评估方法排出大学的名次，以告知公众，便于公众用"脚"投票；本科教学水平评估更多是一种形成性评估，因为除了评价出优秀、良好、合格与不合格之外，还对被评学校给出整改建议，以便学校改进提高。高等教育评估既需要终结性评价，也需要形成性评价。终极性评价的意义在于给出确定的结论，为奖优罚劣提供依据；形成性评价的意义在于发现问题，给出建议，让学校更好地发展。在具体的评估中，评估方必须做出选择，很难有同一评估完成两种使命，因为二者在获取数据和信息方面存在较大差异。终结性评估尽可能选择公开、客观性的指标，如学生数量、科研经费数量、发表文章数量等；而形成性评价要想发现存在的问题，访谈、调研等主观性的考查必不可少。当前高等教育评估终结性的评价多一些，形成性的评价少一些。政府、社会中介评估组织和学校自身都缺乏对学校发展的把脉、诊断评价。

三、高等教育评估价值选择中的价值兼顾

一项评估要想把所有价值都统摄起来是不可能的。具体的高等教育评估必须根据不同的需求和目的做出价值选择。评估是否有效、结果是否正确、应用是否可行，最为首要的问题就是评估的价值选择是否合适。与此

同时，高等教育评估在价值选择中还要重视价值兼顾。

（一）具体评估要做到价值前置

在评估实践中，一项评估不可能解决所有问题，面对不同的问题，我们要选择不同的价值，选择不同的评估。各种评估理论由于它们所强调的价值、方法和使用的不同而存在差异，评估的价值选择和它们紧密相连。深入思考高等教育评估的价值选择可以更好地认识评估，更好地运用评估。如果评估前没有仔细地、认真地进行价值选择，评估的目标就不明确，评估指标和方法的选择就存在风险，评估的有效性就很难把握。笔者认为，高等教育评估应该首先做好价值选择，做到价值前置，才可能更好地设计评估方案，选择更适合的评估办法，才能更有利于实现评估的目的和初衷。

（二）要重视综合评估

单一评估往往只能反映评估对象整体情况的一个侧面，如学科评价，更多反映某一学科或某几个学科的发展情况，而学校的整体情况、学生的教育质量等虽然和其有着一定的关联，但并不能完全从这一评估中表征出来。中国校友网做的中国大学排行榜、武书连所做的大学排行榜、武汉大学邱均平教授所做的中国大学竞争力排行榜、上海交通大学世界大学学术排名（ARWU）、QS世界大学排名、英国《泰晤士高等教育》杂志所发布的世界大学排名等，其评价结果千差万别，同一高校在不同的评价中所排位置差异较大，这也正好说明不同的评价往往只能反映被评价对象的局部状况，只有仔细观察和研究它的评价指标才能更好地了解其主要体现的内容。高校都喜欢利用对自己有利的大学排名或者评价数据做宣传，这对社会公众难免会形成一种以偏概全的误导。只有综合评估，或者兼顾考察各单一评估的评估内容和结果才能更全面、更准确地判断高校，或者判断高等教育的质量。无论是高校自身，还是政府或者用脚投票者都不能以单一评估论英雄，更应该关注综合评估。

（三）要注意价值纠偏

当前，我国高等教育评估的研究和实践都比较粗浅，综观起来，在价值选择上重管理价值、知识价值、社会价值和终结性价值。这些价值选择在我国高等教育发展的实践中发挥了重要作用，如使高校的条件建设进一步达标，高校的管理更加规范，高校的社会服务意识进一步增强，高等教育对各类评估也越来越重视教育基本理论等。但是也存在明显的不足，如评估还游离于教育本身的宗旨，评估的基础理论还非常落后，评估的实践也不够丰富等。当前我国高等教育评估在价值选择上应注意价值纠偏。首先，教育性价值应该给予更多的关注和重视，增值评估等重视学生成长和发展的评价要大力发展[7]；对能力的考核要加大，如大学生就读经验评价等非知识性评价要给予更多重视；还有形成性评估要加强，使更多的评估对象有机会在不断认识自身、发现自身不足、给予帮助和指导的前提下获得进步和提高。"教育的核心任务是呵护自然自我、社会自我与精神自我的成长，服侍个体的意义探寻，催化个人自由意志的发展。"[8]

参考文献

[1] 马克思恩格斯全集（第23卷）[M]．北京：人民出版社，1979．

[2] 中央教育科学研究所高等教育研究中心．72所教育部直属高校绩效评价结果与排名 [N]．中国教育报，2009-12-11．

[3] [5] 周廷勇．高等教育质量观——生成与变迁 [M]．北京：北京出版社，2008．

[4] 中国教育与人力资源课题组．从人口大国迈向人力资源强国 [M]．北京：高等教育出版社，2003．

[6] 陈桂生．教育原理（第二版）[M]．上海：华东师范大学出版社，2000．

[7] 李湘萍，周作宇，梁显平．增值评价与高等教育质量保障研究：理论与方法述评 [J]．清华大学教育研究，2013（4）．

[8] 周作宇．自我领导的教育哲学 [J]．大学教育科学，2013（4）．

建设世界一流大学场域中的制度化机制研究

——基于组织分析的新制度主义理论

张 熙[①] 刘慧珍

一、研究的背景与问题的提出

近年来,创建"世界一流大学"以及相关制度建设始终是中国高等教育理论与实践领域的热点话题。作为一项由国家提出并主导实施的高等教育战略,我国建设世界一流大学的制度化进程始自1998年的"五四讲话",至今已经走过17年的历程。从最初的"211"和"985"工程,到后来"千人计划""长江学者"和"2011计划",一方面政府部门不断出台关于继续和加快推进建设世界一流大的相关政策,另一方面被纳入各类工程项目的高校先后提出了建设世界一流大学的总体目标与战略规划。回顾这一阶段中国高等教育的发展,作为一种自上而下的、制度供给型的高等教育制度安排,建设世界一流大学的制度进程仍在不断地持续和深化。探究该过程中的制度化现象及其影响机制,对于高等教育组织和制度理论的发展无疑具有重要意义。

传统组织与制度研究的重点大都放在现存制度如何影响组织的结构、功能和行为上,但很多学者逐渐注意到应当被优先解释的问题是,新制度是如何存在于某个场域中并实现其扩散与维持的,也就是所谓的"制度化"问题。新制度主义学者朱克尔(1977)认为,"制度化既是一种过程,

---

① 作者简介:张熙,北京师范大学教育学部高等教育研究所硕士。

又是一种状态或属性变量"[1]。也就是说，制度化既是一种历时性的过程，也指已经获得某种确定状态或属性的一套社会安排；当社会模式逐渐实现再生产时，会把他们自己的存在归因于相对于自我激发的社会过程。从组织分析的新制度主义理论视角出发，值得探讨的正是这样一种作为过程的高等教育制度化现象背后的机理。如果将"建设世界一流大学"看作一个组织"场域"，那么该场域中的制度化过程是如何实现的？其不断扩散并得以维持的机制是什么？回答这些问题的核心就在于分析制度化的影响性机制。

二、新制度主义的三种制度化观

组织和社会系统中的制度化现象，已经引起了不同学科研究者相当多的关注。在众多的学科和理论中，组织分析的新制度主义理论给出了三种具有相互竞争和互补性的观点，每种观点都基于各自不同的理论假定。

第一种观点主要考虑的是制度的成本与收益，部分新制度经济学家提出了基于回报递增的制度化，即一种制度系统的形成和维持主要是由于该制度在实践的过程中不断得到的正反馈。很多制度得以持续而难以改变是由于一种"路径依赖"，即坚持同样的技术路线就可以获得奖赏，而替代路径则可能付出更高的成本代价，即便后者可能是更优的选择。亚瑟（1994）认为，这种正反馈的必要条件是高初始成本、学习效应、协同效应和采纳预期[2]。在我国建设一流大学的制度化过程中，国家的高规格的战略部署，巨大的财政经费投入，高校的发展成就和大学之间的互相仿效与趋同化发展，使得"制度矩阵中产生相互依赖的网络以及日益递增的回报积累和制度预期"[3]。另外，制度化的过程还受到不完全市场的影响，如果市场是透明和开放的，那么某些不合理的制度就会被发现和消除。而中国大学的举办、管理和评估体制的主体单一性，决定了高等教育市场的不完全竞争性，这也部分解释了官方主导下的一流大学建设更有可能形成制度的路径依赖。

第二种制度化观点不强调激励（成本和效益）作用，而是强调承诺或者忠诚的作用,其核心要素是规范与价值观。塞尔兹尼克(1957)认为,"制度化就是向手头任务灌输技术要求之外的价值观"[4],通过尊崇或硬化某些规则和程序,进而创造行动仪式与意识形态等方式来形成一种"浓"的制度化。这种制度化观强调的是身份的作用,组织和个体是谁?在特定情境中其恰当的行为方式是什么?建设世界一流大学场域中的制度化核心在于塑造共通的价值观与行为规范,政府与大学、大学组织之间逐渐形成了一种"承诺"纽带和关系合同,政府高等教育强国的巨大动力和大学组织追求声誉与卓越的内生价值观具有某种共通性。国家按大学的身份和地位分配资源,大学组织则做出"恰当"的回应和表态,从而形成了一种制度网络中的"各安其分"与互惠合作的伙伴关系。

第三种制度化观带有浓厚现象学色彩,强调思想观念和文化—认知这些主观因素的日益客观化在制度化中所起的作用。按照伯格和拉克曼(1967)的观点,制度化就是意义的外化、客观化和内化的过程,而所谓"客观化"就是"行动者与社会互动过程中所产生的各种意义,相对于行动者而日益成为外在于行动者的事实的过程"[5]。他们还强调在制度化过程中"共同信念"向第三方——没有参与建构这些信念的人——进行传播和扩散对于制度化的重要作用。由此观察建设世界一流大学的制度化过程,从最初的各类工程项目和各种参与者之间的互动与争论,到后来"建设世界一流大学"已经成为场域中人们所接受和习惯的客观概念,不少人可以基于理解说出一流大学的标准和内涵,人们无须去讨论是否有必要建设一流大学,它已经是成为一种"理所当然"的符号,现在要讨论的问题是下一步该如何去做。

三、制度维持与扩散的基础性要素

制度的概念往往意味着稳定性和持续性,许多研究者认为制度一旦完成,不需要进一步努力就可以自我维持,制度依靠其惰性或者惯性得以存续。但实际上,制度只有在"行动者能够不断地生产与再生产结构的意义上才是可持续的"[6],而制度的维持与扩散需要得到相关机制的支持。

前面提到的三种制度化尽管强调了不同的制度层面，提出了不同的制度机制，但这些主张并非是必然冲突而不可调和的。真正富于生命力的制度化，常常是这些相互作用并互相强化的机制的共同产物。有鉴于此，斯科特等人（2000）总结了制度化的三类基础要素来解释制度的影响机制，认为规制性要素、规范性要素和文化—认知性要素对于制度维持和扩散具有关键性作用[7]。

规制性要素强调合法的控制权威和强制手段，例如对组织进行有效的监督、制裁和惩罚等。除此以外，规制性要素被视作一种强制权威还是某种诱惑，对于制度化的效果有不同的影响。例如，国家对于大学的发展，是采取完全行政命令式和统一模式的管理方法，还是采用以激励模式和评估机制来进行治理，其所产生的制度化效果是不一样的。在中国建设世界一流大学的制度化过程中，政府的行政权威与诱导性机制并存，从划分高校行政级别、任命高校党政领导，到"985""211"等工程项目拨款与科研管理体系，规制性要素可谓无所不在，这使得处于优势地位的高校出于权威遵从和争夺资源的考虑纷纷加入制度化进程，从而促进了制度在整个场域中的扩散。

相对规制性要素而言，规范性要素更加看重较深层的伦理规范与道德基础，强调网络关系与相互承诺，尽管有时会偏离某些法规或者科层制的要求，但这更有可能被行动者内化。这部分学者认为，新的程序或制度的传播，更多反映的是专业人员的网络所传递的规范与价值观的扩展，而不仅仅是规制性政策的变化。当代社会，信息技术的发展和高等教育的国际化使得最新科研成果得以快速地在全球范围传播；学术群体的跨国交流与沟通合作，使得学术共同体的实际范围日益扩大；中国大学主动或被动的处于了世界学术共同体的规范性要求与比较之中；各种世界大学排行榜越来越受到大学和社会公众的关注。这些规范性现象不仅使人们对于建设世界一流大学有了更多的认识，也促使相关制度规则和价值观在场域中得到了进一步的传播。

关注文化—认知性要素的学者认为，各种理论化的观念极大地影响着制度的扩散。制度通过创设共同的参照框架、情景界定和角色模板等来使场域中的制度从外在的政策和规范转化成客观的、理所当然的各种理解或认知框架。例如，高等教育界关于"世界一流大学"的内涵和"建立现代大学制度"的相关讨论，这些观念和认识上的差异与争论，实际上有助于形成丰富的意义沉淀。现在熟悉高等教育的人都可以就"通识教育""教授治学""学术自由"和"去行政化"等词语言之二三，虽然不一定能够对这些概念或理论的内涵做到准确把握。在高等教育内部，很多前一阶段具有争议的话题在现阶段可能已经被当作某些议程的前提，建设世界一流大学的制度化进程在文化认知层面逐渐得到巩固。

四、制度的传递者与制度化

制度的基础性要素虽然对场域中的制度化起着重要作用，但它也要依赖和通过各种传递者来实现制度的维持与扩散。Jepperson（1991）认为无论是规制性、规范性还是文化—认知性的制度要素，都需要各种媒介来传递[8]。Scott 界定了四类制度的传递者：符号系统、关系系统、惯例和人工器物[9]，这对于研究者分析场域中的制度化过程很有帮助（见表1）。制度的传递者不仅在客观上起着制度信息传递作用，还主观上也影响着人们对与制度的理解、解释和接受。建设世界一流大学的制度化过程实际上是大学组织通过各种传递者将制度信息嵌入组织的过程，这为研究者观察该场域中的制度化现象提供了更为全面的视角。

表 1　制度三大基础要素及其传递者

	规制性要素	规范性要素	文化—认知要素
符号系统	规则，法律	价值观，期待	范畴，典型，图式
关系系统	治理系统，权利系统	政体，权威系统	结构同形，身份
惯例	协议草案，标准运行程序	工作，角色，对义务的遵守	脚本
人工器物	遵守命令性的规定	整合惯例，标准的客体	处理符号价值的客体

(一) 符号系统

对于制度主义者而言,象征性符号包括用来指导行为的所有规则、价值观、规范、图式、原型和脚本等等,对不同类型符号进行取舍和重组影响了人们对于制度的认知和理解。基于不同的制度性要素去分析高等教育场域中制度化现象所使用的传递者是不同的。以符号系统为例,如果我们强调规制性要素,那么强调的制度传递者是相关政策法律和规章制度中的文本符号;如果强调规范性要素,那么强调的是学术社区中的共同价值观和规范性期待的重要性;如果强调认知性要素,那么共同的认知范畴、特性和典型化在塑造对"一流大学"的感知与解释方面无疑是十分重要的。

(二) 关系系统

关系系统作为特定场域中制度传递者,要依赖与社会位置相联系的网络即角色系统的互动。如果从规范性和规制性的要素出发,我们关注的是高等教育的权力结构和治理系统。在中国的教育体制下,政府作为高等教育的举办者和管理者,通过自上而下的权力系统和外部治理体系,运用行政命令、政策法规和财政拨款等方式,主导着高等教育领域中的资源分配和等级秩序,使场域中距离权力中心较近或者处于既定等级中的位置较好的大学更容易获得资源,也更容易提出建设世界一流大学的目标,从而进一步巩固其在场域中的位置。从制度化层面来说,规制性要素和关系系统对于该场域中制度的形成、传播、扩散和稳定具有重要作用。

(三) 惯例

惯例往往并不是以明文的知识和信念为基础,而是体现了行动者意会性的、深层的和根深蒂固的习惯与程序。尼尔森和温特(1982)认为,参与者的技能和组织的惯例对于组织促进其可靠性和稳定性具有重要作用[10]。惯例是在关系系统中习得的、维持并更新的,对于组织中的新手来说,可以通过经验型学习与在职培训,也就是所谓的"合法的、边际性的参与"逐步习得共同体的社会与文化实践。在迈向"世界一流大学"的进程中,向政府政策靠拢、向研究型大学迈进正在逐渐形成一种组织"惯例",渗透到大学日常行为的方方面面,而学术共同体中的新手则通过参与教学和科研,例如申报课题、发表文章和参与国际学术研讨会等养成一种认知与行为习惯,这些无疑是一流大学的制度化在大学组织中最直接的体现。

(四) 人工器物

关于人工器物对于组织行为和制度化的影响,早期的组织技术研究者们认为,技术对组织结构和与行为产生着单向的、决定性的影响;之后的一些学者强调技术是社会建构的,其对于组织和制度的影响要以各种情景因素与理解过程为中介,从而反对早期的技术决定论。有学者认为在特定的场域中,与技术相关的各种资源也应当被纳入人工器物的范畴中。对于大学组织而言,从先进的科研仪器到现代化的教学设备,从校园环境与建筑到后勤服务设施以及支持这些人工器物运行的资源分配模式,对于制度化的维持都具有基础性的作用。另外,人工器物不仅是"制度的客观情境中的一部分"[11],它还能够体现和表达特定的思想,就像图书馆和教学大楼等校园建筑物从来都是人们观察和评价一所大学最直观的标准。

五、结论与反思

新制度主义理论吸收了经济学、政治学和社会学等学科的理论视野,是近几十年广泛应用于社会学科研究的一种理论范式。运用该理论分析我国建设世界一流大学的制度化过程,为高等教育领域的组织与制度研究提供了丰富的认识资源,打开了宽阔的理论发展空间。文章通过分析得出结论:建设世界一流大学场域中的制度化过程不是由单一的制度机制所决定的,而是在多种基础性要素和制度传递者共同作用下形成的。值得注意的是,在具体情境中不同制度要素和机制之间可能是相互矛盾的,但更多时候表现为复杂的综合模式。

值得研究者反思的是,组织分析中早期的新制度主义理论过于强调制度环境和组织外部要素对于制度化过程的影响,相对忽略了组织本身作为行动者的作用,更难以解释场域中的制度变迁和去制度化等问题。因此必须认识到包括制度化在内的高等教育场域中的整个制度过程是制度环境中的各种机制与行动者之间共同建构的。研究建设世界一流大学的制度过程，除了探讨制度化机制以外，还需要分析制度环境与大学组织之间的互动机制，尤其需要关注组织的集体理性与行动对于制度维持、扩散乃至变迁的影响，以期对高等教育组织和制度领域的研究进行更为深入的探索。

参考文献

[1] Zuker, Lynne G. *The Role of Institutionalization in Cultural Persistence* [J]. American Sociological Review, 1977, 42 (5).

[2] Arthur, Brian. *Increasing Returns and Path Dependence in the Economy* [M]. Ann Arbor: University of Michigan Press, 1994, pp.75-80.

[3] North, Douglass C. *Institutional Change and Economic Performance* [M]. Cambridge: Cambridge University Press, 1990, p.95.

[4] Selznick, Philip. *Leadership in Administration* [M]. New York: Harper & Row. 1957, pp.16-17.

[5] Berger, Thomas Luckman. *The Social Construction of Reality* [M]. New York: Doubleday Anchor, 1967, pp.60-61.

[6] Zuker, Lynne G. *Institutional Patterns and Organization: Culture and Environment* [M]. Cambridge: Ballinger, 1988, p.26.

[7] [9] Scott W. *Institutions and Organizations: Ideas and Interests* [M]. CA: Sage Publications, 2007, pp.70-85.

[8] Jepperson, Ronald L. Institutions, Institutional effects, and Institutionalization. *In The New Institutionalism in Organizational Analysis, edited by Walter W. Powell and Paul J. DiMaggio Chicago* [M]. Chicago: University of Chicago Press, 1991, pp.143-163.

[10] Nelson, S. Winter. *An Evolutionary Theory of Economic Change* [M]. Cambridge MA: Belknap Press of Harvard University Press, 1982, pp.145-147.

[11] Orlikowski, Wanda J. *The Duality of Technology: Rethinking the Concept of Technology in Organizations* [J]. Organization Science, 1992 (3).

第二章
高校招生与考试政策

引 言

2014年，国务院印发出台的《关于深化考试招生制度改革的实施意见》，标志着新一轮考试招生制度改革全面启动。高考招生制度改革必须应对多元化的目标诉求，受政治、经济、文化等诸多因素的制约，其内容设计也较为复杂，主要涉及入学考试、招生录取和招生计划分配等重要环节。因此，本部分选取了6篇文章，内容围绕我国当前高考招生改革问题以及国外入学考试招生制度的经验梳理展开，主要观点摘录如下：

《深化综合改革，应对高考招生制度改革新挑战》一文指出，高考招生制度改革关系到上亿学生的前途，社会关注度极高，政策性很强，需要政府、学校、社会广泛参与，是一项涉及面广、影响深远的深层次变革。该文总结了高考制度改革的目标与任务，并剖析了高考招生制度改革的新挑战与新机遇。

《高等学校要主动应对高考招生制度改革新挑战》一文强调，对于高等学校而言，高考招生制度改革绝不单单是学校招生部门的任务，而是一项涉及教育观念更新、人才培养模式改革、师资队伍建设强化、内部管理体制创新的系统改革。

《从耶鲁大学招生看20世纪60年代以来美国研究型大学招生政策改革》一文以耶鲁大学为例，梳理并反思从20世纪60年代至今美国研究型大学招生政策的变化历程。

《德国大学入学招生制度的基本程序及其变革与走向》一文指出，德国高等教育招生一直以来都遵循公平和透明的原则，全国性的学习位置分配，可以让符合要求的学生都拿到进入综合大学或职业高校的"入场券"。德国高等教育同样赋予大学开展"定额招生"的自主权。一般入学资格、应用科技大学入学资格、高职入学资格及它们的申请程序皆有不同要求。面对世界范围之内的生源之争，德国大学入学招生制度呈现了新的走向：缩短了文理中学学制；越来越关注对高职学生的招生，并在政策上对其倾斜；进一步改革会考制度，统一命题和各州命题相结合；应对《博洛尼亚宣言》，努力建立更加容易理解并可以比较的高等教育学位体系。

《我国新一轮高考改革的路径及挑战》一文是基于高考综合改革的关键时期，结合北京师范大学高等教育研究所举办的首届"教育家对话企业家—高考改革微论坛"上不同专家学者的观点所提出的观点。文章从历史梳理——认清高考改革的路径及意义，高中综合素质评价——高考改革的关键点和难点，招生录取模式多元化——高考制度改革的突破口，深化综合改革——高考制度改革的条件保障四个方面展开阐述。

《新高考改革助推教育升级》一文指出，国务院印发《关于深化考试招生制度改革的实施意见》，重启新一轮考试招生制度改革议程。随之教育部印发了关于学业水平考试、综合素质评价、高考加分和高校自主招生四个配套文件，标志着以高考改革为核心的招生考试制度迎来全新的"2.0时代"。在重启教育改革的关键期，新一轮考试招生制度改革顺势推动着教育的进一步健康发展，即从"分分计较"向"人人成才"转变，从"考什么教什么"向"需什么教什么"转变，从重视规模扩张向促进公正公平转变，从依靠行政旧观念向培育改革新动力转变。

深化综合改革,应对高考招生制度改革新挑战

钟秉林

2010年7月,《教育规划纲要》将考试招生制度改革作为教育体制改革的重要任务进行了部署;之后,教育部组织专家就考试招生制度改革问题进行调研论证。2013年11月,十八届三中全会通过的《中共中央关于全面深化改革若干重大问题的决定》,将考试招生制度改革作为深化教育领域综合改革的战略任务,明确了顶层设计思路,加快了考试招生制度改革的推进步伐。2014年9月,国务院印发了《关于深化考试招生制度改革的实施意见》[1],明确了考试招生制度改革的总体要求、主要任务和措施,标志着高考招生制度改革揭开了序幕;与此同时,上海和浙江高考招生制度综合改革方案正式出台,试点工作率先启动;其余各省份的考试招生制度改革方案,也将于2015年6月底前报教育部备案。2014年12月,教育部等有关部委相继公布了《关于普通高中学业水平考试的实施意见》《关于加强和改进普通高中学生综合素质评价的意见》《关于进一步完善和规范高校自主招生试点工作的意见》以及《关于进一步减少和规范高考加分项目和分值的意见》四个配套政策文件[2],进一步明确了改革的内容、目标、措施和时间表。

高考招生制度改革关系到上亿学生的前途,社会关注度极高,政策性很强,需要政府、学校、社会广泛参与,是一项涉及面广、影响深远的深层次变革,说它"牵一发而动全身"并不为过。高等学校和中小学校要增强紧迫感和责任感,主动应对高考招生制度改革带来的严峻挑战,抓住难

得的改革和发展机遇，促进自身的内涵建设和特色发展。

一、高考招生制度改革的目标与任务

我国普通高校统一考试招生制度建立于1952年，是国家高等教育制度体系的重要组成部分，为众多学子提供了继续深造的机会，拓展了人才资源流动通道，最大限度地维护了教育公平，对中国的教育乃至整个经济社会生活产生了深远影响，成绩有目共睹。但近年来也广遭诟病，改革呼声日趋强烈。[3]

（一）高考招生制度改革的动因与目标

现行高考招生制度已不能完全适应经济社会和教育发展的需求，且其公平性亦受到严峻挑战。第一，高考招生制度是在精英化高等教育发展阶段设计的，目的是从众多考生中选拔少数尖子生进入大学深造。随着我国高等教育进入大众化发展阶段，入学机会不再是社会稀缺资源，而且高校分层分类显著，人才培养目标、规格和培养模式呈现出多样化的趋势，将高考成绩作为高校录取学生的唯一依据，是否适应不同类型、不同层次高校人才选拔的需求，面临越来越多的质疑。第二，我国基础教育事业快速发展，中小学校的教育教学模式和管理制度正在发生深刻变革，对各类考试评价制度提出了相应的改革要求；现实存在的中小学"应试教育"倾向严重、学生课业负担过重、竞争压力过大、身体素质下滑等问题，迫切呼唤发挥高考招生制度的导向作用，引导基础教育改革不断深化，使孩子们健康快乐成长。第三，高考招生制度在实施过程中出现偏差，高考加分政策，尤其是奖励性加分政策近乎失控，高校自主招生和特殊类型招生中舞弊现象时有发生，违背了制度设计初衷，使高考招生制度的公平性遭到侵蚀，社会公信力受到冲击。第四，新情况和新问题不断产生。比如，经济社会发展使得一线城市非户籍人口急剧膨胀，随着时间的延续，进城务工人员随迁子女"异地高考"问题逐渐凸显；区域经济社会发展水平、省际高等教育毛入学率、高考录取率以及高考录取分数线的差异，导致"高考移民""国际高考移民"现象的产生等。高考招生制度改革势在必行，目标应是有利于高校优化人才标准和评价方式，科学甄别选拔合适人才；有利于引导基础教育深化改革，促进学生全面发展；有利于合理配置高等教育资源，促进入学机会公平和社会公正。

（二）高考招生制度改革的主要任务

高考招生制度改革的任务十分艰巨。一方面，高等教育利益相关者增多，利益诉求呈现出不同甚至相悖的价值取向，使得改革政策的出台和改革举措的实施更为艰难；另一方面，高考招生制度除了为高校提供选拔人才的依据，还被赋予了更多的功能，成为社会流动的阶梯，关系着社会稳定和公正。因此，高考招生制度改革要应对多元化目标诉求，并受政治、经济、文化等诸多因素制约。必须在坚持高考招生制度核心价值取向和基本框架的基础上，围绕改革目标、针对现实问题进行统筹设计；必须遵循规律、试点先行，积极稳妥地逐步推进。高考招生制度改革在内容设计上十分复杂，主要涉及招生计划分配、入学考试、招生录取等关键环节。

1. 招生计划分配方式的改革

我国高校招生的名额配置采取的是行政主导的招生计划分配方式，目前存在的主要问题是：刚性有余、柔性不足，地方和高校的权力有限；区域高等教育入学机会有差距，省际高等教育毛入学率、高考录取率和高考录取分数线差异较大；优质高等教育资源配置不均衡，弱势群体尤其是农村学生上重点高校人数偏少等。因此，必须通过加强宏观调控和实施专项计划，形成促进入学机会公平的长效机制。一是将招生计划向入学机会偏少的人口大省、贫困地区和农村家庭适当倾斜，提高中西部地区和人口大省的高考录取率。二是逐步降低部属高校属地招生计划比例，促进优质高等教育资源在全国范围内的均衡配置。三是部属高校和省属重点高校安排一定比例的招生名额投向边远、贫困、少数民族地区，定向招收优秀农村学生，增加农村学生上重点高校的人数。

2. 入学考试制度的改革

现行入学考试制度的主要问题是：每年仅提供一次考试，考生选择机会少，往往"一考定终身"；考试内容过度强调统一性，不足以为特定学科和专业人才的选拔提供充足的依据，难以满足高校多样化的人才选拔需求；文理分科考试，不利于对考生综合素质的考查，易导致高中生偏科；非户籍学生在流入地参加考试的政策有待完善，公平性受到影响，等等。因此，必须改革入学考试的方式和内容，增加考生的自主选择权，保证高考的科学性和规范性。一是改革入学考试方式，调整考试科目。探索本科和高职高专分类入学考试；高职院校尝试"文化素质+职业技能"考试，以利于学校选拔技术技能型人才和学生选择适合自己的教育；部分高职院校试行"注册入学""宽进严出"；探索外语等科目一年两考，增加学生的选择性，分散学生的备考压力；进一步完善非户籍人口"异地高考"政策等。二是改革入学考试内容。根据高校人才选拔全面性和多样性的要求，以国家基础教育课程标准和高校人才选拔标准为依据，突出对学生基础知识、学习能力、分析能力和综合素质的考查；完善高中学业水平考试，提高其科学性、规范性和公信力，促使学生认真学习每门课程；探索文理不分科，发挥高考的甄别选拔功能和对基础教育的导向作用，扭转基础教育过度强调应试的倾向和学生偏科的现象。三是改革高考命题方式。加强命题专家队伍的建设，重视对考试规律和标准的研究，完善考试科目试题库建设，提高试题的信度和效度，保证命题质量。

3. 招生录取机制的改革

现行招生录取机制的主要问题是：将高考统考成绩作为高校录取的唯一依据，标准单一，高校自主权小，加剧了基础教育学校的应试倾向，特殊人才难以脱颖而出；分批次录取，强化了学校的"等级身份"，而且在某种程度上误导了学生和家长对学校和专业的选择；设立了名目繁多的加分项目，加分分值过高，身份时有作假，破坏了高校录取的公平政策环境等。因此，必须改革招生录取机制，扩大高校招生自主权，探索和健全人才选拔的综合评价和多元录取机制。一是建立和完善考生的综合评价机制。探索将高考统考成绩、高中学业水平考试成绩和综合素质评价档案作为高校录取的基本依据或重要参考，使评价方式更科学，评价内容更丰富，评价结果更准确。比如，试点省份将统考语文、数学两科，外语科目一年两考，把最好的成绩加入高考成绩；同时，考生自选三门高中学业水平考试的科目，按等级加权赋分到高考成绩当中；另外，还要把综合素质评价档案作为高校录取的重要参考。二是逐步取消本科新生录取批次，改进投档录取模式，增加考生与学校的双向选择；淡化学校的等级身份，引导高校重视质量建设和特色发展，提高办学水平和社会声誉。三是逐步扩大高校招生录取的自主权。强化高校招生录取的主体地位，探索高校自主录取、注册录取、定向录取、破格录取等多种录取方式，建立和完善有利于人才选拔的多元录取机制。四是完善和规范自主招生，明确招生对象、优化考核内容、调整考核方式和时间。自2015年起，90所自主招生的试点大学不再举行联考，学校单独组织的自主测试放在高考之后、成绩公布之前进行，既可保证中学教学秩序，又不影响现行高考录取进程。五是清理和规范各种加分政策，加强招生录取监管工作。大幅度减少奖励性加分，降低加分分值，杜绝身份作假，从今年起取消体育、艺术特长等加分项目；同时，加大对高校招生工作的监管，规范招生录取秩序，加强信息公开公示，坚决打击各种舞弊行为，维护高考招生的安全性和制度公信力。

二、高考招生制度改革的新挑战与新机遇

高考招生制度改革是一项系统改革，这项改革将倒逼高等教育和基础教育深化综合改革，推进高等学校和中小学加强协同创新。[4]对于高等学校和中小学而言，高考招生制度改革绝不单单是高校招生部门和中小学教务部门的任务，其涉及教育观念更新、人才培养模式改革、师资队伍建设、内部管理体制创新的综合改革。

（一）进一步转变教育思想和教育观念

高考招生制度改革的核心价值取向是引导和促进学生全面发展。高等学校和中小学要确立以学生为本、促进学生德智体美全面发展的教育观，遵循教育规律和学生身心发展规律，围绕"立德树人"开展教学工作和其他各项工作，形成重视人才培养和教学工作，全员、全方位、全过程育人

的校园文化；要践行因材施教的教育理念，研究学生的差异性，尊重学生的选择权，不断深化人才培养模式改革和教育教学体制机制改革，探索学生的多样化、个性化培养，鼓励学生个性、特长的发挥；要在教学活动中坚持以学生学习为中心的教学观，摈弃以教师、教材和课堂为中心的陈旧教学观，转变教师角色，构建师生学习共同体，积极探索先进的教学方式和学习方式，促进学生的自主学习和合作学习，不断改善学生的学习效果。

（二）进一步明晰人才培养规格和选拔标准

高考招生制度改革的重要目标之一是科学甄别与选拔合适人才。

第一，高等学校要根据经济社会发展对于高级专门人才的不同层次、不同类型的多样化需求以及高等教育大众化发展的阶段性特点，结合学校自身的目标定位和办学优势特色，进一步反思和明确学校的人才培养目标，调整和细化各专业大类、专业群和专业人才培养的具体规格，避免盲目攀比和培养目标规格趋同。

第二，高等学校要依据本校确立的人才培养目标和规格，面对特定的市场需求，优化和明晰各专业大类、专业群或专业的人才选拔标准，体现学校及专业的差异性和特色，吸引合适的人才报考本校。

第三，自主招生的试点高校要结合学校人才培养规格和学科专业特色的实际，认真研究选拔具有学科特长和创新潜质的优秀学生的具体要求，并将其体现在人才选拔标准之中，使考生申请和学校推荐能够"有的放矢"，避免相互攀比和"掐尖"等现象的产生。

第四，中小学在实施新课程改革的过程中，要明确学生培养规格，优化学生评价标准，注重学生综合素质的养成；要改变目前课程评价过分强调甄别与选拔功能的倾向，重视发挥其在促进学生全面发展、提高教师素质和改进教学效果等方面的功能。

（三）进一步探索综合评价和多元录取机制

高考招生制度改革的总体目标要求，是形成分类考试、综合评价、多元录取的考试招生模式，健全促进公平、科学选才、监督有力的体制机制。

第一，高等学校要配合上海、浙江高考综合改革试点，根据本校的人才选拔标准和学科专业结构特点，按学科专业大类（专业群）向试点省份提出考生高中学业水平考试的三个或三个以下科目要求。同时，要依据学校的人才培养目标和人才需求预测情况，研究按专业大类（专业群）或按专业（专业方向）进行招生录取的办法。

第二，高等学校要制定科学规范的考生综合素质评价体系和办法，组织教师等专业人员对高中学校提供的学生综合素质档案进行分析，采取集体评议等方式对考生综合素质做出客观评价；并研究将其作为招生录取重要参考的原则和具体办法。

第三，高等学校要建立科学的标准和规范的程序，进一步探索自主录取、推荐录取、定向录取、破格录取等多元录取机制。对高中阶段全面发展、表现优异的学生，实行推荐录取；对符合条件、自愿到国家需要的行业、地区就业的学生，实行定向录取；对在实践岗位上做出突出贡献或具有特殊才能的人才，实行破格录取；自主招生的试点高校要结合本校学科专业特色及培养要求，优化自主考核内容，重点考查考生的学科特长和创新潜质，发挥学科专家的作用，探索科学有效、简便规范的考核方式，并将自主考核结果与高考总成绩相结合，实行自主录取。

第四，中小学校在推进学校教育转型的过程中，要进一步完善高中学业水平考试，将其作为学生毕业和升学的重要依据；要构建和完善学生综合素质评价体系，改进评价方式，丰富评价内容，从学生思想品德、学业水平、身心健康、兴趣特长、社会实践等方面，客观准确地反映学生德智体美全面发展和个性特长发展的情况，使学生综合素质的评价结果可信赖、可比较，并将综合素质档案提供给高校作为录取学生的重要参考。

（四）进一步深化人才培养模式改革

普通高校入学考试方式与内容的改革以及招生录取机制的改革，对深化高校和中小学人才培养模式改革提出了新的要求。

第一，高等学校要认真研究未来新生的知识结构和能力素质的变化情况，培养学术型人才和高端应用型人才的本科院校要抓住改革机遇，探索按学科门类、专业大类或专业群的宽口径人才培养模式；培养技术型人才的本科院校和高职高专院校要面向行业与就业市场需求，加强产学合作和产教融合，探索多样化的技术技能型人才培养模式。

第二，高等学校要结合专业特色和社会需求，调整优化人才培养方案和教学计划。平衡通识教育与专业教育、理论教学与实践教学、宽口径培养与职业能力养成、对口按需培养与夯实拓宽学科专业基础的关系；要调整课程体系，更新教学内容，优化学生的知识结构和能力素质结构，努力提高人才培养效果与社会需求的契合度，改善学生的创业和就业能力。

第三，高等学校和中小学要研究互联网时代知识传播渠道和方式的新变化，关注以"慕课""翻转课堂""微课程"等为代表的基于互联网的教学方式对高校和中小学人才培养工作带来的冲击，打破以教师为中心的传统课堂教学模式，结合校情尝试探究式学习、"翻转课堂"等新的教学模式和学习方式，促进学生自主学习和合作学习，重视学生独立思考能力、问题意识和批判精神的养成。

第四，高等学校要主动应对取消本科招生录取批次带来的生源竞争的新挑战，淡化等级身份观念，增强提高培养质量、办出专业特色的紧迫感，集中精力抓好学校的内涵建设，通过提升办学水平和社会声誉来吸引数量充足、质量较高的生源；并通过精心的培养，使每个学生成为社会有用之才。

（五）进一步探索学校体制机制创新

普通高校入学考试制度和招生录取机制改革的推进，将带来生源结构和培养模式的变化，必然对高等学校内部治理结构优化和管理体制机制改革提出新的要求。高等学校要不断深化学习制度改革和内部管理体制改革，积极探索体制机制创新，根据经济社会发展需求和学校自身实际，适时开展按大类宽口径培养、学分制、短学期制、书院（学堂）制以及订单式培养、校企合作育人等多样化的改革尝试；要抓住高考招生制度改革带来的难得机遇，优化学科专业结构，调整院系设置和教学组织，创新教学管理机制和学生事务管理机制；要完善学校内部教育教学质量监控和保障体系，建立学生学习效果跟踪和评估机制；要推进和完善现代大学制度建设，制定和实施大学章程，为深化人才培养模式改革提供制度保障。

普通高校入学考试科目、内容的改革以及考生综合评价机制的完善，对优化中小学内部治理结构、改革学校内部管理体制提出了迫切要求。中小学要不断深化人才培养体制和教学管理体制的改革，结合学校实际开展分层教学、分组学习、选课制和"走班"教学等多样化的改革尝试，探索和形成中小学教育教学模式的新常态；要改革教师聘任和考核制度，调整教学组织和学生管理机制，为提高人才培养质量提供制度和组织保障。

（六）进一步提高师资队伍整体水平

应对高考招生制度改革带来的新挑战，关键是师资队伍整体水平的改善和教师综合素养的提升。高等学校和中小学要认真研究教育教学改革的新趋势，进一步明确教师队伍建设的思路和重点，认真实施教师队伍建设规划，加强师德建设，优化教师队伍结构。要加强教师的职业发展规划和在职培训工作，重视校本培训工作，切实提高教师的教学能力和水平，尤其要提高他们发现学生特长和潜力、指导学生选课选专业以及指导学生规划学习生涯的能力。要改革教师聘任和考核制度，引导教师教学相长、教研相长，将科研资源转化为优质教学资源，不断提高人才培养质量。要重视教学管理人员和学生工作干部的培养培训工作，不断提高他们的管理水平和思想政治工作水平，为学生的全面发展提供保障。

高考招生制度改革将倒逼高等学校和中小学深化综合改革、探索协同创新。高等学校和中小学要高度重视、积极面对，形成改革共识和改革合力，进行系统研究和顶层设计，稳妥扎实地开展综合改革实践探索，将学校的内涵建设和特色发展提高到一个新水平。

参考文献

[1] 国务院关于深化考试招生制度改革的实施意见 [EB/OL]. [2015-02-12]. http://www.moe.edu.cn/publicfiles/business/htmlfiles/moe/moe_1778/201409/174543.html.

[2] 教育部：高考改革四个配套文件［EB/OL］．［2015-02-12］．http://www.360doc.com/content/15/0131/17/4259766_445267295.shtml．

[3] 钟秉林．积极稳妥地推进高等学校考试招生制度改革［J］．高等教育研究，2012（9）．

[4] 钟秉林．中小学要应对高考招生制度改革的新挑战［J］．中国教育学刊，2015（8）．

高等学校要主动应对高考招生制度改革新挑战

钟秉林

2014年9月,国务院印发《关于深化考试招生制度改革的实施意见》[1],明确了考试招生制度改革的总体要求、主要任务和措施,揭开了考试招生制度改革的序幕;之后,上海和浙江高考招生制度综合改革方案相继出台,试点工作率先启动;其余各省份的考试招生制度改革方案,也将于2015年6月底前报教育部备案。2014年12月,教育部等有关部委公布了《关于普通高中学业水平考试的实施意见》等四个政策文件[2],进一步明确了改革的内容、目标、措施和时间表;与此同时,教育部哲学社会科学重大课题攻关项目"高考改革试点方案跟踪与评估研究"在北京师范大学正式立项开题。

现行高考招生制度已不能完全适应经济社会和教育事业发展的现实需求,且其公平性亦受到严峻挑战,对其进行改革势在必行。[3]高考招生制度改革的目标,是有利于高校优化人才标准和评价方式,科学甄别、选拔合适的人才;有利于引导基础教育深化改革,促进学生全面发展;有利于促进高等教育入学机会公平,保障教育公平和社会公正。

高考招生制度改革的任务十分艰巨。[4]一方面,高等教育利益相关者增多,利益诉求呈现不同甚至相悖的价值取向,改革政策的出台和改革举措的实施更为艰难;另一方面,高考招生制度除了为高校提供选拔人才的依据外,还被赋予了更多功能,成为社会流动的阶梯,关系着社会的稳定和公正。因此,高考招生制度改革必须应对多元化的目标诉求,受政治、经济、文化等诸因素制约，必须在坚持高考招生制度核心价值取向和基本框架的基础上，围绕改革目标，针对现实问题，进行统筹设计；必须遵循规律、积极稳妥、试点先行、逐步推进。高考招生制度改革内容设计上十分复杂，主要涉及入学考试、招生录取和招生计划分配等重要环节。

高考招生制度改革"牵一发而动全身"，是一项涉及面广、影响深远的深层次变革，需要政府、学校和社会的广泛参与，需要高等教育和基础教育、高等学校和中小学校的协同探索。[5]对于高等学校而言，高考招生制度改革绝不单单是学校招生部门的任务，而是一项涉及教育观念更新、人才培养模式改革、师资队伍建设强化、内部管理体制创新的系统改革。

一、转变教育思想，更新教育观念

高考招生制度改革的核心价值取向是引导学生德智体美全面发展，这涉及一系列教育思想和教育观念的变革。首先，高等学校要确立以学生为本、促进学生全面发展的教育观，遵循教育教学规律和人才成长规律，围绕立德树人开展教学工作和其他各项工作，坚持全员、全方位、全过程育人，形成重视人才培养和教学工作的校园文化氛围。其次，要践行"因材施教"的教育理念，突破传统"千校一面""万人一面"培养模式的禁锢，研究学生的差异性，尊重学生的选择权，不断深化人才培养模式改革和教育教学体制机制改革，鼓励学生兴趣 & 特长的发挥，探索学生的多样化、个性化培养。再次，要在教学活动中坚持以学生学习为中心的教学观，摒弃以教师、教材和课堂为中心的陈旧教学观，转变教师角色，构建师生学习共同体，探索先进的教学方式和学习方式，加强师生互动和生生合作，鼓励学生自主学习和合作学习，不断改善学生的学习效果。

二、明晰人才培养规格，细化人才选拔标准

高考招生制度改革的重要目标之一是优化人才标准和评价方式，科学选拔合适的人才。普通高校入学考试制度改革的主要内容包括：（1）调整入学考试方式和科目。探索本科和专科分类入学考试，高职院校尝试"文

化素质+职业技能"考试，以利于学校选拔技术技能型人才和学生选择适合自己的教育；探索外语等科目一年两考，增加学生的选择性，分散学生的备考压力。（2）改革入学考试内容。以国家基础教育课程标准和高校人才选拔标准为依据，突出对学生知识融会贯通能力、分析与解决问题能力和综合素质的考察；文理不分科，发挥高考的甄别选拔功能和对基础教育的导向作用，扭转基础教育过度强调应试的倾向和高中学生偏科的现象。（3）完善高中学业水平考试，提高其规范性、科学性和公信力，促使学生学好每门课程。高等学校要认真研究和确立人才培养目标，调整和细化人才培养规格，优化和明晰人才选拔标准，主动应对入学考试制度改革带来的新挑战。

（一）明晰人才培养目标和规格

高等学校要根据国家和地方经济社会发展对高级专门人才的不同类型、不同层次的多样化需求以及高等教育大众化发展的阶段性特点，结合学校发展目标定位和办学优势特色，明确学校及各专业的人才培养目标；要根据社会需求和专业特色，调整学生的知识、能力和素质结构，细化不同学科专业大类（或专业群）及专业的人才培养规格，避免学校之间、专业之间的盲目攀比和目标规格趋同。

（二）优化人才选拔标准

高等学校要依据本校确立的人才培养目标和规格，进一步优化和明晰人才选拔标准。如大部分本科专业的人才培养目标是培养应用型人才，而不同类型和发展定位的高校，包括中央部委高校和省属重点高校都应结合本校的学科专业优势和特色，面对特定市场需求，细化和明确人才培养的具体规格及相应人才选拔标准，体现学校及专业之间的差异和特色，吸引合适的人才报考本校。

（三）明晰自主招生的选拔要求

自主招生试点高校要按照教育部有关政策规定，结合本校学科专业特色和人才培养规格，研究选拔具有学科特长和创新潜质的优秀学生的具体要求，将其体现在人才选拔标准之中，并公示于社会和高中学校，使考生申请和学校推荐能有的放矢，避免相互攀比和"掐尖"等现象的产生。

三、探索综合评价和多元录取机制

高考招生制度改革的总体目标要求，是形成分类考试、综合评价、多元录取的考试招生模式，健全促进公平、科学选才、监督有力的体制机制。招生录取机制改革的主要内容包括：（1）建立和完善考生的综合评价机制，探索将高中学业水平考试成绩和综合素质评价档案作为高校录取的重要依据和参考的办法。（2）逐步取消录取批次，改进投档录取模式，增加考生和高校之间的双向选择，引导高校重视质量建设和特色发展。（3）逐步扩大高校招生录取的自主权，探索高校自主录取、注册录取、定向录取、破格录取等多种录取方式，建立和完善有利于人才选拔的多元录取机制；部分高职院校试行"注册入学"。（4）完善和规范自主招生。明确自主招生对象，优化自主考核内容，调整考核方式和时间。2015年起，90所自主招生试点高校不再举行联考，学校单独组织的测试放在高考之后、成绩公布之前（6月10—22日）进行。（5）规范高考加分政策和招生录取秩序。大幅减少奖励性加分，降低加分分值，杜绝资格作假；打击各种舞弊行为，维护高考招生的安全性和制度公信力。高等学校要研究和构建考生综合评价和多元录取的新机制，应对招生录取机制改革带来的新挑战：

（一）提出学业水平考试科目的要求

高等学校要配合上海、浙江高考综合改革试点，据本校的人才选拔标准和学科专业结构特点，在深入研究不同专业学生的知识、能力和素质结构的基础上，按学科专业大类（或专业群）向试点省份提出考生高中学业水平考试的3个（或3个以下）科目要求，作为考生选择纳入高考总成绩的三门高中学业水平考试科目的参考。

（二）论证和调整招生录取模式

高等学校要抓住招生录取机制改革的难得机遇，依据人才需求预测情况和学校及专业人才培养目标和规格，研究论证符合学校人才培养模式改革思路和目标的招生录取模式和办法。如探索按专业大类（或专业群）宽口径招生录取，或按专业对口招生录取等，为学生进校后的培养及培养方式的改革做好准备。

（三）建立考生综合评价机制

高等学校要研究对考生进行综合评价的基本原则，制定相应实施办法，建立考生综合评价机制。如组织教师等专业人员对高中学校提供的学生综合素质档案进行研究分析，采取集体评议、等级评定等多种方式，对学生思想道德、学业水平、身心健康、艺术素养、社会实践等方面的表现和学科、体艺特长情况做出全面客观高效的评价，探索将综合素质评价结果与高考总成绩相结合作为高校录取学生的重要参考的规则和方法等。

（四）完善考生多元录取机制

高等学校要建立科学的标准和规范的程序，稳妥探索和不断完善自主录取、推荐录取、定向录取、破格录取等多元录取机制。对高中阶段全面发展、表现优异的学生，实行推荐录取；对符合条件、自愿到国家需要的行业、地区就业的学生，实行定向录取；对在实践岗位上做出突出贡献或具有特殊才能的人才，实行破格录取。自主招生试点高校要发挥学科专家的作用，优化考核内容，探索科学有效、简便规范的考核方式，将反映考生学科特长和创新潜质的考核结果与高考总成绩相结合，实行自主录取。

四、优化人才培养方案，创新教学方式和学习方式

普通高校入学考试方式与内容改革以及招生录取机制改革，将使未来的高校生源在知识结构、兴趣特长、能力素质结构等方面发生新的变化，必然对高校人才培养和教学工作带来深刻影响。高等学校要认真研究新问题，从培养方案和专业建设、课程体系和教学内容、教学方法和教学手段等方面不断深化人才培养模式改革和教学改革。

（一）探索多样化的人才培养模式

高等学校要研究新生知识结构和能力素质结构的变化情况，根据自身目标定位和社会需求，探索构建多样化的人才培养模式。要坚持科学定

位、各安其位、多样化探索，避免培养规格和模式趋同。如培养学术型人才和高端应用型人才的本科院校要抓住招生录取机制改革的机遇，积极探索按学科门类、专业大类（或专业群）招生和培养的宽口径人才培养模式，满足社会和市场对高级专门人才的高端需求；培养技术技能型人才的本科院校和高职高专院校要面向行业和企业需求，加强产学合作和产教融合，积极探索多样化的人才培养模式，满足社会和市场对具有较强实践能力的技术技能型人才的迫切需求。

（二）调整优化人才培养方案和教学计划

高等学校要结合专业特色和社会需求，调整和优化人才培养方案和教学计划。要注重平衡好通识教育与专业教育、理论教学与实践教学、宽口径培养与职业能力养成、对口按需培养与夯实拓宽学科专业基础之间的关系；要优化学生的知识结构和能力素质结构，调整课程体系，更新教学内容，努力提高人才培养效果与社会需求的契合度，改善学生的就业和创业能力。

（三）抓好专业建设与改革工作

专业是人才培养的平台和载体，生源质量、培养质量和就业质量是衡量专业建设水平的核心指标。高等学校要明确专业设置原则，规范专业设置，构建科学的学科专业体系，完善专业的准入机制和退出机制；要根据生源结构和市场需求的变化情况，适时调整和更新专业内容；要处理好专业与学科、专业建设与学科建设之间相辅相成的辩证关系，发挥学科在专业人才培养中的基础性和支撑性作用；引导教师通过科学研究和技术研发促进教学水平和质量的提升。

（四）改革传统的课堂教学模式

高等学校要认真研究互联网技术和知识数字化技术发展带来的知识传播渠道和方式的新变化，高度关注"慕课""翻转课堂""微课程"等基于互联网的教学方式对高校人才培养工作带来的冲击，着力改革以教师和教材为中心的传统课堂教学模式，根据不同专业和课程的基本要求和特点，探索探究式学习、讨论式教学、线上线下教学结合等新的教学方式和学习方式，促进学生的自主学习和合作学习，重视学生独立思考能力、知识融会贯通能力、问题意识和批判精神的养成。

（五）集中精力抓好内涵建设和质量建设

试点省份将逐步取消本科招生录取批次，这对高校招生和人才培养工作带来了深刻影响，学校之间的生源竞争将更趋激烈。高等学校要主动应对取消录取批次带来的新挑战，淡化身份等级观念，增强抓好质量建设、办出专业特色的紧迫感和危机感，将主要精力放在学校内涵建设和特色发展上，通过提升办学水平和社会声誉来吸引数量充足、质量较高的生源；通过精心的培养，使每个学生都成为社会有用之才。

五、加强教师和管理干部队伍建设，提升教师干部水平

应对高考招生制度改革带来的新挑战，对高校教师队伍和管理干部队伍建设提出了新的更高的要求。高等学校要进一步加强队伍建设，提高教师队伍和管理干部队伍的整体水平，提升教师和管理干部的综合素养。

（一）完善教师队伍建设规划

高等学校要认真研究经济社会和科技文化发展的新特点，跟踪国内外教育教学改革发展新趋势，结合学校实际情况，明确教师队伍建设的思路和重点；要重视和加强师德建设，关注教师的职业生涯发展，优化教师队伍结构，包括年龄、学科专业、学位、职称和学缘结构以及专兼职和"双师型"教师结构，不断改善教师队伍的整体水平。

（二）加强制度建设和政策导向

高等学校要改革教师聘任和考核制度，引导教师处理好教学与科研的关系，坚持教学相长、教研相长，不断提高育人水平和学术水平；要重视将科学研究和技术研发资源和成果转化为优质的教学资源，转化为课程与教材的新内容、开出新的教学实验、为学生提供毕业设计（论文）选题以及支撑特色专业建设等，为培养创新型人才创造条件，提供支持。

（三）加强教师和管理干部的培训工作

高等学校要加强教师的职业发展规划和在职培训工作，重视提高教师

的教学能力和水平，尤其是教师发现学生的特长和潜力、指导学生选课选专业和规划学习生涯的能力，以适应高考招生制度改革和学习制度改革的新要求；要重视教学管理人员和学生工作干部的培养培训工作，提高他们的教学管理水平和学生思想政治工作水平，为学生的成长成才提供人力资源支撑和保障。

六、探索内部体制机制创新，提供组织和制度保障

普通高校入学考试制度和招生录取机制改革的推进，将带来高等学校人才培养模式的变革，必然对学校内部治理结构和管理体制机制提出新的改革要求。

首先，高等学校要加强人才培养体制改革和内部管理体制改革的系统研究和顶层设计，积极探索体制机制和学习制度创新。如根据经济社会发展需求和学校的人才培养目标和规格，适时开展按大类宽口径培养、学分制、短学期制、书院（学堂）制的改革探索，抑或进行订单式培养、产学合作育人等多样化的改革尝试。其次，要抓住高考招生制度改革带来的难得机遇，优化学校的学科专业结构，调整院系设置和教学组织，为深化综合改革搭建组织框架；另一方面，要适应学习制度和人才培养模式改革的要求，探索教学管理机制和学生事务管理机制创新。再次，要完善学校内部教育教学质量监控和保障体系，明晰质量标准，优化指标体系，改革评估方式，强化评估结果反馈和改进工作的机制，建立学生学习效果跟踪和评估机制，不断改善学生的学习效果。最后，要推进和完善现代大学制度建设，制定和实施大学章程，为深化人才培养模式改革、提高人才培养质量提供制度保障。

综上所述，高等学校要进一步增强紧迫感和责任感，主动应对高考招生制度改革带来的严峻挑战，抓住难得的改革和发展机遇，在全校形成改革共识和改革合力，稳妥扎实开展综合改革实践探索，促进自身的内涵建设和特色发展。

参考文献

[1] 国务院关于深化考试招生制度改革的实施意见［EB/OL］.［2015-02-

12]. http://www.moe.edu.cn/publicfiles/business/htmlfiles/moe/moe_1778/201409/174543.html.

［2］教育部：高考改革四个配套文件［EB/OL］.［2015-02-12］. http://www.360doc.com/content/15/0131/17/4259766_445267295.shtml.

［3］钟秉林. 高考招生制度改革的走向与挑战［N］. 光明日报，2014-09-08.

［4］钟秉林. 积极稳妥地推进高等学校考试招生制度改革［J］. 高等教育研究，2012（9）.

［5］钟秉林. 中小学要应对高考招生制度改革的新挑战［J］. 中国教育学刊，2015（8）.

从耶鲁大学招生看 20 世纪 60 年代以来美国研究型大学招生政策改革

刘 敏 孙煦东[①]

2016 年年初，哈佛大学教育学院发布报告《扭转浪潮——通过大学招生激发对他人和公共利益的关注》。报告指出，大学招生程序改革应朝着如下三个方向努力：一是降低学生压力，二是让不同种族、家庭收入的学生享有均等的机会，三是提高学生对于公共利益的关注。报告很快得到了 85 所美国一流大学的签字认可，成为新一轮美国大学招生改革的先声。目前，耶鲁大学已经承诺在申请材料中增设一个问题，让申请学生阐述其对家庭、社区做过哪些贡献，或是做过哪些利于公共利益的事情。笔者将以耶鲁大学为例，尝试梳理并反思从 20 世纪 60 年代至今美国研究型大学招生政策的变化历程。

一、20 世纪 60 年代至今耶鲁大学招生政策沿革

（一）注重学术贤能和多元主义

20 世纪 60 年代，美国中等教育普及率达到 95% 以上，接受高等教育成为人们争取民主权利的方式之一，同时，人们也希望能够通过接受高等教育来改变自己的命运。社区学院蓬勃发展，加之院校之间为争夺优质生源展开激烈竞争，美国逐渐形成了分类型、多层次的高等教育招生

---

① 作者简介：刘敏，北京师范大学副教授；孙煦东，北京师范大学硕士。

制度。[1]

1965年，时任耶鲁大学校长的小金曼·布鲁斯特启用了年轻的因克·克拉克担任耶鲁大学招生办公室主任，开启了耶鲁新一轮的招生改革。新的招生制度旨在让耶鲁招收的学生"在智力上更优秀，在组成上更加多元化"其主要措施如下：

1. 取消私立高中和校友子弟的特权

过去，包括耶鲁大学在内的美国高水平研究型大学对私立寄宿制高中都有着明显的偏向性，其ABC等级模式就是基于这种差别对待产生的，而改革则使得来自公立和私立学校的申请者站在平等的起跑线上。改革当年，私立寄宿制学校被耶鲁大学录取的新生数量从1965年的160多人骤降到100人，其中，与耶鲁大学合作多年的安多弗寄宿高中的毕业生被耶鲁大学录取的人数从1965年的43人骤降至22人。[2]

改革还取消了一直以来高水平研究型大学赋予校友子女的特权。1960年，校友子女进入耶鲁大学的比例为26%，哈佛大学为18%，普林斯顿大学为21%；而到了1967年，这一比例则分别变为14%、20%和16%。[3]仅在1965—1967年间，耶鲁大学校友子弟的新生入学率就从15.7%降至10.6%。另外，克拉克还废除了校友面试中对于申请者长相的要求，这些都与其"培养智慧且多元化的学生群体"的理念相一致。

虽然布鲁斯特和克拉克在推行改革措施时遭到了来自校董会、校友及其他传统势力的阻挠和责难，但两人依然坚持贤能主义和多元化的招生改革道路，最终将耶鲁大学提升到一个全新的高度。正如他们的先驱柯南特一样，二人推行改革的目的在于服务整个国家，在于为未来培养领导者，而不是为部分人或部分阶层博取利益。1964年，布鲁斯特力排众议授予马丁·路德·金"荣誉博士学位"亦可窥见其胆识和魄力。

2. 关注少数族裔入学，取消家庭收入水平的录取标准

1961年，耶鲁大学入学新生中犹太人的比例为11%，是所有常春藤联盟里最低的。[4]克拉克改革之后，犹太人在新生中的比例从1965年的16%增长到1966年的30%。其录取黑人的改革更为显著，1960年，耶鲁大学

黑人学生占全体新生的比例仅为0.5%，新的标准公布后，1966年这一数字增长到3.4%。平权行动也照顾到其他少数族裔，包括亚裔、墨西哥裔等。除此之外，1966年的招生改革中，耶鲁大学还取消了"家庭经济水平"这一考量项目，成为第一个无须考虑学生经济支付能力招收学生的美国大学。

3. 实行男女同校，关注性别平等

直到20世纪60年代初，耶鲁大学本科生中都没有一名女生，1967年，耶鲁大学决定实行男女同校，耶鲁女性新生人数从1970年的232名增长到1973年的451名。在经历了10年招生政策的多次变革后，1974年耶鲁大学真正实行了无性别歧视的招生政策，女性的入学率在1979年达到了46%[5]，从根本上改变了学校的面貌和性别比例。

在实施平权原则之外，耶鲁大学还同时提高了对学生SAT成绩的要求。这体现了耶鲁大学对学生个体价值的重新定义，招生的标准从"全面发展"的个人转向"高学术水平和多元化"的群体，于是，20世纪60年代末，耶鲁大学的招生录取改革走在了全美研究性大学的最前沿。

(二) 20世纪七八十年代政策微调与21世纪全球化浪潮中的招生改革

克拉克的新招生制度触动了耶鲁校友的利益，削弱了校友特权，无论改革的目的如何正当，仍激发了校友的强烈不满。而在美国，校友捐赠是大学资金的重要来源，耶鲁大学甚至还是美国第一所将校友募捐作为学校制度的大学。

很快，耶鲁大学校友捐赠基金数额下降，1968年和1969年间，同比下降2.4亿美元，同样，1967—1968年和1968—1969年之间，校友基金会的捐赠者数量减少了1100人。这在耶鲁大学的发展历史上实属重要的打击。校友与耶鲁大学领导层之间的矛盾亦不断激化，校友参与招生的热情日益下降。为了缓解财政压力，缓和与校友之间的关系，耶鲁大学的招生在20世纪70年代进入微调时期，克拉克被迫辞职，新招生办公室主任代维上任。

1972年，代维上任的第一年，校友子女在新生中的比例就达到18%，耶鲁大学为校友子女提供了314个机会，实际招收了225人，高于代维最早预期的280个机会、招收195人。不仅如此，在校友的压力下，耶鲁大学董事会还做出决定：给予体育生特殊政策，同时增加校友在招生办公室中的席位。[6]但即便如此，学校还是坚持了克拉克时代提出的学术贤能标准。

1965—1975年间，耶鲁大学的招生标准逐渐实现制度化：学术贤能，不考虑申请者的经济能力，无差别对待女性和少数族裔，对历史上被忽视的少数族裔、体育特长生和校友子女给予特别政策，等等。这些制度化招生标准与美国其他高水平研究型大学的招生政策极为相似，可见，多数名校都逐渐建立了能力至上、多元化的招生政策。[7]

20世纪80年代起，美国经济再次出现快速发展，市场精神逐渐受到追捧，美国西海岸城市发展迅速，加州大学和斯坦福大学趁势发展起来。此时的耶鲁大学则经历了经费危机——1975年耶鲁大学的募捐数额为5.177亿美元，比十年前增长了约10%；而同样十年间，哈佛大学的募捐数额却翻了一番，从5.673亿美元增长到11.18亿美元。此外，随着高等教育全球化进程的加速以及世界大学排名的兴起，位于纽黑文市的耶鲁大学面临着前所未有的危机。

很快，耶鲁大学确定了以"募集资金，争夺生源"为主要目标的新一轮招生改革，包括增加捐赠校友子女的入学人数，降低对非加拿大外籍学生的资助水平，减少奖学金发放率，将提前接受申请计划调整为提前确定录取计划，等等。这些措施的实施收到了立竿见影的效果，2000年秋，在耶鲁大学建校300周年之际，其财政状况达到了十年以来的最佳。同时，耶鲁大学借机提出了新的以"培养全球领袖"为目标的招生标准，包括将不考虑申请者经济能力的录取原则涵盖到国际学生，提高留学生比例；坚持并扩大对于少数族裔的支持力度；真正贯彻择优录取原则，提高SAT分数线；平衡校友子女的录取率，使之趋于合理；取消提前决定计划，并于2004年恢复提前行动计划，等等。

二、以耶鲁大学为例,管窥美国研究型大学招生政策变革的原因

通过上文的发展历程我们可以看出,自20世纪60年代以来,作为美国研究型大学代表的耶鲁大学,其招生标准几经变化,而其背后的原因和特点不外乎经济杠杆的动因、社会环境的推手、大学自主权和领导者以改革作保障、多元主体协商几个方面。

20世纪五六十年代,艾森豪威尔政府实行稳固经济政策,逐渐促使美国经济走出低谷,同时,联邦政府增加了对于高等教育和研究的投入。1954—1955年间,联邦研究经费仅占耶鲁大学预算总额的4.6%,而10年后这一比例增长到了22.9%。[8] 充足的经费使得克拉克更有底气建立新的招生标准,并在一定程度上脱离对校友的依赖,逐渐确立多元化和学术贤能的录取原则。

1965年,联邦政府对耶鲁大学的经费支持增幅减小,而随着国家经济通胀、校友捐赠的大幅下降,耶鲁大学面临财政危机,不得不再次改变招生策略:在保持之前招生改革原则的前提下,对校友和特权群体做出了一定程度的妥协。而到了20世纪90年代,美国经济再次蓬勃发展,联邦重新投入经费给研究型大学,耶鲁大学也建立了较为完善的募捐机制。为了应对全球化发展,耶鲁大学还提出了建设"世界性大学"的改革目标。

社会环境作为招生改革的助推力,在20世纪六七十年代的多元化改革中显得尤为突出。20世纪60年代,美国社会处于一个动荡飘摇的阶段,种族冲突、民权运动、女权主义此起彼伏。1962年,密西西比大学录取了一名黑人学生,挑起了具有种族隔离情绪的白人学生暴动,迫使州长与肯尼迪总统出面对话。1965年8月,洛杉矶瓦茨暴动,将黑人运动从非暴力的群众运动推向了城市造反的高潮。1968年4月,黑人运动领袖马丁·路德·金遭遇暗杀。学生运动从1964年开始,一直持续到1970年。1968年,哥伦比亚大学学生抗议的矛头直指种族主义和越南战争,更是触及了美国大学诸多深层次的问题,引发了来自不同价值观和不同思维模式的观点及其争鸣。

这些社会运动都促使耶鲁大学对自己的招生标准展开反思。在这个社会动荡的时代，布鲁斯特看到了耶鲁大学应肩负培养下一代领导者的责任，要培养"无论自身从事何种职业，都能够在该领域中成为领袖"的人才。同时，在布鲁斯特看来，化解危机的办法就是通过教育创造平等的机会，让那些被排斥的社会群体相信，现存的社会体系是与他们休戚相关、共存共荣的。1969年的《科纳报告》也指出："共享系统中的物质资源以及无形的利益——尊严、尊重和接纳……种族分裂的深化并不是无法避免的……要实现让全社会的所有人都享有均等的机会……整合教育系统和扩大高等教育机会对未来的美国社会至关重要。"[9]因此，耶鲁大学在这个阶段开始重视招收少数族裔学生，包括随着女权运动兴起而采取男女同校政策，这些都体现了社会环境对多元化招生标准改革的助推作用。

美国大学在招生方面具有自治权，大学可以自行决定其招生的标准并根据学校发展战略进行调整。这样的自主权也经历过长期的博弈，特别是对于招生办公室的负责人来说，开展改革的道路绝非一帆风顺。

比如20世纪70年代，"逆向歧视"这一问题响彻媒体，1971年的"德福尼斯案件"尤其吸引了教育界的关注——德福尼斯起诉华盛顿大学法学院，控告学院为了向成绩不如他的少数族裔倾斜，拒绝了他的入学申请。初审法院支持了他的控告，命令华盛顿大学法学院让原告入学，校方则上诉到了最高法院。哈佛大学法学院教授阿奇博尔德·考克斯表达了众多高校的意见：州政府不应该侵蚀一直以来大学享有的招生自主权。"这是学术机构为了优化全体学生的教育经历，对有着不同文化、社会和经济背景的合格候选人做出的选择，如果这种自主决定权被强制的法令取代，将给高等教育带来致命的危害。"[10]

1978年的"巴克案"（Bakke Case）上演了相似的"剧情"。巴克作为一名白人，连续两年被一所医学院拒绝，而这所医学院却有16%的黑人学生定额，因此，很多比巴克各方面条件都差的黑人学生得到了录取。最高法院虽然最终判决黑人学生定额是违法的，但仍然支持"平权运动"的原则。

最后，我们再来分析关于美国大学招生中的多元决策者的问题。大学董事会是美国大学招生制度的重要决策者，布鲁斯特在任期间的多次改革虽然备受争议，但所幸一直得到了耶鲁大学董事会核心成员的支持。20世纪70年代，耶鲁大学董事会增加了校友代表的名额，这为招生过程中校友子弟人数的增加起到了或多或少的影响。校友在大学发展中一直是一个非常重要的群体。斯洛森（E. E. Slosson）在其经典著作《伟大的美国大学》（1910）中就指出，在东部的大学中，"校友总体而言是一支保守甚至有些反动的力量，他们几乎反对任何变革，无论其明智与否"。校友代表着一所大学的传统精神，正如老耶鲁的老蓝带成员们，几乎在耶鲁大学的每一次招生改革中，他们都是呼声最高的反对力量，虽然这总体来看并不能改变历史的进程，但或多或少都影响了招生标准的改革，如，20世纪70年代校友捐赠的减少直接导致了耶鲁大学的财政危机，进而影响了招生政策。不可否认的是，不论校友对改革支持与否，他们始终都以各种各样的方式参与了学校的发展，代表着一所学校的传统和文化，是大学发展中不可忽视的一股力量。

研究者对于美国大学招生制度的改革也具有推进作用，特别是20世纪60年代以来美国多项有关社会运动的报告，直接影响了大学招生制度的改革，如1968年，普林斯顿大学的加德纳-帕特森教授《关于普林斯顿在本科生阶段对女性实行教育的迫切性和可行性的报告》，直接影响了耶鲁大学在招生中采取了男女同校的政策。后来，随着高等教育与市场之间关系的日益密切，企业成为大学发展战略中的重要利益集团。与此同时，具有重要影响力的还有教师和学生组织。总之，大学招生制度的改革越来越成为大学发展战略中多元主体对话的焦点。

三、思考与启示

我们经常会听到"想要获得耶鲁大学（哈佛大学、斯坦福大学或其他精英大学）的学位，最困难的是先得被录取"，事实上，美国研究型大学作为美国精英高等教育的代表，其招生机制不仅反映了美国国家精英人才的标准，同时也反映了美国社会的发展特点，正如美国伯克利大学教授杰罗姆·卡拉贝尔（Jerome Karabel）所言"大学的改革并不是高等教育自身的革命，而是社会进程的产物"。[11]美国大学的招生制度与大学本身的性质有着密切的关系，大学分为多个层次，其招生标准迥异，因此，大学招生首先需要保证其在美国高度分层的高等教育体系中维持，甚至不断提升自己的地位。

20世纪60年代末，随着美国经济的发展，为了回应人才短缺和教育民主的呼声，大学在贤能至上的标准上，也不断强调自身作为向上流动社会阶梯的职责。为此，一方面，我们可以看到美国诸多研究型大学的招生常常具有全局性和前瞻性，包含着学校对于未来社会的理念追求；而另一方面，则反映出需要扩大招生的民主。对于20世纪60年代的耶鲁大学来说，其招生的基本框架是招收传统精英阶层的子女，吸纳上升阶层的优秀学生，接纳一定数量的弱势群体和少数族裔子女，并且给予其特殊津贴以保持社会系统的合法性。

这样的制度在当时的大学堪称绝佳的选择，具有一定的代表性：它不仅满足了美国梦的基础，让每个人都相信人人享受平等的权力，人人都可以通过教育实现不同社会阶层之间的流动；同时，也通过贤能至上的标准提高了大学对于新生的才能要求，提升了大学整体的学术和研究水平。一些富有远见和具有魄力的领导者推动了这样的招生改革，促进了学校的发展。

而随后，伴随美国社会运动的发展、（全球）治理模式的形成，高等教育的主体更加多元化，学校迫于各方面的压力，特别是为了在经济危机和全球高等教育市场中生存发展，不得不在各种权力主体间妥协和博弈，而最终使得招生呈现出一种平衡，比如，近些年来亚裔学生在美国大学招生录取中遭遇的"歧视"。

参考文献

[1] Christopher Averyetal. *The Early Admissions Game: Joining the Elite* [M]. Cambridge Harvard University Press, 2003, p.19.

[2][6][11]［美］杰罗姆·卡拉贝尔. 被选中的：哈佛、耶鲁和普林斯顿

的入学标准秘史 [M]. 谢爱磊, 等译. 北京: 中国人民大学出版社, 2012.

[3] Admissionand Scholarship Committee. "*Final ReportofW. J. Bender*", HU, p. 3; Committeeon Admission, "*Reporttothe President*", [Z]. 1959-1960: 5.

[4] DanielA. Oren. *Joining the Club: A History of Jews and Yale* [M]. New Haven, Conn Yale U. P., 1985, p. 21.

[5] George W. Pierson, ed.. *A Yale Book of Number Historical Statistics of the College and University*, 1701-1976 [M]. New Haven, Conn Yale U. P., 1983, pp. 8-99.

[6] Paul J. Di Maggioand Walter W. Powell. *TheIron Cage Revisited Institutional Isomorphismand Collective Rationalityin Organizational Fields* [J]. American Sociological Review48, 1983 (4).

[7] Admission and Scholarship Committee. *Final Report of W. J. Bender* [Z]. 1960, p. 9, 35.

[8] *National Advisory Commissionon Civil Disorder* [Z]. Kerner Report, 1969, p. 23.

[9] *Brief of the President and Fellows of Harvard College, Amicus Curiae* [J]. In DefunisVersus Odegaard and the University of Washington: the University Admission Case, 1971 (2).

德国大学入学招生制度的基本程序及其变革与走向

刘 敏 王苏雅[①]

高等教育一直以来都奉行大众化与培养精英并行的原则。其大部分高校均为公立大学，不收取学费，各大学各自发展优势学科，整体差异并不大，同时，德国政府还通过卓越计划、精英研究集群、精英研究生院等方式鼓励学术创新，培养尖端科研人才，其高等教育的发达可以预见。在德国，高等教育招生实行资格申请制，学生只要获得了升入大学的资格，就有机会进入大学学习。根据德国联邦统计局2016年的统计数据，2014年全德共有850700名中学毕业生，其中，近44%的毕业生获得中学毕业证书，33%的毕业生获得一般的大学入学资格，17%的毕业生获得普通中学（5—9年级）的毕业证书，剩余近6%的学生肄业。此外，还有0.1%的学生获得应用科技大学的入学资格（只满足学校学习要求的学生属于获得中学毕业证书一类，不算作拥有应用科技大学入学资格）。[1]

一、德国大学的入学资格

德国联邦统计局2016年的最新数据显示，德国共有427所高等学校，其中，综合性大学107所，师范大学6所，神学校16所，艺术类大学52所，应用科技大学216所，政府管理大学30所。[2]综合性大学、应用科技大学和艺术类大学是德国高等学校的主要类型。综合性大学是德国唯一拥

[①] 作者简介：王苏雅，北京师范大学硕士。

有博士授予权的大学类型，内设学科广泛，并以科研为导向。一些教会大学、神学大学和巴登符腾堡州师范大学也属于此类范畴。应用科技大学以实践与应用为导向，学科设置以技术、工程、经济等专业为主。艺术类大学则以艺术音乐创作和表现为重点，但在一些综合性大学中也会开设艺术类学科。

德国大学的入学资格主要分为三种：一般入学资格、应用科技大学入学资格以及高职入学资格。一般入学资格是指获得中学毕业证书或具有同等学历证书，也包含通过一些天赋测试的认证，或者通过了应用科技大学的期中考试。持有一般入学资格的学生可以申请就读综合性大学、工业大学、艺术类大学、师范大学和应用科技大学。

持有应用科技大学入学资格的学生可以申请进入应用科技大学或者部分综合大学中的特定专业。部分应用科技大学在招生的时候还可能增加其他要求，像是接受过某项技能的培训或参加过实习，比如埃尔福特应用科技大学建筑学专业就要求学生在入学前至少有8周的实习经历[3]；马格德堡应用科技大学传媒学专业，就有"两个月以上的传媒公司的实习经历可以抵换一定比例的分数"[4]的录取要求。

职业资格，是指参加过某类职业培训获得专家、大师头衔，这些人也可以拥有进入高等教育学习的资格。德国各州、各大学对此类资格的规定不尽相同：在某些联邦州，获得职业资格的申请者必须通过大学试验期或参加入学考试，在其他州则不需要。

获得中学毕业证书的总评成绩，包含学生的平时成绩及其中学毕业会考的加权平均分。中学毕业会考旨在测试学生的基本水平，不属于选拔类考试。但某些专业的录取会考量学生会考的单科成绩，比如经济学和自然科学专业会着重考量学生的数学成绩。少数定额招生的专业，比如医学专业，其招生采取中学毕业会考与选拔相结合的方式，学生需要具备特殊的专业能力或较高的个人素质才能够被录取。艺术类、音乐类、体育类大学招生还会增加专业面试，学校除了要求学生提供会考成绩或某项专业技能的级别证书，还会考查学生在面试过程中的即兴表现或对艺术的理解。

二、德国大学的基本申请程序

德国大学的专业主要可以分为三类：一般专业（Zulassungsfreie Studiegänge）、有部分限制的专业（Studiengängemit öitlichen Zulassungsbeschiänkungen）以及医学定额招生专业（普通医学、兽医学、牙医学、药剂学专业）。一般专业是指学生获得大学入学资格后在原则上可以任意申请、无须满足其他要求的专业。申请此类专业的学生可以凭大学入学资格在规定申请时间之内提交申请。有部分限制的专业是指当学生申请数量超过专业招生名额时，需要增加录取程序或设定其他录取原则调节与平衡招生名额。申请者可以在官方发布的名目中了解到其申请的专业是否属于有限制的专业。申请此类专业相对较为复杂，德国大学校长联席会议在2007年设置了以对话为导向的服务流程来处理定额招生专业的大学申请。[5] "踏入大学"网站（www.hochschulstart.de）则承担了网络申报的工作，从而可以更高效更快捷地保证申报信息的畅通以及录取流程的通畅。

申请者在专业选择上的动机常常包含多种因素，首要因素当然与大学自身相关。德国高等教育实行免费制度，各大学之间水平相对平均，只是少数具有雄厚科研实力和学术大师的高校常常成为优秀毕业生的首选。其次，是地域因素，学校距离家庭的远近、学校所在地区的资源等状况都会纳入学生申请专业的考虑范围。最后，就是奖学金因素。奖学金一般不来自德国大学，而是由各类教育协会、基金会组织提供，本国学生和外国留学生均有申请资格。

同许多申请制国家一样，德国大学的申请招录流程也会持续较长一段时间（从每年4月开始可以一直持续到当年10月底结束）。以2016年秋季入学为例，申请者从2016年4月15日至7月15日之间在网上填报志愿，最多可以填报12个志愿。2016年7月16日至8月15日为第一轮录取，学校通过审核和排名很快就可以向学生发出录取意向，申请者则可以根据自己的意愿选择放弃或接收，2016年8月16日至8月18日为决定阶段。此后进入第二轮调剂，申请者如果不能够获得优先志愿的录取，系统会根据其志愿选择一个专业录入,这一阶段会一直持续到 8 月 30 日。随后进入清理阶段,仍有剩余招生名额的大学会在这一阶段通过随机的方式重新分配给没有实现双向选择录取的学生,最终,高校会在 9 月底完成录取工作。

医学专业属于定额招生专业。2010 年前,德国大学定额招生专业的名额分配一直是由全德学籍分配中心(ZSV)按照中学会考成绩、生源地等原则招生的 2010 年,高校招生基金会(SFH)接管了德国学籍分配中心的工作,该基金会会对每年社会的专业需求做出预测,并负责根据各医科大学基本情况和学生申请数量分配招生名额。其录取采取"20—20—60"原则,不同于其他专业。"20—20—60"是指 20% 的名额分配给申请名单中毕业会考总评成绩最优异的学生,20% 的名额分配给在过去几年中处在候选名单(Wartelist)的学生,剩余 60% 的名额由各大学依据自己的录取原则自主招生,常常包含专业笔试或面试两部分内容。候选名单也被称为"待机学生"是指会考总评成绩已达到大学入学标准,但由于专业名额有限、申请者竞争激烈等原因而不能在当年进入该专业学习的学生,这些学生可以选择申读大学医学专业开设的预科班或选择实习,同时进入候选名单。定额招收专业的申请时间分为冬、夏两个学期,夏季学期的申请时间一般只接受应届中学毕业生,而冬季学期往届与应届毕业生均可报名。

三、近年来德国高等教育招生制度的变革及走向

(一) 文理中学学制缩短影响中高衔接

从 2002 年开始到 2007 年间,德国各联邦州陆续将文理中学的学制从九年(G9)改为八年(G8)。其原因主要有两点:一方面,德国一直以来被认为是世界上学制最长的国家之与世界其他国家相比,德国的中学毕业生年龄普遍偏大,一般在 19 岁左右。这使得德国学生在欧洲和国际就业市场上缺乏竞争力。另一方面,德国 15 岁中学生在 2001 年的 PISA 测试中成绩不佳,低于国际平均水平。于是,"G8 改革"成为提高德国学生就业竞争力、积累社会财富、改善学习质量的"当前选择"。

但"G8 改革"的过程并不是一帆风顺的,它一直是德国备受争议的

教育改革，因为它的影响从中学阶段延伸到大学入学。首先，按照改革要求，尽管文理中学学制缩短，各学校仍需保证学生在毕业会考前达到最低课时标准，这导致文理中学每周平均增加 3.7 个课时或者提高 12.5% 的上课时长。这对学生来说是极具挑战的。一方面，学生会有很大的心理压力，对身心健康产生不利影响；另一方面，学生又没有过多的时间参加课外活动放松心情。其次，在更短的时间内学习与此前相同的内容，教师的教学质量与学生的学习质量是一个值得关心的问题。学校会因此忽略学生的个人全面发展和通识教育的水平，学生的复读率也会上升。基于联邦统计局 2002—2013 学年的数据，德国经济研究所研究了"G8 改革"对教育成就的影响。研究表明通过改革，学生毕业年龄提前了约平均 10 个月。[6] 没有像预期缩短一年的原因是：有更多的学生，尤其是处在中学高级阶段的学生，会由于学业压力而留级一年。再次，学生对大学专业进行选择需要时间和经验，"G8 改革"下学生对学科的认识程度较低，这会导致学生盲目选择专业，或者进大学之后再换专业、换大学，由于各联邦州对文理中学学制改革的时间点和法律规定都不尽相同，这会产生在某些州、某些年份有两届学生同时毕业的现象，他们在对入学名额、实习培训岗位和志愿服务等方面的竞争加剧了，这也会造成区域性的学生的入学不平衡以及暂时性的入学率升高的状况。德国联邦统计局 2014 年的数据显示，各联邦州之间拥有大学学习资格的中学生比例在 38%~64% 之间，黑森州名列第一，达 64%，其原因可归功于该州两届毕业生同时参加会考。而男女生在面对这种情况时的选择也是有差异的，根据莱布尼茨大学 2012 年的一项研究表明，女生在中学毕业第一年就选择进入大学学习的比例很低，她们一般会选择进入"等待学期"接受一份实习或培训，而男生的选择则恰恰相反。[7] 此外，由于各州先前的教育体制和教学方式不同，在"G8 改革"下，学生的各科成绩分布也略有差异。这对一些想进入有部分限制的专业或者定额招生专业的学生的入学会产生影响，因为有些专业的招生注重单科成绩。结果显示，汉堡州的学生在改革后数学、英语和自然学科的分数都有提高[8]，而萨克森-安哈特州的学生数学成绩却有所下降[9]。

（二）会考改革仍为教育改革的热点

虽然德国各中学类型的毕业生均有进入大学学习的机会，但文理中学的毕业生在大学入学人数中所占据的比例最高。长期以来，德国文理中学毕业会考的命题与考试具有相对独立性，只需符合联邦教研部提出的总体原则，即满足三个考核标准（掌握、运用和判断）、四个考核目标（再现、组织、迁移和问题解决）。虽然德国各个联邦州的会考试卷不尽相同，但除了莱茵兰-普法尔茨州，其他联邦州都采取全州统一出题、统一考试的方式。以巴登-符腾堡州为例，该州从全州范围内选拔教师，并成立会考出题委员会。一般情况下，他们会先确定从哪些中学选拔教师，再让其中每所学校推选一名教师作为会考命题人。为了保证试卷的保密性和考试的公平性，每年的会考都会更换命题教师。为了确保每年的考试题型和试题难易程度的稳定性，每年的命题教师中都会保留很大数量有经验的老教师参与出卷。

但2012年10月18日，德国文教部长联席会议决议，德国文理中学结业考试在德语、数学和外语（英语/法语）三门核心学科上采取统一要求，从统一的考试题库中出题，在同一时间进行考试，并在2016—2017学年的文理中学毕业会考中正式实行。除了以上三门科目，各州可以自行决定其他科目的考试范围。该决议的目的是为了保证各州会考试卷的标准化、保证试卷质量，且各州学生的成绩还可以在一定意义上具有可比性。但这种本着公平原则的改革恰恰蕴含着不公平之处，近些年来一直成为改革的众矢之的。

首先，即使核心学科的试卷命题符合联邦统一的要求，但每个州的会考考试科目数量不同（4门或5门）、实际课时不同（或多或少于会考前的基本课时量）、数学考试计算器的型号和使用要求不同、考试题目的组成（难易程度）不同、评分标准也不同，这些差异或多或少都会影响每个州的会考成绩。

其次，每个州的教育水平原本就存在很大差异。学生的成绩不仅取决于他们的努力程度，还与其所在的地域有关。据德国《明镜周刊》的数据显示，很多州的文理中学学生的会考成绩远低于联邦平均成绩。2013年的文理中学会考成绩，图林根州38%的考生的成绩在1.0~2.0之间，而下萨克森州的学生才只有16%达到这一成绩。考试不及格率的地域差距也很显著，莱茵兰-普法尔茨州只有1.3%的学生不及格，而梅克伦堡-前波莫瑞州的不及格学生数则是前者的5倍。与巴伐利亚州的学生相比，对学生成绩要求并不严厉的汉堡州的学生，在医学专业资格考试中竞争的时候就常处于不利地位。而在学生能力水平相当的情况下，南德学生的分数却会普遍低于北德的学生，所以，如果南德的学生在考试中失利，他们将会失去进入大学学习的机会。

（三）鼓励高等职业教育培养人才：第三条道路

近年来，德国越来越关注对高职人员的招生，并在政策上对其倾斜。2008年11月，大学校长联席会议公布高职入学资格新规定，倡导第三条道路向自由化、统一化发展，以防止未来就业市场出现专业人员严重短缺的状况。[10]2009年，各联邦州的文教部长决定在全德范围内对所有高职人员（手工业、经济学家、技术员的大师等）发放统一的大学入学资格，他们无须再参加其他能力测试即可获得相关专业的同等学历。拥有至少两年职业培训和三年工作实践的人员如果通过了能力测试、面试或大学试验期，也可获得大学入学资格。

为满足未来就业市场对专业人才的需求，联邦政府通过一系列经济支持鼓励没有中学毕业证书的职业人员进入大学学习，主要包含联邦教育促进法助学（BAföG）、教育贷款（Bildungskredit）、大学生信用卡（Studienkredite）、奖学金和升学奖学金（Aufstiegsstipendiuni）五种形式。[11]

联邦教育促进法是德国推行全民高等教育、实现教育平等的重要途径，它实际上是一种教育补贴，由联邦政府和州政府为学生提供教育上的资金支持。联邦统计局2015年的数据显示，2013年德国政府共投入23亿欧元，平均每名受到资助的学生可以获得466欧元[12]，自2016年秋季起，联邦政府决定继续增加7%的补贴总额[13]。教育贷款、大学生信用卡和奖学金都是德国联邦教育促进法的补充。升学奖学金是2008年末联邦政府针对拥有至少两年工作经验的申请者提出的新经济援助，这也是属于"德国资格认证项目"的一部分。申请者需要满足以下条件：才能卓越的专业人员（在中学、大学或者工作岗位上），或在离岗或进修考试中达到"良好"及以上的成绩，或在跨区职业能力竞赛中获胜，或由雇主推荐。他们在脱产学习状态下可获得每月 750 欧元（670 欧元加 80 欧元的书费）的奖学金，同时还可获得儿童抚养费（第一个孩子 113 欧元，每增加一个多 85 欧元）。半脱产学习的申请者可以每年获得 2000 欧元。2013 年，联邦文教部长联席会议做出的"德国资格认证项目"的执行报告中指出，截至 2013—2014 学年，联邦政府共授予 5480 名申请者升学奖学金[14]，其中仍有三分之一的申请者在接受大学教育的同时继续工作。报告中还指出，2011 年通过第三条道路进入大学学习的人数超过 28000 人，是 2008 年的 3 倍。

（四）"博洛尼亚进程"对大学招生入学的影响

1999 年，29 个欧洲国家在意大利博洛尼亚提出欧洲高等教育改革计划《博洛尼亚宣言》，旨在整合欧盟的高等教育资源，打通教育体制，响应欧洲一体化和经济全球化的发展。2002 年，德国为提高本国学生在国际就业市场上的竞争力，与欧盟和国际接轨，正式加入"博洛尼亚进程"成为其签约国，逐步开启德国高等教育的一项重要改革。2010 年"欧洲高等教育区"的共同框架逐渐形成，其目标是建立更加容易理解并可以进行比较的学位体系，建立本科和硕士为基础的高等教育体系，建立欧洲学分转换体系，促进师生和学术人员流动，保证欧洲的高等教育质量，促进欧洲范围内的高等教育合作。为实现共同框架的目标，德国联邦教研部协同德意志学术交流中心、大学校长联席会议、德国教育经济工会、德国大学生服务中心等机构共同努力进行高等教育体系的改革。在"博洛尼亚进程"下，德国高校也为了应对教育全球化和区域化的发展、吸引更多优秀国际留学生，进行了一系列调整。首先，德国加快建立"本科—硕士"为基础的高等教育体系与欧洲学分转换体系，即本科生修够 180~240 学分可获得学士学位，研究生修够 90~120 学分可获得硕士学位，博士学位的获得需要经历三到四年的自主研究过程。各大学、各专业会及时做出相应调整。根据德国联邦教研部和各州文教部长联席会议发布的《2012—2015 年博洛尼亚目标实施报告》，应用科技大学本硕专业的转化率已达到 98.5%，综合性大学本硕专业的转化率达到 83%，艺术类大学本硕专业的转化率达到 76%。[15]其次，新的体系在缩短学制的前提下，不仅提高了德国大学毕业生的就业竞争力，也在一定程度上提高了大学毕业率。联邦统计局的数据显示，德国的大学毕业率一直低于 OECD 国家的平均水平，但 2011 年德国的大学毕业率已超过 30%，与 2000 年相比增加了 10%。[16]德国大学毕业率的上升对德国的中学毕业生来说具有很大的吸引力，他们中的更多人会选择进入大学学习。"欧洲高等教育区"的共同框架使得各学校的学分可以相互转换，这给想要转专业和转学校的学生提供了便利。报告中提到，2012—2015 年，德国大学生人数明显增加，2013—2014 冬季学年内，德国大学生人数达 2616800 人，其中留学生占 301350 人，比 2010—2011 学年同期增长 18%，留学生人数增长近 20%。2013 年，大一新生的招生数量约为 508600 人，比往年也有所增长。[17]新体系为师生提供了更多出国的机会，欧洲各国在比利时勒芬会议上提出，希望到 2020 年欧洲范围内 20% 的大学毕业生都有出国交换或者实习的经历。[18]这也促进了德国大学入学人数的增加。但是，总体而言，近年来德国的高等教育还面临着中等教育改革及教育国际化发展的双重压力，未来德国高等教育招生制度的改革必将重点放在应对这一双重压力上。

参考文献

[1] Statistisches Bundesamt. Schulen auf einen Blick, 2016 [R/OL]. (2016-03-17) [2016-05-09]. https://www.destatis.de/DE/Publikationen/Thematisch/Bildung Forschung-Kultur/Schulen/Broschuere Schulen Blick 0110018169004.pdf?_blob=publicationFile.

[2] Statistisches Bundesamt. Hochschulen Insgesamt [DB/OL]. [2016-05-12]. https://www.destatis.de/DE/Zahlen Fakten/Gesellschaft Staat/Bildung Forschung Kultur/Hochschulen/Tabe-llen/Hochschulen Hochschularten.html.

[3] Numerus Clausus Fachhochschule Erfurt [DB/OL]. [2016-04-22]. http://www.

abitur-und-studium. de/Nu-merus-Clausus/Fachhochschule-Erfurt. aspx.

［4］ Satzung zur Durchfuhrung des Auswahlverfahrens im Zulassungsbeschrankten Bachelor-Studiengang Journalistik/ Medienmanagement am Fachbereich Kommunikation und Me-dien der Hochschule Magdeburg-Stendal vom 16. 04. 2008 ［DB/OL］. （2008-04-16）［2016-04-22］. https：//www.hs-magde-burg.de/hochschule/einrichtungen/studentische-angelegenhe-ten/ service s.html#c4210.

［5］ Hochschulrektorenkonferenz. Hochschulzulassung ［DB/ OL］. ［2016-05-09］. https：//www.hrk.de/themen/studium/hoc-hschulzulassung/.

［6］ G8-Reform ［DB/OL］ ［2016-04-22］. http：//www. diw. de/de/diw_01. c. 502914.de/presse/diw_glossar/g8_reform.html.

［7］ Meyer, Tobias & Thomsen, Stephan. L.. How Important Is Secondary School Duration for Post-School Education Decisions? Evidencefroma Natural Experiment J/OL］. Diskus-sionspapiere der Wirtschaftswissenschaftlichen Fakultat Uni-versitat Hannover, 509 （2012-11-14）［2016-05-19］. http：//www. diskussionspapiere. wiwi. uni-hannover. de/pdf_bib/dp-509.pdf.

［8］ Spiegel Online. Studie zum Verkurzten Gymnasium：Turbo-Abiturienten Lernen Besser ［DB/OL］. （2013-02-20）［2016-05-19］. http：//www. spiegel. de/forum/schulspiegel/studie-zum-verkuerzten-gymnasium-turbo-abiturienten-lernen-besser-thread-76565-1.html.

［9］ Buttner, Bettina & Thomsen, Stephan. L.. Are We Spending too Many Years in School ? Causal Evidence of the Impact of Shortening Secondary School Duration ［J/OL］. German Economic Review, 2013, 16 （1）：5-86［2016-05-19］. http：//www.onlinelibrary.wiley.com/doi/10. 1111/geer. 12038/pdf.

［10］ Der Dritte Bildungsweg Studieren Ohne Abitur ［DB/OL］. （2014-06-02）［2016-05-09］. https：//www. arbeitsagen-tur. de/web/content/DE/Veroeffentlichungen/Themenheftedur-chstarten / Weiterdurch Bildung / Bildungswege/StudierenohneA-bitur/index.html.

［11］［13］ Finanzielle Hilfen-Studium Ohne Abitur ［DB/ OL］. （2014-12-02）［2016-05-09］. https：//www. arbeitsagen-tur. de/web/content/DE/Veroeffentlichungen/Themenheftedur-chsta-rten/Weiterdurch Bildung/Bildungswege/Studierenohne-Ab-itur/Finanzielle Hilfen/Detail/index.htm?dfContentId=L6-019022DSTBAI515212.

［12］Statistisches Bundesamt. BAfoG Studierende Beka-men 2013 Durchschnittlich 446 Euro［DB/OL］. (2015-04-30) ［2016-05-09］. https://www.destatis.de/DE/Zahlen Fakten/Im-Fokus/Bildung Forschung Kultur/Bafoeg Studium2013.html.

［14］Kultusministerkonferenz. Aufstieg Durch Bildung-Die Qualifizierungsinitiative fur Deutschland Bericht Zur Umset-zung［R/OL］. (2013-10-10) ［2016-05-09］. http:// www.kmk.org/fileadmin/Dateien/veroeffentlichungen_beschluesse/2013/ 2013_Qualifizierungsinitiative.pdf.

［15］［17］Kultusministerkonferenz und Bundesministeri-um fur Bildung und Forschung. Die Umsetzung der Ziele des Bologna-Proyesses 2012—2015［R/OL］. (2015-02-12) ［2016-05-22］. https://www.kmk.org/fileadmin/Dateien/veroeffentlich-ungen_beschluesse/2015/2015_02_12-Nationaler Bericht_Um-setzung_Bologna Prozess.pdf.

［16］Bundesministerium fur Bildung und Forschung. Bil-dung und Forschung in Zahlen 2014［R/OL］. (2014-05-21) ［2016-05-22］. https://www.bmbf.de/pub/bildung_und_fors-chung_in_zahlen_2014_barrierefrei.pdf.

［18］Bundesministerium fur Bildung und Forschung. Die Entwicklung von den Anfan-gen bis heute［EB/OL］. ［2016-05-22］. https://www.bmbf.de/de/die-entwicklung-von-den-an-faengen-bis-heute-1042.html.

我国新一轮高考改革的路径及挑战
——教育家对话企业家微论坛纪要

杜瑞军[①]　洪成文

2015年5月7日,由北京师范大学教育学部高等教育研究所举办的首届"教育家对话企业家——高考改革微论坛"在北京师范大学成功召开。参加研讨的教育界专家和学者有北京师范大学顾明远先生、中国高等教育学会瞿振元会长、清华大学谢维和教授、北京大学文东茅教授、北京师范大学钟秉林教授、周作宇教授等;邀请的企业家有北大青鸟集团副总裁陈宗冰先生,正和岛总裁黄丽陆先生,麦可思公司创始人王伯庆先生,清华同方人工环境有限公司北京区总经理黄其林先生,贵州董酒股份有限公司总裁、副董事长易基刚先生,巨人教育集团董事长尹雄先生,北京风向标信息科技有限公司CEO郑远标先生等十多家企业负责人。此外,来自《人民日报》《光明日报》《中国教育报》等媒体和《中国高教研究》《教育学报》等学术期刊的有关人员,教育学部高教所、国际比较教育研究院的教师和学生参加了本次研讨会。在教育改革进入"深水区"的今天,特别是高考改革作为教育领域综合改革的重要领域和关键环节,改革举措的落实需要听取不同群体的声音。本次论坛搭建了教育家和企业家对话平台,从不同视角为高考改革顺利实施建言献策。

---

① 杜瑞军,北京师范大学教育学部副教授。

一、历史梳理——认清高考改革的路径及意义

(一) 高考改革的历史路径

2014 年 9 月,国务院《关于深化考试招生制度改革的实施意见》(以下简称《实施意见》)发布,将考试招生制度改革作为教育综合改革的突破口,进行了全面系统的部署,标志着新一轮考试招生制度改革全面启动。这是自恢复高考以来,改革力度最大、最深入、最全面、系统的一次招生考试制度改革。

自高考制度恢复以来,针对高考的改革从来没有停止。1985 年,《中共中央关于教育体制改革的决定》颁布,高考改革在实践中不断探索;1993 年《中国教育改革和发展规划纲要》的实施,高考改革在发展中不断丰富。1999 年,教育部《关于进一步深化普通高等学校招生考试制度改革的意见》中改革的内容主要有四个方面:一是高考科目设置改革,计划用 3 年左右的时间推行"3+X"科目设置方案。二是高考内容的改革,这是改革的重点和难点。命题要以能力立意,注意考查跨学科的综合能力。三是高考形式的改革,积极探索一年两次考试的方案。四是录取方式的改革,重点是实施计算机网上录取。至此,我国高考改革不断深入,进入了一个全新的阶段。2010 年,《国家中长期教育改革和发展规划纲要(2010—2020 年)》颁布,分类考试、综合评价、多元录取成为高考改革的三个关键点。2013 年,《中共中央关于全面深化改革若干重大问题的决定》发布。推进考试招生制度改革成为深化教育领域综合改革的重要突破口。2014 年,随着《实施意见》的发布,高考综合改革全面启动,见表 1。

表 1 高考改革的基本路径

	改革重点	改革内容
高考改革试验期 1985—1990 年	保送生制度	1984 年，我国开始保送生的试点。1985 年，原国家教委决定在北京大学等 43 所高等学校扩大试点。1988 年，原国家教委颁布《普通高等学校招收保送生的暂行规定》，标志着保送生制度成为我国普通高等学校统一招生制度的重要组成部分。
	标准化考试	1985 年，广东开始进行标准化考试试验。1989 年，原国家教委发出《普通高等学校招生全国统一考试标准化实施规划》，标准化考试正式实施。
	高中会考	1985 年，上海进行会考试验。1989 年原国家教委决定在全国实行高中毕业会考。
	单独命题	1985 年，上海首先开始高考改革试点，开始单独命题。
	科目改革	对文科考 6 科，理科考 7 科的科目设置逐步进行改革。1987 年，上海 3+1 改革[①]1990 年，4 种科目组合方式试点[②]。
	录取改革	分省定额制；1983 年，教育部提出实施"定向招生，定向分配"的国家任务。 招生计划与调节性招生计划并存的"双轨制"。 1987 年，《普通高校招生暂行条例》对少数民族学生、港澳台青年、归国华侨青年等实行优先录取政策，开始对三好学生、学科竞赛获奖者、体育艺术特长生、思想品德表现突出者、受政府表彰的优秀青年、报考农林等特殊院校者实行高考降分投档政策。

续表

	改革重点	改革内容
高考改革发展期1991—1997年	保送生制度	1998年，国家在5省市试行保送生综合能力测试。1999年，教育部规定，全国所有保送生都必须参加综合能力测试。
	自主招生	1993年，上海工业大学首批试点自主招生。1994年的10所高校（含南京大学等3所外地高校）、1995年的25所高校（含北京师范大学等8所外地高校）以及1996年上海所有高校。2001年，江苏开始小规模试点自主招生，东南大学、南京理工大学、南京航空航天大学试行了自主招生；2002年，在上一年试点的基础上，江苏试点高校增加了南京大学、中国药科大学、河海大学。
	科目改革	1991年，湖南、云南、海南三省按照4种方式设置科目，第二年取消。1993年，教育部考试实行文理两类的"3+2"科目组。1995年，全国各省、自治区、直辖市都实行了会考后的高考"3+2"科目组设置方案。
	录取改革	1994年，高校招生进入"并轨制"时代，全国37所重点院校进行招生收费并轨制试点工作。1997年，高校招生全面实现并轨。
高考改革深化期1999—2009年	保送生制度	2001年，教育部决定按照"压缩规模，严格标准，严格管理"的原则，将每年大约20000人左右的保送生规模压缩至5000人。
	自主招生	2003年，北大、清华等22所著名高校扩大自主选拔录取改革试点。2006年，复旦、上海交通大学（单独招考）。2005年后，上海、北京、国家师范高职院校试点自主招生。
	会考改革	2000年，教育部发文决定各省可以自行决定是否举行会考。
	单独命题	2004年，在上海、北京试行的基础上，增加到11省，2005年增加到14省，2006年则扩充为6大区域的16省。
	科目改革	1999年，广东省率先探索"3+X"高考科目改革方案（3+文综或理综）。2002—2007年，新课改后产生多种"3+X"科目组合方式。2002年，"3+X"科目设置改革在除港澳台地区外的全国31个省市区铺开。

续表

	改革重点	改革内容
高考改革深化期1999—2009年	英语考试	2000年，教育部决定用三年左右时间在全国绝大多数省、自治区、直辖市完成高考外语科中增加听力考查的改革。
	招生录取	2000年，专科层次高等教育的招生权下放到省级。
		2001年，31个省市实现网上录取，网上录取的学生达到学生总数的50%。
		2001年起，高考取消了原有的年龄（25岁以下）限制和婚否限制，允许各个年龄阶段的人自由报名参加高考。
		2001年，加分投档。对省级优秀学生、全国中学生学科奥林匹克竞赛省赛区一等奖以上获得者、获国家二级运动员以上称号的考生等实行加分投档，各地陆续制定本地高考加分政策。
		2002年，北京、上海、安徽、内蒙古增加了一次春季高考，广西进行本科、专科分开两次考试试点。
		2005年，首次实施"阳光工程"，确保招生录取工作全程公开、信息透明。
		2008年，实行平行志愿；扩大向中西部地区招生规模。
		2009年，《教育部关于普通高中新课程省份深化高校招生考试改革的指导意见》建立和完善对普通高中学生的综合评价制度，并逐步纳入高校招生选拔评价体系。
高考改革2010年以后	保送生改革	2015年，严格规范招生行为，强化信息公开和社会监督。
	自主招生	取消自主招生考试联盟，安排在统一高考后举行，取消学校、校长推荐，由学生自主根据条件申报，招生规模严格限制在5%之内。上海复旦大学、上海交大探索综合评价，多元录取改革。浙江实行"三位一体"招生。
	高中学业水平考试	浙江、上海试点高中学业水平考试。
	命题改革	增加使用统一命题试卷的省份，2016年，有25个省份使用全国统一试卷。

续表

	改革重点	改革内容
高考改革2010年以后	科目改革	实行3+3，语数外统一高考，其余学业水平等级考试上海试点6选3，浙江试点7选3，不分文理科。
	英语改革招生计划	一年两次分省定额；进一步提高中西部地区和人口大省高考录取率。继续实施支援中西部地区招生协作计划。部属高校要公开招生名额分配原则和办法，合理确定分省招生计划，严格控制属地招生比例。
	录取方式	继续实施国家农村贫困地区定向招生专项计划，减少、规范加分政策。2015年起取消体育、艺术等特长生加分项目。从"一省一市"试点情况看，上海从2015年1月起，取消全部地方性高考加分。浙江进一步从严规范高考加分政策，减少加分项目和分值。
		上海在2016年起，合并本科第一、第二招生批次。浙江统一高考招生、单独考试招生不分录取批次，实行按专业平行投档。
		探索基于统一高考和高中学业水平考试成绩，参考综合素质评价的多元录取机制两依据，一参考。
		建立招生问责制，2015年起由校长签发录取通知书，对录取结果负责。
		高职院校考试与普通院校考试相对分离，上海完善"春考"。
		拓宽终身学习通道，构建人才成长"立交桥"。上海从2017年起，普通高中学业水平考试向社会开放。2015年，浙江建立了普通高中和职业高中相互转学制度。
		2014年，28个省份启动"异地高考"。
监督机制		健全诚信制度，加强考生诚信教育和诚信档案管理，加大违规查处力度

说明：①1987年，上海3+1改革，6种组合方式（语数外加政治、历史、地理、物理、化学、生物中任何一门。②1990年，《在关于改革高考科目设置及录取新生办法的意见（试行）》中规定：4种科目组合方式：高考科目设置第一组：政治、语文、历史、外语；第二组：数学、语文、物理、外语；第三组：数学、化学、生物、外语；第四组：数学、语文、地理、外语。各高等学校暨系科、专业可根据高考科目组的设置情况及各自特点，选择一组高考科目作为考生的应试科目。

（二）新一轮高考改革战略的意义

通过梳理高考改革的路径可以看出，我国高考在考试形式、考试内容、招生录取方式、监督机制等方面不断完善。谢维和教授指出，我国高考一直在改革中不断总结经验，不断前行，为高等教育的发展，为国家经济社会的发展做出来了历史性贡献，应给予充分的肯定。《实施意见》明确指出，考试招生制度总体上符合国情，其权威性、公平性社会认可。瞿振元会长指出，我国的高考改革是完善性改革，而不是颠覆性的改革。但在研讨中大家认为，随着经济社会发展，以及教育本身发展，对高考改革的要求越来越多。首先，国家实施创新驱动战略，把人才作为创新的第一资源，对科学选才、育才提出了更高的要求。考试招生制度作为国家教育基本制度，是人才培养的枢纽环节，必须进行改革；其次，社会公平、诚信制度不健全，不同利益群体利益诉求多元化，影响社会和谐稳定。其三，高考作为一项制度，存在一些社会反映强烈的问题，如唯分数论影响学生全面发展，一考定终身使学生学习负担过重，区域、城乡入学机会存在差距，加分造假、违规招生现象时有发生。高考涉及千家万户切身利益，关系亿万青少年学生前途命运。如果改革得当，将会成为一项凝聚人心的工程，不仅有利于科学、公正选才，而且有利于重建公平、诚信的社会秩序。瞿振元会长指出，当前，我国教育事业取得了巨大的成就，全国高中阶段教育基本普及，高等教育规模稳居世界第一，2014年，全国高考平均录取率为75%，毛入学率已达34.5%。这为建立分类考试、综合评价、多元录取的考试招生模式奠定了良好的基础。高考改革必须根据新的形势，顺势而为，乘势而上，破解发展难题，进行综合性、系统性的改革。

二、高中综合素质评价——高考改革的关键点和难点

（一）科学选才在新一轮高考改革中期待加强

新一轮高考改革的总体定位是促进公平，科学选才。公平和科学是伴随高考改革的两大基本价值取向，二者既对立又统一。科学选才标准中体

现着公平，公平依赖科学标准得以实现。联合国教科文组织《反对教育歧视公约》"使高等教育根据个人成绩对一切人平等开放"的规定以及《经济、社会、文化权利国际公约》"高等教育应根据成绩，以一切适当方法，对一切人平等开放"的规定，《世界人权宣言》"……高等教育应根据成绩而对一切人平等开放""任何人不得因其种族、性别、语言、宗教，也不得因其经济、文化或社会差别或身体残疾而被拒绝接受高等教育"的规定都表明公平和科学选才并不矛盾。但在实践中，二者也存在这一定的对立性。公平在一定意义上体现为一种价值判断和利益诉求，评价者基于不同的立场会对"公平"产生大相径庭的评价因此追求公平的公共政策事实上是对不同利益关联者的利益平衡。而科学选才追求的是"适切性"，即人才选拔标准与高校人才培养模式、培养目标的匹配性。为公平而进行的入学机会分配会在一定意义上会影响高校的科学选才。在社会矛盾凸显、诚信制度尚未健全的今天，不同利益群体对"公平"的诉求汇集成"民意"，借助多种传媒手段对公共政策议程设置产生重要的影响，本次《实施意见》就把公平作为第一要求，通过招生计划分配改革、招生录取改革、监督管理机制改革等举措切实保障考试招生机会公平、程序公开、结果公正。顾明远教授认为，本次改革高度重视公平问题，符合我国的基本国情。在他看来，促进公平是第一位的，这对于缩小高等教育入学机会的差距，维护国家的稳定和发展有利的。但他同时认为，本次改革对科学选才方面的改革有所欠缺。主要有两方面的原因，一方面是科学选才易受公平价值诉求的掣肘，如高校自主招生、综合素质评价受到社会诚信度的制约，改革成本高，改革难度大；另一方面，建立科学的人才选拔标准本身就是一个难点，在理论和实践中都有待于深入研究。瞿振元会长认为，高考制度的本体功能是选拔人才，但在我国现实的社会条件下，产生了一系列衍生功能，承载了太多的社会责任，致使正确处理科学选才的教育功能与促进公平的社会功能的关系，成为深化高考改革中必须处理好的一个基本问题。解决这一问题政府有责任提高优质教育资源的供给量，一方面省级政府要加大投入；另一方面，中央和地方合作，加强西部高校建设。建设更多的好大学满足人民群众上好大学的愿望。"十三五"发展规划要把这个事件提上议事议程。

（二）综合素质评价是高考改革的难点

高考作为一种选拔性考试，根本目的在于科学人才选拔，新一轮高考改革提出要完善高中学业水平考试，规范高中生综合素质评价，要探索基于统一高考和高中学业水平考试成绩，参考综合素质评价的多元录取机制（"两依据，一参考"）。谢维和教授认为，综合素质评价对高校人才选拔，对基础教育人才培养起着很好的引导作用。高校招生不能仅仅考查学生的认知水平，人们越来越认识到人格、道德、心理素质、意志品质等因素对个人的发展起着更大的作用。

企业家从用人角度指出人的综合素质的重要性。麦可思创始人王伯庆博士指出，企业在用人时，首先看重的是品德，其次是学习能力，第三才是知识与技能，此外艺术素养也非常看重。贵州董酒股份有限公司总裁、副董事长易基刚先生认为，企业用人，首先强调"三观"（人生观、价值观、世界观）。一个人如果知识、技能欠缺，可以学习，但如果价值观出了问题，那么对个人的发展、企业的发展都会产生消极的影响。北京风向标信息科技有限公司CEO郑远标认为，个人的品德和心理素质对个人的发展非常重要。正和岛总裁黄丽陆强调在未来的就业市场中，创新能力非常重要。但如何实施综合素质评价是高考改革的难点，涉及三个问题，其一是综合素质评价的内容，其二是综合素质评价的方法，其三，综合素质评价对不同人群可能产生的影响。教育部发布《关于加强和改进普通高中学生综合素质评价的意见》对综合素质评价的内容和方法作出了具体的规定。上海和浙江作为高考综合改革试点地区，在学生综合素质评价方面进行了积极的探索。浙江省综合素质评价分为五个方面：品德表现、学业水平、运动健康、艺术素养、创新实践，每个项目下面又分为若干指标，如品德表现的分类指标有：品德操守，如家国情怀、尊老爱幼等；责任义务，如社会责任、诚实守信等；行为习惯，如交流合作、遵守纪律等。在评价程序和方法上采取客观记录、民主评议、公示确认、形成档案四个环节。评价结果分为三等，用A、P、E表示，分别为"优秀""合格""需努力"。上海综合素质评价分为品德发展与公民素养、修习课程与学业成绩、身心健康与艺术素养、创新精神与实践能力。每个项目都有记录要点。

上海和浙江高考综合改革试点方案（以下简称"上海方案"或"浙江方案"）对综合素质评价的内容、方法和程序进行了探索，但需要指出的是，综合素质评价至少具有两个方面的功能：其一是对引导学生全面发展，引导基础教育，特别是高中学校开展素质教育；其二是为高校科学选拔人才提供重要参考。即综合素质评价既要体现高中教育的特点，强调育人为本，同时也要满足高校的人才选拔诉求，应当成为沟通高中教育和高等教育之间的桥梁。但从目前的评价内容看，综合素质评价没有很好地兼顾二者的诉求。另外，正如易基刚先生强调，在谈论综合素质评价时，需要考虑区域和家庭背景导致的差异和不公平。农村孩子和低收入家庭孩子发展条件受限，在综合素质评价方面可能处于不利地位。

从国际经验看，在综合评价中大学有自身的标准。如在美国常青藤大学中，AP课程在招生中具有重要作用；另一方面也会考虑学生的家庭背景。加州大学的招生评价标准明确规定，学业成就的评价将根据学生的经历和特殊情况来判断。这些经历包括：是否残疾、家庭是否属于低收入阶层、是否为第一代大学生、为了家庭和自己的生活是否需要工作、个人或家庭是否遭受艰难的状况等。在同等条件下，评审人员会倾向于给弱势家庭的学生更高的综合评价分数[1]。

对于综合素质评价的方法，顾明远教授认为，综合素质评价应记入档案为主，不是以分数量化，不能弄虚作假。钟秉林教授认为，综合素质评价要可信、可比、可用。首先评价要真实可信，这是基础；其次要可比较，如果综合素质评价与高考录取"硬挂钩"，就需要把抽象的素质转化成具体可比的指标；其三是可用，大学需要使用，否则高中的综合素质评价就会流于形式。

高校使用综合素质评价结果，即如果综合素质评价和招生"硬挂钩"将面临两大挑战，其一是在应试文化，"考什么，教什么"的背景下，可能进一步加重学生的学习负担，其二是在社会诚信制度尚未健全的情况下，容易导致造假的风险，正是基于这样的顾虑，高校对综合评价采取谨慎的态度。另外，巨人教育集团董事长尹雄先生建议高校和社会机构合作，以第三方机构的名义联合研发学生综合素质评价方法，供高校参考使用。顾明远教授认为，综合素质评价由第三方机构来做会好一些，但根据我国的国情，中介结构的资质和诚信需要进一步完善，因此需要有一个过程。综合素质评价如何兼顾高中教育和高校人才选拔的需要，依然需要深入的研究。

三、招生录取模式多元化——高考制度改革的突破口

高考改革除了考试内容和评价方式的改革外，还有招生录取制度的改革。考试内容、考试方式，甚至综合素质评价在一定意义上属于技术层面的改革，而招录模式改革涉及谁来用，如何使用考试评价内容的问题，涉及权力和利益的重新配置问题，关涉社会的公平和正义问题，需要更加综合、系统、全面的改革。瞿振元会长提出招生录取的体制机制，需要用治理的理念综合考量。本次微论坛对招生录取制度的改革主要集中在两个方面，其一是录取方式的多元化问题，其二是局校的招生自主权问题。

（一）探索建立多元化的招生录取模式

新一轮高考改革对构建多元化招生录取模式进行了积极的探索。上海方案针对不同学生、不同学校建立了五类招生录取模式，并从2015年到2018年逐步实施。(1) 针对应届毕业生的春考（统一高考成绩+高中学业水平考试成绩+面试、技能测试）；(2) 高水平大学自主招生（统一高考成绩+高中学业水平考试成绩+高校自主考核+综合素质评价信息，其中高考成绩不低于60%，高校自主考核30%，高中学业水平成绩10%）；(3) 针对"三校生"（中专、技校、职校）的应用本科专业（统一高考成绩+公共基础课学习水平考试成绩+思想品德评价+职业技能）；(4) 专科层次依法自主招生（公共基础课学业水平考试成绩+思想品德评价+职业技能）；(5) 高考（统一高考成绩+普通高中学业水平等级性考试成绩+综合素质评价）。另外，从2016年起，合并本科第一、二招生批次，探索学生多次选

择、被多所高校录取的可行性。浙江方案有四类招生录取模式，统一高考招生、单独考试招生部分录取批次，实行按照专业平行投档；高职提前招生以高中学业水平等级考试或职业技能考试为前提，实行"一档多投""三位一体"招生，高校根据学生高中学业水平考试、综合素质评价和高考成绩折合成综合成绩择优录取。其中规定高考成绩占综合成绩的比例一般不低于50%。高校可以自主制定综合素质测试内容和办法，测试成绩可以占到总成绩的30%~40%。

顾明远教授建议，我国的招生录取应该借鉴国外好的经验，增强学生和学校相互选择的自主权，学生多次选择、被多所高校录取应成为改革的方向。尹雄先生认为，国内高考竞争压力非常大，很多学生被迫选择出国留学。为此他建议，国内高校招生应该更加开放，探索允许部分高校实施"宽进严出"的录取模式，允许部分学生不参加高考，通过缴纳高额学费的方式注册入学，在中国高等教育资源日益丰富的今天，已经有条件进一步拓宽学生接受高等教育的渠道。据调查，2012年计划出国留学的学生学历层次方面，本科生占51%，其次高中生占38%。到2013年，留学低龄化的趋势愈加明显，本科留学的人数迅速增加。以中国赴美国留学人数为例，2005—2006年，仅有9309人赴美国读本，而到2012—2013学年，中国赴美读本科的人数增长到了93768人。8年间，中国赴美读本科的人数增长了约十倍，另外，高中留学人群也开始急速膨胀。在2005—2006学年，中国在美国就读私立高中的人数仅为65人，而到2012—2013年，中国在美就读私立高中的人数已经达到了23795人，其增长速度极为迅速。随着出国留学人数的不断增加，留学行业的市场规模也不断扩大。据估计，中国每年的留学消费市场规模至少在2500亿元人民币以上，是世界第一留学消费大国。其中，留学生境外支出所占份额最大，达85%。美国开放报告显示，来自中国大陆的留学生，2012年为美国贡献了57亿美金，约合360亿元人民币。

如果能够通过这种方式拓宽高校招生录取渠道，就可能把那些本来外出留学的学生吸引回国内就读，并且可以通过征收高额学费的方式改变学校的办学条件。顾明远教授认同"宽进严出"的招生举措，但他同时认为，这个举措在目前的国情下实施起来会很难。它会面临两个方面的质疑，一是高校是否能够严格管控学术标准，二是社会对教育公平的质疑，如何避免权力、金钱和学术之间的共谋。

谢维和教授认为，高校招生录取制度要随着高等教育毛入学率和高中毕业生上大学的升学率进行调整，要采取"兼顾原则"，科学适当地实现系统内高中教育因素与高等教育因素之间的协调。为此他提出三种入学形式：申请入学、考试入学和推荐入学[2]。

推动招生录取模式的多元化改革，拓展学生接受高等教育的渠道在《实施意见》中得到了体现，在上海、浙江高考综合改革试点方案中也得到了实践，与会专家也从不同角度进行了探讨，但需要指出的是，高校招生录取改革与高校招生自主权密切相关，"招考分离"是高考改革的核心，确保高校招生自主权是高校招生录取模式多元化的基本前提。

（二）扩大高校招生自主权

在本次研讨会中，与会的教育专家和企业家都希望进一步扩大高校在招生中的自主权。易基刚先生认为，教育活动要回归教育本身，选人、育人要符合教育规律。当前政府对高校的管理行政化色彩比较浓，建议权力下放，给予高校更多自主权。扩大高校招生自主权是一个重要切入点，要允许各个学校根据自己的条件去选拔他所需要的学生。高校只有具有自主选拔人才的权力，其办学才会有主动性和积极性，才会办出个性、办出特色。他同时主张高校招生自主权不仅仅要下放给北京大学、清华大学等一流大学，高职高专院校同样需要。在《实施意见》中提出"探索基于统一高考和高中学业水平考试成绩、参考综合素质评价的多元录取机制"，上海和浙江在保障、扩大高校招生自主权方面也进行了积极的探索。如浙江"三位一体"招生模式，复旦大学、上海交通大学的"综合评价、多元录取"改革实验。

但仍然需要看到，《实施意见》中对高校招生自主权没有明确说明。2010年颁布的《国家中长期教育改革和发展规划纲要（2010—2020年）》和2013年颁布的《中共中央关于全面深化改革若干重大问题的决定》中都明确提出要探索招生和考试相对分离、学生考试多次选择、学校依法自主招生、专业机构组织实施、政府宏观管理、社会参与监督的运行机制。但在《实施意见》中却没有重申这一主张。在实践中，由于历史和现实的因素，新一轮高考改革在一定程度上使得高校的招生自主权受到了限制，主要体现在三个方面：其一，高校录取没有改变"总分评价模式"，高校招生依然没有摆脱见"分"不见"人"的局面[3]。其二，招生录取中采取"平行志愿"投档方式。在降低学生志愿填报风险的同时，将分数的重要性置于志愿之前，会使大学招不到对各专业真正感兴趣的学生。其三，高校自主招生面临道德信任的危机，增加了高校招生的成本，限制了高校自主招生权的运用。确立高校在招生中的自主权，一方面需要行政和法律的授权，更为重要的是高校要在社会中树立道德楷模和知识权威的形象。洪成文教授指出，高校是招生的主体，但如果自身的道德和权威形象却无法获得社会的认可，高校招生制度改革，包括人才培养就不可能取得成功。

高校自身的道德建设与制度建设相辅相成，在高校自主招生中，权力和责任是对等的，建立严格的问责机制，把责任落实到岗到人，有利于高校的道德自律。《实施意见》中提出要建立招生问责制，2015年起由校长签发录取通知书，对录取结果负责。上海和浙江方案中都突出强化监督和问责机制。

四、深化综合改革——高考制度改革的条件保障

新一轮高考改革是一项综合性、系统性工程，与会专家和企业家一致认为，顺利推进高考改革要从转变观念、完善制度和加强能力建设等方面整体推进。

（一）转变观念，正确认识高考改革的目的

与会人员一致认为，我国高考改革关系每一个家庭切身利益，关系亿万青少年学生前途命运，改革任务复杂而又艰巨，需要全社会，特别是专家学者、新闻媒体以更加包容、积极性的态度对待改革，提出建设性的意见和建议。大家认为要推进高考改革顺利开展，就需要正确认识新一轮高

考改革的目的，进一步转变观念。其一，要转变应试教育的观念。《实施意见》中明确指出高考改革的基本原则是育人为本，遵循教育规律。钟秉林教授认为，对新一轮高考改革方案在认识和实践层面的解读不能应试化和碎片化。如上海和浙江方案中，高中学业水平等级考试为学生提供了多种选择方式（上海方案为"6选3"，浙江方案为"7选3"），本意是为了尊重学生的个性和选择权，发挥学生的特长，但如果以应试教育的视角进行解读，就会导致学校和家长为了取得好的分数而代替学生进行选择的问题出现。另一方面对方案的解读不能碎片化，如取消加分和规范加分政策不是不鼓励学生发展特长，而是针对目前高考加分项目过多、分值过大特别是资格造假等问题。事实上，真正有特长的学生在现有的高考方案中已经给出了很多的选择空间，如可参加高校自主招生、艺术类专业招生、高水平艺术团、高水平运动队招生等招生项目。其二，要转变对成功、成才观念的认识。顾明远教授认为，相当一部分家长存在重普教、轻职教的观念。另外，在高等教育大众化的今天，高等教育入学机会的竞争已经转为优质高等教育资源如"985工程""211工程"院校等名校入学机会的竞争，家长更注重让孩子选择"名校"而不是适合他们发展的学校。就业市场上也人为地设置了各种用人、选人的障碍，在工资待遇方面也存在很大差异，相应地助长了这一观念。

观念的转变是一个渐进过程，并且观念的转变与制度的改进密切相关。顾明远教授指出，观念转变和制度建设必须并行推进，二者缺一不可。

（二）完善制度，推进综合配套改革

顾明远教授认为，推进高考改革，制度建设是关键。考试招生制度改革不仅牵动基础教育、高等教育、职业教育、继续教育等方面教育内部的综合改革，同时也涉及劳动人事、学校建设、设备配置、财政经费、保密安全等诸多领域，必须统筹协调多部门，综合整体推进。在研讨中，大家着重建议完善的制度主要有：（1）建立学科、专业评估制度。文东茅教授通过对浙江的调研指出，浙江方案实行按照专业平行投档，这就需要权威部门对全国各个专业进行统一评估,为考生提供清晰的参考,但同时要避免把评估变成一种简单的统一指标,缺少个性的排名,妨碍高校的特色发展。(2)建立高校、高中学校在人才培养模式、综合素质评价上相互衔接的制度。综合素质评价要兼顾高校和高中学校的诉求,通过高考改革撬动高校人才培养模式改革,撬动高中教学管理、人才培养等方面的改革。(3)引导、完善劳动力市场用人制度。瞿振元会长认为,如果职业院校培养的一般劳动者收入低,社会地位低,职业院校就缺乏吸引力,导致职教和普教的进一步区隔和分裂,打通各级各类教育和人才成长的立交桥就不可能建立。(4)建立高考改革专项投入机制。新一轮高考对考试管理、命题、招生,对学校的教学,对教师的素质、对学生的评价等方面提出了更高的要求,这就需要对高考改革进行专项投入。(5)强化多部门协作和顶层设计。瞿振元会长指出,高考改革必须与其他方面的改革相配套,特别是要与劳动人事制度方面的改革相配套。劳动人事制度的改革对高考、对国家教育乃至整个社会风气的变化起着基础性、引领性的作用。瞿振元会长强调,社会各方面应当共同为高考想招,一起为高考改革发力。钟秉林教授和文东茅教授通过对上海、浙江的调研指出,高考改革要注重顶层设计,打破部门壁垒,由地方深化改革领导小组对改革所涉及的人力、物力和经费进行核定和配置。

(三)加强能力建设,落实高考改革举措

要落实高考政策,就需要提高政策执行人和机构的专业能力。(1)提高考试机构的能力,特别是提高其在命题、考试评价方面的专业能力。(2)提高高校招生队伍的专业能力。随着考试评价方式的多元化,如何确保招生过程的客观性、科学性,如何确保选拔出符合学校人才培养定位的考生,这对高校招生队伍提出了更高的要求。(3)提高高中学校管理人员和教师的能力。新一轮高考对高中的教学组织、教学秩序、教师素质提出了更高的要求。在应试教育观念还普遍存在的背景下,如何推动他们转变观念,提升应对高考改革的能力迫在眉睫。文东茅教授认为,高考改革举措能否落实关键在人,为此他建议在高校高等教育研究机构设立专业学

位，有针对性地培养人才。

王伯庆认为，在我国高考改革特别敏感，容忍失败程度特别低，因此建议做好改革试点跟踪研究，发布高考改革年度进展，及时发现问题，并予以诊断和改进，确保改革的方向不被扭曲，确保改革的举措落到实处。

参考文献

[1] 常桐善. 大学招生的卓越性与公平性——美国加州大学的理念及实践 [J]. 考试研究，2010（3）.

[2] 谢维和. 高等学校的三种入学形式——从高考制度改革的"兼顾原则"及其变量说起 [N]. 中国教育报，2012-12-14.

[3] 陈薇. 高考改革：走了半步？[N]. 中国新闻周刊，2014-09-17.

新高考改革助推教育升级

周海涛　景安磊[①]

2014年9月，国务院印发《关于深化考试招生制度改革的实施意见》，重启新一轮考试招生制度改革议程。随之教育部印发了关于学业水平考试、综合素质评价、高考加分和高校自主招生四个配套文件，标志着以高考改革为核心的招生考试制度迎来全新的"2.0时代"。在重启教育改革的关键期，新一轮考试招生制度改革顺势推动着教育的进一步健康发展，即从"分分计较"向"人人成才"转变，从"考什么教什么"向"需什么教什么"转变，从重视规模扩张向促进公正公平转变，从依靠行政旧观念向培育改革新动力转变。

一、聚焦成长成才，树立适合的培养目标

培养什么样的人——这个重大方向性问题决定着教育改革的成败。当前，提高国民素质，实现中华民族伟大复兴的中国梦，迫切需要一大批创新型、实用型、复合型人才；主动适应经济发展新常态，推动经济社会持续健康发展，根本要靠人力第一资源；扭转社会唯名校、唯学历和家庭"逼子成龙""逼女成凤"的风气，帮助学生跳出"小考鸭"泥潭、实现自由翱翔"小天鹅"的梦想，关键还在于正确的育人导向。教育改革的方向对了，一切努力才有价值和意义。应试指向的教育被诟病的是整齐划一

[①] 周海涛，北京师范大学教育学部高教所教授、博士生导师；景安磊，北京师范大学博士研究生。

的人才培养目标和模式,"分数至上"的育人导向损及学生成长成才,造成学生文化知识学习与思想品德修养失调、理论学习与社会实践失调、全面发展与个性发展失调。因此,培养什么样的人,需要深刻思考和准确定位,追求有质量的适合的教育目标将是改革的新动态。新一轮考试招生制度改革适应了经济社会发展对多样化高素质人才的需要,把"促进学生健康成长成才作为改革的出发点和落脚点,坚持正确的育人导向",体现了立德树人、育人为本的基本原则。本轮改革努力让每个学生都有人生出彩的机会,确立了以学生全面发展为本的宗旨,以尊重个性为核心理念,以多样实践为形态特征,以主动选择为行为方式,以奠基终身为育人目标,深刻诠释了《教育规划纲要》"为每个学生提供适合的教育"的根本追求。

(一)坚持立德树人,促进健康发展

人以德立,国以德兴。立德树人是教育的首要任务。品行不端,读书无益;心性不正,博学无益;做事乖张,聪明无益。一个真正完整的人,首先是一个具有品德修养的人。现今的一些教育对品德修养塑造缺乏深刻认识和有力举措,出现重智育轻德育、重书本轻实践、重理性轻情感的弊病,学生缺少主体意识,思想品德不够健全。人的全面发展与塑造健全品德是辩证统一的,全面发展是塑造健全品德的前提与基础;具备健全品德,又会有力促进人的全面发展。新一轮改革激扬正确的育人导向,正在探索通过优化考试招生制度的功能来扭转片面追求升学率的倾向,从而促进学生全面发展,为学生开启幸福人生、享受适合的教育提供更多机会、更大舞台。其一,引导学生践行社会主义核心价值观,弘扬中华民族传统美德,灵活开展主题教育活动,着力提高学生服务国家、服务人民的社会责任担当。其二,将德育贯穿、渗透在课堂教学的各个环节,立足于教育教学实际和学生发展需要,将智商教育、情商教育、德商教育和财商教育等融入学科教学,体现"鲜、活、实"的特点,帮助学生全面实现自我价值。其三,提高学生积极参与社会活动的认识,丰富学生参与现实生活的体验。增加学生参与社团活动、公益劳动、志愿服务的次数和时间,塑造学生客观的社会知觉,建立和谐人际关系和有效解决实际问题的能力。

(二) 突出能力内涵，促进终身发展

随着经济社会的发展，知识更新速度越来越快，知识更新周期大大缩短，各种新知识、新情况、新事物层出不穷，知识经济时代只有不断增强学习知识、运用知识的能力，才能跟上时代前进的步伐。另外，社会对培养多样化创新型人才也提出了更高要求。现行的单一人才培养目标和"唯分数论"的评价标准、选拔方式，一定程度上导致了学生自主选择能力不强、独立思考与分析较弱、解决实际问题能力不高、适应社会和就业创业能力不强，影响了学生的终身发展，迫切需要进一步深化改革。

新一轮改革要求考试内容着重考查学生独立思考和运用所学知识分析问题、解决问题的能力，强化创新实践能力培养。其一，优化学生的"知识地图"和知识结构，拓宽学生眼界和视野，不断丰富社会实践，强化能力培养，彻底改变"高分低能"的窘况，让学生在成长成才过程中赢得主动、赢得优势、赢得未来。其二，根据学生发展现状和把握未来时代要求，着力提高学生的自主学习能力、自强自立能力、社会实践能力、创新创业能力、运用信息技术分析解决问题的能力等，教育学生学会知识技能，学会动手动脑，学会生存生活，学会做人做事，促进学生主动适应社会，开创美好未来。其三，克服"应试教育"倾向，积极开展高中学业水平考试，考试命题紧密联系社会实际与学生生活经验，在全面考核学生基础知识和基本技能的基础上，注重加强对运用知识解决问题的能力考查，确保学生能力得到提升，为终身发展奠定良好基础。

(三) 尊重学生个性，促进主动发展

教育的本质是培养人的社会活动，最终目的是要培养合格人才，而不是获得考试分数。"冷冰冰的分数"并不能代表一个"活生生的学生"，"唯分数论"违背人才选拔的基本原则，对教育教学和人才培养危害巨大，是高校招生诸多问题的根源。[1]新一轮改革遵循学生成长成才规律，加强和改进综合素质评价和学业水平考试，为学生搭建多姿多彩的平台，有利于促使学生充分认识自我，积极主动地发展。其一，突出学生自主性。学校要开齐开足综合实践活动、技术、艺术（或音乐、美术）、体育等必修

和选修课程，激发学生自身潜能，鼓励学生主动走出教室、走向社会，在社团活动中培养兴趣，在社会实践中经受锻炼。其二，扩大学生选择性，进一步落实让学生可以文理兼修、文理兼考的权利，创造条件为有需要的学生提供同一科目参加两次考试的机会。其三，注重学生成长性。赋予学校更大的办学自主权，鼓励学校探索灵活多样的教学组织方式，满足学生选学的需要，科学组织教学，合理编班，把分层教学、学分制、导师制等落到实处，为真正实现因材施教，促进学生个性特长发展创造条件。

二、推行综合素质评价，带动课程体系优化

"考试考什么，学校就教什么"的倾向，多年来一直影响教育教学实践，课程改革始终没有脱离考试的窠臼。此外，经过十余年的课程改革，教学内容和课程增量发展迅速，通过"大水漫灌"覆盖所有学生，课程辅导材料更是"洪水滥灌"，学生学习负担不断加重。然而，课程育人标准不清，内容针对性不强，长期的文理分科制度导致人才培养过程中学生知识结构的割裂，"懂文不懂理、懂理不懂文"现象普遍存在，综合素质教育在"应试教育"面前步履维艰。"教什么"是教育改革的核心要素，优化课程体系的"最后一公里"仍面临许多操作性难题。

新一轮考试招生制度改革坚持全面考核、文理不分科的思路，在完善高中学业水平考试、规范高中学生综合素质评价、建立规范的学生综合素质档案的基础上，探索基于统一高考和高中学业水平考试成绩、参考综合素质评价的多元录取机制，[2]有利于促进学生认真学习每门课程，避免严重偏科，实现全面发展。此外，还提出高考要依据高校人才选拔要求和国家课程标准，科学设计命题内容，增强对基础性、综合性知识和实际问题解决能力的考查，积极开展高中学业水平考试和综合素质评价。这些改革思路一定程度上跳出了知识和课程内容本身的限制，引导课程改革向完善课程标准、优化存量结构、深化课程内容转变，采用"小水滴灌"的方式，为学生提供适合的、针对性课程。

（一）更新育人观念，完善课程标准

人才培养观念是教育教学改革的先导，也是课程标准完善的前提。我

国当前的人才培养现状与教育改革的根本目标还存在差距。面临新时期课程改革进入深水区，有些课程标准的实践框架和标志性要素互相挤压甚至冲突，教学运行也会显现疲态，有的甚至人为地割裂了国家课程、地方课程和校本课程，造成了课时、精力、资源的超负荷，出现丢项漏项、虚化弱化的现象。

新一轮考试招生制度改革引导的课程改革的出路，不在于简单机械地"落实本本"，而在于因地制宜地创造"适合"，为"出好人才"提供标准导向。其一，教学目标引领，明确各级各类教育阶段的课程应涵盖的有关知识与技能，更好地指导教育教学实践，为地方和学校课程设计提供参照。其二，课程难度适中，区分不同学生的能力等级，既要符合学生具体能力水平，又带有一些挑战性，增强学生学习动力。同时，明确不同教育阶段的课程教学所应达到的能力区间。其三，以课程标准为轴心，在严格执行国家课程计划安排的基础上，强调对地方课程和校本课程"根据目标递进而对接，根据内容延展而互嵌，根据形式适宜而组合"，从而成功突围"课时恐慌"，走向课程二次开发，为考试评价提供能力标准。

（二）服务全面发展，优化课程结构

目前，教育界乃至全社会都接受实施素质教育的理念，都认同要"为每个学生提供适合的教育"。但在操作层面，对"为什么改、改什么、怎么改"等问题仍有模糊认识。在理念与行动的连线上，课程结构优化是政策落地的实际举措。这次改革明确要求，学业水平考试内容要覆盖高中阶段学习的所有科目，主要考查学生对基础知识、基本技能和基本方法的理解、掌握和运用的学习程度是否达到课程标准的要求，并作为学生毕业和升学的重要依据。引导学生认真学习每门课程，避免严重偏科。[3]因此，基础教育阶段的学校需要进一步优化课程结构，服务于学生的全面发展。一是继续扩大优质课程资源总量，构建文理结构合理、知能体系完善、理论联系实践的系统化、精细化、个性化课程系统，更加突出结构的系统性、完整性和适宜性，使学生接受优质教育的需求得到最大化的满足。二是坚守改革方向，不断修正功利化、世俗化的教育理念，保证课程改革的方向免受"升学为重"的功利思想的左右。坚持课程服务学生成长成才的理念,开展为了学生发展的课改,一切课改的成效最终要看是否有利于学生的全面发展和个性发展。三是为学生量身定做学习材料,不再根据年级和年龄提供课程,让学生可以根据各自能力水平、学习兴趣选择适合自己的课程。

(三) 加强综合评价,深化课程内容

在原来高考指挥棒的作用下,考试是教育教学质量的唯一评价手段,分数是学业质量的唯一评价标准。面对加强和改进普通高中学生综合素质评价和实施普通高中学业水平考试的要求,学生如何实现个性和全面发展,教师如何有效开展教学,如何科学评价学生,如何提高自身素养,这些问题始终困扰着教育教学实践。改进学生学业质量评价和教育教学评价,有利于引导课程内容改革发挥实效。其一,健全学生综合素质评价机制,摒弃那些简单用分数来衡量、驱动学生发展的手段,学业水平考试成绩以等级呈现,重点考查学生成长过程,建立反映学生全面发展情况和个性特长的发展性评价体系,形成有利于挖掘学生发展潜力的课程内容遴选机制。其二,改进教学和学校管理能力评价体系,提高校长和教师实施综合素质评价的能力,鼓励学校和教师,积极研发符合当地教育发展和学校特点的课程内容。其三,抓住课堂教学主渠道,通过政策引领、资源建设、活动推进,引导教师依据课程标准,结合学生实际生活,设计开发适宜的教学内容,为加强和改进学生综合素质评价提供落脚点。

三、定向精准发力,确保社会公正和教育公平

教育是改善民生、促进社会和谐的重要途径,教育公平是社会公正的重要基础。我国经济社会发展水平各不相同,不同利益群体的改革诉求也有所不同。但是,促进社会公正、教育公平是教育改革实践中形成的普遍共识。当前社会反映强烈的突出问题是城乡、区域教育发展不均衡,贫困地区、民族地区教育发展滞后,尤其是城乡入学机会存在差距,中西部地区和农村学生上重点大学的比例偏低。[4]

新一轮考试招生制度改革以改进招生计划分配方式为突破口，把促进公平公正作为改革的基本价值取向，注重考试招生的机会公平、程序公开、结果公正。在扩大招生规模的同时，强调结构性公平，通过加强宏观调控，改进招生计划的分配方式，进一步减少和规范考试加分，构建立体式、结构性的社会公正、教育公平体系，进一步强化教育在实现代际转换、促进社会阶层纵向流动、改变个人和家庭命运方面的不可替代的功能，努力重建社会的正义、公正与公平。[5]从现行政策看，高校招生计划正在向录取率较低的中西部地区和省份倾斜，"农村贫困地区定向招生""部分高校农村学生单独招生""地方重点高校招收农村学生"三个专项计划也为农村学生上重点高校提供了长效保障机制。

（一）坚持公益性、普惠性，保障机会公平

现为规模扩张或机会增加，更重要的是地区之间、城乡之间、学校之间、群体之间的结构性公平，即教育改革要努力实现"人人享有接受良好教育机会"的目标，形成惠及全民的公村地区倾斜，提升中西部地区、民族地区的教育水平，尤其是加强学校教学设施设备、教师交流轮岗等方面的条件保障，满足新时期公众对教育公平的期待。其二，加强宏观调控，推进教育服务均等化，缩小区域、城乡、校际差距，保障进城务工人员随迁子女在流入地平等接受教育和参加考试的机会；提高中西部地区和人口大省的高考录取率，继续实施农村贫困地区定向招生专项计划，增加农村学生上重点高校的人数；推行义务教育免试入学，试行学区制和九年一贯制对口招生。其三，研究互联网时代知识传播渠道和方式的新变化，关注以"慕课""翻转课堂""微课程"等为代表的基于互联网的教学方式对高校和中小学人才培养工作带来的冲击[6]，充分运用网络教育手段，扩展优质教育资源的覆盖面，实现教育资源优势共享，积极发展空中课堂、网络课程，努力推进优质教育资源辐射，让偏远、贫困的农村学校学生可以直接接受优质教育，使欠发达地区和薄弱学校实现跨越式发展。

（二）推进信息透明，确保程序公开

提供公平的教育机会，只是促进教育公平的第一步，程序公开也是教

育公平的重要组成部分。重启教育改革的新时期，信息不透明、程序不公开容易引发对教育公平出发点的误解和结果猜疑。加强信息透明、程序公开，有利于及时回应社会关切，减少改革阻力，凝聚改革共识，落实相关利益群体的参与权、表达权、监督权。考试招生制度关系到国家发展大计和亿万家庭学生的前途命运，从政府顶层设计到向社会公开征求意见，从专家学者的建言献策到最后审议通过，每个议程都经历信息公开透明。其一，健全各类教育决策机制，完善决策的酝酿提出、咨询论证、风险评估、集体讨论等机制，加强重点、热点问题研究，在充分调研的基础上及时向社会公众公开改革思路和决策程序，充分调动各方参与积极性。其二，完善教育信息公开制度，并逐步扩大信息公开的范围，及时公开招生政策、招生资格、招生简章、招生计划等相关信息，加大程序透明力度，深入实施"阳光"招生。其三，严格规范学生综合素质评价和学生学业水平考试程序，强化有效监督，确保评价过程公开透明。

（三）坚持依法治教，确保结果公正

争取公平的教育机会，督促公开相关程序，其最终目的还是为了保障教育结果的公正。只有结果公正，才能实现真正的社会公正、教育公平。实现教育结果公正，需要良好的法制环境和教育秩序。其一，坚持依法治教，不断完善教育法律法规建设，保障公众对教育的知情权、参与权和监督权，为教育改革提供根本保障。其二，加强教育改革检查督导，建立检查结果公示制和问责制，通过这些制度设计，保障结果真实可靠。同时，对于那些权益受到侵害的利益群体，要畅通救济渠道。其三，加大政策法规的落实和违规查处力度，严格约束教育领域中的违法违规、权力寻租、贪腐行为，尤其是要对招生考试领域的违法违规行为，发现一起、查处一起、公开一起，严肃追究当事人及相关人员责任，营造确保公正的环境和土壤。

四、多方协同治理，培育教育改革新动力

高考恢复以来，教育改革渐次深入，政府主导，社会关注，学校重

视,学生被动接受是教育改革的惯常模式,虽然推进改革是教育工作的重要内容,也是教育事业发展的强大动力,但不能否认的是,当前我国教育领域综合改革总体上在"浅水区"蹒跚而行,究其原因,教育管理方式滞后、学校办学活力不足、利益相关者参与管理不够是主要原因。

新一轮高考改革超越了考试招生和教育体系本身,从促进社会公正公平的大格局出发,致力于考试招生制度改革这一关键领域,衔接贯通中学教育教学和高校人才选拔培养,进而促进整个教育链条的良性循环和健康发展。因此,新形势下重启考试招生制度改革,需要协同治理框架和改革驱动发展的共同合力。

(一) 多方协同治理,集成合力效应,高考承载着促进社会公平的社会责任

推进高考改革需要多方面改革的协同推进和社会的广泛支持。单靠高考改革单兵独进,很难取得大的成效;有些问题单靠教育部门也解决不了。[7]随着教育改革和发展进入攻坚期,涉及面更广、关联度更高,破解深层次矛盾难度更大,这就需要政府、学校、教师、学生和社会等利益相关者共同参与治理,共同分担。教育领域综合改革的实践证明,缺少统筹谋划的单项改革措施很难实现改革初衷。各利益方应建立新型的合作伙伴关系,在教育领域发挥相应的作用,将"利益相关者"政策框架贯穿教育改革全过程。因此,一是在管办评分离背景下,各级政府及教育行政主管部门要切实转变管理观念,变单一管理主体为多元治理主体,改进教育管理方式,提高教育协同治理能力。二是构建政府、学校、社会新型关系,推进政校分开、管办分离,明确各级政府责任,进一步落实和扩大学校办学自主权,发挥社会参与作用,形成统筹协调、多方参与的教育治理体制。探索招生和考试相对分离、学生考试多次选择、学校依法自主招生、专业考试机构实施、政府宏观管理、社会参与监督的考试招生制度运行机制。三是改变过去简单地把教师和校长作为教育改革的对象来对待的做法,赋予他们参与教育改革的话语权,充分发挥教师和校长推动教育改革的积极性和主动性。

（二）以改革为动力，以创新驱动发展改革是教育的应有之义

《教育规划纲要》，从深化教育领域综合改革到考试招生制度改革，改革显然已成为促进教育发展的关键词和新动力。只有不断加快改革，在改革中解决新问题，才能开创教育发展的新局面。其一，加快推进人才培养体制、考试招生制度、现代学校制度、办学体制和管理体制改革。坚持问题导向，推出既有利于当前教育问题解决又有利于长远制度安排的改革举措。其二，充分尊重和发挥各地各校的首创精神，从教育教学改革实践中寻找最佳方案，积极开展教育改革试点工作，以点带面，实现改革联动。在教育领域综合改革从方案准备期迈入落地攻坚期的关键节点上，更要切实抓好改革措施落地，真正让学校、教师和学生来评价教育改革成效。其三，树立系统培养、系统改革的理念。当前教育改革之难，不仅难在触动利益的制度设计，也难在以什么样的理念引导支撑。新一轮改革坚持的理念是在公平基础上，尊重人才成长规律，把人才成长视为一个连续的过程，努力促进小学、中学、大学衔接沟通，形成全方位、开放型、立体化、网络状的现代教育体系。

新一轮考试招生制度改革是恢复高考以来最全面、最系统的一次改革。目前，考试招生制度改革正带来一系列改变，但同时也面临一些问题，如思想认识有待提高、改革统筹协调不够等，但只要"改"得有效，"变"得有序，就能从根本上强化适合的育人导向、优化课程体系、确保教育公平、培育改革合力，从而带动整个教育链条的良性发展，推动教育进一步健康发展。

参考文献

［1］文东茅. 高考改革方案对"唯分数论"的超越［J］. 中国高教研究，2014（10）.

［2］刘海峰. 贯彻意见精神推进新一轮高考改革［J］. 中国高等教育，2014（21）.

［3］姜钢. 深化考试内容与形式改革助力人才选拔和素质教育［J］. 中国高等教育，2014（23）.

[4] 秦春华. 促进公平公正：高考改革的价值取向 [J]. 中国高等教育, 2014 (20).

[5] 赵婀娜. 期待教育改革推动个性回归 [N]. 人民日报, 2014-12-17.

[6] 钟秉林. 深化综合改革, 应对高考招生制度改革新挑战 [J]. 教育研究, 2015 (3).

[7] 瞿振元. 坚持科学选才与促进公平的有机统一——对深化高考改革的几点认识 [J]. 中国高教研究, 2014 (10).

第三章
高等教育治理

引 言

高等教育政策与治理是长久以来高等教育研究的热点和焦点。本章共选择了9篇论文，主要就高等教育政策决策、政策评估、大学章程、高校内部治理、高等教育质量等问题开展理论探讨。论文《新建本科院校要高度重视内涵发展和质量建设——基于41所本科院校合格评估结果的分析》通过对新建本科院校评估数据分析。指出新建本科院校要进一步转变教育思想观念、探索多样化的人才培养模式，不断提高教学水平和人才培养质量。《高等教育评估的几个关键问题》提出高等教育评估应该厘清高等教育质量的具体定位，应构建符合我国国情的高等教育评估体系，应加强高等教育评估方法与手段的创新。《美国大学中的院长：制度、文化和责任》关注大学内部二级学院治理问题。论文以大学中的院长为切入点，对院长的产生机制、身份特征、责任与能力等进行了细致的分析。同时分析了美国大学中院长所处的独特文化和制度环境。这对我国推进现代大学制度建设，完善内部治理结构具有重要的借鉴意义。论文《法国大学治理与大学章程》以巴黎索邦大学的章程为案例，分析大学章程的构成要素，可为我国大学章程规范的完善提供借鉴。《高校章程中学术机构及其运行模式——基于教育部核准的18所大学章程的文本分析》发现各个高校的章程对学术组织及其运行模式的规定存在着法律依据变动、条款表意含混、法定权力虚置、关系定位不清、程序衔接不严等问题。这些问题需要教育主管部门和高校统筹协调。《完善民办高校法人治理结构的难题与策略》分析了我国民办高校法人治理结构中存在出资人（举办者）控制、以校长为核心的管理团队职权不明晰、缺少利益相关者参与及内外监督机制缺失等法人治理结构上的突出问题，并据此提出了相应的政策建议。《我国高校建设中国特色新型智库的政策分析》指出，我国高校建设新型智库需要在政策层面做好顶层设计与战略布局；完善体制机制，才能引导高校智库的建设和发展。论文《基于利益相关者逻辑的高等教育重点建设政策分析》指出，我国教育主管部门在政策选择上往往使用权威工具，忽视利益相关者的诉求。通过行政手段干预资源配置，使得不同学校、学者间难以开展平等的学术竞争。引发了越来越多的矛盾、冲突以及急功近利的行为。为此建议：（1）减少权威工具的使用；（2）丰富激励工具，鼓励高校多样性发展；（3）不断提升高等教育质量、财务等信息的透明度；（4）加强共用共享平台建设，帮助弱势机构减少和克服因科研设备与条件不足而无法平等竞争的劣势。《从知识动员视角探析我国高等教育宏观决策有效性缺失问题》从知识生产、知识应用和中介等方面来分析科学决策形成的过程，目的在于最大限度地发挥"知识"在决策过程中的作用，打通研究与决策之间的沟通渠道。

新建本科院校要高度重视内涵发展和质量建设[①]

——基于 41 所本科院校合格评估结果的分析

钟秉林

2015 年 1 月，教育部普通高等学校本科教学评估专家委员会召开工作会议，对 2013 年接受本科教学工作合格评估的 41 所新建本科院校的合格评估报告进行审议[1]，并经无记名投票形成了评估结论。这一结果引起了高教界的较大反响。笔者对教育部合格评估专家组进校考察评估的结果进行了量化分析研究[②]，在此基础上对新建本科院校的改革和发展提出了政策与对策建议，以期对新建本科院校的内涵建设有所裨益。

一、参评高校的结构分析

2013 年，接受教育部本科教学工作合格评估专家组进校考察评估的新建本科院校 41 所。从学校的区域分布看，东部地区高校 13 所，中部地区高校 17 所，西部地区高校 11 所（见表 1）。从学校的性质看，公办高校 30 所，民办高校 11 所（见表 2）。从学校的类型看，综合院校 21 所，理工院校 5 所，财经院校 5 所，政法院校 3 所，语言院校 1 所，师范院校 4 所，医药院校 2 所（见表 3）。总体上看，参评高校类型比较齐全，覆盖面较广，对其评估结果进行分析具有一定的代表性。

[①] 国家自然科学基金重点课题"中国教育资源配置理论与重大现实问题研究"（项目批准号：71133002）的研究成果。

[②] 本文原始统计数据源自于教育部高等教育教学评估中心。

表 1　参评高校区域结构分析表

	东部地区	中部地区	西部地区	小计
学校数	13	17	11	41
占比	31.7%	41.5%	26.8	100.0%

表 2　参评高校性质结构分析表

	公办高校	民办高校	小计
学校数	30	11	41
占比	73.2%	26.8%	100.0%

表 3　参评高校类型结构分析表

	综合	理工	财经	政法	语言	师范	医药	小计
学校数	21	5	5	3	1	4	2	41
占比	51.2%	12.2%	12.2%	7.3%	2.4%	9.8%	4.9%	100%

二、专家进校考察工作量分析

2013 年，教育部组织了 41 个本科教学工作合格评估专家组进校考察，根据参评高校学生规模和专业结构布局，每个专家组由 7~9 人组成，累计派出专家 346 人次。专家进校前，审阅学校自评报告和教学基本状态数据分析报告，制订进校评估计划；进校中，通过文卷审阅、听课看课、走访座谈、深度访谈、沟通评价等方式，对学校教学工作进行全面细致的考察，并进行意见反馈；离校后提交专家个人和专家组评估报告。专家们在 41 所高校累计听课 1209 节，查阅试卷 51689 份，查阅毕业论文（计）31034 篇，走访校内行政部门和教学单位 1710 个，考察校外实习基地和用人单位 168 个，深度访谈 4444 人次（见表 4）。概而言之，专家组进校考察内容丰富、方式多样、涉及面广、工作量大；专家们在进校考察期间精力集中、工作勤奋,掌握了大量第一手资料,了解了学校的教学工作现状,体验了学校的校风学风和文化氛围,为客观评定和准确诊断新建本科院校教学工作奠定了扎实基础。

表4 专家进校考察工作量分析表

考察内容	工作量	校均工作量
听课(节)	1209	30
查阅试卷(份)	51689	1261
查阅毕业论文(设计)(篇)	31034	757
走访校内行政部门和教学单位(个)	1710	42
走访校外实习基地和用人单位(个)	168	4
深度访谈(人次)	4444	108

三、主要观测点评价结果分析

本科教学工作合格评估指标体系涵盖了本科人才培养的全过程及其各个主要环节,是学校迎评促建和专家组进校考察的基本依据,也是对新建本科院校教学工作的全面考核和检验。指标体系包含7个一级指标,20个二级指标和39个主要观测点(民办高校为40个观测点),见表5。

表5 普通高等学校本科教学工作合格评估指标系数

一级指标	二级指标	主要观测点(个)
1. 办学思路与领导作用	1.1 学校定位	1
	1.2 领导作用	2*
	1.3 人才培养模式	2
2. 教师队伍	2.1 数量与结构	2
	2.2 教育教学水平	2
	2.3 培养培训	1

续表

一级指标	二级指标	主要观测点（个）
3. 教学条件与利用	3.1 教学基本设施	3
	3.2 经费投入	1
4. 专业与课程建设	4.1 专业建设	2
	4.2 课程与教学	2
	4.3 实践教学	4
5. 质量管理	5.1 教学管理队伍	1
	5.2 质量监控	2
6. 学风建设与学生指导	6.1 学风建设	3
	6.2 指导与服务	2
7. 教学质量	7.1 德育	2
	7.2 专业知识与能力	2
	7.3 体育美育	1
	7.4 校内外评价	2
	7.5 就业	2

说明：*民办本科院校合格评估指标体系的观测点为40个，增加的观测点是"领导体制"。

数据分析结果显示，在39个主要观测点（民办高校为40个）中，各参评高校全部合格的有17个，其中约2/3的主要观测点集中在"学风建设与学生指导"和"教学质量"两个一级指标之中。在其余22个（民办高校为23个）观测点中，有10个观测点（民办高校为11个）有3所以下高校不合格，低于参评高校的8%；有12个观测点有4所以上高校不合格，超过参评高校的10%，其中，有5个观测点有11所以上高校不合格，超过参评高校的1/4。表6列出了参评高校不合格频次较高的12个主要观测点的分析结果。

表6 参评高校不合格观测点排序表（前12位）

序号	主要观测点	所属二级指标	不合格学校数	参评高校占比	公办高校	公办高校占比	民办高校	民办高校占比
1	教师队伍结构	2.1	33	80.5%	24	80.0%	9	81.8%
2	产学研合作教育	1.3	18	43.9%	13	43.3%	5	45.5%
3	专业设置与结构调整	4.1	17	41.5%	13	43.3	4	36.4
4	质量控制	5.2	15	36.6%	11	36.7%	4	36.4%
5	教师培养培训	2.3	11	26.8%	5	16.7%	6	54.5%
6	实验室实习场所建设与利用	3.1	7	17.1%	4	13.3%	3	27.3%
7	毕业论文（设计）与综合训练	4.3	6	14.6%	4	13.3%	2	18.2%
8	教学管理队伍结构与素质	5.1	6	14.6%	4	13.3%	2	18.2%
9	生师比	2.1	5	12.2%	4	13.3%	1	9.1%
10	实验教学	4.3	5	12.2%	3	10.0%	2	18.2%
11	图书、资料和校园网建设与利用	3.1	4	9.8%	4	13.3%	0	0
12	教学经费投入	3.2	4	9.8%	3	10.0%	1	9.1%

分析表6可知：

第一，超过4/5的参评高校"教师队伍结构"观测点不合格，不合格率为80.5%，其中参评民办高校仅有2所合格，不合格率高达81.8%；公办高校不合格率亦高达80.0%，与民办高校之间无显著差异。数据分析结果表明：新建本科院校的教师队伍建设问题已经成为制约学校内涵建设和可持续发展的"瓶颈"，尤其是教师队伍结构有待优化。

第二，有2/5以上的参评高校"产学研合作教育"观测点不合格，不合格率为43.9%，公办高校和民办高校之间的差异性不大，不合格率分别为43.3%和45.5%。数据分析结果表明新建本科院校需要进一步明晰办学思路，不断深化人才培养模式改革，积极探索校企合作和产学融合育人新模式，不断提高应用型、技术型人才的培养质量。

第三，超过2/5以上的参评高校"专业设置与结构调整"观测点不合格，不合格率为41.5%；公办高校的不合格率为41.5%，高于民办高校的36.4%，差异比较显著。数据分析结果表明新建本科院校要面向经济建设和社会发展需求，切实加强专业改革与建设工作；尤其是公办高校，要进一步转变观念，完善专业设置，调整专业结构，为提高人才培养质量构建平台。

第四，超过1/3的参评高校"质量控制"观测点不合格，不合格率为36.6%，且公办高校和民办高校之间无显著差异，不合格率分别为36.6%和36.4%。数据分析结果表明新建本科院校教学管理的科学性和规范性有待提高，内部教学质量监控与保障体系建设已成为学校教学和人才培养工作的薄弱环节，尤其是质量保障体系的有效性有待改进。

第五，有1/4以上的参评高校"教师培养培训"，观测点不合格，不合格率为26.8%，其中民办参评高校更是超过一半，不合格率高达54.6%，而公办高校仅为16.7%，差异非常显著。数据分析结果表明新建本科院校，尤其是新建民办本科院校要高度重视教师培养培训工作，完善教师培养培训规划，采取切实可行的措施，提高教师队伍的整体素质。

第六，参评高校"实验室实习场所建设与利用""毕业论文（设计）与综合训练""教学管理队伍结构与素质""生师比""实验教学""图书、资料和校园网建设与利用"和"教学经费投入"7个观测点的不合格率均超过10%，或在10%左右，应该引起有关高校和地方教育行政部门的高度重视，采取有针对性的措施加以改进，务求取得整改实效。

第七，"人才培养思路""实习实训""就业质量""校舍、运动场所、活动场所及设施建设与利用""培养方案""教学内容与课程资源建设""学校定位与规划""教学水平""专业基本理论与技能""就业率"和"民办高校领导体制"11个观测点分别有1~3所参评高校不合格，不合格率均低于8%（未列入表中），应该引起有关高校重视，并采取相应整改措施。

四、切实抓好新建本科院校教学工作

对2013年接受本科教学工作合格评估的41所新建本科院校的评估结果进行量化分析，对于新建本科院校的发展具有重要的启示和借鉴意义。笔者认为，不管是通过合格评估的高校，还是暂缓通过的高校；不管是已经接受过合格评估的高校，还是准备接受合格评估的高校；不管是公办高校，还是民办高校，都要进一步增强紧迫感和责任感，把主要精力放在人才培养和教学工作上，切实抓好学校的内涵发展和质量建设。为此，笔者提出如下对策建议：

（一）更新教育思想观念

第一，新建本科院校要确立以学生为本、促进学生全面发展的教育价值观，遵循教育教学规律和人才成长规律，围绕立德树人开展教学工作和其他各项工作，形成重视人才培养和教学工作的校园文化。

第二，要重建富有时代内涵的人才观，重构符合大众化高等教育阶段发展规律和经济社会发展需求的多样化的质量观，突破传统的"千校一面""万人一面"的培养模式的禁锢，尊重学生的选择权，鼓励学生兴趣、特长的发挥，探索学生的多样化、个性化培养。

第三，要在教学活动中坚持以学生学习为中心的教学观，摒弃以教师、教材和课堂为中心的陈旧教学观，转变教师角色，构建师生学习共同体，探索先进的教学方式和学习方式，加强师生互动和生生合作，鼓励学生自主学习和合作学习，不断改善学生的学习效果。

第四，要树立科学的发展观，坚持规模、结构、质量、效益和速度（节奏）协调发展，在规模适度扩张的同时，调整优化结构、提高质量效益、把握发展节奏，促进学校的健康可持续发展。

（二）探索多样化的人才培养模式

第一，明确人才培养目标和规格。新建本科院校要认真研究经济社会和科学技术发展对人才培养带来的新挑战[2]，根据国家和地方经济社会发展对于高级专门人才的不同类型、不同层次的多样化需求，结合学校的发展目标定位和办学优势特色，明确学校及各个专业的人才培养目标；要根据社会需求和专业特色，研究学生的知识、能力和素质结构，细化不同学科专业大类（或专业群）以及专业的人才培养规格，避免学校、专业之间的盲目攀比和规格趋同。

第二，调整和优化人才培养方案和教学计划。新建本科院校要结合市场需求和专业人才培养特点，注重平衡通识教育与专业教育，理论教学与实践教学，宽口径培养与职业能力养成，对口按需培养与夯实拓宽学科专业基础之间的关系；要根据学生的培养目标和规格要求，调整课程体系，更新教学内容；要面向行业和企业需求，加强产学合作和产教融合，探索多样化的人才培养模式，满足社会和市场对于具有较强实践能力的应用型、技术技能型人才的迫切需求，努力提高人才培养效果与社会需求的契合度，改善学生的就业和创业能力。

第三，抓好专业建设与改革工作。专业是人才培养的平台和载体，生源质量、培养质量和就业质量是衡量专业建设水平的核心指标，要明确专业设置原则，规范专业设置，调整专业结构和内涵，构建科学的学科专业体系，建立和完善专业的准入、调整和退出机制；要处理好专业与学科、专业发展与学科建设之间的辩证关系，发挥学科建设在专业发展以及专业人才培养中的基础性和支撑性作用，引导教师通过科学研究和技术研发促进教学水平的提升和培养条件的改善[3]。

第四，改革传统的课堂教学模式。要认真研究互联网和知识数字化技术发展带来的知识传播渠道和方式的新变化，高度关注"慕课""翻转课堂""微课程"等基于互联网的教学方式对人才培养工作带来的冲击，着力改革以教师和教材为中心的传统课堂教学模式，探索探究式学习、讨论式教学、线上线下教学结合等新的教学和学习方式，促进学生的自主学习和合作学习，重视学生独立思考能力、知识融会贯通能力、问题意识、批判精神和分析与解决问题能力的养成。

（三）加强人力资源和物质资源建设

在人力资源建设方面，第一，完善教师队伍建设规划。新建本科院校要认真研究经济社会和科技文化发展的新特点，跟踪国内外教育教学改革发展新趋势，结合学校实际情况，明确教师队伍建设的思路和重点。要加强师德建设和学术规范建设，倡导敬业精神和团队精神，关注教师的职业生涯发展；要优化教师队伍结构，包括年龄、学科专业、学位、职称和学缘结构以及专兼职和"双师型"教师结构，不断提高教师队伍的整体素质。

第二，加强制度建设和政策导向。要改革教师聘任和考核制度，引导教师教学相长、教研相长，不断提高育人水平和教学水平；要重视将科学研究和技术研发资源和成果转化为优质的教学资源，转化为课程与教材的新内容、开出新的教学实验、为本科生提供毕业论文（设计）选题以及支撑特色专业建设等，为培养创新型人才创造条件和提供支持。

第三，加强教师和管理干部的培训工作。要高度重视教师的职业发展和在职培训工作，不断提高教师的教学能力和水平；要重视教学管理人员和学生工作干部的培养培训工作，不断提高学校的教学管理和学生事务管理水平，为提高教学质量和学生成长成才提供人力资源支撑和保障。

第四，关心教师的生活待遇，解决他们的后顾之忧，努力形成体面生活、开心工作、在竞争中成长的良好氛围[4]。

在物质资源建设方面，首先，建立稳定的经费保障机制。新建本科院校要多种渠道筹集办学资金，有条件的民办高校要探索引入公益信托机制和基金会制度，通过基金依法运作为学校发展筹集资金；要建立健全规范的财经、资产管理制度，管好资金；同时重视发挥有限资金和资源的使用效率，用好资金。其次，加强办学条件的建设。包括办学空间拓展、基础设施建设、图书资料添置、实验仪器设备更新、后勤管理服务以及校园信息化建设等。

（四）探索学校内部体制机制创新

第一，新建本科院校要加强人才培养体制改革和内部管理体制改革的系统研究和顶层设计，积极探索体制机制创新和学习制度创新。比如，根据经济社会发展需求和学校的人才培养目标和规格，适时开展学分制、短学期制、书院（学堂）制的改革探索，抑或进行订单式培养、产学合作育人等多样化的改革尝试。第二，要抓住经济发展方式转变、科学技术发展和高考招生制度改革的难得机遇，优化学校的学科专业结构，调整院系设置和教学组织，为深化综合改革搭建组织框架；要适应学习制度和人才培养模式改革的要求，探索教学管理机制和学生事务管理机制创新。第三，要加强学校内部教育教学质量监控和保障体系建设，完善质量标准，健全政策规章，优化指标体系，改革评估方式，强化评估结果反馈和工作改进机制；要注重对学生学习效果和资源使用效益的考评，建立学生学习效果跟踪和评估机制，不断改善学生的学习效果和质量保障体系的有效性。第四，要推进和完善现代大学制度建设，制定和实施大学章程，为深化人才培养模式改革、提高人才培养质量提供制度保障[5]。

（五）营造优良校园文化和育人氛围

大学文化是大学的灵魂，是一所大学在长期发展过程中形成的历史积淀、人文品格和价值理念。大学文化内化于大学的办学理念、价值追求和学术品位，外显于大学的制度规范、行为方式和物质条件，以潜移默化的方式影响着师生的思想和行为以及大学发展方向，是大学提升办学水平和特色发展的内在支撑。新建本科院校要高度重视校园文化建设，不断优化育人氛围，为人才培养和学校可持续发展营造优良的文化氛围。应该强调的是，校园文化建设不仅是建造文化景观、主题雕塑或特色展馆，而更应贯穿于学校管理和人才培养的全过程。要充分利用学校的软资源，通过党建、思政、学生工作、导师制、寄宿制等多种方式，在学习态度、价值观和生活目标等方面对学生施加潜移默化的影响，加强校风学风建设和社会责任感教育，努力在校园内形成学术自由的文化、科学精神与人文精神并重的文化、传统与现代交融的文化、价值宽容的多元文化和全球视野的开放文化[6]。

最后还应指出，评估结果的数据分析结果显示，东部地区参评高校主要观测点的合格率与中部和西部地区参评高校没有显著差异，有的主要观测点的不合格率甚至高于西部地区。比照区域经济社会和文化教育发展水平，这种区域高校主要观测点合格率"倒挂"的现象与社会普遍认识形成了反差，应引起东部地方教育行政部门的高度重视，在支持一部分高水平大学率先发展的同时，要切实加强对本地区新建本科院校的全面扶持和分类指导，推进新建本科院校集中精力抓好内涵发展和质量建设工作，为区域经济建设和社会发展更好地服务。另一方面，地方教育行政部门要高度重视，并采取有效措施，大力扶持和严格规范民办高校的办学；民办本科院校要认真反思学校的本科教学工作，采取有针对性的措施加以整改。

参考文献

[1] 钟秉林.抓好本科教学合格评估，拓展优质高等教育资源 [J].中国高等教育，2012（19）.

[2] 钟秉林.人才培养模式改革是高等学校内涵建设的核心 [J].高等教育，2013（11）.

[3] 钟秉林.推进大学科教融合，努力培养创新型人才 [J].中国大学教学，2012（5）.

[4] 钟秉林.高度重视高等学校教师发展问题 [J].中国高等教育，2012（18）.

[5] 钟秉林，赵应生.中国特色现代大学制度建设——目标、特征、内容及推进策略 [J].北京师范大学学报（社会科学版），2011（4）.

[6] 钟秉林，赵应生.加快建设中国特色的大学文化——关于当前大学文化建设工作的若干思考 [J].国家教育行政学院学报，2010（9）.

高等教育评估的几个关键问题

乐美玲 辛 涛[①]

高等教育评估就是在教育测量的基础上引入高等教育目标和标准,对高等教育工作是否达到目标和标准及其达到的程度做出价值判断,其目的在于为改进高等教育管理提供依据,从而不断提高办学水平和教育质量。从1985年《中共中央关于教育改革的决定》提出"国家及其教育管理部门要加强对高等教育的宏观指导和管理,教育管理部门还要组织教育界、知识界和用人部门定期对高等学校的办学水平进行评估"以来,中国的高等教育评估逐步开展起来。[1]随着高等教育大众化的来临,高等教育质量备受社会各界的关注。从西方国家高等教育大众化的进程来看,教育质量的稳步提高与数量的发展似乎是一对难以调和的矛盾。大众化使高等学校入学人数剧增,许多在精英教育阶段根本无望升学的学生纷纷进入大学。同时,"精耕细作"的传统培养模式受到前所未有的冲击,大批量、粗放式的大学经营模式使得高等教育质量不可避免地受到影响,有人批评高等教育大众化使大学变成了"垃圾场"。[2]因此,有必要从理论上反思如何使高等教育评估制度变得更加完善。不仅要明确高等教育评估的定位、内容,评估的功能、方法也是亟须考虑的问题。本文试对高等教育评估的若干基础性问题进行探讨,以期促进高等教育评估更加科学规划的进行。

[①] 作者简介:乐美玲,北京师范大学发展心理研究所硕士研究生,研究方向为教育测量与评价;辛涛,北京师范大学发展心理研究所教授,研究方向为教育测量与评价。

一、世界高等教育评估的现状与特点

教育评估是现代教育科学的重要领域之一，世界发达国家把教育评估尤其是高等教育评估作为实现教育目标、推动高等教育事业发展的重要手段。在世界一体化和多元化双重趋势并存的今天，我国高等教育评估只有与国际接轨，又富有本土化特色才能跟上世界高等教育发展的潮流。为此，有必要对世界各国高等教育评估一般模式进行分析。

（一）高等教育评估机构均以中介机构为主，政府执行元评估职能

目前，发达国家都建有比较成型的外部评估机构，形成了各具特色的模式。美国由一个综合性的评估中介机构来控制全国分散的专业评估中介机构，所有机构一般是非官方性质的；在荷兰，非官方中介机构"荷兰大学协会"负责对高等院校的教育评估工作；在韩国，作为高等教育主要评估机构的韩国大学教育协议会是韩国唯一的大学民间团队。[3] 评估机构必须独立于国家政治，只有这样才能够使高等教育评估不会把政府的意志强加于高等教育，从而保证了高等教育发展的自主性和学术自由性。因此各发达国家都倾向于利用非官方的、独立的评估中介机构对大学进行评估，而政府在评估中的作用甚微，一些政府的官方机构只是对评估过程进行监督和管理，并不直接参与评估工作。这种非官方的评估中介机构在西方被称为"中介团队""缓冲组织"或"减压阀"的教育中介组织，其主要目的是为了缓和政府与高校之间的矛盾。评估专家来源多元化，但大多为专业人士。

（二）高等教育评估的重心转为学生学习成果的评估

美国高等教育评估已有百余年历史，早期是以评估高校资源及声誉的院校认证和民间排行为主要形式，20世纪80年代起，学生学习成果评估开始引起美国高等教育界的关注。高等教育评估的重心逐步转移到重视教育的实际内容、就职和毕业时质量的出口方面。美国的高等教育鉴定组织，从指导思想上也日益强调对学生业绩的评价。目前已有多个地区性鉴定组织要求被评学校提供学生出口质量的充分论证材料，诸如学生档案、

实际教学效果、学生学业进行状况以及雇主对毕业生的评价等。有的组织同时强调使用标准化的统计数据，例如毕业生的就业率和有关考试的通过率等。并且一些组织已经着手研究新的评估方法，以适应评估重心的转移。

近年来，随着政府和社会对人才质量要求的日益增高，学生学习成果评估逐步受到相关机构的重视，目前美国众多教育机构和高校已对学生学习成果评估进行了探索，各式各样的评估项目及活动不断涌现。[4]

二、高等教育评估到底"评什么"

高等教育评估到底应该评什么，最终要落实到教育质量上来，但高等教育质量具体应该包含什么，目前还没有一个定论。质量是高等教育的生命，提高教育质量是高等教育永恒的主题。为了提高高等教育质量，教育部在 2003 年启动了本科教学工作水平的评估，这项工作对我国高等教育质量建设起到了巨大的推动作用。但从目前我国高等教育质量建设的实际情况来看，还有许多问题亟待解决。从认识层面来讲，首先表现在对高等教育质量这一概念的认识还存在一定的偏差，有些认识甚至是对高等教育质量的误解，这不仅会影响到高等教育质量观的建立，而且容易导致高等教育质量建设上的混乱和非理性的因素，因此，对高等教育质量的概念进行科学的解析就成为高等教育质量和评估研究中的关键问题之一。[5]

（一）高等教育评估对象——高等教育质量的定义

质量，就像"自由"或"正义"一样，是一个难以捉摸的概念。人们对它有一种本能的理解，但它具体是什么意思却很难表达清楚，因此关于质量的定义是多种多样的。它主观上与优秀的、有价值的相关的概念，传统的质量概念与提供的产品或服务相关，是特殊的概念。学前教育质量或基础教育质量的定义是明确的，可以是与学生发展结果相关联的表现指标，或者是经过一段时间的教育是否使学生达到所期望的效果，教育结果可以是学生的发展，学生各领域发展的状况，也可以是学生学业发展情况，抑或是给社会带来的影响，如学生成了合格公民，而不是青少年罪犯。但高等教育质量的定义目前还没有一个明确的定论，主要是因为关于高等教育质量具体应该包含的内容还存在着较大的争议。

（二）高等教育质量具体包含的内容

关于高等教育质量到底包含什么，当前主要存在两种观点：系统观和高等教育的产出。

其一，高等教育质量应该包括高等教育所有的功能和活动。持系统观的研究者认为高等教育质量应该包括高等教育的所有功能和活动：教学与学术计划、研究与学术成就、教学人员、学生、校舍、设施设备、社会服务和学术环境，还包括国际交往工作、知识交流、相互联网、教师和学生流动、国际研究项目，还要注意本民族的文化价值和本国情况，等等。但需要注意的是，虽然从严格意义上来说这些内容包含了不少合理因素，但也存在零散、过于经验性等不足。再者，高等教育不似学前教育或基础教育各学校有着相同的教育目标及教育设施，不同大学之间的专业、基础设施差异极大，因此无法以此为目标对各大高校的高等教育质量进行比较。

其二，高等教育质量的主要内容是高等教育的产出。持高等教育产出观点的研究者认为教学条件建设与投入是高等院校开展各项工作的基本前提，但衡量高等教育质量的落脚点是教育的产出，目前可能有三种结果：毕业生的表现、GPA 和一般能力。毕业生的表现可以从多种不同的方式体现，比如更高的薪酬、更高的社会地位、高就业率、有深造的机会或者拥有一个更幸福的生活。[6]

GPA 的计算一般是将每门课程的绩点乘以学分，加起来以后除以总学分得出平均分。

中国中小学一般没有 GPA，但是各高等院校从 1999 年起开始采用 GPA 衡量在校学生的成绩。高校的 GPA 一般在最终成绩单尤其是中英文成绩单上出现，而在学校官方的记录系统里面也可以查到一个学生的 GPA。虽然 GPA 一般不作为国内入学标准，但是在奖学金评选和保送生资格评选时都会占据比较重要的地位。

随着高等教育大众化的来临，高等教育发生了量和质的变化，不能再以精英教育的标准来评价大众化高等教育的质量。当高等教育达到大众化阶段时，显然不是指培养15%以上的英才人物，而是指培养层次和类型更加多样的各行各类所需的专门人才。OECD 的 AHELO（Assessment of Higher Education Learning Outcomes）项目旨在直接评估学生国际水平上的学习表现，其结果也表明高等教育质量应该使用一般能力来进行衡量，一般能力指的是学生应该具备批判性思维、能够分析问题的原因、问题解决、写作沟通等能力，澳大利亚教育委员会、教育考试中心和教育援助委员会均积极参与到了这个项目当中。因此，高等教育质量不可能再用传统尖子人才的培养标准来衡量，而应该使用一般能力来进行测量，即只要培养出了既能充分发展个人才能又能适应社会需要的人才，就是好的教育质量。

高等教育的质量受到很多因素的影响，因此高等教育评估也受到诸多因素的影响，但总的来说，高等教育评估最重要、最可行的对象是学生的发展，因为这是符合目前社会需要的，而学生的发展可以通过学生毕业后的表现、GPA 和一般能力进行考查。

三、高等教育评估到底"怎么评"——高等教育评估的方法与手段

从我国高等教育评估的发展和现实来看，高等教育评估的实际效果与人们的期望相去甚远，其中高等教育评估方法知识的匮乏是造成这种情况的一个重要原因。高等教育评估方法主要解决的是"如何评估"的问题。高等教育评估方法是评估过程中应该遵循的原则，运用的程序，采取的途径、步骤、手段等。评估方法与评估结果直接相关，评估方法是否客观事实、是否科学规范直接关系到评估结果的信度和效度。

（一）传统的高等教育评估方法

从世界范围来看，高等教育评估方法主要有以下几种：一是19世纪末在西方发展起来的以纸笔测验为代表的传统教育评价方法技术，主要用于学习者评价；二是在西方发达国家新近发展起来的以表现性评价（Erformanceassessment）为代表的真实性评估（Authenticassessment）方法技术，

这类方法主要用于对人的评价，既可以评价学生，也可以评价教师；三是主要在美国高等教育评估实践中发展起来的评估方法，如院校鉴定、专业鉴定、计划评审、同行评审、课堂评估、课程评价、学生评教等；四是从企业管理领域借鉴的评估方法，如绩效评估、增值评估等；五是研究者运用特定学科方法如数学、运筹学、决策学方法等设计开发的评估方法。最后一类方法可以看作是相关学科方法在高等教育评估领域的应用，很难被当成高等教育评估特有的方法。其中，最为系统、完备的是学生评价资源，其次是院校评估和培养计划评估资源，再次是课程、教师和教学评价资源。[7]

从国内的情况来看，理论方面，除了院校评估，对高等教育评估方法进行个别描述的较多，对其原理和应用情况进行深入的分析较少。在实践方面，我国高等教育领域，西方高等教系统普遍采用的评估方法确实很少使用，鲜有高校大规模采用，实践中只发现个别案例。

（二）高校教育评估方法的新趋势

随着科学技术的不断发展，高等教育评估的手段也出现了一些新趋势，如可以采用大数据分析方法等。由于高等教育评估需要考虑各方面因素，收集到的是一个海量数据，且数据类型多样，因此大数据分析是一个很好的选择，因为通过网上调取大规模数据进行远程评估将会大大提高评估活动本身的效率，降低评估成本。大数据隐含着巨大的社会、经济、科研价值。IBM、Oracle、Microsoft、Google、Amazon、Facebook 等跨国巨头公司是发展大数据处理技术的主要推动者。一般意义上，大数据是指无法在可容忍的时间内用传统 IT 技术和软硬件工具对其进行感知、获取、管理、处理和服务的数据集合。大数据的特点可以总结为 4 个 V，即规模性（Volume）、多样性（Variety）、高速性（Velocity）和价值性（Value）。为了从数据中发现知识并加以利用，指导人们的决策，必须对数据进行深入的分析，而不是仅仅生成简单的报表，这些复杂的分析必须依赖于复杂的分析模型。目前以 Map Reduce 为代表的非关系数据管理和分析技术以其良好的扩展性、容错性和大规模并行处理的优势，从互联网信息搜索领域开始,进而在数据分析的诸多领域和关系数据管理技术领域拥有竞争优势。[8]

总之,高等教育评估手段要以学生的发展水平为基础,采用适合、恰当的方法来获取所需信息。在微观层面上,质性评价方法和观察方法更适合于教师使用,但这些个性化的信息无法形成一种评估体系,也很难使用外部评价对全国性样本进行统一考察。在宏观层面,人口众多的我国可能还是会不可避免地采用标准的量化考察方法。目前,这些问题是对界定高等教育评估标准的重要挑战。

四、关于高等教育评估的政策建议

高等教育评估是一个新的课题,需要研究者和教育政策决策者的共同努力,不断积累理论研究与实践运行的经验,全面系统地建立高等教育评估体系,切实提高高等教育质量。基于此,我们可以尝试从以下几个方面的工作做起:

第一,厘清高等教育评估的定位。高等教育评估的主要内容是高等教育质量,那高等教育质量具体是什么?就社会发展对人才的一般要求的角度来看,21世纪知识经济时代,无论是以学术标准培养的人才还是以职业标准培养的人才最后都要统一到素质教育的高度。即不管具体的人才培养规格是什么,培养学生成为一个全面发展的、适应现代社会需要的高素质劳动者,是社会对人才的基本要求。

第二,鼓励和支持与高等教育评估相关的理论、实践研究。当前,高等教育评估受到了教育领域研究人员和政策制定者的关注,但就需求来说,目前相关研究主要集中在高等教育过程中存在的问题,对高等教育评估的研究相对较少,实证性研究更是匮乏。过去十年来,高等教育质量保证计划已经在世界各地得到了普遍实施,下一个阶段的趋势是制定具有国家参考作用的高等教育质量标准。建立高等教育质量评估标准,完善高等教育质量评估体系,提高高等教育质量,是一个系统工程,需要强大的理论性基础性研究来支持,更需要实证性研究来进行验证、推广。

第三,加强对高等教育评估技术上的支持。为评估高等教育质量,不仅要在理念上给予支持,同时要在技术上提供支撑。高等教育评估的最大难点在于如何科学地收集、处理和评价大量学生发展水平与学校设施的信息。在高等教育评估实施过程中,为保证信息客观而准确,需要注意对主试的培训。获得评估信息后,分析和处理数据的工作也需要更多的理论研究和技术支持。可借鉴基础教育评估的评价方法,采用追踪数据统计方法、多层线性模型、规则空间模型等测量理论和技术,深入细致地从数据中得到更多信息,从而为高等教育质量的提升提供更加丰富的政策建议。

参考文献

[1][3] 刘尧. 中国高等教育评估的问题、对策与发展趋势 [J]. 高教发展与评估, 2006 (6).

[2][4] 刘尧. 中国高等教育评估的历史与现状述评 [J]. 高教发展与评估, 2005 (5).

[5] 康宏. 我国高等教育评估制度:回顾与展望 [J]. 高教探索, 2006 (4).

[6] P. Ewell, "Applying Learning Outcomes Concepts to Higher Education: An overview, prepared for the university grantscommittee", http//www. hku. hk/caut/seminar/download/OBA_1st report, pdf, 2005.

[7] 勤华. 高等教育评估方法技术研究 [D]. 上海:华东师范大学, 2010.

[8] 覃雄派等. 大数据分析——RDBMS 与 MapReduce 的竞争与共生 [J]. 软件学报, 2012 (1).

美国大学中的院长：制度、文化和责任

王英杰[①]

我国大学经过30年的扩张和学术结构的重组，可以说大体上已经安定了下来，到了把工作重心放到提高质量和效益上来的时代。提高质量和效益涉及到大学工作的方方面面，从招生录取到教师聘任，从学生管理到教师职称晋升，从教师对卓越不间断的追求到校长的远见卓识。如果仔细观察这些方方面面的工作和环环相扣的复杂层级，我们应该不难看出，院长涉及所有这些工作，在大学复杂科层中起着承上启下的关键作用。从美国相关研究来看，院长对大学的质量标准起着决定性的作用；对大学文化和品格的形成与发展有着重要的影响；决定着教师的职业发展和学生的未来命运；决定着流向校级领导的信息流量和内容，从而对大学层面的决策产生重大影响。反过来讲，大学层面的决策是否能得到落实也全有赖于院长的工作。在我国，我们已经见到许多有关学生管理、学习和教学、教师和校长的研究，但是却鲜有对院长及其工作较全面和深刻的研究。因此，本文尝试论述和分析大学中院长的职责。之所以选择美国大学为例，是因为我国大学内学术机构的改革与重组基本上是以美国模式为模板的，或者说主要是以学科专业为基础设置学院的，当然也有一些差异，比如我们的一些学院学科基础过于狭隘，我们通常不设置本科生院，学院在大学内相对的独立性较低，缺少一个规模巨大、影响巨大的文理学院，等等。但是一般而论，我们大学中院长的职责和所处的层级与美国的院长相似，应该说

[①] 作者简介：王英杰，北京师范大学国际与比较教育研究院教授。

具有更多的可比性。

一、美国大学中院长职位的产生

"院长"("Dear"一词在英语语境中来源于拉丁语"Decanus",其含义是"十个人的领导",此词出自于欧洲中世纪的修道院,当时一些修道院规模巨大,常常有数百修道士,为了管理方便,将他们分为十人一组,由一名资深修道士领导,这名修道士就被称为"Decanus"。

后来这个词被用来指代牧师群体的领导,例如一个大教堂或教长辖区的主教或主任牧师。当大学从教会分离出去时也沿用了"Decanus"一词,在英文中演化为"Dean",即院长,成为大学中若干行政岗位的名称。[1]

美国大学的院长产生于19世纪后半叶。美国当时处于激烈的变革之中,迅速的工业化使得美国的工业总产值增长了4倍,从世界第四位跃居为首位,生产了全世界制造品的1/3。与此同时,美国高等学校也经历了迅速的发展和重大的改革。高等学校的数量由1869年的563所增加到1919年的1041所,在校大学生从52286人增加到597880人。[2]高等学校的培养目标也发生了重大的变化,从仅仅培养贵族和神职人员转变为既培养精英统治人才,又培养社会、经济和科技发展所需要的各种专门人才。大学的职能得到创新和发展,建立了独具特色的教学、科研和服务三位一体、本科生教学和研究生培养并重的新型美国大学。伴随着这一系列的变革,新型学科大量涌进大学,学科成为大学组织的基石,系院校三级结构开始成型,大学初步形成了科层治理结构。

1870年,哈佛大学校长为了减轻其行政职责,任命了美国高校中第一位院长(Dear)美国著名高等教育史学家鲁道夫指出,"国内战争(1861—1865)以前多数高校靠校长、1名司库和1名图书馆员履行行政职责"。他注意到1860年美国院校中的行政人员的中数为4人,到1933年上升到30.5人。这些行政人员包括被称为"院长"[Dear的研究生院、本科生院(男生院和女生院)的负责人、主管教师工作的负责人以及分校区的负责人等]。这些被称作"院长"的负责人基本上是行政人员,其工作与也被称为"院长"［Dear 的学术基础单位的负责人,如文理学院院长或各专业学院(医学院、法学院、神学院、商学院、工学院和教育学院等)］院长的工作有很大差异。后者的职责既包括行政工作,也包括学术工作,主要职责是"维系学术共同体和人的价值"[3]。本文所关注的主要是这一部分院长,他们既是管理人员也是学术人员,处于行政权力与学术权力矛盾交集之中。

二、美国大学中院长所处的制度文化环境

在美国大学中院长是独行者。新院长上任伊始,就如同在全体教师眼皮底下学习滑冰,跟头不断,甚至摔个鼻青脸肿,可能会从场边围观者中传来善意的笑声,也可能是冷嘲热讽,但是上前扶一把者则绝无仅有或少之又少。在经过一年半载的实践中学习,好不容易站稳脚跟,能健滑如飞之时,却发现他与教师的关系发生了重大的改变。在任院长之前他是教师"猫群"中的一员,与教师有共同的语言、共同的行为模式,甚至由于自己的学术成就卓著而受到同行的尊重。教师们有话则"喵喵"一番,无话则各自忙自己的事情,基本上相安无事。但是一旦走上院长岗位,就从一只"猫"变成"牧猫人",他极尽努力,想把猫向同一方向驱赶,结果自然可以想见。这可能是院长们面对的最大的挑战,即在人们认为不需要被领导的环境中,在人们不愿服从行政制定的政策和既定程序的环境中实施领导。大学教师群体就是这种环境的典型。使情况更复杂的是,教师们相信,他们所从事的工作——教学和科研——无须庞大的官僚机构和复杂的官僚层次的管理,因此他们视行政机器的干预为滋扰,是对大学有限资源的浪费。在这样的环境中,院长的领导权威会不断受到挑战。

在美国,院长与校长不同,多数校长虽然出身自学术成果卓著的教授,但是一旦出任了校长,他们往往就转变身份将百分之百的时间与精力投入到大学的领导与管理工作中,一般也不会对自己曾经的学科给予特殊关注与支持,教授们并不期望校长们还继续做出学术贡献,因此会仅以其办学的成绩来评价他们。但是,院长则不同。多数教师以他们自己相互评

价的标准评价院长，以评价其是否是一名好的教授来评价院长，好教授才能成为好院长。因此，一名优秀的教授在出任院长之后，既要把自己的绝大部分精力和时间投入到办好学院中去，又要关注自己学科发展的前沿，占领学术高地，这样才能获得教师们的信任与理解，才会与教师有共同的语言。可以说，没有什么比让自己的学术垮下去对院长的威信打击更大。这既是办好学院的必要条件，又是履行学校行政赋予的行政责任的前提条件。但是，院长的时间和精力是有限的，往往很难两全，经常顾此失彼。院长甚至可能为了继续保持优秀学者地位而对自己的学科给予过多的资源倾斜，从而在学院掀起轩然大波。

在美国，院长既是教授又是学术管理者。教授可以对自己的教学和科研做出独立自主的判断，迅速行动。但是院长却要在规章、程序、情感、与学校行政的关系、与教师个人的关系和情感、在优先资源配置与追求卓越等复杂问题和关系中纠结，反复斟酌，做出优先选择和决策。这是其行政职能的要求，既然无法回避自己是行政体系中的重要一环就得接受，或部分接受科层角色，既要慎重又要刚毅，但是在直接面对教师时，则要时刻牢记自己是学术共同体中平等的一员，要始终表现出谦恭，否则任何决策都难以在学院中推行。

传统上教授是自由职业者，尽管今天教授也必须是组织中的人，也必须服从组织的基本行为规范。但是，毕竟教授与社会有"契约"，其特立独行一般都能得到社会和组织的理解，具有做出自主决定的自由。他可以自主决定自己的科研方向，自主申请课题，自主决定课题经费的使用。而院长不能擅自定学院学科发展方向，不能自己决定学院经费优先选项。教授可以选择与哪些同事以何种方式交往，对于院长，可以选择与其交往，或者敬而远之。院长则不同，他必须与全院所有教师打交道，对于那些回避与其交往的教师，则不能以其人之道还治其人之身，必须展现出充分的耐心和善意寻求与其一道工作的机会。因为学术组织的管理方式与企业或政府的根本不同在于学院的领导和管理主要是通过获得一致意见进行的，从具体的组织角度讲，主要是通过学院内各种教授或学生委员会实施的。从这个意义上讲，学术组织是最民主的社会机构，这就要求院长尊重每一位教师，倾听每一位教师的意见，恪守民主程序，遵守公开性的原则，绝不可独断专行，不能躲进小楼自成一统，苦思冥想做决定，不能一觉醒来就出新政策或高招，也不能自以为代表大学行政就强力推行大学的政策，要在与教师的谈话和与各种委员会的协商中决策。

不幸的是，美国大学现在面对一个普遍的问题是经费被严重削减，这就要求院长经常做出迅速的决定，应对市场的挑战，建立新的项目或削减一些传统的项目，提高经费使用的效率。这就使得传统的学术共同体文化受到很大的伤害。教授们聚集在一起经常的话题是抱怨行政的粗暴无礼，讲到满嘴冒泡儿。而管理者则会对教师的慵懒和不负责任义愤填膺。两种说法也许都有一定的依据，但是失控就会造成猜疑和对抗，使学术共同体的和谐文化环境伤筋动骨，甚至荡然无存。

院长必须在学术共同体传统的协商决策与效率之间建立平衡。教师共同管理的文化公开或隐性地对院长不断施加压力，要求其对决策进行更多的协商、更多的讨论，设置更多的教师专门委员会，不要或少采取行政单边行动。教师最不能忍受的是专制的独裁者，最厌烦的是院长粗暴践踏学术共同体和谐文化和协商一致的传统程序。但是，与此同时，大学行政对于躲在"共同管理"圣袍背后避免冲突，拒不作出果断决策，贻误学院发展机遇的院长是绝不会容忍的。美国大学正在经历艰难的时期，大学文化正处在变化与调整中，只有那些对大学教师职业有透彻了解，有勇气做出痛苦而必要的决断的院长才可能幸存下来，对学院发展做出重大贡献。

三、美国大学中院长的领导与管理职责

院长的职责到底是什么很难条分缕析，正如1930年哥伦比亚学院院长豪克斯（Herbert Hawkes）所说"根本就不存在一个标准的院长。只有这所或那所学院的院长，我从来没有看到过两位院长可以交换岗位而保持职责不变的现象"[4]。田由于大学的规模不同，院长职务设置的历史不同，校长的管理风格不同，在不同的大学院长的职责和角色亦呈现出不同的状态。同时，高等教育不断变化，大学不断变化，当然院长的职责也就不断

变化。院长的职责可以说经历了"从只关注学生,发展到以学生和课程为主要职责的阶段,然后走向为课程和教师花去主要精力的阶段,最后这个岗位的职责转化为主要关注教师"。院长的形象也从具有人本主义者特征(对人的理性的信仰,对人性完美可能性的信心,对自我意识重要性的承认)的学生的楷模,转变成为笃信管理主义的教师的"管理者"。但是,多数院长起码在理性上还是认为院长的职责要在人本主义和管理主义之间取得平衡,院长要"提供服务,负责任,实施道德领导,做好管家,以信任和合作构建具有多样化特征的(学术)共同体,促进和追求卓越"[5]。

美国华盛顿州立大学学术领导研究中心的戈麦克(Waliher H. Gmetch)等研究调查了美国360所研究型大学、综合性大学和学士授予大学的1300名学术院长,在其发表的研究报告中提出了把学术领导定义为,"构建一个学者共同体,确定方向,通过向教师和职员赋权以实现共同目标的行动"[6]。也就是说,学术领导具有三个维度:构建学者共同体、确定方向和赋权。

美国伊利诺州立大学在其"大学政策和程序"中对院长的职责、角色和权力的规定具有一定的典型意义,涵盖了学术领导的三个主要维度。其具体规定如下:[7]

学术院长在学术管理者链条中居于独特地位,在系主任/院内其他负责人、教师、职员、学生和大学领导间促进联系。院长在五个方面扮演关键角色:学院的学术领导;在大学,特别是在大学的行政层面代表学院;在自己的学院代表大学实施领导;管理学院资源;在大学外部代表学院和大学。

院长的职责包括以下几点,但不限于以下几点:
(1)协调制定和实施学院的愿景和目标;
(2)领导学院实现大学目标;
(3)制定学院预算;
(4)管理学院财务;
(5)领导和协调学院战略规划和课程制定;
(6)监督、评价和支持全院/系争取教学优异,提升学术和创新力,以及开展校内服务；

（7）领导和协调学院的治理；

（8）领导学院管理者的选拔程序，监督教师和职员的选聘和留任；

（9）协调学院管理者和职员的专业发展；

（10）在咨询学院教师和职员后，对学院管理者和职员进行评价；

（11）评价系主任和院各部门主任；

（12）评价各系的政策和程序，就教师的聘任、工资、留任、终身聘用和晋升提出推荐意见；

（13）对各系教学、研究和服务职责进行评价；

（14）就教师和职员的学术休假和其他休假向教务长提出推荐意见；

（15）就大学的政策和程序的实施向教务长提出建议；

（16）就政策和程序，特别是在学术方面的政策和程序的制定，向教务长提出建议；

（17）管理学院的非教师成员；

（18）开发、领导和鼓励筹款以支持学院、系和专业项目目标的实现，推进校外拓展和公共服务工作。

美国的院长除了要履行这些在大学规章中正式表述的职责以外，还要处理新时代所特有的复杂问题。例如文化多元问题（不同种族、不同性别、不同阶层和校内不同利益群体等的不同文化与价值诉求所造成的冲突），"政治正确"问题（在美国自由表达的氛围中亦有"政治红线"不能触碰，这经常会在学院中造成纷争，形成紧张的气氛。同时，院长在公开与私下、正式与非正式场合中，不管是口头还是文字表达亦不能触及这样的"政治红线"，伦理问题（学术不端问题、由于市场价值的冲击所造成的教师行为失范等问题）以及法律问题（在现代社会，教职员和学生更多地诉诸于法律而非传统的学术共同体内的道德规范解决问题）等。

四、美国大学中院长的核心技能和态度

美国大学中院长是一项艰苦、辛劳和复杂的工作。特别是在当前，由

于预算紧缩，公共审计增加，市场价值与学术理念间的张力持续绷紧等原因，院长的责任不断增加，权威受到更多的挑战。因此，院长需要一系列独特的知识和技能。

有效的院长必须是其学院文化的代表者、沟通者、管理者、规划和分析者以及行动的首倡者和实施者。代表学院的文化就要在自己的言行中体现学院的理想和使命，要引领学院遵循学院的高价值和理念，通过积极参与学院的各方面生活，以自己的榜样来实施领导。

美国大学中，特别是规模巨大的大学中，教师对院长最强烈的批评之一就是院长缺少与教师的直接的一对一的接触和沟通。研究领导力的美国著名学者惠特利（Margaret Wheatley）认为，"组织中的权力系于处理关系的能力"[8]，院长与教师缺少了接触，不进行沟通，就失去了权力的基础。因此，在一定意义上可以说学术共同体是通过沟通来领导的，院长的核心技能是沟通。院长要创建对话的气氛，通过构建制度、程序、组织结构和网络来固化沟通的环境，使得通过沟通做出决策成为学院的文化和传统。院长要对教师表现出最大限度的尊重，真诚地关心教师的利益。院长要特别倾听那些处于学院边缘，甚至经常持反对意见的教师的声音，在沟通中院长要聚焦于这些教师的积极方面，从而创造一种更融洽的环境、更积极的态度。院长通过沟通，可以调动教师的积极性，让教师们感到学院的重要行动是他们自己倡导和完成的，可以说最富有智慧的领导是不露痕迹的领导，通过"不领导"来领导的领导，沟通是实施"不领导"的核心技能。

院长们不仅要与院内教师进行沟通，还要与教务长及其办公室进行沟通，在沟通中要坚守事实，不能曲意奉承。院长们在处理上下级关系方面经常不是缺少必要的技能，而是动机有问题，态度不正确。一个极端是，一些院长野心很大，他们把院长的职位作为登上更高位置的垫脚石，因此对上缺少了实事求是的态度，报喜不报忧，对下专制，对系主任或普通教师进行控制。因此在上下沟通中，院长必须坚持实事求是的原则，必须有定力，不见风使舵。如果院长在诚信上打了折扣，他所失去的将不仅是学院教师的人心，而且给自己未来职业生涯留下了污迹，因为教务长最终不会尊重那些对自己的学院不负责任的院长。

现代大学是一个具有复杂科层结构的综合体，各种会议和无穷尽的报表充满了院长的日程，占据和消耗了院长的大量时间和精力，使院长穷于应付上级管理者或职能部门，失去了工作的重点和焦点，成为碌碌无为的办事员。因此院长要认识自己能力的局限性，善于赋权这样既能体现出对其他管理人员和教师的尊重，在学院形成共同参与管理的制度和环境，又能使自己聚焦于影响学院发展的优先选项。管理的能力与计划和分析的能力是密不可分的，通过分析和计划确定学院工作的优先选项是管理的基本工作。在确定了优先选项以后，最重要的是行动，院长要具有很强的执行力。学术共同体内不乏思想者和辩论者，辩论、质疑和挑战是学术共同体的本质性特征，即便是最简单的常识性的行动决议也会在学者群中兴起无休止的辩论，对其理性无穷尽的追索。院长要善于因势利导，化思想为行动，成为行动的首倡者、坚持者和修订者。

院长要具有反思的意愿和能力，摆脱日常事物的纷扰，退后一步思考和审视自己。在一定意义上，我们可以说领导力的发展和提高是一个内省之旅，院长要不断检讨自我，认识自我，充实自我和矫正自我。这种内省之旅既要慎独，有独立思考的静默时间，又不能足不出户，要克服院长职位生成的孤独之感，积极地从教师和职员、其他院长和教务长那里获取反馈，与他们讨论自己的感悟，在行动中完成自省，自省的结果要透明可视，让教师感受到院长乐于改进自己工作的态度，从而把院长个人的自省之旅化作促进学术共同体自律文化建设的积极因素。

美国研究领导力的学者瓦特（Willis M. Watt）就如何提高学术领导力提出了十条建议，这十条建议有助于我们更全面地了解美国大学中院长应具备什么能力和态度。他从10到1倒序排列，1代表最重要。我们将这十条简单归纳介绍如下：[9]

（10）遵守程序，执行政策。有效的领导是遵纪守法者，他们善于将自己的工作优先安排，与组织的目标相一致，在这当中寻求一个恰当的自我。

（9）服从他人的权威。任何领导都得承认每一个人都是在某人或某一层权威之下工作。

（8）冒险。有效的领导有时也要走出樊笼去创新。领导必须有足够的勇气和灵活性，能够把握时机尝试突破既有的制度和程序的羁绊，冒险可能会付出代价，但是也可能创造出无价的机遇，使整个机构受益。

（7）全力以赴。任何一名领导都必须投身于自己的机构，必须将机构的愿景和使命内化为自己的领导思维和行动，以自己的行动引领机构的成员共同实现机构的目标。

（6）积极主动，防患于未然。领导必须执牛角，大步向前，直至成功。

（5）对冲突做好准备。有人群的地方就有冲突，冲突是自然的，不可避免的，是人际间互动的必然要素。有效的领导要为冲突做好准备，要能以有效的方式管理好冲突，化冲突为前进的动力。

（4）不回避事实，但要有同情心。从某种意义上讲，在工作场所冲突的出现是因为人们不能将工作中的不同意见与个人的情感困扰做出区分和隔离。因此，领导既要讲出真相，又要富有同情心地讲出真相。即所谓晓之以理，动之于情。

（3）倾听。沟通交流是双向的过程，有效的沟通要求领导能够有效地听。要先去听懂，然后再争取被听懂。不去倾听对人的尊严和自信的杀伤力毫不低于根本不听，听不等于听到，听不等于倾听。

（2）关爱。领导必须在组织中关爱，"爱"意味着我们知道同事的价值，尊重他们的尊严。人总是有好恶之感的，领导也莫不能外，但是即便对我们并不喜欢的同事也要关心，领导的底线是可以不喜欢，但是不能不尊重，不关心。领导的权威建立在尊重与关心之上。

（1）检查自己的态度。有效的领导始于正确的态度，态度的基础是个人领导的意愿和服务他人的意愿。领导是谨慎思考后个人的选择，也就是承担与领导角色相关的全部权力和责任的有意识的个人决定。有效的领导渴望有机会在控制自己个人行为的同时引领他人的行为，领导不仅要实现个人目标，更重要的是要履行使命，确保实现机构的目标，做领导就要不计个人代价，不辱使命。

五、结语

在今天的美国大学中,院长在夹缝中生存。一方面,大学的领导要求学院变革,满足社会的需求,主动迎合市场的变化。大学不需要柔弱低效、犹豫不决、躲在共同管理圣袍背后避免冲突和拖延做出决断的院长。另一方面,教师们不需要专制独裁、粗暴践踏共同管理原则和程序的院长,他们要求院长是"自己人",理解教师的追求,遵循学术共同体的基本原则,他们也期望学院变化,但是这种变化应该是谨慎的、累积型的变化,他们对于那种急剧的、暴风骤雨式的变化持有天然的抵触和怀疑态度。在这种氛围中,美国大学中院长这一具有相对永久性的岗位正在失去吸引力,在研究密集型大学中院长们的平均任期已经降至4年。

美国大学正经历艰难时期,未来可能会更加艰难。越在这种时刻,大学的校长们越要充分理解院长成功领导的关键因素在于其岗位所蕴含的重要学术价值,从而要尊重院长,给予院长必要的制度支持,使院长有可能在学术共同体的文化中,以学术共同体的工作原则实施领导。同时,教师要充分认识今天的大学生存在急剧变革的时代,时代呼唤有勇气变革的领导,只有那些有勇气改变现状,善于沟通交流引领教师做出必要改变的院长,才能够使学院幸存下来,学院赖以存在的学科兴旺发展起来,学术共同体的传统延续下去。

参考文献

[1] Dean (Education) [EB/OL]. http://en.wikipedia.org/wikican_%28education%29.June,2014.

[2] U.S. Department of Education, National Center for Educational Statistics Digestof Education Statistics, 1985—1986.

[3] Frederick Rudolf. The American College and University: A History. Athens, GA: U n fivers of Georgia Press, 1990.

[4] Nkola C. DiFronzo. The Academic D can [EB/OL]. http:www.T1,-foundations/orgiheory´ronzo7216.hUn 1 June,2014.

[5] J. P. Gould. The Academic Deanship. New, York, NY: Teachers College Press, 1964.

[6] Mini Wolverton, Walther H. GM etch. College Deans: Leading from Within. American Council on Education. Press, 2002.

[7] Illinois Slate University: University Policy and Procedures 3.2.16. Academic Dean Responsibilities, Appointment, and Evaluations Responsibilities, Roles, and Authority [EB/OL]. http://policy.illinoisstate.edu/em ploy-ee/3-2-16.shim 1 June,2014.

[8] Margaret Wheatley. Leadership and the New Science: Learningabout Organizationsfrom an Orderly Universe. San Francisco, CA: Barrett-Koehler Publishers, 1992.

[9] Faculty Focus Special Report Academic Leadership Qualities for Meeting Today's Higher Education Challenges Feb, 2010 [EB/OL]. http://www.Faculty Focuscan.

法国大学治理与大学章程[①]

王晓辉[②]

近年来,高等学校的治理成为人们关注的焦点之一,大学章程也随之进入人们的视野。但如何制定大学章程,大学章程由哪些要素构成,似乎尚无一致意见。本文试图从法国大学管理体制入手,回顾法国大学章程的历史发展,并以巴黎索邦大学(Université Paris-Sorbonne)的章程为案例,分析大学章程的构成要素,以期对我国大学章程规范的完善有所借鉴。

一、法国大学治理

在法国,所有大学均为公立机构,任何私立教育机构都不得冠以"大学"(Université)称号。法国大学又被定义为以科学、文化和职业为特点的公立机构。"自治"是中世纪大学诞生以来的重要传统。法国1968年的《富尔法》(Faure Act)奠定了法国大学的学院式治理模式,1984年的《萨瓦里法》(Savary Bill),沿袭了关于大学决策的"参与"原则,进一步规定了大学校长的资格和选举程序,明确了行政委员会的人员组成结构。进入21世纪,围绕法国大学发展问题,一直有两种势力在较量。一方面,高等教育国际化的严峻挑战,特别是上海交通大学等单位建立的世界大学排行榜对法国大学影响极大,因此有人强调提高大学治理的效率,赋予校

[①] 基金项目:教育部人文社会科学重点研究基地重大项目"现代大学制度的国际比较研究",项目编号:14JJD880010。

[②] 作者简介:王晓辉,法国斯特拉斯堡大学教育学院教育学博士,北京师范大学国际与比较教育研究院教授、博士生导师,主要从事教育政治学、比较教育学研究。

长和行政委员会更大的权力。另一方面，也有人坚守大学的理念，极力维护教授治校的学院治理模式，反对大学权力的集中化。

2013年7月22日，议会通过的关于高等教育与研究的新法律的核心思想是赋予大学自主权，使大学更有效率，更富于学院式治理的民主。所谓效率，就是允许大学及其委员会能够适时地做出重大决策。所谓学院式治理，则基于高等教育和科研的进步依赖于教师、管理人员和大学生全体的共同努力。根据规定，大学行政委员会成员的总人数为24~36人（1984年的高教法规定为30~60人，2007年《大学自由与责任法》规定为20~30人）。其中教师—研究人员16人，校外人士8人，学生代表4人或6人，行政与服务人员4人或6人。行政委员会的总人数比2007年的法律规定略有增加，主要是增加了大学生和行政人员的比例，进一步体现了民主与协商的精神。

"学术委员会"（Conseil Académique），将成为大学真正的负责教学与研究的决策与咨询机构。这一委员会分别由选举产生的"培训与大学生活委员会"（Commission de la Formation et de la vie Uni-versitaire）和"科学委员会"（Commission de la Recherche）构成。对于审议教师与研究员的职称与晋级，由学术委员会的具有教师与研究员身份的成员构成的缩小的委员会负责。学术委员会还可以根据需要创建其他委员会，如校园生活委员会。学术委员会的建立将有利于大学行政委员会专注于指导学校发展战略。对于大学的核心领导者——校长的任职规定，1968年的《高等教育指导法》（Loid' Orientation de l' Enseignement Supérieur）和1984年的《高等教育法》（Laloi sur l' Enseignement Supérieur）所体现的教授治校的精神是基本一致的。

1968年《高等教育指导法》第15条规定，校长任期5年，不得连任。除非行政委员会以三分之二的多数作出特殊决定，校长应是本校的正式教授和行政委员会成员。

1984年《高等教育法》第27条规定，校长领导大学，校长由行政委员会、学术委员会和教学与大学生活委员会全体成员组成的大会选举产生，任期5年，不得连任。校长必须具有法国国籍，并为本校的专职教师—研究人员。作为传统，法国大学校长任职的基本条件是具备教授职称和作为大学委员会的成员，应当是"同行中的佼佼者"（Primus Inter Pares）。1968 年，在议会针对《高等教育指导法》的辩论中，当时教育部长富尔（Edgar Faure）宣称，优秀的工程师或研究员，虽然不是学院的教授，或者从来不是，或者现不再是，有朝一日可以致力于领导大学或使大学现代化。尽管议会接受了这一例外的大学校长任职条件，但同时也作了严格的限定。实际上，即使在制度上有所松动，非教授人选担任大学校长的可能性是很小的。这说明法国大学界的传统心态即使在非常时期也不允许采取其他国家可以实行的校长任职制度。

2007 年 8 月 10 日的《大学自由与责任法》（*Laloi Relative aux Libertés et Responsabilités des Universités*）简化了大学校长的选举程序，扩大了校长和行政委员会的权力，使大学治理模式变得非常集中化，损害了长期实施的学院式治理。自此法颁布之后，反对声不断。最典型的事例是 2012 年 5 月巴黎第八大学（Université de Paris Ⅷ）一批教授联名抗议大学校长"权力的滥用"。

削减校长的权力实际上是法国大学治理模式的回归，正如高等教育研究部长菲奥拉佐（Geneviève Fioraso）所言，"应当重新引入学院式治理，这才是大学的精神。校长作为经营人，根本行不通"[1]。

根据 2013 年 7 月 22 日关于高等教育与研究的新法律的规定，大学校长由行政委员会中成员的绝对多数，在教师—研究员、教授或讲师及其他相当身份的人员中选举产生。候选人不限国籍，也不限合作者或受邀者，任期为 4 年，可连任一届。校长的权力比 2007 年的法律规定有所限制，但在大学校长的候选资格上似乎比上一届政府走得更远。前法律要求校外人士必须在校长选举之前被任命为行政委员会成员，新法律则允许校外人士直接竞选校长。

大学的自主权还可以通过与国家建立合同关系，和与地方及经济界建立广泛联系体现出来。一方面，学校与国家建立为期 4 年的教学与研究合同，明确学校对国家应当履行的责任，国家更多关注的是完成任务的结果，而不是过程。另一方面，学校又可以与地方政府和企业建立各种培训和合同，在为周边环境服务的同时发展自身。

在法国，成为大学教授的基本条件为具有博士文凭和研究指导资格（L'Habilitation à Diriger des Recherches）。

大学全国委员会（Conseil National des Universités），根据学科划分设56个分部，负责审查大学教授或研究员的申请资格和晋升条件。

所有申请教授或讲师资格的人员，必须准备三份申请资料。第一份资料为行政资料，报学区总长，以确定其申报资格。另外两份为学术资料，分别报送大学全国委员会相关分部的两个专家（报告人）。大学全国委员会根据申请人的学术水平、研究成果及出版物确定是否列入全国资格名单（Liste de Qualification Nationale）。被列入全国资格名单的申请人，才可以向全国公布的有空缺教授职位的各大学递交申请资料。大学组成专家委员会对申请者进行预选，听取部分申请人的陈述，然后将提交学校行政委员会，并由行政委员会公布结果。

最终，大学教授由共和国总统令任命，以凸显大学的独立性，不受制于中央行政部门。如果被列入全国资格名单的申请人，在四年内未被任何大学聘用，其资格自动丧失。法律对大学教师与研究人员的自主权和学术自由均有明确规定。

关于教学与科研的自主权，主要涉及教师与学生的选用与录取，大学活动的组织和教学方法的应用等三个方面。第一，法国大学教师是国家公务员，录用时要符合国家相关条例，大学无权随意解聘。大学的教学人事自主权主要在于国家无权向大学强行委派教师。第二，除非涉及国家文凭的颁布，要符合国家相关要求，大学的教学活动是自由的。第三，大学教师完全有自由选择自己认为合适的教学方法，任何人不得干涉。

关于教师与研究人员的学术自由，1984年《高等教育法》的第57条还特别规定：教师—研究人员、教师和研究人员，在履行其教学任务和科研职责的过程中，享有完全的自主和言论自由。但根据大学的传统和本法的规定，上述人员应遵循宽容和客观的原则。在高等教育的课堂上，大学教师从来不被督察或控制。

近些年，采取了一些大学生评估教学的措施，但是也仅限于对教学的评估，而不是评价教师本人。法律一方面保证了大学教师与研究人员充分的学术自由，但在一定意义上又使课堂成为与外界隔绝的个人领地。特别是在高等教育大众化的情况下，评估高等教育质量成为高等教育发展的重要手段。而一些教师以学术自由为理由拒绝任何外部评估的介入，从而阻碍了大学教学评估客观实施。甚至一些教师对教学中出现的问题不以为然，认为不是教师要适应学生需求，而只能是学生适应教师的授课。[2] 因此，如何正确理解学术自由如何在保证学术自由的同时提高大学教育质量，将是大学教授与管理人员共同面对的问题。

二、大学章程的历史与现状

诞生于13世纪初的法国巴黎大学（Université de Paris）为世界最早大学之一。虽然意大利的博洛尼亚大学（University of Bologna）创建时间更早一些，但其学生主导学校事务的模式，未能对世界大学发展产生重大影响。而在巴黎大学，教师无疑是学校的主宰者，学生只是"随从"。巴黎大学在建校伊始设置的教育机构"Universitas"表示行会自治，而正是这种行会式的高等教育机构得以自治并行使其功能。

借鉴中世纪的行会组织，巴黎大学的教师经过艰苦斗争几乎逐渐获得了当时行会所能有的全部特许权，也审时度势地创造了他们所需要的"自治"机构。这一自治机构的重要特征便是有权确定其内部机构的章程，有权要求其成员做遵守其章程的宣誓，有权开除违规者。

巴黎大学最早的章程，当属1215年的章程。当时大学之所以制定章程，一方面是模仿职业基尔特、城市公社等其他行会组织的模式，另一方面也源于亚里士多德（Aristotle）的《政治学》中的古典法原则，即权力在选举的官员与大学全体大会之间分享。

根据章程，巴黎大学的各学院和民族团共同选举校长。校长作为大学行会的真正首脑（caput studii），在大学内部与外部具有荣誉权和特别优先权。校长的权力范围相当广泛：在民族团的协助下，他管理大学的财政；他是大学章程的守卫者；对于大学成员，他具有民事司法权；他召集和主持大学全会；对于外部权力部门，他是大学的正式代表，有资格以其名义协商或介入司法。但校长的实际权力又十分有限，不仅其任期短暂（最初为一个月，后为三个月）；还要接受大学全会的经常监控。

大学章程本来是大学自治的象征和保障，但是大学自诞生以来从未实现完全自治。虽然教皇和法国国王相继给予巴黎大学以司法特权，但权力毕竟掌握在当权者手中，干涉大学自治易如反掌。

13世纪中期，大量托钵会修士进入大学，并逐渐形成足以同世俗教师抗衡的教师团体，特别是他们的虔诚与敬业受到教皇的青睐，将他们视为教会更坚定的支持者。然而，托钵会修士与大学中的世俗教师格格不入，托钵会教师只根据其修会利益工作，丝毫不考虑大学自身的问题，他们对世俗同事所关心的事物视而不见，几乎成了大学中的异己分子。于是，世俗教师基于行会垄断的本能，向教皇提出限制修士教师授课与限制其职业人数的诉求。但是，亚历山大四世通过发布"新的光明之源"谕旨，表示支持托钵会修士，并毫不犹豫地取消了大学的特许权，托钵会修士得以堂而皇之地重入大学。13世纪70年代，巴黎主教坦普埃尔（Etienne Tempier）在教皇的支持下对阿韦罗埃（Averroes）学说进行讨伐，竟罗列了219条异端邪说实施惩处。惩处导致阿韦罗埃主义教师被驱逐出大学，主要倡导者西格尔（Segal von Brabant）在罗马被宗教裁判所法庭传讯，其著作随之在大学的文献资料中消失。

因此，可以说，中世纪的巴黎大学不仅未能真正实现自治，担当起知识自由的保障，反而在1277年之后更加依附于教会权威，充当了知识监督与镇压的驯服工具。在法国大革命期间，资产阶级的国民公会于1793年9月15日颁布一项法令，宣布取消大学，其理由是大学被贵族习气所玷污。1806年，拿破仑（Napoléon）设置帝国大学（Université Impériale），即中央教育部，把全部教育权力囊括其中。在高等教育中，拿破仑设想在每个学区设置5个学院：神学院、法学院、医学院、理学院和文学院。前3个学院为职业性的，培养相关领域的专门人才，后两个学院则是"学术性"的，主要功能是安排考试，颁发会考文凭。这些学院都独立设置，并受到中央权力的严格控制，真正意义的大学实际已不存在。

直至 1896 年 7 月 10 日的法律才恢复了大学的合法地位。新生的巴黎大学由 5 个学院组成：新教神学院（1885 年，根据政教分离的原则，神学院被下令取消。新教神学院也于 1906 年从巴黎大学分离出去）、法学院、医学院、理学院和文学院。随着 19 世纪末巴黎大学的第二次大规模扩建，巴黎大学的各个学院都迅速发展，云集了文学、哲学、社会学、历史学、数学、物理学、化学几乎所有传统学科和新兴学科的著名学者，学术水平均居世界前列。

但独立设置的学院也蕴含着危机。20 世纪 60 年代，法国大学生人数激增。1960—1967 年，大学生数每年平均增长 4 万人，即以 10%～15% 的速度递增。在这七年间，大学生总数增加了 1.5 倍。大学生人数的膨胀，既是由于社会对高等教育需求增加的原因，又是政府加快发展高等教育政策的结果。法国政府认为，发展高等教育是经济发展的必然要求，法国负责计划的官员们也强调大学毕业生，特别是科学与管理方面的毕业生匮乏，主张尽可能摆脱法国在高等教育上的落后局面。于是，法国政府在 20 世纪 60 年代初便大力发展高等教育，在短短的几年内创建了 20 余所大学。

然而，大学规模扩大的同时并未相应地改革大学的管理，才使法国高等教育的危机日益加剧，进而导致持续几个月的震惊世界的大学潮。这次学潮促使法国政府开始对高等教育大刀阔斧地改革。当时的教育部长富尔主持的高等教育改革方案破天荒地以无人反对的投票结果在议会中获得通过，产生了《高等教育指导法》（《富尔法》）。

这个法律确定了大学的三项原则：自治、参与和多学科。其中多学科原则，意味着在同一学校集中多组学科。例如，文学院称为文学与人文科学院，法学院称为法学与经济科学院。学院由"教学与研究单位"（UER）（1984 年的高教法更名为"培训与研究单位"UFR）构成，而教学与研究单位再组建成较大"整体"，目的在于汇集不同领域的知识，或是采用不同的方法研究同一现象，或是在科学研究中相互补充。而对于巴黎大学来说，最大的变化莫过于由原来的一所大学 5 个学院，分化成 13 所各自独立的大学。

1981 年，法国社会党政府开始执政，新任教育部长面临着高等教育改革的新形势。一方面，1980 年 7 月 21 日颁布的《索瓦热法》（*La Loi Sau-vage*）重新规定大学委员会的组成，强化了教授在大学委员会中的作用，同时限制了大学生的参与权利。社会党在竞选时曾承诺扩大大学中的民主参与，废止索瓦热法。

另一方面，富尔的《高等教育指导法》已经颁布 15 年之久，但法国在西方国家已经启动的高等教育大众化进程中明显落后。1982 年，法国大学生占同龄人口比例刚过四分之一，为 27.46%，而美国已达到 50%。在当年的人口统计中，法国人口中只有 9% 具备高中毕业会考文凭，4% 具有学士文凭。特别是法国大学与大学校并存的高等教育体制制约着高等教育的发展，改革现行的高等教育体制已势在必行。历经两年之久的不断协商和激烈辩论，议会终于在 1984 年 1 月 26 日通过了新的高等教育法——《萨瓦里法》。新的高教法首先确定了公立高等教育的范畴，为"包括隶属政府各部的中学后各类教育"。这一规定最大限度地囊括了所有高等教育机构，既包含教育部所管辖的大学、大学校等各种教育机构，还有其他各部所属的各种教育机构，并吸纳了设在高中的高级技术员班和大学校预备班，后两类教育机构的管理权也由教育部中等教育司管理转给高等教育司。这是第一个最完整规定法国公立高等教育的法律条文，这一概念也体现了启蒙思想家、大革命时期的改革者以及朗之万—瓦隆计划（Plan de Langevin-Wallonne）关于法国高等教育的系统与协调的哲学理想。

新的高教法重新确定了公立高等学校的性质为以科学、文化和职业为特点的公立教育。为了扩大大学的财政自主权，法律创立了一种新的形式——合同，大学可以根据所确定若干年内教学与科研等方面发展目标，通过协商与国家签订多年合同，学校要承诺完成发展目标规定的任务，国家要保证提供相应的经费与人员编制。

1968 年的《高等教育指导法》和 1984 年的《高等教育法》基本奠定了法国大学治理结构的基本格局，而后来的关于高等教育的一系列法律则是局部的微调。然而，任何涉及大学内部治理的修正条款，都是对大学章程的限定，大学章程必须在现行有效的法律框架下调整。

三、大学章程的地位与作用

大学章程是高等教育机构在法律框架下行使自治权利的自我规范。大学章程首先必须严格置于法律框架之内。法国高等教育法赋予了大学的教学与学术、行政与财政自治权利,规定"以科学、文化和职业为特点的公立学校为国家高等教育与研究机构,享有教学与学术、行政与财政自治"(教育法典第 L.711-1 条),同时又要求大学依据法律由行政委员会的多数决定自身章程和内部结构,并将已通过的本大学章程转送国家高等教育部(教育法典第 L.711-7 条)。

作为中央集权制国家,法国的法律对法国所有大学均有同等效力,因此各个大学的章程仅仅在本校的专业设置上体现特色,而在大学治理的原则上并无差异。下面我们以巴黎索邦大学章程为例,分析法国大学章程的基本结构与特点。《巴黎索邦大学章程》(*La Charte de I Université Paris-Sorbonne*) 由序言、第一编大学构成与使命、第二编大学校长与校级委员会及其权限、第三编大学运行、第四编其他措施构成。

序言首先阐明巴黎索邦大学继承了建于 1257 年的索邦学院、巴黎大学文学院,于 1970 年建立,其学科领域涉及古典与现代文学、语言、外国文学与文明、语言学、哲学、社会学、历史、地理、艺术史与考古、音乐学、信息与交流科学、教育科学与教师培训。巴黎索邦大学明确其普遍使命是智力培训和科学研究以及职业的初始培训与继续培训,特别是教学与研究的职业准备。它认为教学与研究是相互补充的基础活动。

教育法典第 L952-2 条规定:教师—研究员、教师和研究员在行使其教学职能与进行研究活动方面享有表达的完全独立和自由。但必须遵循大学传统,符合本法典之规定,并尊重宽容与客观的原则。为了实现大学使命,大学要为其成员提供自由的学术氛围,巴黎索邦大学在其章程中申明,大学保证其成员在对于整个大学共同体持有负责精神中,享有个人的和集体的智慧独立与自由权利。保证教育法典所确定的基本自由,特别是表达与出版的自由以及政治与结社自由。在法国,大学教师具有公务员的地位，但在言论自由上享有比其他公务员更大的权利，因为公务员一般不允许在工作职务中自由表达。当然，大学教师的言论自由也必须合乎法律，合乎大学传统，并具有宽容与客观精神。

大学章程的重要内容之一，就是规定大学校长的条件和产生办法。不少西方国家大学允许聘任校外人员担任校长，但法国大学校长任职的基本条件是本校专职教师。1968年《高等教育指导法》规定，"校长应是本校的正式教授和行政委员会成员"。1984年《高等教育法》对于校长候选人是否是行政委员会成员不再限定，但要求必须具有法国国籍，并为本校的专职教师—研究人员，从而也排除了外籍人员、校外人员和非教师与研究人员成为校长的可能性。直至2013年7月22日关于高等教育与研究的新法律，才允许外籍人员担任法国大学校长。

根据教育法典第L712-2条规定，大学校长由行政委员会中成员的绝对多数，在教师—研究员、教授或讲师，合作者或受邀者及其他相当身份的人员中选举产生，巴黎索邦大学的章程重申此规定，并申明选举校长"无国籍限制"。大学校长在大学享有至高无上的权力，根据教育法典第L952-2条规定，巴黎索邦大学的章程列举了大学校长的权限：校长主持行政委员会，准备并执行其决议。校长准备并执行学校的多年合同。校长同时主持学术委员会；校长在司法上代表大学，并作为第三者签署协议与条约；校长负责安排大学的收入与支出；校长负责管理全部大学人员；校长任命各种评审委员会。但由行政委员会决议确定的某些审查委员会属于大学组成机构主管权限的除外；校长根据学术委员会的科研委员会的提议，任命博士校的主任与副主任；校长根据行政委员会的提议，任命学士与硕士评审的负责人；校长在尊重政治与结社自由的情况下负责维护秩序，并可在行政法院法令规定的条件内，向公共力量求助；校长负责校园内部的安全，保证与监督卫生、安全、劳动环境委员会的提议的实施，保障本校人员和来校人员的安全。如有必要，校长可以创建由心理专家组成的危机处理部门，处理与工作相关的道德与心理问题；校长以大学的名义，行使法律规定的不属于其他权威的行政管理权限；校长监管残疾人、大学学生和员工在教学和校园的可准入性；校长根据行政委员会和学术委员会的提议设置"男女平等"的委员会。

但大学校长的权力又有相当多的限制，校长虽然主持行政委员会和学术委员会，但必须执行两个委员会的决议，接受他们的建议与意见；校长要保证属于大学的财产管理，而不许谋取私利；他有权任命中层管理人员，但须征得相关委员会的意见。

行政委员会是大学的最高决策机构。根据规定，大学行政委员会成员的总人数为24~36人。巴黎索邦大学章程将行政委员会的人数确定为法律规定的上限，即36人。其中教师—研究人员代表16人，图书、工程师、行政、技术、社会与卫生等人员代表占6人，学生和继续学习的学员代表6人，校外人士8人。

对于校外人士的身份章程也作出规定：首先，2人代表地方政府，至少其中1人代表地区政府；其次，1人代表国家科学研究中心；再次，5人通过当选的委员会成员和前两类代表的公开征邀后任命，其中1人必须担任企业总经理职务，1人为工薪人员组织的代表，1人为至少雇用500名职工的大企业代表，1人为中等学校的代表，1人为文化科学界代表。5人之中至少有1人拥有本大学文凭。

这些外部人士代表大体上涵盖了地方政府、工薪者工会、雇主工会三个方面，可以表达社会的政治、经济与文化的利益和对大学的要求。

根据教育法典第L712-3-IV条，巴黎索邦大学章程这样规定了行政委员会的权限：批准大学合同；投票通过预算和批准学校款项；批准校长签署的协议与合约；通过大学内部规章；根据校长的提议并尊重国家的优先需求，确定（国家）主管部拨发职位的分配；批准校长承担所有司法行为；批准校长陈述的年度活动报告；审议由校长提出的所有问题；通过由学术委员会提议的多年发展框架；批准学校组成机构的章程。

章程还对学术委员会和大学培训与生活委员会的构成与权限作出规定。所有校级委员会的成员，除校外成员，都须经无记名投票选举产生。委员会成员每届任期四年，可连任，但学生代表任期两年，校外人士任期不得超过四年。除校长之外，任何人不得兼任一个以上的委员会成员。

当然，大学章程还规定了各个委员会的职能及权限，保证各个委员会能够在校长的主持下各司其职，既不越位，也不缺位地管理大学。

四、结语

大学章程，对于法国大学固然重要，因为它确定了大学治理的基本规则。但是大学章程在法国又显得十分平常。目之所及，未见任何关于大学章程的专题论文或专门著作，也未见任何关于大学章程的讨论。其原因在于法国高等教育法已经规定了大学治理的基本模式，大学章程只是某大学治理结构与机制的具体化。

在大学治理中，学校自治与学术自由关乎大学存在与发展的基本理念。法国大学自治虽然1968年就在法律上得以明确，但在实际大学管理中，这一自治的范围仍很有限，与英国、美国等国相比，法国大学校长几乎无任何人事权力。但也正是由于法国大学教师的公务员身份，令他们在课堂上几乎无所顾忌。只要不触犯法律，校长无权克扣其工资，也无权停止其工作，更谈不上开除公职。

大学治理事关大学的全体师生员工，但治理的实现则需通过他们的代表来承担。大学章程对代表的选举程序和代表的身份均有明确要求，这样就可能保证不同的利益群体都有自己的代言人。但在不同政治背景中，不同人员的代表比例会有所不同。比如，1968年《富尔法》规定的大学生代表在行政委员会中的比例相对较高，而之后的法律规定的比例则不同程度地有所减少。然而，无论如何，大学教授代表在行政委员会中的比例总是较高，这就保证了大学治理的基本模式是教授治校。

现代大学的重要特征之一是与社会各界的广泛联系。大学章程根据法律明确规定了行政委员会校外人士的构成，既可避免邀请校外人士的随意性，也能保证不可或缺的重要社会领域均有其代表。这些代表的职能不仅仅是公共关系，也主要不是筹集经费，而是表达其领域或行业对大学的要求与期待。他们在行政委员会中，绝不是只有旁听或发言的资格，而是有着实实在在的决策权。关于学术自由，尽管各大学章程的表述不尽一致，但基本都是依据法律，旗帜鲜明地申明，保证全体教师享有完全的教学自主和言论自由。

简而言之,大学章程在法国不过是大学依据法律,实施治理的程序化文本。人们给予大学章程一定程度上的重视,因为它是大学治理的日常规范。人们对其无所争议,因为法律已经规定好了,大学章程不得越法律雷池一步。

在我国,关于教授治校与教授治学尚在争论不休,其原因在于"校"与"学"之难以严格区分,因为大学在本质上是一个学术团体,而不是行政机构。其实,中世纪大学教授治校的管理模式已经远去,今日的大型学校或超大型学校不可能是教授的一统天下。理想的状态是,教授在大学治理中发挥主导作用,其他行政与管理或技术人员共同参与治理。现在的问题是,大学教授几乎成为行政的附庸,任人摆布,无所适从。所谓"去行政化"的改革之所以收效甚微,是因为大学的行政管理无法去掉。真正的改革,应当发挥教授在大学治理中的主导作用,把行政工作作为大学治理的操作环节,但不是命令与指导。而如何实施大学治理,法国大学章程可以提供一定的借鉴。[3]

参考文献

[1] Beyer C. Le Pouvoirales Presileatsd' Uuiversite Remi, so; Cause [N/OL]. Lefigaro. (2013-OS-21) [2013-08-08] http://www. etudiantleligaro. li/lesnews/ac; tu/detail/artic; le/lepouvoir} les-presidents} l} niversite-remis} n}; ause} 922/.

[2] Haut Conseil de l´Evaluation de l´Ec; ole. Evaluation aleL' Eu. seiguemeut dau. s Le. s Uuiver. site. s Era} a} ai, se. s } R/OL} (sine die) 2003-06-09]. http://www. hce.education.fr/gallery-files/site/21/90.Pdf.

[3] 韦尔热,J. 中世纪大学 [M]. 王晓辉,译. 上海:上海人民出版社,2007.

高校章程中学术机构及其运行模式

——基于教育部核准的18所大学章程的文本分析

洪 煜　钟秉林　赵应生　林光彬[①]

大学章程的编制落实作为推进依法治校、建设现代大学制度的重要举措，在高等教育发展中具有里程碑意义。章程涉及诸多层面的问题，其中过度行政化一直是阻碍我国大学发展的顽疾之一，其症结是行政权力一支独大、行政机构"包办"大学、学术权力被边缘化、学术组织权能受限[1]，迫切需要借助编制章程这一契机，落实"教授治学"，摆正学术权力在大学发展中的主导地位，发挥教授在教学科研中的主体作用。

目前，大学章程的编制与核准已步入正轨。截至2015年6月底，教育部已核准了包括北京大学、清华大学、中国人民大学、北京师范大学在内的84所大学章程，其中前两批核准的巧所大学章程具有较强的先导性，基本形塑了大学章程的形式结构，此外北京大学、清华大学和北京师范大学这3所学校的章程也具有较强代表性。通过研究这18所大学的章程，以点窥面，可对我国大学学术治理的相关问题进行全面深入的思考。

一、章程中的学术组织及法律依据

通过对18所大学章程中学术机构的分析，发现所有学校均设有学术委员会，明确规定设置学位评定委员会的有17所，设置教学委员会的有

[①] 洪煜，中央财经大学高等教育研究所助理研究员；赵应生，教育部综合改革司调研员；林光彬，中央财经大学发展规划处处长。

14所①，设置职称职务评审委员会的有7所②，另有3所高校设置学术道德委员会（见表1）。

表1 高校章程中的学术组织

学校名称	学术委员会	最高学术机构	学位评定委员会	教学委员会	职称职务评审委员会	学术道德委员会	学科建设委员会	学术评价委员会
中国人民大学	√	否	√	√	×	×	×	×
东南大学	√	否	√	√	√	×	×	×
东华大学	√	否	√	√	×	×	×	×
上海外国语大学	√	是	√	√	×	×	×	×
武汉理工大学	√	是	√	√	√	×	×	×
华中师范大学	√	是	?	?	?	?	?	×
吉林大学	√	是	√	√	√	×	×	×
上海交通大学	√	是	√	√	√	×	×	×
同济大学	√	是	√	√	√	×	×	×
四川大学	√	是	√	√	√	×	×	×
西北农林科技大学	√	是	√	?	?	?	?	×
东北师范大学	√	是	√	√	×	×	×	×
上海财经大学	√	是	√	√	√	√	√	×

---

① 在不同高校章程中，对"教学委员会"这类机构的命名不一致，例如中国人民大学的"人才培养委员会"，上海外国语大学、四川大学、上海财经大学的"教学指导委员会"，同济大学、东北师范大学的"教务委员会"等，对比各校章程，上述委员会的职能高度重合，在此以"教学委员会"统一命名。

② 在不同高校章程中，对"职称职务评审委员会"的命名不一致，例如，东南大学的"职称评审委员会"、武汉理工大学的"高级专业技术职务评审委员会"、吉林大学的"教师职务评审委员会"等，上述委员会的职能高度重合，故将其归为一类，统称为"职称职务评审委员会"。

续表

学校名称	学术委员会	最高学术机构	学位评定委员会	教学委员会	职称职务评审委员会	学术道德委员会	学科建设委员会	学术评价委员会
中国矿业大学（北京）	√	是	√	√	×	√	×	√
西南大学	√	是	√	√	×	×	×	×
北京大学	√	是	√	√	×	×	×	×
清华大学	√	是	√	√	×	×	×	×
北京师范大学	√	是	√	?	?	?	?	×

说明："学校名称"一栏按教育部章程核准号的次序排列，其中前6所大学为教育部第一批核准章程的大学，"√"表示该校章程中有此机构，"×"表示该校章程中未规定机构，"?"表示该校章程中虽规定学校可按"学科建设、教师聘任、教学指导、科学研究、学术道德"等事务建立"若干专门委员会"，但未具体指明有哪些委员会。

（一）学术委员会

学术委员会作为所有高校的常设机构，法律依据有四方面。一是《高等教育法》（1998）的第四十二条："高等学校设立学术委员会，审议学科、专业的设置，教学、科学研究计划方案，评定教学、科学研究成果等有关学术事项"；二是《高等学校本科专业设置规定》（1999）的第二十四条："校学术委员会……对本校的专业设置和调整方案进行评议"；三是《高等学校章程制定暂行办法》（2012）（以下简称《章程制定办法》）的第十一条："章程应当明确规定学校学术委员会、学位评定委员会以及其他学术组织的组成原则、负责人产生机制、运行规则与监督机制，保障学术组织……充分发挥咨询、审议、决策作用"；四是《高等学校学术委员会规程》（2014）（以下简称《学术委员会规程》）的第二条："高等学校应当……健全以学术委员会为核心的学术管理体系与组织架构；并以学术委员会作为校内最高学术机构，统筹行使学术事务的决策、审议、评定和咨询等职权"。

对比上述法律法规可以发现 1998 年颁布的《高等教育法》并未将学术委员会作为学校最高的学术机构，其职能也仅限于审议、评议相关学术事务，而 2012 年的《章程制定办法》，2014 年的《学术委员会规程》则赋予了学术委员会至关重要的"决策权"，后者还进一步明确了学术委员会"最高学术机构"的地位。这一变化体现了政策制定者和立法推动者在彰显学术权力、实现"教授治学"方面的认识在逐步加深：以学术委员会为核心，通过学术组织的权能扩张和权力集中，保障学者在学术事务决策中发挥主导作用。[2]

具体分析各所大学章程中学术委员会的表述，可得出以下三点结论：

1. 大多数章程将学术委员会规定为最高学术机构

除中国人民大学、东南大学、东华大学之外，其余大学均参照学术委员会规程，明确了学术委员会的最高地位：华中师范大学、四川大学、西北农林科技大学、东北师范大学、上海财经大学、中国矿业大学（北京）、西南大学、北京大学、清华大学和北京师范大学这 10 所高校规定学术委员会为"最高学术机构"，而其余 5 所高校则进一步明确学术委员会为"最高学术权力机构"或"学术事务的最高决策机构"。

2. 大多数章程中学术委员会的决策权不明确

有 12 所大学章程规定学术委员会对学术事务行使"决策、审议、评定和咨询"的职权，但考察这 12 所大学章程的具体条款，发现只有北京大学、四川大学、东北师范大学和西南大学这 4 所大学章程明确了学术委员会享有哪些决策权（"讨论决定"或"审定"的权利），例如，北京大学学术委员会有权"讨论决定学位授予标准、教师职务聘任的学术标准与规程、学术道德规范等学术管理制度"①。除上述 4 所大学之外，其余大学大多照搬学术委员会规程的表述，虽规定了由学术委员会"审议和决定"的诸多事项，但未具体指定哪些事项只能审议，哪些事项可直接决定，作

---

① 《北京大学章程》第二十七条第一款。

为大学章程,这种表述上的模糊性易导致学术委员会的决策权难以落到实处[3-4]。

3. 大多数章程规定了学术委员会的成员构成和产生方式

从学术委员会的人员组成来看,大多数章程参照学术委员会规程,规定学术委员会的成员应是"学术声望较高的专家学者"① 或"具有正高级职称"②,委员会中担任党政领导职务的委员不超过 1/4;不担任党政领导职务的专任教师不少于 1/2,并有一定比例的青年教师。比较有特点的是上海交通大学、清华大学和北京大学。上海交通大学的学术委员会委员分职务委员和选举委员两类;职务委员由相关校领导担任,选举委员是由经民主选举产生的知名教授担任。清华大学除选举委员(按各院系教授比例推选)、职务委员(2 名)之外,还允许校长直接聘任委员,但不得超过总人数的 1/10。北京大学将学生吸纳进学术委员会,其学术委员会由教授委员、学生委员、校长及校长委派的委员组成,其中校长及其委派的委员不得超过委员总数的巧%,并随校长任免而更替。可以发现,在委员的产生方式方面,主要有民主选举、依照职务当选和校长委派三种。从委员会主任的选任方式来看,主要有两种模式,一种是校长(校务会议)提名、全体委员选举产生,如清华大学、吉林大学、上海交通大学、西北农林科技大学、上海财经大学;另一种是直接由全体委员会选举产生,如北京大学、武汉理工大学。也有学校兼具上述两种模式,如北京师范大学、西南大学。此外,中国人民大学章程要求委员会主任应由不担任行政职务的资深教授担任。

(二) 学位评定委员会

学位评定委员会的法律依据主要有两条:一是 1980 年颁布的《中华人民共和国学位条例》(以下简称《学位条例》)及其实施办法;二是 2012 年实行的章程制定办法第十一条。根据《学位条例》及其实施办法,学位评定委员会的权力主要集中在四个方面:一是审查学士、硕士、博

---

① 东南大学、武汉理工大学、同济大学和四川大学。
② 西北农林科技大学、上海财经大学、中国矿业大学(北京)和西南大学、北京师范大学。

士、荣誉博士学位获得者的名单；二是确定硕士、博士学位的考试科目、门数和范围，审批主考人和答辩委员会成员名单；三是做出授予硕士、博士学位的决定；四是处理与学位相关的争议，撤销违反相关规定的已授予学位。

从各校章程中学位评定委员会的职能权责来看，除了教育部学位条例所规定的四类权力之外，某些大学章程还赋予学位评定委员会更多的职权：（1）审议学校学科、专业的设置和调整，如中国人民大学、武汉理工大学、同济大学和东北师范大学；（2）制订学校学科建设规划，或制定学校学位与研究生教育发展规划及有关政策，如四川大学、西北农林科技大学；（3）遴选研究生导师或制定研究生导师遴选标准，如中国人民大学、上海外国语大学、武汉理工大学、四川大学、西北农林科技大学和东北师范大学。在委员会主任的选任方式方面，武汉理工大学、西南大学均规定校长担任（兼任）学位评定委员会主任，上海外国语大学则规定由正高级职称的学校主要负责人担任。在实践中，校长担任学位评定委员会主任的做法在高校中较为普遍，这种做法的好处是校长可以学位评定委员会主任的名义向毕业生颁发学位，并对培养质量负责。

通过分析学位评定委员会的法律依据和相关章程条款，可以发现：

1. 从法律地位上看，学位评定委员会并不低于学术委员会

从制定机构来看，学位条例是由国务院制定的法律，而学术委员会规程仅是教育部制定的部门规章，在法律效力上学术委员会规程弱于学位条例。从颁布时间来看，先有学位条例规定设立学位评定委员会（1980年），后有《高等教育法》要求设置学术委员会（1998年）。实际上，在2012年实行的章程制定办法的表述中，学术委员会和学位评定委员会的地位平等，直到2014年颁布的学术委员会规程才将学术委员会确立为"最高学术机构"，虽然这一表述与学位条例并不冲突，但若涉及两个委员会之间的权利边界划分，由于学术委员会规程的法律效力低于学位条例，所以应以学位条例为准，由此可能出现学术委员会难以统管学位评定委员会的局面，其结果是"最高学术机构"在学位评定方面有名无实。

2. 从学位评定委员会与学术委员会的关系来看，中国人民大学、东南大学和东华大学的章程中学术委员会并不是最高学术机构

因此，这3所大学的学术委员会和学位评定委员会是平行机构，互不统属。在其余巧所大学章程中，虽然学术委员会被规定为最高学术机构，但和学位评定委员会之间的关系却各有差异，有的大学将学位评定委员会置于学术委员会的管辖之下，例如北京大学章程规定学术委员会有权决定学位授予标准，并要求学位评定委员会定期向学术委员会报告工作；华中师范大学的学术委员会有权审定学位授予标准；中国矿业大学（北京）、上海交通大学、上海财经大学章程规定学位评定委员会是学术委员会下设的专门委员会之一；上海外国语大学、武汉理工大学、同济大学的章程均规定学术委员会有权提名学位评定委员会的成员名单，并审议学位评定委员会提交的事项。但也有部分大学章程对学术委员会和学位评定委员会之间的关系定位不清，例如吉林大学章程规定"学术委员会和学位评定委员会依照各自章程行使职权"，两大委员会实质上也是互不统属；四川大学、西北农林科技大学、东北师范大学的章程中，学术委员会和学位评定委员会的职责互不重合，也未明确二者之间的关系。

（三）教学委员会

在上述18所大学的章程中，有14所设置了教学委员会[①]，由此可见设置教学委员会已成为多数大学的通例，该委员会在人才培养方面发挥了关键作用。

教学委员会的法律依据主要是教育部学术委员会规程的第十一条："学术委员会可以就学科建设、教师聘任、教学指导、科学研究、学术道德等事项设立若干专门委员会"。此外，各高校设立教学委员会，也是为了与教育部的高等学校教学指导委员会相对应。

在大多数高校的章程中，教学委员会的职能权责主要包括以下四个方面：审议学校人才培养与教学改革的重大项目与方案规划、审议教学管理与质量监控的相关规章制度并监督实施、审议教学奖项评定标准和办法、

---

① 或称人才培养委员会、教学指导委员会、校务委员会。

裁定教学责任事故与教学工作考核评价中的争议。除了上述四项职能之外，还有少数大学赋予教学委员会更多的职权，包括：(1) 审议教学经费的分配使用（上海外国语大学、武汉理工大学）；(2) 论证学科专业设置和调整（上海外国语大学）；(3) 教学职称系列设岗和评聘办法（东北师范大学）。

在教学委员会的人员组成方面，仅有4所学校做出了明确规定：上海外国语大学的教学指导委员会由教学水平高、具有履职能力的高级专业技术职务人员组成；同济大学的教务委员会由教师以及部分管理机构、学生与用人单位代表组成；上海财经大学的教学指导委员会委员由学校教学单位和有关职能部门具有较深学术造诣和丰富教学经验的教师代表组成；东北师范大学的教务委员会下设督学组，由离退休教师组成。

（四）职称职务评审委员会

职称职务评审委员会[①]是负责教师和专业技术人员的职称职务评审等相关学术事项的专门委员会。目前共有7所大学的章程中明确规定了此类委员会。

职称职务评审委员会的法律依据主要有学术委员会规程的第十一条、教育部1986年颁布的《高等学校教师职务试行条例》（以下简称《教师职务试行条例》）和《高等学校教师职务评审组织章程》（以下简称《教师职务评审组织章程》）。在教师职务评审组织章程中规定了教师职务评审委员会的职责，主要包括审定助教、讲师的任职资格；评议教授、副教授的任职资格并提出意见，报省、自治区、直辖市、国务院有关部委的评审委员会审定；制定本校教师职务任职资格评审工作的实施办法。

随着高校办学自主权逐渐扩大，目前大部分部属高校已具有自主评审高级职称教师和专业技术人员的权力，从7所大学的章程来看，职称职务评审委员会的职能权责主要包括审定教师和专业技术人员职称职务评审的工作条例和实施办法；组织教师和专业技术人员职务任职资格的评审工

---

① 或专业技术聘任工作委员会、专业技术职务评审委员会、高级专业技术职务评审委员会等。

作。值得注意的是，武汉理工大学的章程中，学校设立了高级专业技术职务评审委员会，负责审定教授（研究员）职务，而副高级以下的职称职务的评审权下放给了基层学术组织，这种做法有利于激发院系的办学活力。从人员构成来看，主要由学校相关领导和职能部门负责人、校内各学科领域专家教授担任，其中，武汉理工大学的高级专业技术职务评审委员会主任由校长担任。

（五）其他校级学术机构

除学术委员会、学位评定委员会、教学委员会、职称职务评审委员会之外，各校章程中还有一些其他类型的学术机构，包括上海交通大学、上海财经大学、中国矿业大学（北京）设置的学术道德委员会，上海财经大学设置的学科建设委员会，中国矿业大学（北京）设置的学术评价委员会等。这三类专门委员会都是根据学术委员会规程的第十一条设置的。

二、章程中学术治理制度的问题探析

总体来看，完善学术治理体制作为现代大学制度建设的关键环节，各大学都处于探索完善阶段，仅就上述 18 所大学章程中的相关表述来看，尽管在章程编制过程中已深思熟虑、集思广益，但仍存在不少瑕疵，其中比较明显的问题有以下五点：

（一）法律依据变动

在章程制定过程中，部分条款的法律依据出现了变动，导致一些学校的章程在核准生效之后与上位法不相吻合，亟待修改。例如中国人民大学、东南大学和东华大学这 3 所高校的章程在提交核准之后，教育部颁布了学术委员会规程，因此这 3 所高校未能参照学术委员会规程中的规定，将学术委员会作为全校的最高学术机构。

（二）条款表意含混

章程中某些条款的表述不够严谨精确、留有漏洞，例如"最高学术机构"这一概念就值得商榷，所谓"最高"究竟是指学术委员会享有"最高学术地位"还是行使"最高学术权力"，若理解为"最高学术地位"，学术委员会可被解读为一个纯粹学术研究机构，其权力可能被架空。此外，少数大学在规定学术委员会职权时出现了"审议和决定"的表述，但却未指明哪些事项只能审议，哪些事项可以决策。这种表述的含混性可能导致在解读和操作中出现歧义。

（三）法定权力虚置

学术委员会的法定决策权在章程中未能体现。尽管章程中规定了学术委员会拥有决策、审议、评定和咨询等职权，但仔细分析18所高校章程中关于学术委员会职权的条款，发现仅有北京大学等4所大学的学术委员会拥有直接决策权，且其决策事项也大多限于学术评价领域，与"评定"职权相重合。

（四）关系定位不清

多数大学章程中，虽然规定学术委员会是最高学术机构，但是学位评定委员会却不是学术委员会的下属机构，二者之间的关系不清。较典型的是北京师范大学章程，一方面将学术委员会规定为最高学术机构，但另一方面把学位评定委员会表述为学位相关事务的"最高权力机构"，在涉及学位事务时，这两个委员会同为"最高"，如何协调尚存疑问。

（五）程序衔接不严

根据各校章程，学术委员会负责审议、评定诸多学术事项，但这些事项应提交哪些部门，或以何种形式作出最终决策，大多数章程并未明确规定。按目前高校的领导体制来看，学术委员会审议、评定的最终意见应提交党委（常委会或全委会）或校长办公会最终审定，例如北京大学的章程规定校长、院长要"尊重和维护学术委员会的地位，支持其履行职权，保障其决议的执行"。但在大多数章程中党委、校长的相关条款并未明确由谁来负责决定学术委员会所提交的事项，由此可能导致学术组织和非学术组织之间的职能对接出现漏洞、办事程序不够严密，学术委员会的审议、评定结果去向和效力不明显。

三、政策建议

目前,高校章程编制与核准已进入最后阶段,全国 2000 余所高校的章程都将在今年末核准完毕。在编制核准大学章程、完善内部学术治理这一关键任务上,高校和教育主管部门责任重大,需要上下联通,携手解决目前存在的问题。为此,笔者提出如下两个方面的政策建议:

第一,对于编制章程的高校而言,要坚持教授治学、追求双重合法、条款严谨可诉。

坚持教授治学,就是要构建一个独立运行、自主决策的学术治理体制。要实现两个层面的自主:大学学术发展相对于外部力量干预的自主,校内学术权力相对于行政权力的自主。要实现学术自由,最理想的举措莫过于坚持"教授治学",只有教授和学者掌握了"治学权",学术组织的功能和作用得到充分发挥,才能导正大学发展方向,扭转行政主导之下的"政绩取向",使立德树人、追求真理真正成为大学的核心功能和神圣使命。在章程编制过程中应抱持渐进改良的原则,扩大教授"治学权"的广度和强度,为实现教授治学夯实制度土壤。

追求双重合法,就是要兼顾章程和学术治理相关规章的形式合法性[5]和实质合法性[6]。所谓形式合法性,是章程中有关学术治理的条款要以法律为准绳,与我国现行法律体系相对接,将章程作为依法治校的制度根基。章程"有法可依"不是照搬法律条文,而是要参照法律精神,根据学校实际,设计具有针对性、实用性、前瞻性的条款。所谓实质合法性,是学术治理的相关制度应当与学术共同体的价值标准和理想信念相一致,在章程中体现学术自由、教授治学的理念纲领,不应只停留在精神文化层面,更应固化为大学的典章制度。

条款严谨可诉,就是要行文逻辑严密、措辞简练精确,可作为行政诉讼依据和司法审查对象。当大学章程通过核准之后,便具有了行政法的性质,大学作为独立法人,在行使自主权力的同时必然要承担法律责任。目前涉及大学的法律纠纷最常见的有三类:一是涉及科研经费问题的诉讼;

二是涉及学位问题的诉讼；三是与学术诚信有关的诉讼。这些诉讼都涉及学术治理的科学性与规范性，若是章程相应条款不够严密，学术治理相关制度不够健全，则大学在这些诉讼中往往陷于口说无凭、无规可依的尴尬境地，因此败诉的案例并不鲜见。由此看来，确保章程条款的系统严密是十分必要的，但即便是在已通过核准的84所大学章程中，仍存在不少关键条款需在办学实践中以"试误"的方式加以完善，甚至还需通过修订章程以提高相关条款严密性。

第二，对于各级教育主管部门而言，要指引宏观方向、把稳核准关卡、留出创新空间。

指引宏观方向。政府对高校刚性的行政管理只能是越俎代庖，重蹈行政化的覆辙，应当通过完善立法、严格执法，引导学校走上依法治校的轨道。目前与章程编制和学术治理相关的法律规章主要包括《教育法》《高等教育法》《高校章程制定办法》和《学术委员会规程》，这四部法律规章形塑了大学内部学术治理的基本框架。但在现行法律体系中，也存在着诸如学术委员会的"最高学术机构"概念不清、学术委员会的"最高"地位不够凸显等问题，迫切需要以教育部为主导推动高等教育法的修订，以便明确学术委员会作为大学最高学术权力机构的地位。在未来章程核准与修订的工作中，各级教育主管部门一方面要注意立法的系统性，清理现行教育法规体系中相互抵触的条款，避免学术委员会与学位评定委员会关系不清等情况的出现；另一方面也应当充分尊重高校在章程编制中的自主性，通过开展研讨交流、发布参考指导意见等形式引导大学章程编制工作。

把稳核准关卡。教育部对高校章程的核准既是章程生效的必经环节，也是修正章程错漏的最后一道关卡，因此尽管待核准的章程数量众多，但仍需各级主管部门把好最后一关，尽力避免章程生效之后仍需大改的情况发生，以确保章程的严肃性和稳定性。一是要合理设计核准程序，将学校自查、部门核查、专家审查三个环节紧密衔接，减少章程中犯错概率；二是要提高专家来源构成的科学性，不仅要聘请高等教育领域的专家学者，更要聘请熟悉法律事务的专业人员和熟悉政策方向的行政人员，集思广益，提高章程核准工作的权威性和科学性。

留出创新空间。创新就是要打破现有的制度束缚和思维定式，积累量变实现质变，最终实现大学治理水平和效能效益的整体飞跃。在去除行政化弊病、建设现代大学制度的历史拐点上，迫切需要大学在章程编制和制度建设过程中不断推陈出新，根据自身情况实现自主革新。但创新同时又意味着挑战传统权力和既得利益群体，其中尤以各级教育主管部门的权力为代表。可以说，若不削弱和限制教育主管部门的行政特权，高校在制度建设中的自主创新便不可能发生，因此，教育主管部门应转变职能，简政放权，整理负面权力清单，取消对高校的不合理管制，为高校的制度创新留出空间。

参考文献

[1] 杨德广. 关于高校"去行政化"的思考 [J]. 教育发展研究，2010 (9).

[2] 黄进坚. 教授治学充分发挥高校学术委员会的作用 [J]. 中国高等教育，2014 (8).

[3] 土建美，宋静波. 从增强学术权力的视角透析学术委员会章程——基于34所高校学术委员会章程文本的探讨 [J]. 现代教育科学，2011 (9).

[4] 苏宝利，吕贵. 审议方向·参与决策·监督控制——谈学术委员会在高校决策体制中的地位与作用 [J]. 高等工程教育研究，2003 (4).

[5] 陆俊杰. 论大学章程的形式合法性 [J]. 现代教育管理，2009 (9).

[6] 陆俊杰. 大学章程的实质合法性 [J]. 中国高教研究，2010 (6).

完善民办高校法人治理结构的难题与策略

周海涛　施文妹[①]

法人治理结构（Corporate Governance Structure），这一概念始于经济领域，是现代企业制度中最重要的组织架构。法学意义上的公司治理结构是一组调整公司内外各相关利益主体的法律关系、法律规范的总称，其根本目的在于通过这种法律制度安排，以达到相关利益主体之间的权力、责任和利益的相互制衡，实现效率和公平的合理统一[1]。随着中国特色现代大学制度建设的推进，法人治理结构的核心理念也被用于民办高等教育领域。民办高校法人治理结构是指民办高校作为独立的法人实体，在举办者、决策者、管理者和教职工等权益相关人之间建立的有关学校运营与权利配置的一种机制或组织结构[2]。它包括完善董（理）事制度，完善校长选任机制和落实职权，发挥党组织政治核心作用，健全监督机制、发挥学术委员会作用及加强师生参与管理等一整套的制度安排。我国民办高校创办与发展进程有其特殊的历史轨迹，存在着社会环境不同、办学基础不一以及举办者对自身办学角色认同的差异（捐资还是投资、营利还是非营利、要求取得回报还是不要求取得回报），因此造成目前不同程度存在的治理机制混乱和学校内部权力冲突频起，使得健全民办高校法人治理结构刻不容缓。

---

① 作者简介：施文妹，浙江越秀外国语学院党委副书记、副研究员、硕士。

一、现存的突出问题

笔者在近3年内,走访了北京、上海、浙江、陕西、福建、广东等地多数民办高校,开展广泛问卷调查和实地访谈,考察民办高校的法人治理结构现状,发现了以下几个突出问题:

(一)权力运行中的举办者(创办人)控制使民办学校出现家族化倾向

当前,由于一些出资人所有权与学校法人财产权不分,使出资人(举办者)陷入"学校是我的"这一认识误区;由于一些出资人所有权与学校法人经营权不分,造成了"大家得听我的"这一意识误区。由此,一些以董(理)事会为主的权力决策运行机制不够规范,董(理)事会人数和结构不尽合理,有"夫妻店、兄弟连、父子兵"的家族化倾向以及"子(女)承父(母)业"的代际传承特点;董(理)事会议事规则不健全,开会"董事长一言堂"或"谁说谁负责",董(理)事职责履行不到位,董(理)事长意志代表董(理)事会意志,董(理)事长决策代替董(理)事会决策。

(二)以校长为核心的管理团队职权不明使民办学校内部权力冲突频现

一些出资人(举办者)往往从资本的角度考虑学校的发展和运作,学校校长则从学校教育教学的角度谋划学校的发展,不同的思维出发点和价值取向,造成了董事长和以校长为核心的执行团队纷争不断。比较典型的情况有民办学校"校长不长",校长走马灯似的换,有的民办高校一年换一个校长,甚至一年换几个校长;校长越权反客为主,如某学院由于董事长疏于管理,校长反客为主;董事长、校长频起战火,关系紧张,冲突不断,使学校面临着很大的内耗和办学风险。

(三)利益相关者参与度不高使民办学校缺少共治动力

利益相关者被学者界定为"那些没有其支持,组织便不复存在的各种集团"[3],高校利益相关者是指学生家长、用人单位、校友、教育行政部门以及所在地区政府等利益相关者[4]。现阶段,由于民办高校教师人事关系或在人才市场代理,或是企业身份待遇,造成了民办高校教师"打工者"的雇用思想强烈,对学校事务的参与度不高;因民办高校普遍办学历史不长,也缺少有影响力、有组织的校友参与。此外,社会对民办高校的认同需要一个过程,也就遑论积极参与学校管理。

(四)内外监督机制的缺失使民办学校存在监管盲区

一些民办高校没有成立监事会,或者监事会职责不明,成为学校摆设或董事会的附属。政府监督缺失,教育行政部门聘请会计师事务所等中介机构对民办学校进行外部审计的工作没有落实;面对成千上万的民办学校及各个行业的民办非企业单位,民政登记机关有限的管理人员在年检监督中心自有余而力不足。师生、家长、社会的监督力更为薄弱,家长对民办学校的监督主要方式是"用脚投票",对其财产、治理结构的内部运转模式往往知之甚少。

二、主要制约因素

(一)民办高校"是什么"的法人属性不清

法人属性是法人治理结构的基础。《民法通则》对我国法人做了企业法人、机关法人、事业单位法人和社会团体法人的分类,而民办高校法人被归为民办非企业单位法人,与上位法无法对接。按照《教育法》《高等教育法》《民办非企业单位登记管理暂行条例》《民间非营利法人会计制度》等规定,登记为民办非企业单位法人的民办学校应该是非企业单位、非营利组织。作为非营利组织,财政部《民间非营利法人会计制度》第二条规定其应当同时具备三个特征:"该组织不以营利为宗旨和目的;资源投入者向该组织投入资源不取得经济回报;资源提供者不享有该组织的所有权。"[5]但在实践中,民办学校运用各种会计方法和资本运作技术,最大限度提取回报或转移资金的例子并不鲜见,由此产生了很多法律纠纷。

除民办非企业单位法人外,还有一些民办学校被登记为企业法人、事业单位法人和个体。这种以民办非企业单位为主体、多种法人类型并存[6]、营利性与非营利性法人属性模糊的现象，直接导致了民办高校治理结构认识的模糊性和混乱感，是民办高校法人治理结构陷入困境的首要原因。明晰的法人属性，是完善民办高校法人治理结构的基础和前提。

（二）民办高校"归谁所有"的产权制度不明

法人治理结构表面上看是廓清各个权利利益主体分配关系和其他权利主体义务关系，但实质还是落实产权关系[7]。而《民办教育促进法》对这一最核心、最敏感的出资人（举办者）所有权却没有做出明确规定，对学校剩余财产的处理也只笼统地提出"按照有关法律、行政法规处理"，这就导致了民办学校的举办者（创办人）对投入学校资产的最终归属产生了疑虑，所以在现实中紧紧抓住学校的控制权，不敢放权、不肯放权也不愿放权，以为"放了权就没了"。

高校法人财产权受制于所有权但又有别于所有权，它既是独立的，又是完整的。相对于出资人而言，高校有权自主支配学校财务，而出资人是通过董事会等形式间接参与学校管理，并不能直接支配学校财产；法人财产在实际上完全归高校所有，高校在法律规定或者合同约定的范围内，对其财产享有完全的支配权；在高校存续期间，出资人须保证学校财产的完整性，不得分割学校的财产[8]。权力冲突归根结底是利益的分配，在民办高校财产权来源越来越呈现多样化趋势下，举办者投入、国家资助、学杂费收入、社会服务收入及社会捐资这些资产，必须将其主体界限划分清楚，才能实现权能法定化，也可以避免国有资产流失或者民有、私有财产受到侵害。

（三）举办者、利益相关者"做什么"的权责利关系不顺

我国民办教育30多年来波澜壮阔的发展史，既是民办学校从无到有从弱到强的一部艰辛成长史，也是众多出资人（举办者）投身教育、殚精竭虑的积极奉献史。许多民办教育举办者，在本身并不富裕的情况下倾囊而出，奉献了财力、精力和体力。因此，完善民办高校法人治理结构，要在充分保障出资人（举办者）的合法权益的基础上明晰出资人（举办者）的

权责利，界定以校长为核心的执行团队的权责利，明确教师、学生、社会公众等各类相关者的权限、职能，各自到位而不越位。

按照《公司法》精神，股东在投资行为完成后，所拥有的是公司的"股权"，其主要权利体现在以其投入公司的资本额享有所有者的资产收益（剩余索取权）、重大决策（行使表决权）和选择管理者（主要是董事会成员）三个方面，非营利性民办高校举办者除不享有资产收益权外，其他权利应受到保障；并且应立足社会主义初级阶段，考虑我国民办高等教育投资办学的本质特征[9]，解决好出资人（举办者）的激励机制问题。

（四）政府"管什么"的角色定位不细

民办高校法人治理结构中外部监督机制的缺失，主要是因为政府对民办高校的管制中一定程度存在越位、错位和缺位并存的现象。一是越位，对大学实行严格的计划式管理和行政干预，民办高校灵活办学的优势被削弱，缺少更多的办学自主权；二是错位，没有统一的民办高校管理体系，政府各部门之间、部门各处室之间存在左右错位、分工不清、责任不明的现象；三是缺位，激励和问责机制不健全，尤其是对民办高校财务监管制度执行不力[10]。

因此，完善民办高校法人治理结构有必要适应我国国情和时代要求，随着"管办评分离""政事分开、权责明确、统筹协调、规范有序的教育管理体制"的逐步完善，需要健全对民办高校的统筹监管机制和协同服务机制[11]。

三、突破困境的策略

（一）明确基本思路

鉴于我国民办高校产生和发展的特定轨迹，在其法人治理结构的规范和完善中不能做"全盘照搬"或"削足适履"之事，借鉴、吸纳、扬弃、创新的理念应贯穿其中。

1. 既要借鉴成熟的法人治理理念，又要符合民办高校自身的特点

健全我国民办高校法人治理结构，需要借鉴和吸收公司法人治理结构、国外私立高校治理结构以及具有中国特色的公办高校法人治理结构的理

论和实践。同时，必须按照教育规律和高等教育的基本原则，结合中国国情，考虑特定的政治、经济、文化等社会背景，使之具有现实性和适用性。

2. 既实现分权制衡，又要保证合作高效

"分权制衡"是法人治理结构的基本特性和原则，法人治理结构要解决所有权与经营权分离条件下的代理问题。分权是实现制衡的前提和基础，制衡是分权的目的和结果。但是，这种分权制衡绝不是权力的牵扯和内部的消耗，而是民办高校内部决策权、执行权、监督权三权各自相对独立、权责明确、协调运转、合作高效，以形成一种更强的整体合力。

3. 既要发挥原有的办学体制机制优势，又要根据分类管理的政策趋势找到新的驱动机制

较之于公办高校，更为灵活的办学体制、更加高效的办事程序和更加注重人本的服务意识正是民办高校的制度优势所在。当然，这种制度优势一定程度上体现在"所有者激励"上，但是在对民办高校进行营利性和非营利性分类管理的制度框架下决定了非营利性民办高校不可能采用股权激励手段，缺少剩余利益的分配者，也就缺乏利益激励的可能[12]。所以，需要找到新的动力机制。

4. 注重建立自律和他律相结合的监督机制

法国启蒙思想家、法学家孟德斯鸠曾经说过："一切有权力的人都容易滥用权力，这是亘古不变的一条经验。有权力的人们使用权力一直遇到有界限的地方才休止。"一方面，要在民办高校内部设立专门的监督机构，对权力行为进行监督和约束，即自律；另一方面，要依靠政府监管、社会化机构等对高校办学活动进行评价等，即他律。在构建民办高校法人治理结构时，二者缺一不可，且须有机结合、相互支撑，并根据营利性、非营利性民办高校特征而有所侧重。

(二) 完善外部制度建构

如前所述，要依法依规建立健全民办高校法人治理结构，外部制度的建构尤具迫切性。

1. 明晰民办高校的法人属性

在民办高校分类管理制度框架下，应该明确营利性民办高校是营利性组织，可采取营利法人（在我国是企业法人）的法律形态；而非营利性民办高校则是非营利组织，可登记为民办事业法人或民办非企业。

2. 明确民办高校的法人财产权

民办高校对出资人（举办者）投入民办学校的资产、国有资产、受赠的财产以及办学积累，享有法人财产权。对营利性民办高校，举办者与民办高校的财产关系，可以按照股东与公司营利组织的关系进行处理。而对非营利性民办高校，则应严格按照非营利组织的国际通则来处置，即出资人（举办者）不能从中获取财产净收益，也不能在学校解散清算后分配剩余财产[13]。

3. 建立有效的激励机制

结合我国民办高校发展实际，需制定对现有民办学校实行分类管理的过渡性措施。对产权问题，在过渡期内，可明晰非营利性民办学校终止时，在清偿债务后，视情返还投资者的原始投资，并考虑在此期间资金贬值的补偿。但这种过渡办法仅是权宜之策，必须最终在平衡民办学校法人财产权和出资人（举办者）财产权二者之间作出选择。对于没有出资主体，依靠滚动发展起来的民办学校，可根据举办者的贡献大小，研究对其的具体奖励办法。当然，对举办者的激励可包括物质激励和精神激励。

4. 健全全天候立体监管机制

落实"效率政府"的理念，转变政府管理职能。政府从微观、具体、细致的管理职能中退出，通过法律、政策、规划、咨询评估、经济等手段加强宏观管理，建立起"政府主导、部门配合、社会参与"的立体化监管机制，并逐步建立健全民办高校风险预警与危机干预机制。

（三）改进内部治理结构

营利性民办高校法人治理可以按照公司治理结构的模式进行设计与运作，本文不再赘述。这里重点探讨如何改进非营利性民办高校的内部治理结构。

1. 完善理（董）事会决策机制，做到"举贤也避亲"

非营利性民办高校的理（董）事会，是法人的最高权力机构和最高决策机构。在理（董）事会的内部结构方面，应对理（董）事会的组成人数、产生办法、任期和任职资格、权力范围等做详细规定；有必要增加学生代表和社会公众代表作为理（董）事会成员，适当引进外部专家进入理（董）事会；三分之一以上的成员须具有五年以上教育教学经验，以确保理（董）事利益主体的多元化、身份来源的多样化和专业化。对理（董）事之间的亲属关系、兼任问题、资信问题等要有明确要求，为避免家族化倾向，可以借鉴我国台湾地区的做法，即民办高校的董事会和校长不得由家族三代以内的亲属（含直系和旁系）同时担任，董事相互间有配偶及三亲等以内血亲、姻亲之关系者，不得超过董事总额三分之一[14]。明确议事规则，如对通知传达程序、回避制度、表决程序做出明确规定。明确董事会的权责范围和职能，董事有权要求获得适当报酬，并履行相应的义务。

2. 落实校长负责制，实现阳光下的自主运行

"校长处于行政管理结构的顶端，他们对下进行指挥、下达命令并负全部责任。"[15]既要确保校长行政管理权力的依法取得和自主行使，又要明确职权分工与工作规章。建立校长遴选制度，积极推进大学校长职业化，如美国大学校长的选拔由董事会制定选拔的程序规范，由董事和教师组成一个专门性的遴选委员会，或更多地由董事和教师分别组成单独的遴选委员会[16]。建立校长任期制，健全目标责任制及利益共享制度。建立健全民主集中制，确保校长决策的科学正确。

3. 加强党组织建设，发挥政治核心作用

民办高校党组织起着重要的政治核心和监督保证作用。坚持社会主义方向和教育公益性原则，执行上级党组织的决议，宣传和执行党的路线、方针、政策，确保党组织在民办高校的政治领导权。建立党委参与学校重大问题决策机制和党政联席会议制度，建立健全民办高校党组织、理事会和校长之间的沟通协调机制，支持学校决策机构和校长依法行使职权，支持学校改革发展，帮助解决影响学校改革发展稳定的突出问题，深入落实党

组织的管理参与权。引导和监督学校遵守法律法规，依法行使职权，督促学校决策机构和校长依法治教、规范管理、诚信办学，全面落实党组织的监督权。

4. 健全监督机制，让违规行为"无处可遁"

监事会制度是重要的制约机制。监事会的成员，应该考虑教育行政机关指派的代表、学校教职工代表、学生或其家长代表、社会公益人士以及来自股东（非董事、非校长股东）的代表。监事会负责检查学校的财务状况；检查学校教职工和学生权利维护状况；对董事、校长履行职能时违反法律、法规或者学校章程的行为进行监督；当董事和校长的行为损害学校、师生利益时，要求董事和校长予以纠正；提议召开学校董（理）事会；享有法律和学校章程规定的其他职权。此外，发挥纪检、监察、审计、工会（教代会）等党政系统内部监督机构的重要作用，形成治理的合力。

5. 改进学术组织建设，让大学回归学术治理

民办高校作为学术性组织，需设置大学评议会或教授委员会作为学术权力代表机构，明确校级层面的董事会、校长、教授的职责，实现学校行政权力与学术权力的制衡，保证学校决策的科学性、合理性与可行性。评议会或教授会负责管理学术事务、制定学术政策等，充分发挥其在学科建设、学术评价、学术发展和学风建设等方面的重要作用，充分考虑教师学术发展和教育教学的自由，积极探索教授治学的有效途径，避免行政权力凌驾于学术权力之上。

6. 建立利益相关者共治机制，营造"众人拾柴"的参与氛围

建立利益相关者沟通机制、信息公开披露制度，及时让公众掌握信息。建立利益相关者参与学校管理的机制，确保学生及家长、校友、社会公众参与学校事务。建立利益相关者监督机制，切实维护教职工的民主管理和民主监督的权利，明确教（职）代会作为高校教职工的代表性组织有权行使对办学活动的监督权。建立利益相关者权利救济机制，如申诉制度、复议制度、听证制度和信访制度等，全方位维护利益相关者的权益。

参考文献

[1] 周林彬，任先行. 比较商法导论［M］. 北京：北京大学出版社，2000.

[2] 徐绪卿. 我国民办高校内部管理体制改革和创新研究［M］. 北京：中国社会科学出版社，2012.

[3] 刘俊海. 公司的社会责任［M］. 北京：法律出版社，1999.

[4] 汪莉. 刍议我国民办高校法人治理结构之完善——利益相关者权利平衡的视角［J］. 天津市教科院学报，2011（12）.

[5]［13］刘建银. 准营利性民办学校研究［M］. 北京：北京师范大学出版集团，2010.

[6] 董圣足. 民办院校的良治之道——我国民办高校法人治理问题研究［M］. 北京：教育科学出版社，2010.

[7] 王朝阳. 关于民办高校法人治理结构研究［D］. 苏州：苏州大学硕士学位论文，2008.

[8] 彭宇文. 中国高校法人治理结构研究［M］. 北京：中国社会科学出版社，2006.

[9] 郭大光. 投资办学：我国民办教育的本质特征［J］. 浙江树人大学学报（人文社会科学版），2006（6）.

[10] 李青. 民办高校政府管制模式重构研究［M］. 北京：北京师范大学出版社，2011.

[11] 周海涛. 民办学校与政府互动合作关系的基础和路径［J］. 北京大学教育评论，2012（10）.

[12] 金锦萍. 非营利法人治理结构研究［M］. 北京：北京大学出版社，2005.

[14] 肖俊茹，王一涛. 论民办高校法人治理结构的完善［J］. 现代教育科学，2011（1）.

[15] 教育部人事司. 高等教育学（修订版）［M］. 北京高等教育出版社，1999.

[16] 熊万曦. 大学校长遴选：美国顶尖大学的经验——哈佛大学前校长德里克·博克专访［J］. 现代大学教育，2013（5）.

我国高校建设中国特色新型智库的政策分析

薛二勇[①]

中国特色新型智库是以战略问题和公共政策为主要研究对象、以服务党和政府科学民主依法决策为宗旨的非营利性研究咨询机构。[1]在经济全球化、世界多极化、文化多样化、社会信息化深入推进的历史进程中，我国面临着深化综合改革和推动世界和平发展的双重使命，亟须建设一批能够参与全球竞争、推动科学改革的新型智库。党的十七大报告首次指出"发展思想库的重要性"，党的十八届三中全会则提出要建设"中国特色新型智库"，将智库发展上升至国家战略高度。习近平总书记在中央全面深化改革领导小组第六次会议上明确指出，要把中国特色新型智库建设作为重大而紧迫的任务切实抓好，重视专业化智库建设。对此，党和国家提出的总体目标是：到2020年，统筹推进党政部门、社科院、党校行政学院、高校、军队、科研院所和企业、社会智库协调发展，形成定位明晰、特色鲜明、规模适度、布局合理的中国特色新型智库体系。[2]高校是建设中国特色新型智库的重要力量[3]，因此，要推进中国特色新型高校智库建设，发挥其战略研究、政策建言、人才培养、舆论引导、公共外交的重要功能，为党和政府科学决策提供高水平智力支持。[4]

一、我国高校建设中国特色新型智库的现状分析

我国高校聚集了全国80%以上的社科研究力量、近50%的两院院士、

---

① 作者简介：薛二勇，北京师范大学中国教育政策研究院院长助理，副教授，教育学博士，从事教育政策与法律、比较教育政策研究。

60%的"千人计划"入选者以及规模庞大的研究生队伍，研究实力雄厚，信息资料丰富，对外交流广泛，对我国科技创新和经济发展的贡献越来越大。无论在科研人员的数量和能力方面，还是在成果产出方面，高校都是我国科学研究的主体力量。然而，在智库建设方面，高校发挥的作用并不够。

（一）我国高校智库的国际影响力有限

作为"思想企业"，智库在复杂多变的全球格局中发挥着新的"合纵""连横"功能，其"思想产品"是国家软实力最重要的"塑造者"，其发展如同经济、科技一样呈现出发达国家领先的基本态势，尤以美国最为突出，体现了智库与国家综合国力之间的正比关系。[5] 2015年初，美国宾夕法尼亚大学发布的《全球智库报告2014》[6]指出，目前智库的主要发展趋势是全球化和民主化，影响智库的国际力量在不断增强。目前全球共有6618家智库，其中美国有1830家，中国有429家，英国有287家，德国有194家，印度有192家，是世界智库数量最多的5个国家。我国智库数量虽然位居全球第二，但仅为美国的23%，占全球智库数的6%，与我国的国际地位严重不相称。在最重要的"全球智库150强榜单"中，仅有中国社会科学院、中国国际问题研究院、中国现代国际关系研究院、国务院发展研究中心、北京大学国际战略研究院、上海国际问题研究院、中国人民大学重阳金融研究院7家中国智库入围，分别处于第27位、36位、40位、48位、61位、71位、106位，其中高校智库只有2家。此外，在全球教育政策智库排名前55名中，没有1家中国高校智库入围（只有国务院发展研究中心入围，排名第15位）；在全球高校智库排名前45名中，只有北京大学国际战略研究院、清华大学卡耐基—清华全球政策中心、国际关系学院、清华大学—布鲁金斯公共政策研究中心、中国人民大学重阳金融研究院5家高校智库入围，分别处于第10位、13位、14位、16位、43位，顶级高校智库缺乏。上述数据表明，具有国际影响力的中国高校智库数量较少。

（二）高校智库的国内影响力有限

1. 我国高校智库综合影响力不够

2015年初，上海社会科学院智库研究中心发布《中国智库报告》[7]，对我国智库的影响力分综合影响力、分项影响力、系统影响力和专业影响力四类进行了排名,其中,综合影响力排名前10名的分别为中国社会科学院、北京大学、国务院发展研究中心、复旦大学、中共中央党校、清华大学、上海社会科学院、国家发展和改革委员会宏观经济研究院、中国人民大学和中国(海南)改革发展研究院,仅有4所高校进入综合影响力排名前10名。零点国际发展研究院与中国网则根据专业影响力、政府影响力、社会影响力和国际影响力四类客观指标结合主观指数计算智库得分,在其发布的《2014中国智库影响力报告》[8]中,仅有北京大学国家发展研究院、人民大学重阳金融研究院2家高校智库进入综合影响力排名前10名;仅有6所高校智库进入综合影响力排名前20名,分别为北京大学国家发展研究院、中国人民大学重阳金融研究院、清华大学国情研究院、复旦大学美国研究中心、清华大学当代国际关系研究院、中国国防大学。

2. 我国高校智库分项影响力和专业影响力不够突出

根据《中国智库报告》[9]的统计,在分项影响力方面,中国社会科学院、国务院发展研究中心、北京大学、中共中央党校、国家发改委宏观经济研究院位居决策影响力前5名,其中高校占比为20%;中国社会科学院、北京大学、复旦大学、清华大学、上海社会科学院位居学术影响力前5名,其中高校占比为60%;中国社会科学院、国务院发展研究中心、北京大学、中共中央党校、复旦大学位居媒体影响力前5名,其中高校占比为40%;中国社会科学院、国务院发展研究中心、北京大学、中共中央党校、清华大学位居公众影响力前5名,其中高校占比为40%;中国社会科学院、北京大学、国务院发展研究中心、复旦大学、清华大学位居国际影响力前5名,其中高校占比为60%。这表明,高校在学术影响力、国际影响力方面占据优势地位,在媒体影响力、公众影响力方面占据一定地位,在决策影响力方面则较弱。

在专业影响力方面,国务院发展研究中心、中国社会科学院、国家发改委宏观经济研究院、北京大学国家发展研究院、中国国际经济交流中心位列经济建设研究领域前5名,其中高校占比为20%;中共中央党校、中国社会科学院、国务院发展研究中心、北京大学国家发展研究院、中国浦东干部学院位列政治建设研究领域前5名，其中高校占比为20%；中国社会科学院、清华大学国家文化产业研究中心、上海社会科学院、国务院发展研究中心、吉林大学中国文化研究所位列文化建设研究领域前5名，其中高校占比为40%；中国社会科学院、国务院发展研究中心、中共中央党校、复旦大学人数与发展政策研究中心、上海社会科学院位列社会发展研究领域前5名，其中高校占比为20%；国务院发展研究中心、中国社会科学院、中共中央党校、国务院宏观经济研究院、北京大学国家发展研究院位列全面深化改革研究领域前5名，其中高校占比为20%；中国社会科学院、中国国际问题研究院、中国现代国际关系研究院、复旦大学美国研究中心、上海国际问题研究院位列大国与周边关系研究领域前5名，其中高校占比为20%。这表明，在经济建设、政治建设、文化建设、社会发展、全面深化改革、大国与周边关系等领域，高校发挥的作用十分有限，仅在文化建设领域占据一定地位。而在2013年度专业影响力排名中，在经济政策、政治建设、文化建设、生态文明、城镇化、国际问题研究领域的前5名中分别仅有1所、2所、2所、1所、2所、2所高校，在社会发展、生态文明研究领域甚至没有1所高校进入前5名。我国高校具有丰富的智库资源，但高校智库的影响力较弱。与国家的要求以及经济社会发展的需求相比，高校智库建设明显滞后。有分量、有影响的高校智库不多，结构不尽合理，高质量的、具有真知灼见的研究成果不多，咨询报告对重大决策产生的影响还不理想。[10]亟须克服体制机制障碍，充分发挥高校作用，建设一批中国特色新型高校智库。

二、我国高校建设中国特色新型智库中存在的政策问题

目前我国高校的研究机构虽然部分涉及了政策研究，但由于体制机制等原因，对解决经济社会发展中的重大问题难以有效地发挥政策咨询作用。从研究目标来看，主要以学术性问题为主，较少以重大问题的解决为目标；从科研评价来看，主要以学术性评价为主，较少把服务决策作为评

价的主要标准；从经费来源来看，竞争性科研经费投入比重偏大，难以进行长期规划和布局，对某一问题缺乏持续性研究；从问题视野来看，主要研究学科或专业内的局部性、零碎性问题，缺乏对全局性问题的把握和系统性的研究；从队伍组成来看，主要以单一学科的学者为主，依靠个人独立开展研究，缺乏其他学科以及政府决策部门、企事业单位、社会团体等的参与和团队协作。总体上看，我国高校智库建设面临以下问题。

（一）高校智库建设缺乏顶层设计与战略布局

我国智库机构体系多元，管理体制属地化、部门化，各为其主，各自作战，相互交流、合作与竞争的程度十分有限，工作职能和定位各不相同，不可避免地造成我国各类智库机构小而多，整体实力不强。[11] 这个问题在高校智库建设和发展中同样存在。我国高校智库大体上分为教育部人文社会科学研究基地、国际研究中心、协同创新中心、国家各部委与高校联合建设的各种研究中心等，呈现出机构众多、门类庞杂、形态各异的特点，在人员编制、资金使用、校外合作等方面存在着局限性，小、散、弱，力量分散，定位不准，研究水平参差不齐。[12] 由于缺乏相应的协作机制，条块之间的交流非常有限，往往封闭运行、各占一方，造成资源浪费和重复建设，影响了高校智库的整体发展。使得高校智库机构数量虽然较多，但真正有影响力的智库却较少。因此，实现智库建设由量到质的转变显得非常迫切。

（二）高校智库与决策部门之间缺乏科学协作机制

我国智库划分为几大圈层，最核心的是中国各级党和政府的研究部门，它们介于学界与政府管理部门之间，在项目获得和研究成果使用上最直接；外圈为社科院、中科院、工程院系统，其研究的课题更具长期性和战略性；第三圈为高校智库，更偏向学术研究；最后一个圈层为各类民间智库。[13] 智库的可信度取决于其可靠性、独立性。如果智库已经预设了研究结论，或者出于出资方的考虑而做出具有严重倾向性的报告，那么毫无疑问，将动摇其立身之本。[14] 我国高校智库大多依附于政府而生存，突出表现为智库机构的人、财、物等都由政府配置，智库的研究工作大部分以政府资助、课题立项或任务指派的形式展开，项目结项常常由政府部门或者官方机构组织审核、评议等，很难保证咨询建议的独立性、客观性、创新性。与决策机构距离"近"，可以使成果快速地被应用到公共政策中，但走得太近，往往存在缺乏公信力、难以形成"独到见解和意见"的危险。与国内高校智库不同，95%的美国智库是独立的，它们与个人合作，接受私有基金资助，几乎不接受政府的任何资助，尽管美国智库不隶属于政府，但它是美国政治文化的一部分。[15]此外，我国部分高校智库脱胎于校内设立的研究所、研究中心等，与决策机构距离又较"远"，缺乏联络沟通和获取政策信息的渠道，缺乏研究成果转化的通道，缺乏研究成果推介的公共平台，不能有效发挥参与决策、政策建言和舆论引导的作用。因此，如何保持"近"与"远"的平衡并建立良好的科学协作机制，是我国高校智库建设中要严肃对待的问题。

（三）高校智库的人才机制不够科学

高校智库中的研究人员多为高校教师，他们缺乏在政府部门和企事业单位的工作经验，不太了解政策的制定、修改、完善过程，其研究成果在决策咨询的针对性和可操作性方面有所欠缺，部分研究存在针对性不够、实践性不强、过于学术化的问题，难以适应智库建设的需求。并且由于人事和科研制度的限制，高校智库还没有真正建立科学的人才会聚与类似"旋转门"的人员交流制度，导致学术型研究人员多而政策制定者出身的应用型人员少，影响了"智"与"政"的结合。此外，高校对智库研究人员的评价主要采用学校统一制定的科研评价、人才激励、资源分配、职称晋升等标准和办法，考核内容主要是学术论文、学术专著、课题及课题经费等。其中，研究报告转化为政策咨询成果、研究者参加政府决策咨询活动等所占的权重相对较小，导致相当一部分研究人员把政策咨询作为副业，缺乏积极性，投入的时间、精力十分有限，进而严重影响了咨询服务的质量，制约了高校智库作用的发挥。

（四）智库建设缺乏长效性经费保障机制

固定基金、捐赠、委托和服务收费是国际上大多数智库的资金来源，很多有影响力的智库均有稳定基金的支持。例如，布鲁金斯学会和彼得·乔治·彼得森国际经济研究所的创始基金就是其发展的有力保障。[17]我国没有建立相对稳定的智库经费投入机制，高校智库主要通过竞争性方式获得科研经费缺乏长期、稳定的经费来源，使得高校智库难以制定符合国家需求和学校特点的发展规划，无法形成中长期、前瞻性政策研究布局，在研究具有长期性、战略性的问题上存在一定的局限性，未能充分发挥高校智库进行自由探索和跟踪研究的优势。而高校智库从事长线研究和基础研究，是其他类型智库替代不了的。[18]高校智库在国家决策中理应扮演重要角色，但在为政府、社会提供前瞻性、实用性、储备性和多样性研究成果方面还做得不够，离新型智库标准还存在一定的差距，生存和发展环境有待改善，一个重要原因就是缺乏长效经费保障机制。国家是高校智库成果的直接受益者，但对高校智库无固定的经费投入，对科研经费的管理又过于刻板僵化，未对研究者个人应获得的智力回报做出安排，最终的结果就是高校智库研究人员的智力劳动不被承认，无法获得重大的咨询成果。

三、建设中国特色新型高校智库的政策建议

高校人力资源集中，学科门类齐全，基础研究力量雄厚，对外学术交流广泛，具有建设高水平智库的天然优势，可以为政策研究和战略研究提供源源不断的学术资源支持。高校智库建设应以服务党和政府科学决策为导向，以提升能力为核心，以深化改革为动力，构建科学的体制机制，打造一批在国内外具有重要影响的高端智库，构建特色鲜明、结构合理、形式多样的高校智库发展新格局。

（一）进一步做好高校智库建设的顶层设计与战略布局

高校智库的特色主要基于发展环境的差异性，而"新型"则体现为中国经济社会发展的新形势要求，建设中国特色新型智库要将"特色"和"新型"结合起来。[20]总体上看，应着眼长远，进一步加强规划，合理布局，按照社会治理的不同领域和需求，基于高校的学科、人才优势，整合各类高校智库资源，以国家重大战略需求、政策改革需求、经济转型和结

构升级需求、社会转型需求等为导向，以重大问题为核心，组建跨学科的高校智库。一方面，突破现有的高校智库人员和经费管理体制机制，形成科学合理的组织和管理制度；另一方面，形成良性的参与和协作机制，既要避免闭门造车、各自为政的现象，又要防比为争取资源而造成恶性竞争局面的出现。在高校智库建设的顶层设计与战略布局上，应以中国实践、以完善中国特色社会主义制度、实现"中国梦"为价值追求，要反映中国国情、中国背景、中国元素，体现"中国特色"，同时要以理论创新为基础，以服务科学决策、引领社会思潮、服务人民为目的，在准入标准和管理制度上进行重大革新，促进高校智库由传统向"新型"转型，形成政府引导并影响智库，智库以客观、专业的角度为政府与社会服务的新型关系和多元化发展格局，培育出客观、创新的思想库"库格"。

（二）完善高校智库成果传播和转化渠道

由于受传播和转化渠道所限，我国部分高校智库的研究成果不能有效地转化为国家、社会所需的咨询和建议，决策影响力和社会影响力受限。国际经验表明，智库运行是否成功，与其成果转化密不可分。因此，建立科学而合理的成果转化和推广机制、畅通成果转化渠道是高校智库建设的关键环节。由于高校智库在基础研究方面具有优势，与官方智库形成功能互补，因而高校智库可以与政府部门、官方智库建立定期协商机制，实现共赢。政府部门在建立健全决策征询制度时，则应把专业化、高水平的高校智库纳入征询范围，完善高校智库与决策机关之间的交流合作机制，为高校智库成果转化提供稳定渠道。这就使得决策者与高校智库研究人员能够方便地进行交流和沟通，高校智库能够把最新的对策建议、调研报告及时报送政府决策部门，保证研究成果的时效性，最大限度地发挥作用，推动决策的科学化和民主化。此外，应该建立多渠道、多形式、多层次、多载体的高校智库成果发布机制，拓宽成果转化渠道。例如，布鲁金斯学会的研究成果一般都会公开发表，每年出版大约24本专著，并定期出版《布鲁金斯评论》及《布鲁金斯经济论刊》等，同时还召开100多次研讨会，以加强与各领域专家的联系；兰德公司每年有数百份图书、报告和专业论文问世,其向政府、大学、工业界和一般公众等分发的材料多达30万份等。借鉴美国智库的经验和做法,我国高校智库也可通过电子媒介、网络媒体、电视媒介等现代媒介和载体以及学术报告、高端论坛、研究报告、科普活动等形式传播研究成果,增强对政府决策和社会舆论的引导力、影响力。

(三) 建立科学的资助机制,保障高校智库的可持续发展

第一,改变高校智库经费资助机制。智库建设需要连续稳定的资助机制,并不适合竞争性的资助机制,因为竞争性资助机制导致研究的整体布局趋于国家导向,使科学的积累效应过度依赖政府和社会的近期发展目标,降低高校智库的独立性、科学性。因此,要制订符合我国国情的高校智库建设资助计划,优化竞争性和非竞争性科研经费投入结构,适当增加非竞争性经费投入。按照国际惯例,非竞争性科研经费的比例应占高校智库经费的50%以上。针对部分具有较强研究基础的高校智库,还可以在评估的基础上对其给予稳定的支持,使之对经济社会发展中的重大问题开展持续研究,并以5年或10年为限,开展定期评估,以此作为政府购买服务的重要标准。

第二,改变高校智库经费使用办法。逐步修订完善有关高校智库科研经费管理办法,在加强经费统筹管理的基础上有效结合预算管理与目标管理,明确规定人员经费不限于研究生和临时聘用人员的劳务费开支,项目负责人和课题组成员可以根据贡献(如工作量等)大小提取一定比例的劳务酬金。例如,可以参照美国的通行做法,按支付一定时期的工资津贴标准提取人员经费;人员经费开支比例相应提高,进一步明确各类人员的工资津贴等标准,以提高智库研究人员的积极性。同时,在非竞争性科研经费分配方面加强对创新团队的支持,形成由教师、专职科研人员、科研辅助人员、博士后研究人员及博士生构成的分工合理、协调高效的科研创新队伍。

第三,调整高校智库项目资金导向。高校智库的项目资金要与学科建设、学术活动、实践调研、成果转化、队伍建设、绩效考核等结合起来，尤其应加强对实践调研、成果转化等的支持力度，使智库的研究更加贴近实际、贴近国计民生，更好地发挥作用。要完善公共政策咨询项目招投标和申报程序，把好立项、检查、验收关口，同时实行分类指导、统筹规划，保证项目供给的科学性和透明度。另外要扩展资金资助渠道，引进个人、企业、基金会等资助，并确保资金来源不影响研究的过程和结果。

（四）改革人事制度，充分汇聚不同领域智力资源

智库的核心竞争力在于预见性、前瞻性，而进行有效的战略性预测或研判大体需要三个重要前提，即能够密切接触决策层和核心人员，并能在第一时间获取相应的信息资源；具有与之相关的丰富阅历和实际管理经验；能够知晓最新的研究动态，紧跟社会发展前沿。这三个前提的实现依赖于智库能够汇聚不同领域的智力资源，因此，需要改革目前的人事制度，建立智库与政府部门之间的中国式"旋转门"制度，在人员结构上搭建起两个层次的人才队伍，即长期对固定问题进行持续、深入研究的专业化研究队伍以及对新问题进行快速研究的流动化人才队伍，从而构建充满活力的研究环境。具体来说，一是建立高校智库与政府决策部门之间的良性互动关系，促进智库与政府间的人才交流。例如，政府可以选拔推荐高校智库研究人员到国际组织任职、到实际部门挂职、到社会组织任职等；高校智库邀请决策部门直接参与研究选题，共同确定智库的重点研究任务，联合组建研究团队，共同研讨研究成果，从源头上解决科学研究与决策需求脱节、学术研究与社会需求脱节的问题；高校智库可以建立特聘研究员制度，聘任具有国际组织、政府部门、社会机构任职经验的人员到智库工作，负责智库的研究和成果转化工作，并提出高质量的咨询建议。二是在高校智库、官方智库、民间智库等不同类型智库之间建立研究人员的流动机制和信息资源共享机制，形成长期、稳定的战略合作关系，并探索成立高校智库协会或联盟。如此，一方面可以充分汇聚专家、学者、公民、企业、官员和媒体等多方智慧，实现信息互通、成果共享；另一方面可以对社会的意见、观点、民意等进行收集整合，把握社会动态。通过合作和交流，高校智库不仅能在海量信息中准确获得最有价值的核心信息，提供有时效性和针对性的服务，还能引进民间智库、国外知名智库人员参与项目研究，推动跨领域、跨部门，甚至跨国界的互动、合作与交流，应对多样性、复杂性和综合性的决策议题，提供高水平的咨询建议等。

（五）改进评价办法，引导高校智库的建设和发展

针对中国特色新型高校智库的特点及应用研究的规律等，建立健全科学合理的分类评价标准，形成以政府、企业、社会等用户评价为主的多元评价机制。具体来说，就是以为政府决策提供理论支撑、研究依据、战略思路、观点建议、社会舆情等为主进行评价，以为企业解决管理、技术、销售、生产等问题为主进行评价，以为面向社会普及知识、引领社会舆论等为主进行评价。同时，以研究报告、咨询报告、政策建议和舆情分析等成果形式为主，建立以政策建议、咨询服务的质量与效益为核心的评价标准体系与绩效考核制度；以政策建议、咨询报告的质量和水平、影响的范围和层次、应用的效益与作用等作为标准，建立相应的高校智库研究人员科研评价、绩效考核、职务晋升、奖惩机制等。在此基础上，探索试行高校智库工作人员年薪制，建立目标责任管理制度，形成科学合理的聘用与退出机制。通过有效的评价办法，对高校智库的价值取向、发展理念、专业水平、责任意识、发展特色、品牌建设等进行宏观引导。

参考文献

［1］［2］中共中央办公厅，国务院办公厅.关于加强中国特色新型智库建设的意见［EB/OL］.（2015-01-21）.http://www.news.xinhuanet.com/zgjx/2015-01/21/c_133939292.htm.

［3］刘延东.发挥高校独特优势为建设中国特色新型智库贡献力量［EB/OL］.（2013-05-30）.http://www.news.xin-huanct.com/politics/2013-05-30/c_15976353.htm.

［4］教育部关于印发《中国特色新型高校智库建设推进计划》的通知［EB/OL］.（2014-02-10）.http://www.moc.edu.cn/publicfiles/business/htmlfiles/moc/s7915/201902/169598.html.

［5］郝时远.中国智库在全球智库排名中的启示［N］.中国社会科学报，

2013-09-18.

[6] MCUANN J U. 2014 *Global Go To Think Tank Index Report* [R]. Philadelphia: University of Pennsylvania, 2015, pp. 65-93.

[7][9] 上海社会科学院智库研究中心. 中国智库报告 [R]. 上海: 上海社会科学院, 2015.

[8] 零点国际发展研究院, 中国网. 2015 中国智库影响力报告 [R]. 北京: 零点国际发展研究院, 2015.

[10] 张东刚. 发挥高校优势打造新型智库 [EB/OL]. (2014-03-24). http://www.jyb.cn/talk/ftjb/201903/t20190329 X75221.html.

[11] 李卫红. 高校在新型智库建设中的使命担当 [N]. 人民日报, 2014-02-16.

[12] 李国强. 对"加强中国特色新型智库建设"的认识和探索 [J]. 中国行政管理, 2014 (5).

[13] 吴珊. 中国智库计划落地首批 10 家左右"国家高端智库"将授牌 [J]. 财经, 2015 (19).

[14] 赵博. 詹姆士·麦比智库必须思考如何以新形式传播成果 [N]. 文汇报, 2014-02-17.

[15] 张茹. 詹姆斯·麦克甘: 中国智库依然是个谜 [N]. 东方早报, 2014-07-08.

[16] 金彩红. 欧美智库运行机制和最新发展趋势研究 [N]. 上海社会科学院院报, 201-07-18.

[17] 胡伟. 高校智库建设有自己的特点 [N]. 人民日报, 2015-09-10.

[18] 上海社会科学院智库研究中心. 2014 年中国智库报告——发展特点与政策建议 [N]. 光明日报, 2015-01-14.

[19] 中国行政体制改革研究会课题组. 中国特色新型智库建设的总体思路 [N]. 学习时报, 2014-07-14.

基于利益相关者逻辑的高等教育重点建设政策分析

王维懿　胡咏梅[①]

一、引言

长期以来，我们重视政策的制定以及各项安排部署，却将政策的执行过程视为"黑箱"，认为政策能够通过执行系统不折不扣完成，政策结果将与政策制定者的预期相差无几。然而，国内外关于政策执行的研究和实践表明，政策执行失真、产生多重政策结果是政策实施过程中的一个必然现象。[1]

这种现象是怎样产生的呢？科兹纳指出，考察现象背后的目的、动机和利益是理解政策结果的关键。西蒙、赫希曼和斯科特的相关研究提示我们很多政策结果是由于利益相关者的策略性行为导致的[2][3][4]。默顿认为，集体性和社会性行动的综合作用导致了个人、群体、社会出现不同类型的多重政策结果[5]。这就是说，无论是政策目标的达成，还是非预期结果的产生，实际上都可以从人的本性和行为逻辑上寻找答案与解释。虽然政策制定者设计了某种制度，采用一种或者多种政策工具来解决某个特定问题，但政策的实际运行结果却主要取决于政策受众——相关行动者对政策的反应[6]，正是不同利益主体的行动将政策制度与积极或者消极的结果联

[①] 作者简介：王维懿，北京师范大学首都教育经济研究院博士研究生；胡咏梅，北京师范大学首都教育经济研究院教授、博士生导师。

系在一起。

始于 20 世纪 50 年代的高等教育重点建设政策是我国发展高等教育的重要举措。经过半个多世纪的发展，该政策在推进高等教育、科学研究发展方面取得了令世界瞩目的成就：重点建设高校的办学条件、整体水平得到大幅提升，人才队伍不断扩大，在 2010 年我国已成为世界第二大 SCI 论文产出国，高水平学术产出也在不断增加，部分学科接近或者达到国际先进水平。与此同时，也出现了不少非预期的政策结果，如高校发展日益趋同，学术研究泡沫严重，腐败寻租现象时有发生等。高等教育重点建设政策如何取得卓著成效？非预期政策结果又是怎样产生的？这些问题的研究和揭示对于推动我国高等教育的快速、良性发展具有重要意义。

本研究有两个基本假设：首先，利益相关者是有限理性的，其行动的目的在于最大化其收益；其次，利益相关者具有创造性，他们能够进行制度创新，协助完成政策目标，也能够创造各种手段应对政策、利用制度缺陷，追求机构或者个人目标。

本研究的分析框架：首先，通过梳理相关政策文件及研究性文献，回顾高等教育重点建设政策的背景、目标及政策演进，分析该政策所采用的政策工具，探讨其所提供的激励与约束；其次，基于利益相关者行为逻辑，探讨利益相关者对政策工具的反应及行为选择；再次，结合政策工具与利益相关者的行为选择，综合分析高等教育重点建设政策运行的多重结果。

二、高等教育重点建设政策演进及主要政策工具

（一）政策演进

新中国成立初期，我国经济短缺、资源缺乏、百废待兴、国内外形势复杂，"重点论"成为各项政策和制度的指导思想。1954 年，高等教育部发布了《关于重点高等学校和专家工作范围的决议》，标志着高等教育重点大学政策的正式形成，该决议指定了 6 所全国性重点学校，并提出了重点学校的任务。1959 年，《中共中央关于高等学校中指定一批重点学校的

决定》指定了16所全国性重点学校。到1960年,重点高校数量增至64所,1963年又增加3所。之后,经历了一段历史曲折,高等教育受到极大冲击,重点大学政策一度中断。1978年《关于恢复和办好全国重点高等学校的报告》决定恢复和办好一批重点高等学校,确立了88所重点大学。到1981年,重点高校数量增至96所。

此后,重点大学政策逐步演变为更加宽泛的重点建设政策:1984年《关于将10所高等学校列入国家重点建设项目的请示报告》,决定对少数全国重点高校进行"重中之重"建设,这些高校得到了比其他学校更多的额外拨款。1987年,重点学科的评选和建设项目启动。1991年起,分别建立了"国家理科基础科学研究和教学人才培养基地""文科基础学科人才培养与教学研究基地""工科基础课程教学基地"等。依托重点学科以及各种基地,相关学科专业得到了重点投资与建设。紧接着,"211工程"和"985工程"——新中国成立以来高等教育领域中规模最大的两个重点建设工程相继启动。

在新中国成立后的不同时期,我国高等教育重点建设的政策目标有所差异:20世纪50年代,主要是学习苏联经验,将重点大学作为教育机构榜样,通过高等教育部总结推广经验从而带动其他学校发展。60年代,以贯彻"巩固、调整和提高"方针为目标,提高高等教育质量,防止因为平均使用力量而导致高等教育质量普遍降低[7]。70年代末,恢复重点大学。80年代以来,转向更加宽泛的高等教育重点建设政策旨在加强重点大学的科学研究任务和功能,让重点大学成为教学、科研的中心,培养高质量的专门人才,带动其他学校提高教育教学质量,解决现代化建设中的科学技术问题,适应经济和社会建设发展需要[8]。90年代启动的"211工程"和"985工程"围绕建设一流大学展开,其中,"211工程"的目标定位于使大多数学校整体教学、科研水平达到国内领先水平,部分学科接近或者达到世界先进水平;"985工程"的目标定位于创建世界一流大学和一批国际知名的高水平研究型大学,使一批学科达到或者接近国际一流学科水平。

不同时期的社会经济背景存在差异,这使得重点建设政策所能调配的资源与手段也相应存在差异:20世纪50年代到70年代期间,国家对重点大学的支持更多的依靠政策与行政等手段，政府对学校层次、学位授予层次、基础设施、教师聘任条件以及学生培养方式等诸多方面做出规定，在师资调配、人员编制、基本建设、专业设置、招生分配等方面采用倾斜性制度安排来支持重点大学建设。

改革开放后，我国经济进入了快速发展期，物质财富迅速积累，财政收支日渐宽裕。1984年启动的"重中之重"高校建设，国家在"七五""八五"期间安排5亿元专项经费，作为北京大学、清华大学、复旦大学等7所大学加速建设之用，并从相关部门调剂经费支持其他几所重点大学建设。在此期间，国家对高等教育的拨款方式由"基数加发展"，转变为"综合定额加专项补助"，其中，综合定额部分由在校生数决定，不同学科门类、不同层次的生均拨款额有所不同；专项补助是由财政部或者学校主管部门单独安排的经费拨款。"重中之重"以及其后的各类重点建设项目，如"重点学科""基地建设""211工程""985工程"等，都采用了专项经费的拨款方式。

进入20世纪90年代，尤其是1994年分税制改革后，中央政府财政能力大幅提升，教育领域的重点建设专项经费投入也随之大幅增加。1995年启动的"211工程"，和1999年启动的"985工程"，是新中国成立以来高等教育领域中规模最大的重点建设工程，其中"211工程"在"九五"期间投入资金186.3亿元，"十五"期间187.5亿元；"985工程"仅中央专项资金投入一期建设142亿元，二期建设191亿元[9]。

（二）主要政策工具

纵观高等教育重点建设政策的演进，其采用的基本政策工具主要涉及如下四种[10]：

1. 权威工具

依托于国家的法定权力，该工具的运用主要体现在各种政策管制上。由于"择优重点建设"是高等教育重点建设政策的突出政策偏好，因而，早期的重点建设政策规定了重点高校在师资配备、教学设施、财政经费、学生录取以及毕业生分配等方面具有优先权；20世纪80年代以后，重点建设内容趋于宽泛,在继续沿用早期一些干预措施的同时,权威工具还被运用于设定重点建设项目申报的资质要求或门槛,如国家重点学科的遴选主要是从符合条件的博士点中选定[11];申报国家重点实验室的重要条件之一为依托高等院校实验室的主体依托学科应为国家重点学科[12];2006年《教育部关于加强国家重点学科建设的意见》关于加强国家重点学科建设的主要措施的第2条明确指出:在安排"211工程""985工程"科研计划和人才计划等相关建设项目时,应对国家重点学科给予支持和倾斜。一些科研计划、人才计划的项目申报也主要面向重点建设单位,如教育部"创新团队发展计划"的基本申报条件之一为"创新团队一般应以国家实验室或近5年内经过国家评估且结果为优良的国家重点实验室(国防科技重点实验室)、教育部重点实验室以及业绩优秀的国家或教育部工程化基地和国家重点学科为依托"[13];博士学科点专项科研基金的资助范围仅限于中央有关部门所属重点高等学校、经国务院批准的博士学科点科学研究中的基础研究和应用基础研究工作[14]。此外,权威工具还被应用于对一些行为或者结果的惩罚性制度安排,如对于连续两次被评为"不予资助类"的国家重点实验室将取消"国家重点实验室"资格。

2. 激励工具

该政策工具主要通过切实的回报诱导或鼓励机构/个体行为发生变化,追求共同使命。政府的财政经费拨款是最重要的激励工具。由综合定额经费所能引发的机构/个体行为变动远小于专项经费,故而,专项经费实际上成为了调整公共教育资源在高等学校中的资金分配方向、体现公共教育资源分配重点的重要激励工具[15]。此外,激励工具还被应用于与拨款相结合的评选和与评估相结合的奖励,如重点学科、重点实验室的评选以及对重点建设成效显著的高校给予经费奖励等。

3. 能力工具

该政策工具主要通过提供信息、资源等支持机构、个体开展活动。对于高校、学者而言,能力工具就是使其能够开展基本的教学、科研活动以及让具有较高能力的机构和学者开展高水平的科学研究等。政府财政经费拨款中的综合定额的主要作用是为高校在竞争环境中正常开展教育教学活动提供最低保障，而专项经费是对高水平科研活动的支持。对于学生及家长而言，能力工具是帮助他们选择适合学校的决策信息。由于高等教育是一个经验物品，其特征，如教师的教学和科研水平、教学质量、就业情况等，只有在被消费时才能有效评估，如果个体缺少足够的信息将难以做出合理的判断与选择[16]。

4. 符号和规劝工具

这类政策工具主要是指对高校地位、教师身份等的符号、标签化描述，其往往伴随着国家的资源支持以及对"卓越"机构或者个体的认同与强调。在具有信息不对称特征的高等教育领域，声望是传递学术水平与能力的重要信号，从这个意义上说，重点大学、重点学科、重点实验室等就是一种符号和规劝工具。

三、利益相关者的行为选择

虽然政策设计的出发点是让行动者做政府（国家）希望他们去做的事情，政策工具是用来实现政策目标的具体手段，它们通过对人们的行为施加影响，从而使目标群体能够按照政策的意图行动。然而，利益相关者往往有不同的利益追求，他们基于自身利益做出行为选择，包括遵从政策规则、利用政策机会、提升政策目标的自主性行为，或者规避政策的影响。

（一）高校组织的行为选择

大学作为一种非营利性组织，其主要经费来源包括政府财政拨款、学费、社会捐赠以及其他收入等，收入、利润不是其发展目标，办学盈余只能够用于学校进一步发展，故而，追求卓越、提升声誉才是大学组织的首要目标。然而，大学具有资源依赖的特征，那些具有更好的研究设施与条件、更高收入的高校往往能够吸引更多有才华的学者，从而迸发出更大的竞争力，因此，大学是具有成本最大化倾向的组织。

随着高等教育管理体制改革的不断深化，高校的办学自主权也在不断扩大。1999年起实施的《高等教育法》第30~38条详细规定了作为民事主体的高校的自主权,包括招生权、学科设置权、教学权、科研开发和社会服务权、国际交流合作权、机构设置与人事权以及财产管理和使用权等。当各高校成为独立的利益主体,又有不断扩大的自主权来追求自身利益时,各高校必然为自身利益开展竞争。这其中,经费竞争是高校间竞争的重要内容。

在我国,政府财政拨款是高校经费的重要来源,其中,综合定额经费的变动空间相对较小,而专项经费的投入力度近年来在不断加大。故而,专项经费投入成为政府诱导、鼓励高校组织调整行为的重要激励工具,同时也充当了符号与规劝工具,那些能够获得国家重点建设专项经费的高校代表着较高的学术水平与能力,具有良好的声望;同时,还是能力工具,因为依托重点学科、重点实验室以及各种基地,相关学科专业得到了重点投资与建设,有助于开展高水平的研究。

在各类重点建设专项中,国家重点学科处于核心地位,如《教育部关于加强国家重点学科建设的意见》明确指出,在安排"211工程""985工程"、科研计划和人才计划等相关建设项目时,应对国家重点学科给予支持和倾斜。而学位点又是申报国家重点学科的重要"资质门槛"。这种制度安排为高校发展提供了路径指引,学科建设成为了高校发展的重要目标与核心利益。于是,各高校纷纷喊出了"以学科建设为龙头"的口号,一些高校几乎把学科建设等同于学校的改革与发展[16],不断提升学科层次、培育和发展重点学科成为学科建设的重要目标和导向。博硕士学位点以及重点学科的条件和要求成为高校制定发展目标的指引和依据,大多数高校按照学位点以及重点学科的条件和要求来规划、发展、建设自己的学科,并据此设计学校内部的激励制度。

重点建设专项的投入力度不断加大,重点建设项目的种类也愈加丰富,这使得重点建设专项的立项、规划及项目审批权部门化,同时针对不同区域间普遍存在着的不平衡发展状况,有关部门能够根据不同时机和环境有差别地给予不同高校重点建设立项审批。差别化的政策,虽然有助于改善地区发展的不平衡,但是差别化所产生的自由裁量空间也带来了政策的不透明和不确定,这对于高校的发展既可能是机遇也可能是威胁,各高校唯有积极努力争取才能获得审批立项。因而,"跑部进京"就成为重要策略选择,相当一部分京外高校设立驻京办,既是为了充分了解和沟通信息,也是为了尽可能争取计划指标、专项建设项目、拨款以及优惠政策等。

综上所述,高校在积极响应重点建设政策的过程中,"跑部进京"是高校应对重点建设政策不透明、争取获得更多外部发展资源的策略选择,"以学科建设为龙头"是动员组织内成员共同努力的内部战略选择。

(二) 教师的行为选择

对于有志于在学术生涯中有所追求的学者而言,学校选择具有十分重要的意义。高等教育重点建设政策下,专项经费持续强化不同高校的资源差异,重点建设高校与单位不仅经费充裕,还有更多发展机会。不同层次高校间的资源存在显著差异,这构成了学者选择就职机构的具体情境。通常而言,优秀学者首先流向拥有更多资源、更好发展机会的高校。

随着高校享有的自治权利的扩大以及所能动员的资源的提升,高校能够运用"胡萝卜"和"大棒"来改变个体和作为整体的组织的行为[17]。结合教育部发布的学位点申报条件以及重点学科评估指标体系来看,两者对师资队伍、科学研究、资源条件、人才培养等方面的评价和要求具有共通性:需要有较高学术造诣、一定国际和国内影响力的学术带头人;承担国家重要研究项目以及拥有充足的科研经费;具备较为先进的教学和科研条件;有一定的研究生规模等。在以"学科建设为龙头"的学校发展战略下,科研项目与经费被赋予极为重要的地位。因此,在高校的内部制度安排以及激励措施上科研项目、经费、学术文章等成为教师职称评聘、考核、奖励等的重要条件与要求。

高校组织所设定的发展战略、内部制度安排以及激励工具等对于身处其中的教师、学者等的行为选择具有重要影响。由于科研项目、经费、学术文章等成为职称评聘、考核、奖励等的重要条件和要求,较之于教学活动,科学研究及其成效对于教师当前的收益和未来发展影响更大,故而对于教师来说,更为有利的选择是将更多的时间和精力投入到科研相关活动中。

此外，由于发展资源的稀缺，各专业、学科及团队对于学校资源内部再分配的竞争十分激烈，而教师兼任行政职务能在一定程度上参与和影响校内资源的分配，有助于拓展人脉关系、扩大其学术影响力。因而，为获得更多的发展资源，兼任行政职务已成为部分学者和学术团队提升竞争力的重要策略选择。有人曾对2009年教育部评出的百位高校名师的身份进行了统计，结果表明只有10%的学者未承担任何行政职务，其余90%的名师拥有校长、书记等头衔[19]。

（三）学生及家长的行为选择

对于学生来说，上大学是个人提升职业能力、养成良好品行、提高未来生活质量的重要学习阶段。但是，高等教育领域存在着信息不对称，学生和家长往往缺少足够的信息做出合适的选择。由于重点建设政策的核心在于择优原则，因此，被列入重点建设的高校通常被认为具有较高社会声望、更高教育质量以及更多发展机会，而这就成为学生和家长进行学校选择的重要依据。然而，"985工程""211工程"高校每年的录取人数约50万人左右，约占全国本科第一批次录取总人数的8.5%。稀缺的优质资源使得高考竞争依旧激烈。高考的激烈竞争在早年主要源于极低的高考升学率，扩招之后，主要源于不同高校间的巨大差别。这种竞争还向下延伸至基础教育，尽管有关部门几乎每年都下发通知文件，严令中小学校不得在周末和假期进行补课，然而，培训热、择校热以及集体补课依旧盛行，这既加重了初高中生的学业负担，也加大了家庭的经济负担。

四、政策多重结果的综合分析

以上基于相关行动者的利益，探讨了他们对政策工具的反应与行为选择，下面将开展政策工具与政策多重结果的综合分析。这是因为政策工具是政策设计者为了达到特定政策目标而采取的具体措施，政策目标的实现主要依靠多种政策工具的合理使用，相关制度的完善也可以看作是对政策工具的修正。相关行动者基于自身利益的策略性行为选择，既能够推动政策工具发挥正功能,也能够放大政策工具的潜功能。政策工具的正功能在于促进政策目标的实现,产生预期政策结果,而政策工具的潜功能则可能引发其他问题,产生非预期的政策结果,甚至有损于政策目标的实现。以下的分析将有助于理解重点建设政策是如何取得卓著成效、非预期政策结果是如何产生以及应当如何完善相关政策与制度安排等问题。

(一)权威工具与多重政策结果

权威工具的理念建立在"同质性"基础上,其将政府意志通过行政命令等传达给政策希望影响的行动者,能够十分有效地解决任务明确的问题。新中国成立初期,我国经济基础薄弱,如果平均用力支持每所高校发展,每所高校所能分得的资源将十分有限,很难迅速满足当时社会经济发展的迫切需求。通过使用权威工具,政府指定了一批重点高校,将有限优质资源向这些重点高校集中,避免平均用力,加速了重点高校的发展,迅速满足了社会经济发展对于人才等的需求。可以说,权威工具是高等教育重点建设政策实施早期最主要的政策工具,也取得了良好的成效,在后期,该工具仍然发挥着重要作用。另一方面,通过使用权威工具,政府的控制也得到进一步强化。虽然政府在政策提议中,给予高校更多的自主权,但是在与专项经费等其他政策工具的配合使用中,高校发展目标趋同、同质化现象严重。

(二)符号、规劝工具与多重政策结果

重点建设项目,如面向高校的学位点、重点学科、重点实验室,面向教师职业发展的人才发展计划等,它们通常与积极的符号、标签相联系,被政府列为重要事务或者优先事务,这些符号、标签实际上发挥着规劝的作用,有助于将高校组织和教师个体的动机与行为导向政策目标;另一方面,政策导向使得高校发展同质化,重点建设符号成为学生和家长进行学校选择的重要依据,该符号又成为了传递学生能力和水平的重要信号。统计显示,七成多的高校毕业生遭受过就业歧视,90%以上的招聘广告中含有歧视性条款[19]。尽管有关部门发出通知,严禁发布含有限定"985工程""211工程"高校等条件的招聘信息,但这无法改变非重点大学毕业生受到更多就业歧视的现实。

(三) 激励工具与多重政策结果

随着改革开放的深入以及社会经济的快速发展,个体利益、集体利益逐渐得到认同。20世纪90年代后,政府财政能力大幅提升,专项经费规模持续增长,激励工具逐渐成为主导工具。该政策工具通过提供制度化的奖励,引导、诱发高校以及教师对政策的偏好、选择特定的行为方式和行动路径,从而实现政策目标。如诸多高校以学科建设为龙头,并据此调整学校内部制度,激励教师致力科学研究、发表高质量论文。高校以及教师对各自利益的追逐,成为推动高校教学、科学研究快速发展的重要推动力。2010年我国已成为世界第二大SCI论文产出国,高等教育的质量和整体水平得到提升。在较短时间内取得如此成绩,不能不归功于激励工具对高校和教师行为的有效引导。另一方面,制度化奖励在诱导、促使利益相关者改变其行为的同时,也使得他们转而追求价值交易。也就是说,激励工具成为了利益相关者的行动目的。

近年来,高等教育专项种类迅速增加,专项经费比重不断提高,而专项资金主要通过项目申请、评估和批复等予以分配,相关主体能够获得专项和经费的多少与项目运作的能力密切相关。因此,政府每启动一轮新的重点建设项目,就会引发新一轮利益博弈。"跑部进京"现象十分普遍,一些京外高校甚至设置驻京机构。设租寻租行为产生了恶劣的社会影响,从社会成本来看,这是一种资源浪费。

自上而下对科研活动的高度激励,催生了学术浮躁及各种学术不端,还导致了高校人才培养功能被忽视、教学活动日益边缘化、教学时间被严重挤占等不良效应。一些教师选择最低限度的授课、甚至不上课。上述现象的广泛存在,使得教育部不得不发通知三令五申要求教授必须上讲台给本科生上课[20]。行动者对各自利益的追求,使得高校、教师的目标与学生及家长、政策目标之间产生了不一致。

(四) 能力工具与多重结果

高等教育重点建设政策支持不平衡发展,即优先支持有能力的高校或者教师开展各项活动。重点高校获得更多财政经费投入，更好的仪器设备以及实验条件，拥有更多发展机会，从而能够吸引更多优秀的学者和学生。大量优质资源聚集于重点高校，进一步增强了重点高校的竞争力、社会服务能力，亦培养出了大量高层次人才。另一方面，近十年来重点高校所培养的大量高层次人才，在满足社会各行业对于人才、技术迫切需要的同时，也不断改善弱势高校的师资力量。然而，在高等教育不平衡发展方式下，获得较少资源投入的弱势高校，在改善研究条件方面十分局促。早期为集中优势资源、快速发展重点高校而设置的各种"资质门槛"，成为弱势院校提升能力、寻求快速发展的重要掣肘；同时，这些门槛也成为获得大量财政拨款的重点高校抵御竞争的天然屏障，从而导致这些重点高校提高资源利用效率的动力不足。不少学者围绕高校科研生产率的研究结果也印证了这一点。

五、讨论与结论

高等教育重点建设政策是国家层面的政策选择，该政策将有限经费重点投入一些高校，加快重点建设高校的发展，再带动其他高校发展。建国初期，一穷二白，重点建设政策是财政困境下的一种选择。20 世纪 80 年代，重点建设政策初显成效，得到了部分高校、学者和媒体的认可和支持。在多种力量推动下，各类重点建设项目相继启动，成为影响高等教育发展最重要的政策。得益于多种政策工具的使用，重点建设政策实施迄今已取得了令人瞩目的成就：高校整体实力大大增强、科学研究发展快速，培养出了大批创新人才，高校师资队伍结构得到显著优化，中青年教师成为主力军，博士学位教师占比大幅提升；国际科技论文数快速增长，相当一部分学科进入 ESI 前 1%，大批科研成果涌现，为经济发展和社会转型注入了活力和动力。

与此同时，政策工具的一些非预期结果也不断引发社会各界人士的诟病。基于利益相关者的行为选择分析可以发现相关行动者对自身利益的追求是重点建设政策实现政策目标的重要推动力量，与此同时，这种利益追求亦放大了政策工具的潜功能。也即高等教育重点建设政策非预期结果的产生可以从两个方面来解释，一个是相关行动者对自身利益的追求，另一个是政策工具的潜功能。这给我们的启示是，在进行制度设计时必须充分考虑相关行动者对自身利益追求，否则必然造成政策工具与制度情境间的不匹配，从而引发各种矛盾、冲突以及非预期的政策结果。

改革开放前，物质的匮乏以及严格的计划经济对于社会成员的利益追求具有强烈抑制作用。随着经济社会的发展，集体利益、个人利益逐渐得到承认，社会成员的主体意识不断觉醒。20世纪90年代《高等教育法》以法律形式明确了高校作为民事主体所拥有的自主权。这一时期，高等教育规模的快速扩张又使得重要利益相关方——社会公众的数量显著增加。进入21世纪以来，社会、经济快速发展，我国经济总量在2000年排名世界第6位，2010年起已跃居第2位，2012年我国人均GDP已达6100多美元[21]。互联网的普及以及自媒体的崛起，我国社会正不断地向多样性社会转型。

在多样性的社会背景下，相关行动者及社会公众的利益不断分化，而政策工具似乎没能跟上形势变化并进行与时俱进的调整。教育主管部门是选择高等教育政策工具的主要组织，其政策选择往往带有历史惯性。权威工具在高等教育资源配置中依然发挥重要作用，通过行政手段干预资源配置，使得不同学校、学者间难以开展平等的学术竞争；早期为集中优势资源、快速发展重点高校而设置的各种"资质门槛"，已成为弱势院校提升能力、快速发展的重要制肘，而激励工具与手段的有限性，又使得高校发展日趋同质化。

政策工具与制度情境之间的不匹配，引发了越来越多的矛盾、冲突，以及急功近利的行为。令人欣慰的是，国家教育主管部门显然已经意识到了这个问题。2014年初，《国务院关于取消和下放一批行政审批项目的决定》明确取消国家重点学科等项目的审批。这可视为国家教育主管部门调整政策工具的积极信号。

政策工具的选择以及相关制度的设计与安排通常以行动者及其利益追求恒定不变为假设前提。然而，在制度运行过程中，行动者及其利益追求往往会发生改变。因而，制度设计应当考虑各种因素的长期影响，预先考虑制度情境的可能变迁,关注多种政策工具之间的协调,为各利益相关者的发展预留空间,并适时调整相关制度。在多样性社会背景下,采用重点建设政策促进高等教育发展仍具有重要意义,但相关政策工具的设置还需进一步优化,包括如何减少相关行动者的策略性回避,更好地协调不同行动者的利益等。

笔者认为,可以从以下四个方面对当前所采用的政策工具进行优化或完善:(1)减少权威工具的使用,仅保留对相关行动者的策略性回避和机会主义,提供惩罚机制和防范机制。例如,减少项目申报中关于"资质门槛"的硬性规定。一个重点建设项目,不应当成为下一个重点建设项目的入场券,这种做法会导致利益和优势的不断固化。更合理的做法是根据行为主体的实际绩效水平予以资助或投入,这将鼓励弱势高校努力发挥"后发优势",同时,也会倒逼优势高校提升资源利用效率。(2)丰富激励工具,鼓励高校多样性发展,以满足社会多样性需求。应公开公示重点建设项目的评估规则和遴选过程,尽可能保证评审程序的公平和公正。激励方式可采用动态管理模式,如每隔5年重新评估,这将激发各类组织充分利用已有资源,提升资源利用效率。(3)不断提升高等教育质量、财务等信息的透明度,并以此作为促进高校发展的符号与规劝工具。(4)加强共用共享平台建设,帮助弱势机构减少和克服因科研设备与条件不足而无法平等竞争的劣势,为相关行动者的创造性留有空间、提供支持。

参考文献

[1] 戴伊. 理解公共政策 [M]. 谢明译,北京:中国人民大学出版社,2011.

[2] 西蒙. 管理行为 [M]. 正茂译,北京:机械工业出版社,2004.

[3] 赫希曼. 转变参与:私人利益与公共行动 [M]. 李增刚译,上海:上海人民出版社,2008.

[4] 斯科特,制度与组织——思想观念与物质利益 [M]. 姚伟、王黎芳译,北京:中国人民大学出版社,2010.

[5] Merton R K. *The Unanticipated Consequences of Purposive Social Action* [J]. American Sociological Review, 1936, 1 (6).

［6］吴合文．高等教育政策工具分析［M］．北京：北京师范大学出版社，2011．

［7］胡炳仙．中国重点大学政策的历史逻辑与制度分析［M］．青岛：中国海洋大学出版社，2010．

［8］国务院．关于恢复和办好全国重点高等学校的报告［Z］．国发〔1978〕27号．

［9］张国兵．高等教育重点建设政策研究［M］．北京：北京大学出版社，2010．

［10］Schneider A, Ingram H. *Behavioral Assumptions of Policytools*［J］．The Journal of Politics, 1990.

［11］国家教委关于评选高等学校重点学科的暂行规定［Z］．教研字〔1987〕023号．

［12］科技部．关于组织申报国家重点实验室的通知［EB/OL］．(2010-10-19) http://www.most.gov.cn/tztb/201010/t20101019 82740.htm．

［13］教育部．长江学者和创新团队发展计划创新团队支持办法［EB/OL］．(2012-04-21) http://www.dost.moe.edu.cn/dostmoe/cxtx/cxtd/20120421090138．

［14］教育部科技发展中心．高等学校博士学科点专项科研基金简介［EB/OL］．(2003-01-14) http://www.cutech.edu.cn/crkyjj/gdxxbsdkyj/webinfo/2003/01/1179971251212623.htm．

［15］王红．财政政策与高等教育公平［D］．北京：北京师范大学，2001．

［16］谢维和．谈学科的道理［J］．中国大学教学，2012（7）．

［17］朱建华．教育部评出高等学校教学名师九成头顶"官衔"［N］．长江日报，2009-09-11．

［18］李涛，邬志辉．中国"异地高考"，公共政策议题争论的背后：一种政治社会学的分析［J］．中国青年研究，2013（7）．

［19］盛会．"学历歧视"源于畸形人才观［N］．新华每日电讯，2013-04-19．

［20］教育部．关于全面提高高等教育质量的若干意见［EB/OL］．(2012-04-20) http://www.gov.cn/zwgk/2012-04/20/ content 2118168.htm．

［21］国家统计局．2012年国民经济和社会发展统计公报［EB/OL］．(2013-02-22) http://www.gov.cn/gzdt/2013-02/22/content 2338098.htm．

从知识动员视角探析我国高等教育宏观决策有效性缺失问题

孟 彦[①] 洪成文

一、什么是知识动员

知识动员最早由加拿大社会科学及人文研究委员会提出，随后各个国家开始对其展开深入探讨。2011年6月，加拿大多伦多大学召开以"Knowledge Mobilization"（我们将其译为"知识动员"）为主题的世界顶尖教育联盟会议，包括美国、澳大利亚、英国、中国、韩国等国在内的教育研究专家参加了会议，分别对"知识动员"的理解展开讨论。例如，澳大利亚提出"知识动员"在于强调高校要与决策机构和决策者进行更全面、更成功的与更广泛的合作，而且呼吁大学的研究者们要使他们的研究成果在推动教育变革与创新中起到更加积极的作用。韩国和英国同时将"知识动员"理解为教育研究成果对教育决策和实践的影响。[1]

除此之外，国外很多学者已对"知识动员"展开了充分的探讨。如Nutley et al（2007）曾列出"知识动员"五个突出的有效机制：Dissemination（传播：潜在用户提交的研究成果）、Interaction（互动：知识生产者和用户之间建立联系）、Social Influence（社会影响：使用有影响力的专家来向用户说明研究的价值）、Facilitation（便利：提供必要的支持、技术、财务、组织和情感，提高研究的使用性）、Incentives and Reinforcement（激

[①] 作者简介：孟彦，北京师范大学教育学部博士生，主要从事高等教育管理、比较高等教育研究。

励和强化：奖励和规范知识动员作用），这五个机制并不是相互排斥的，而是相互补充，并且以复杂的方式进行交互影响。[2]

教育研究的知识动员可以基于加拿大学者 Ben Levin 曾提出的模型来理解。[3] Levin 将研究知识动员分为产出、使用、中介三部分，很好地涵盖了知识动员过程中所涉及的知识生产、创新、转移、应用等方面。具体来说，产出主要是大学和其他研究机构所提供的科研成果，随后成果可以直接被决策者和实践者来使用，也可以通过中介如政策咨询机构、著名专家学者、课题申报等方式来实现被决策者和实践者所使用。决策者和实践者可以通过直接或中介的方式结合自己所需吸收有用的研究成果并为我所用，研究者也可以从决策者和实践者中寻求更多有价值的研究方向和问题。国内也有学者通过三个问题描述了知识动员中涉及的三层关系：理论工作者如何发现政策研究的议题；决策者如何寻找具有政策价值的研究成果；理论工作者与决策者之间如何实现互动。[4]

综上所述，知识动员就是指积极利用知识，寻求研究与政策和实践的联系，从而改善不同组织或系统的效率。在这一过程中，我们也必须重视第三方的地位和作用，也就是除研究者与决策者、实践者之外的利益相关者。

二、我国宏观决策有效性缺失的原因

（一）忽略"知识"的重要性

我国教育宏观决策过程中，往往忽略"知识"的作用，依靠领导拍脑袋的现象仍很普遍，这就导致了宏观决策在执行过程中出现一系列问题。F. A. 哈耶克在他的《知识在社会中的应用》一文中特别强调了决策与知识结合的重要性。他认为，无论是资源配置还是资源利用，本质上是一个利用知识的问题。哈耶克认为，一个组织的效能取决于决策权威和对于决策很重要的知识之间的配置关系。[5] 知识的重要性决定了加强知识与决策之间结合的关键，但是，我国知识生产在决策中发挥的作用并不明显。以2013 年《中国教育统计年鉴》中普通高等学校人文、社会科学研究成果统计为例，可以看出我国目前被决策采纳的成果数不及发表论文数量的2%。可见我国高校所生产的知识在决策中的作用并未产生较大影响力，也可以说是我国教育宏观决策有效性缺失的主要原因之一。

任何一个人的知识储备是有限的，其不可能拥有各类专业知识的集合，因此需集中各类专家，使决策群体的知识结构和专业背景趋于合理。教育宏观决策需要先搜集所需要的知识，确立决策时机，按照规范化的步骤进行决策。

同时，随着知识的不断产生，人们开始能够周密思考分析问题，科学做出决策，并客观看待实施后果，这样一来保证了宏观决策的整体效果，即一次实施结果不理想只是一时的得失，反而成为科学决策的依据，为总体决策奠定了基础。

（二）教育决策者与研究者的"文化冲突"

目前，我国教育研究者自身所从事的研究工作专业性强，往往忽略政府的评价，更重视同行的评价及意见，认为同行说好便是有价值的研究成果。另外，有些研究者在应用性研究和决策咨询研究过程中，习惯于将自己放在与决策者不平等的地位，片面地以决策者的喜好来决定研究成果的价值，而且往往为了研究某些问题，不得不帮助决策者去重新理解研究问题。但不得不指出，研究者所研究的问题往往比现实的复杂问题更容易解决，在面对一些重大教育决策问题时，仍是心有余而力不足。

对于决策者来说，他们有较少时间去参加研究会议，也未能理解研究的价值，而且其决策也容易受到教育问题之外的政治、社会和财政环境的制约。决策者每天都面临很多亟待解决的事情，要求研究者立刻出成果，以便为决策服务，这不可避免地忽视了基础研究，因为此类研究往往费时费力，并且在短期内并不能发挥作用，在政治家的眼中，只有快速出成效的"研究成果"才是优秀的研究成果。

这些现象就构成了两者之间的"冲突"，托尔斯顿·胡森曾将这样的冲突理解为"文化冲突"，认为产生这些现象的原因有以下几个方面：

一是不平等地位。胡森将研究者比作"商人"，将决策者比作"顾客",研究成果就成为了"商品",商人与顾客之间并不是公平交易,决策者有钱可以资助任何一项研究,但研究者在处理研究成果时并没有自由权,也就是说若决策者不喜欢,那么研究成果的应用价值也就很难体现。因此,研究者往往处于一种被动状态,而决策者垄断着对研究成果的控制权。

二是看问题角度不同。决策者制定政策通常是为了解决更大社会背景下的一些基本问题,他们喜欢能够看到有快速效果的研究成果,他们不理解研究者在考虑研究问题时,对科研时间的无限制化,研究者喜欢研究问题的某一个方面,加强专业化。

三是对学术的看法不同。决策者首要选择服从政治权利,而研究者选择服从学术,这就造成了目的不一致,矛盾不可避免。同时关于是否为决策提供服务,研究者内部也存在分歧。有些人认为教育改革迫在眉睫,他们有责任为改革提供知识武器,而另外一些人却认为,为了上级给的任务而开展研究,干扰了更基础性的带有结论性的研究,认为研究过程并不应有严格的期限,是相对自由的。

(三)缺乏专业化的中介机构和"中间人"

目前,我国研究型大学的科研成果往往依赖于会议、新闻出版、课题报告等中介形式进行转化,这往往就造成了教育研究与教育政策制定的脱离。由于缺少有效信息来源,研究者无法了解政府目前所面临的急需解决的问题,而教育行政部门对于已有的研究成果无从下手,不知如何利用、发挥研究成果的价值。因此,造成了科研成果得不到有效开发和利用,中间出现了"断层"。

建立专业化的中介机构和"中间人",有利于避免上述问题的出现,专业化的科研成果转化中介机构是加快科研成果转化的桥梁和纽带。中介机构和"中间人"可以通过对众多研究成果进行筛选分类,提炼重要成果信息,然后以易于决策者理解的方式呈现给政府决策部门,方便其真正地了解研究成果的内容和目的,从而采用科学依据对教育问题提出政策方案。

三、知识动员的方式

知识动员都在以什么样的方式实现着决策的科学性和有效性？本文总结了三个方面：直接影响、辅助决策、参与主体。

（一）发展影响高等教育政策的直接方式

1. 设立教育咨询机构

到目前为比，我国已经建立了具有中国特色的教育咨询体系，主要表现在具有中国特色的咨询机构的建立，主要有以下三种类型：

第一，行政性咨询机构。这类机构直接为决策层服务，表现在受教育决策领导层委托，对相关重大的战略性决策进行研究以及政策的调查和制定工作。如国家教育发展研究中心、国务院教育工作研讨小组等。

第二，准行政性咨询机构。主要表现为两种：一种是教育行政部门下属的研究机构，主要为教育行政部门提供咨询服务。如中国教育科学研究院，各省、市、县教育科学研究院（所）或教研室。另一种是专门的决策咨询机构，参与重大教育问题的研究，为决策层提供政策制定依据，扮演着决策者"外脑"的角色。如北京市成立的"教育财政咨询委员会"。

第三，民间性咨询机构。包括三种：一种是各级教育学会，通过定期召开年会等形式研讨教育政策问题，为行政部门提供参考，如中国教育学会及其分会。另一种是高等院校下设的教育研究所（中心、室）等，接受行政部门委托的政策研究项目，专业性较强。第三种是个人或民间组织的教育咨询机构，其自筹经费，数量较少，影响力也较弱，还未得到关注和重视。如成都市玉林小学组建的"教育策划室"。

这些教育政策咨询机构尽管类型不同，但其都遵循服务教育政策的目的，因此往往在实践过程中，各机构会选择合作攻关，共同制定出高质量的教育政策，为解决教育实际问题做出贡献。

2. 丰富的数据和资料为政策制定提供依据

随着我国科研成果的不断增强，科学研究中可供政策参考的比重越来越大，各类型研究机构纷纷为教育政策制定提供技术和数据支持。例如，厦门大学建立了"中国高等教育研究数据库",收集了学生基本状况、学情分析、高校经费状况等数据信息,涵盖广泛,为决策制定以及实施效果改善提供了依据。

同时,在政府宏观政策的引导下,部分相关政府职能部门委托或带头对相关课题进行研究。充分调用教育决策部门和高校相关领域的专业人才,确保提高政策的可行性。如2007年,由教育部发起,以北京师范大学和中央教育科学研究所为主组成的"致力于更加公平的教育"课题组,对城乡、区域、学校和群体间的教育公平状况进行了全面分析研究,向中央政治局作了汇报,提出有关政策建议,得到中央领导的肯定,为国家提出关于教育公平的重大政策方案提供了依据。

3. 提高教育决策者决策能力

教育决策者的学习和适应能力能够保证其在决策咨询建议过程中,具有较好的吸纳能力。因此,要通过培训和交流,提高教育决策者的素质,提高其知识运用能力。要拓宽决策者与专家研究者的沟通渠道,加强互相的联系,提升决策者的专家交往能力。要提高决策者自身的决策能力。

(二)发挥教育研究者的"辅助决策作用"

教育政策主体从功能上被分为三类:决策主体、辅助决策主体、参与主体。教育决策主体起着决定性作用,在我国,中央和地方人民代表大会、政府机构等属于决策主体,具有教育政策决定权。辅助决策主体是为了保证教育决策的科学性和有效性,辅助决策的制定,往往与决策主体成为从属关系,其主要包括国家教育研究发展中心、各种咨询机构或研究室等,教育研究者可以归为"辅助决策主体"。因此探讨教育研究者如何发挥辅助决策作用,将能够很好地确定教育决策的科学性和民主性的实现。

教育研究者的辅助决策作用主要表现为在以下几个方面:

1. 教育研究者在政府部门任职

这是一种能够产生直接影响的方式。具有一定声望和能力的学者往往受政府部门聘任担任教育相关部门的官员,直接参与政策的制定,同时具有决策者和研究者的身份,既保证了对教育政策制定的话语权,也实现了教育政策的专业性。

2. 教育研究者邀请政府官员参加学术会议和各种交流活动

研究者为了增强自身研究成果的影响力，往往召开各种学术会议和进行交流活动，对当前的教育热点问题进行讨论，并邀请相关政府部门官员参加或者作报告，借此机会了解决策者目前所关注的问题，了解未来教育政策走向，通过自身研究为教育决策者提供借鉴，从而保证了已有研究成果利用率的提高。这是一种增加政府与研究机构联系的方式，是保证研究者与决策者之间交流的平台，他们能够各取所需，共同为制定政策解决教育问题而努力。

3. 教育研究课题成果为政府决策提供参考

教育科研主要依托于教育科研课题，科研项目成果应该充分发挥其功效，指导实践，解决现实问题。学术研究归根结底是要解决现实中存在的问题，而且也应该逐渐成为政府部门的重要参考，受到国家领导的重视。例如，厦门大学潘懋元等教授开展民办教育的研究，提出"第三条道路"理论，为国家管理民办高校以及发展民办教育提供了建议。

（三）保证参与主体的不可替代作用

1. 政策执行者和实施者

政策的执行者和实施者一般为各级各类学校、地方教育行政部门等，其往往与教育实际最接近，也最容易反映教育真实问题，应多听取其意见，为政策制定提供参考，并且他们能够随时掌握和了解政策制定后的反馈情况。

2. 社会舆论

近年来，教育政策受到舆论的压力越来越大。一方面，教育研究人员往往通过接受电视媒体采访、发表演讲等形式来发表自己的观点，这些对人们起着潜移默化的影响，通过影响人们对教育问题的看法来形成影响教育决策的效果。例如，高校很多学者往往接受国家主流媒体中央电视台、《人民日报》《光明日报》《中国教育报》等对其采访，不但增加了研究者的社会影响力，其看法也会给决策者一定的影响。

另一方面，随着教育问题与人们的切身利益息息相关，人们也纷纷通过舆论手段发表自己的看法，从而对决策部门施加压力。例如，近两年我国教育部门对"异地高考"的关注度增强就来源于网络舆论的巨大压力，人们通过微博、博客等方式来表达自己对异地高考问题的看法，表达了对教育不公平的不满，这就引起了教育部门领导的重视，并且一直在探索解决"异地高考"的最优政策。

四、实现宏观决策有效性的建议

（一）加强学术研究与政府决策的互动

1. 基于研究的政策制定

一项政策能否被人们所熟知和信服，往往在于它是否具有科学的理论依据。因此，政策制定缺乏了理论研究的支撑，将无法得到大家的认可，也缺乏合法性。研究的价值往往在于为政策制定者提供可分析的理论依据，使他们能够做到独立思考并且具有自己的见地，也会在思考政策方案时，减少其他行政部门、个人经验、偏好等方面的影响，确保决策者了解政策制定方案的优劣，从而达到科学合理决策。因此，在政策制定过程中，必定要有来自高校研究专家的参与，只有这样，才能保证政策制定的科学性。

同时，"基于研究的政策制定"也不单单指依据科学研究去制定政策，它还包含科学研究对政策的实施具有预测和监督作用。研究通过对政策实施过程中的现象分析去挖掘更具有实践价值的理论，从而指导接下来的政策制定，指导实践，完善现有的政策体系。而且很多科学研究的可预测性避免了政策失误，保证政策实施的顺利有效进行。

2. 基于政策需要的研究

基于政策需要的研究往往为了让决策者更容易接受与采纳，往往需要把研究成果以数据方式展示出来，具有严密的论证和简明扼要的分析，因为政策制定者往往时间紧、任务重、无法对繁多的学术报告进行仔细分析，他们更容易接受目的性和指导性强的研究。研究成果是否被采纳往往并只不是研究质量的问题，还包括沟通问题。

在沟通方面，本文提出几点建议：第一，可以把学术成果以简练的报告形式通过科研组织送交教育决策部门；第二，在研究开始之初，就将政策制定者拉进研究过程，了解研究进程，从而使其更加容易接受研究成果；第三，举办不定期的学术会议，确保学术会议上研究者和决策者的共同参与，共同分析政策问题，同时，研究者也可以利用自己非正式的私人交往，向决策者表达自己的观点，从而将研究成果传播出去。

（二）培养"科研经纪人"

沃森曾在《教育科研与教育决策》中提出，研究成果的推广之所以缺乏效率，是因为中间出现了问题，研究成果并没有成功"渗透"到政策制定者和政策执行者之中，渴望得到学术界同行承认的研究者，很重视那些能提高他们学术威望的报道，而对那些来自"大众"的评价持怀疑态度。这使得"中间人"的作用格外重要。他们把那些涉及决策者所面对的问题的研究结果向决策者介绍。"科研经纪人"这一说法来自澳大利亚教育部长卡里克曾，他曾把这种"中间人"称为"科研的经纪人"。

由于决策者与研究者存在"文化冲突"，两者之间即便能够通过面对面的或者学术报告的形式交流，但所起的作用并不显著。因此，"科研经纪人"的设立至关重要。

科学研究成果通过应用转化为直接生产力或者解决教育问题是我们进行科学研究的出发点，在转化过程中，科研经纪人一方面熟悉研究过程，掌握政策需求信息，受政府部门协商委托，为解决教育问题寻找最优的政策建议；另一方面，科研经纪人也受研究者委托，宣传研究成果，转交给有相关需求研究成果的部门，这样将无疑加速研究成果的应用效率。

科研经纪人的出现，将通过及时反馈与沟通，协调决策者与研究者的利益，若出现意见分歧，科研经纪人还可以起到处理双方矛盾的作用，一方面为高校研究者提供政策咨询服务，另一方面向决策者介绍研究课题的目标以及过程。

但需要指出的是,科研经纪人并不只是一个"传话人",其在反馈与沟通过程中有自己的"消化过程",既有着对研究课题的独到见解,并不是一味地去听取研究者的陈述,而是以决策者所能接受的方式来陈述研究成果,以便于决策者理解,也为决策者出谋划策。因此可以说,科研经纪人的工作并不是一项轻松的工作。

(三) 加强学术成果转化,建立完善的动力机制

得到学术界的认同是每一个研究者都期望达到的目标,随着学术研究的社会服务功能被重视,学术研究成果是否会有社会影响力以及服务于社会实践也成为重要的关注点,学术研究不再只是局限于研究成果以研究报告的形式呈现出来,也不只是停留在理论分析的层面,而是将研究成果的转化作用放在重要的位置。

教育研究成果转化的动力机制主要包括竞争机制、投入机制和服务机制。竞争机制主要是指建立完善的研究成果评审制度、奖励制度等;投入机制是指要完善研究和课题经费制度、成果奖励制度等;服务机制是指教育研究人员与行政部门之间加强沟通交流,确保研究课题充分发挥咨询、指导的服务职能。

(四) 加强教育研究人才的培养,提高教育研究队伍的积极性

目前,我国高水平的研究人员缺乏,且存在分布不合理的情况,教育研究成果转化的贡献往往集中在少数几所学校的几位知名教授专家上,其他教育研究者往往缺乏机会参与国家决策,积极性也不高,很容易对教育研究成果的转化缺少重视,只是将文章发表以及职称评定等作为自己教育研究的目标。

激发教育研究者的积极性,扩大高水平教育研究者队伍,保证教育研究与教育实践相结合,形成良性互动的局面,至关重要。

首先,加强政策倾斜。国家应加大对教育研究的资金投入,及时将实际教育问题以及政策建议的需求情况下传给教育研究者,使教育研究者充分了解教育研究的现实问题,从而确保研究成果转化的效率和速率。

其次,提高教育研究者的地位。提高教育研究者的社会地位,促使其

主动关心教育中的问题，培养其主动向决策者提供建议的意识，同时也要拓宽教育研究者的成果转化渠道。在保证教育研究理论体系完善的基础上，能够将教育研究与教育实际问题的解决结合起来。

再次，提高教育研究的主动权。由于教育研究者与教育决策者之间存在不可避免的"文化冲突"，为了保证教育研究成果的顺利转化，应充分发挥教育研究者的自主权。科学研究具有独立性，其有不考虑当局的决定开展独立研究的权力。但同时，教育行政部门可以对教育研究者表达自己的一种期望，激励研究者对某些教育政策问题进行相关科学研究，并制定相关奖励制度，从而提高教育研究者的积极性。

参考文献

[1] Levin, B. *The Impact of Research In Education* [M]. UK: The Policy Press, 2013.

[2] Nutley｝S., Walter, I., & Davies｝H. *Using Evidence: How Research can Inform Public Services* [M]. Bristol: Policy Press｝2007.

[3] Lenin, B. *Theory, Research and Practice Inmobilizing Research Knowledge in Education* [J]. London Review of Education, 2011, 9 (1).

[4] 洪成文, 林成华. 从知识动员视角谈师范生免费教育政策之逻辑形成——基于《温家宝谈教育》的研读 [J]. 中国高教研究, 2014 (1).

[5] 庄西真. 知识在教育决策中的作用——兼论教育决策中决策者和知识人的关系 [J]. 教育理论与实践, 2003 (2).

[6] 肖远军. 完善我国教育决策咨询机制的思考 [J]. 教育理论与实践, 2005 (7).

[7] 周满生等. 教育宏观决策比较研究 [M]. 北京: 人民教育出版社, 2009.

[8] 袁利平. 教育研究成果转化: 特征与机制 [J]. 教育科学论坛, 2007 (12).

第四章
高校人才培养

引 言

随着社会经济的发展,势必带来人力资源的转型,高校也应顺势而为,回归育人为本,落实学生在学业、思想、能力等各方面的育人目标。高等教育人才培养既要体现时代需求,与当前社会发展要求相结合,也要针对不同学生的特点进行个性化培养,满足社会对人才的多样化需求。因此,本部分选取了6篇文章,内容围绕高等教育的人才培养展开,主要观点摘录如下:

《"慕课"发展与大学人才培养模式改革》一文指出,在高等教育改革不断深化和科学技术迅猛发展的大背景下,互联网与教育有效结合,以"慕课""微课程"等为代表的基于互联网的学习方式和课程联盟应运而生,为缓解高等教育主要矛盾和破解高等教育热点难点问题注入了新的理念和思维,如为大学教学改革提供了新的路径,为拓展优质高等教育资源提供了新的思路,为提升教育国际化水平搭建了新的平台。同时,"互联网教育"也带来了新的机遇和挑战,如传统教育教学观念需要更新,传统教学方式和课堂教学模式亟待改革,人才培养模式和管理体制机制有待提升,师资队伍的整体素质和水平亟须提高等,诸多问题都需要从理论上加以回应。

《从学分到学位:MOOC 与大学的融合》一文从 MOOC 与传统大学融合的视角,分析了大学 MOOC 发展的最新趋向,即大学对 MOOC 学分和 MOOC 学位的认可与创设,分析了有关 MOOC 学分和 MOOC 学位的争议,阐释了数字化时代 MOOC 与大学融合所带来的大学未来发展趋势——大学的虚拟化、大学课程的在线化、大学课程的模块化、大学教学的规模化和大学教学的个性化。

《试析本科院校学科建设与专业建设》一文指出，近年来部分本科院校在处理学科建设与专业建设的关系上出现了某些迷茫或偏颇现象，在一定程度上影响了学校的目标定位、特色发展和应用型、技术型人才的培养。因此，该文旨在厘清学科与专业的内涵，明晰学科建设与专业建设的内在逻辑关系，并指出正确处理两者之间的关系对于深化高等教育领域综合改革，促进本科院校内涵发展具有重要的现实意义。

《大学生自我报告的学习结果和学校满意度的关系研究》一文根据对某高校322名本科毕业生的问卷调查的数据，建构高阶因子结构方程模型，以考察大学生自我报告的学习结果和学校满意度之间的关系。分析结果表明，满意度与学习结果之间存在显著的正相关，且认知和非认知学习结果与教学满意度之间的相关度高于它们与教学环境满意度的相关度。通过进一步的方差分析发现，按教学水平满意度和教学环境满意度分别进行分组，不同满意程度的学生自我报告学习结果的差异表现不同，满意度的不同方面与学习结果各方面存在不同程度相互影响。

《教育专业学位新拓展　职业教育发展新举措》一文指出，为贯彻落实全国职业教育工作会议精神和《国务院关于加快发展现代职业教育的决定》要求，培养一大批高素质"双师型"职教师资，重点提升教师队伍学历层次和专业化水平，使中等职业学校拥有硕士以上学位的专任教师比例达到预定目标，论证在教育硕士专业学位教育中增设职业技术教育领域，具有重要的现实意义。该文就设置职业技术教育领域教育硕士专业学位的必要性、可行性和实施方案等进行了详细论证。

《互联网教学与高校人才培养》一文指出，基于互联网的教学为拓展优质教育资源、促进教育公平、提高教育国际化水平注入了新的理念，提供了新的路径，也对高校人才培养提出了严峻挑战。高等学校要转变教育观念，加强教师队伍建设，改革传统的课堂教学模式、学习方式和管理体制，探索线上教学与线下教学相结合，不断改善学生学习效果，提高人才培养质量。

"慕课"发展与大学人才培养模式改革

钟秉林　方　芳[①]

随着高等教育大众化进程的推进，优质高等教育资源短缺矛盾凸显，并引发了教育质量、教育公平、学生就业、自主办学等一系列社会广泛关注的热点难点问题，我国高等教育发展方式正在从以规模扩张和空间拓展为特征的外延式发展，转变为以提高质量和优化结构为核心的内涵式发展。教育主要矛盾的转化和发展方式的转变、教育发展内部和外部环境的变化、教育诸影响因素之间的相互作用和相互制约以及不同教育利益相关者的利益博弈，使得学校内涵发展和质量建设的任务更加繁重，教育决策的难度明显增加，教育政策的出台和教育改革实践的推进更为艰难。加强系统研究，深化综合改革，坚持依法治校已经成为平稳涉过教育改革"深水区"，不断提高高校办学质量和效益的必然选择。

在高等教育改革不断深化和科学技术迅猛发展的大背景下，互联网与教育有效结合，以"慕课""微课程"等为代表的基于互联网的学习方式和课程联盟应运而生，为缓解高等教育主要矛盾和破解高等教育热点难点问题注入了新的理念和思维，带来了新的机遇和挑战。

一、"慕课"是如何热起来的

"慕课"是"Massive Open Online Courses"（大规模开放在线课程）英文缩写MOOC的中文音译，是一种具有交互功能的开放式的在线学习方

[①] 作者简介：方芳，北京师范大学经济与工商管理学院讲师。

式，其突出特点是以短视频为主要方式传授名校名师的课程教学内容，以即时测试与反馈促进学习者学习，并基于大数据分析促进教师和学生改进教与学。"慕课"的概念形成于2008年，作为一种基于互联网的学习方式和课程联盟，"慕课"以其开放性、互动性、公益性和高质量的特点吸引了专家学者、大学教师和广大学习者的关注和参与。

2012年"慕课"在美国得到飞速发展，被《纽约时报》称为"慕课元年"。包括斯坦福大学、哈佛大学、麻省理工学院等在内的世界一流大学，几乎同时掀起了一股"慕课"风潮，并涌现出了以EdX、Coursera和Udacity等为代表的课程支撑平台。EdX是由耶鲁大学、哈佛大学和麻省理工学院在2012年联合创建的免费在线课程项目，目的是建立世界顶尖高校的共享教育平台，提高教学质量，推广网络在线教育。目前该组织的成员学校已达29所，拥有超过90万的注册者；我国的北京大学、清华大学、香港大学、香港科技大学在2013年相继加入该联盟。Coursera是美国斯坦福大学两名教授在2012年创办的免费大型公开在线课程项目，旨在同世界顶尖大学合作，在线提供免费的网络公开课程。目前该组织已包括斯坦福大学、密歇根大学、普林斯顿大学、宾夕法尼亚大学等81所高校或机构，拥有网站注册学生400多万人，是全球最大的在线课程联盟；我国的上海交通大学、复旦大学、香港中文大学、香港科技大学等在2013年加入了该联盟。Udacity是由斯坦福大学巴斯蒂安·特伦教授在2011年创办的免费在线课程项目，区别于EdX和Coursera平台的是，该项目没有固定的合作大学，而是邀请知名教授和专业人士开设网络公开课程。目前，该组织已拥有超过75万的注册学生。

欧洲的"慕课"近年也得到快速发展，涌现出了一批课程平台。Open up Ed网络公开课程是由欧盟委员会支持的课程平台，于2013年4月正式启动，英国、法国、俄罗斯、意大利、荷兰、葡萄牙、斯洛伐克、西班牙等11个欧洲国家参与其中，目前已包括用12种语言开设的数十门课程，内容涉及数学、经济、电子商务、信息技术、气候变化、文化遗产、国际关系、语言学习等诸多领域。2012年12月，在英国文化委员会的支持下，英国开放大学联合英国12所大学建立了名为"未来学习"（Future-learn）

的课程平台，已有来自全球的 26 个组织成员和合作伙伴。欧洲其他的"慕课"平台还包括西班牙的 Miriada X、芬兰的 Eliademy、德国的 Iversity 等。

我国在 2013 年也掀起了"慕课"热，若干所国内一流大学相继加入"慕课"国际课程联盟，数十个"慕课"国际论坛和国内会议频繁召开。中国高水平大学慕课联盟、全国地方高校优课联盟、东西部高校课程共享联盟、中国职业教育微课程及 MOOC 联盟、中国医学教育慕课联盟、清华在线学堂、全国 C20 慕课联盟等"慕课"课程联盟或协作组织也先后建立。

二、"慕课"为高等教育发展带来了什么机遇

互联网信息技术和知识数字化技术的快速发展，互联网与高等教育的有机结合，以"慕课"为代表的基于互联网的学习方式的诞生，正在改变着人们的学习和生活方式，也为教育未来的变革之路提供了新的动力和路径。

（一）"慕课"为大学教学改革提供了新的路径

拓展优质高等教育资源的根本途径是提高高等教育质量，尤其是提高人才培养质量，通过长期积累，努力办好每一所高校。与传统的学习方式和课程协作组织相比，"慕课"的最大优势就在于能够发挥互联网倡导的"共享与协作"精神，将分散在不同空间、不同时间的优质教学资源整合到一起，实现优质教育资源的广泛共享，满足在校大学生和公民享受高质量高等教育的迫切需求。无论是国内重点大学的名师课程，还是远在大洋彼岸的世界一流大学的优质课程，都可以通过网络整合到同一资源平台；不同时间节点的学习资料，可以应用相关技术实现高效集成。这种学习空间和时间上的突破，大大降低了学习者享受优质高等教育资源的准入条件，学习者可以有效利用"碎片化"的学习时间，在线学习全球各大名校开设的网络课程；在校大学生也可以通过选修网上优质课程，实现个性化的学习。另一方面，"慕课"课程的研发有效推进了教学内容和教学手段

向多媒体化、短视频化和互动化方向发展，有利于大学将线上教学与线下课堂教学相结合，创新教学方式和学习方式，促进学生自主学习和合作学习，不断改善学习效果，提高学习效率。

（二）"慕课"为拓展优质高等教育资源提供了新的思路

人力、财力、物力等高等教育资源在区域和地区之间存在较大差距，因高等教育资源配置不均衡而导致高等教育布局结构失衡和种种教育不公平现象的产生，是包括中国在内的许多发展中国家面临的共同问题。在高等教育资源拓展过程中，时常要面对"公平与效率"的矛盾，二者如何兼顾、何者优先，教育决策者和实施者必须综合平衡，做出选择。而"慕课"学习方式和课程联盟的诞生和发展，则提供了"以效率促公平"的新的思路和路径，拓展优质高等教育资源、优化高等教育资源配置。首先，采取优先发展策略，如实施"精品网络课程"计划、启动"名师大讲堂"项目等，将有限的资源投入到优质网络课程的开发，实现学习资源开发效益的最大化；然后，再通过政策导向，如完善高等教育资源共享机制、加强高校和社会的教育信息化建设等，保证优质教育资源在"二次分配"过程中体现教育公平。显然，通过"慕课"获取优质教学资源、优化高等教育资源配置的方式，将在很大程度上改善目前优质高等教育资源短缺且配置不均衡的状况，进而为包括在校大学生在内的每个学习者提供适合自己的优质教育，有效推动促进高等教育公平和构建学习型社会的进程。

（三）"慕课"为提升教育国际化水平搭建了新的平台

进入21世纪以来，随着经济全球化的迅猛发展，人力资源和物质资源在世界范围内的跨国、跨地区流动成为常态，并很快渗透到教育领域，形成了教育国际化的大趋势，教育竞争已经在国际舞台上全面展开。"慕课"等相关国际课程联盟和协作组织的构建和运行以及中外合作办学项目和机构的迅速增加，促成了国际化课程、教材和课件等教学资源的跨国、跨地区流动和共享，使得大学传统的教育方式和教学手段正在经历着前所未有的变革；同时，也必然伴随着教育教学理念、人才培养模式和教学管理模式的跨国、跨地区的传播与融合。从公益性角度来看，大学可以利用"慕课"教学平台在全球范围内提供该校的优质课程资源与成果,使遍布世界各地的大学生和其他学习者共享优质教学资源;同时,大学也可以通过"慕课"课程的传播形成良好的社会形象,提高学校的国际知名度。显然,"慕课"对中国大学学习借鉴国外先进的教育理念和教学模式,引入国外优质教学资源和现代教学方法,深化人才培养模式改革带来了难得机遇;另一方面,也为推进中国大学优质教学资源的国际拓展,增强中国高等教育的国际话语权,提升高等教育国际化水平提供了重要平台。

三、大学如何应对"慕课"的挑战

以"慕课""微课程"等为代表的基于互联网的学习方式和教学模式以其鲜明的特征,吸引了大量学习者注册学习,使传统的教育观念和教学模式面临着严峻挑战,高等学校要保持敏锐目光,拓展办学视野,密切跟踪基于互联网的"慕课"学习方式的发展趋势,不断深化人才培养模式改革。

(一)更新传统的教育教学观念

"慕课"的发展正在颠覆着传统的教育教学观念。首先,要突破"千校一面""万人一面"培养模式的禁锢,树立科学的人才观和质量观,确立促进学生全面发展的教育价值观;要遵循教育教学规律和人才成长规律,践行"因材施教"的教育理念,研究学生的差异性,尊重学生选择权,鼓励学生兴趣特长发展,探索多样化和个性化培养。其次,要摈弃以教师、教材和课堂为中心的陈旧教学观,在教学活动中确立以学生学习为中心的现代教学观,探索先进的教学方式和学习方式,加强师生互动,鼓励学生自主学习和合作学习,不断改善教学效率和学习效果。

(二)改革传统的教学方式和课堂教学模式

"慕课"教学模式以其开放性和互动性的特征对传统的课堂教学模式和教学方式提出了挑战。首先,高等学校要着力改革以教师和教材为中心的传统课堂教学模式,根据不同专业和课程的基本要求和特点,探索探究式学习、讨论式教学、合作式学习等以学生学习为中心的教学方式和学习方式。当前，尤其要积极探索线上教学与线下教学相结合的教学模式，引导学生自主学习和合作学习，注重养成学生的独立思考能力、批判意识和创新精神，实现学生的多样化和个性化培养。比如，利用"慕课""微课程"等线上优质课程资源，将学生接收知识的过程从课堂讲授转移到课前网上自学，而在课堂上则通过教师组织引导、师生互动和生生合作，将学生课前个性化学习获得的知识融会贯通，实现知识内化的部分功能。其次，要组织教师研发网上课程，积极参与线上教学，促进优质教学资源在校内和校外的共享，彰显学校的教学水平和特色。第三，要优化课堂学习效果评价标准和指标体系，调动学生的学习积极性和主动性，鼓励学生参与线上自主学习，不断提高学习质量。

（三）创新人才培养模式和管理体制机制

"慕课"教学模式带来的教学方式和学习方式的变革，对大学传统的人才培养模式、教学组织形式、教学和学生管理体制，乃至传统的教室布局都带来了冲击。首先，高等学校要加强人才培养体制和内部管理体制改革的系统研究和顶层设计，发挥教师的主动性和创造性，积极探索人才培养模式、管理体制机制和学习制度的创新；尤其要根据"慕课"教学模式的融入以及人才培养模式改革的要求，探索教学管理体制和学生事务管理机制的创新，为大学生成长成才提供体制机制保障。其次，要根据经济社会和科学技术发展趋势，优化学科专业结构，调整院系设置和教学组织，为深化综合改革、培养创新型人才构建学科专业平台和学术组织架构；同时，要加强信息化建设工作，为线上学习和线下学习相结合创造条件。第三，要研究"慕课"教学模式的发展趋势和特点，完善学校内部教育教学质量监控和保障体系，明晰质量标准，优化指标体系，改革评估方式，强化评估结果反馈和改进工作的机制，建立学生学习效果跟踪和评价机制，不断改善学习效果。

（四）提高师资队伍的整体素质和水平

以"慕课""微课程"等为代表的基于互联网的教学模式的发展，正在改变着人类获取知识的渠道和方式，知识传递的方式已经由单向转为多向互动，这使得大学的知识权威和学术垄断地位遭到威胁，教育实际效能也受到社会质疑。而最直接的冲击莫过于教师角色的转变，教师正在从知识的传授者转变成为学生的学习伙伴，要在教师与学生构建的师生学习共同体中，通过教师的引导、师生的互动、学生的合作来实现教学目标。首先，高等学校要认真研究经济社会发展和教育教学改革的新趋势，调整教师队伍建设的思路和重点，修订和完善教师队伍建设规划。其次，要加强教师的职业发展规划和在职培养培训工作，不断提高教师的教学能力和水平。当前，尤其要注重转变教师的教学观念，提高教师运用现代教育技术的能力和指导学生规划学习生涯的能力。要重视教学管理人员和学生工作干部的培训工作，引导他们创新教学管理模式和学生工作机制，为学生的成长成才提供良好服务。第三，要改革教师聘任和考核制度，引导教师将精力投入到教学工作之中，努力将科研资源转化为优质教学资源；要鼓励教师密切跟踪互联网教学的发展趋势，积极探索课堂教学模式和教学与学习方式的改革。

四、"慕课"如何进一步完善

"慕课"的发展对提高大学人才培养质量提供了新的思路，搭建了新的平台。但无论是作为一种学习方式或教学模式，还是作为一种课程联盟或协作组织，"慕课"还处于发展初期，需要直面问题，不断完善。

（一）加强"联结"与"互动"，提高学习效率

基于互联网的"慕课""微课程""翻转课堂"等学习模式的基本特征是联结和互动。要进一步厘清"慕课"的内涵，创新学习模式、教学内容和运行机制，在教学过程中更好地实现师生互动、生生互动和人机互动，提高学习效率，改善学习效果；并且将线上教学与线下教育有机融合，吸引包括在校大学生在内的更多的学习者注册学习，真正发挥"慕课"的优势，体现其"大规模"的特性，实现其在共享优质教学资源、促进高等教育公平、提升高等教育国际化水平等方面的价值。否则，"慕课""微课程"等与十多年前开始尝试的网络课件就没有区别了。

（二）完善学习监督和效果评价机制

由于互联网教学准入门槛较低，目前还缺乏有效监督和证书驱动等激励机制，总体上看，学习者的学习主动性和自律性以及所选课程的完成率普遍较低。如何对线上学习的学习效果进行科学评价，并将评价结果反馈给教师和学生，不断改善教师的线上教学水平，提高学习者的学习主动性和学习效率已经成为基于互联网的教学模式可持续发展的瓶颈问题，也直接影响到在校大学生选修以及线上教学与线下教育的结合，迫切需要有关研究人员和教师在"慕课"学习效果的评价标准与评价方式、数字化教学资源库建设、教学及其管理平台的数据交换共享以及大数据技术应用等方面进行深入研究和试验探索。

（三）探索和完善市场运营机制

市场在教育资源配置中发挥着决定性作用，有市场需求和社会需求，基于互联网的"慕课"学习方式和课程联盟就会得到充分的发展空间。完善的运营机制是"慕课"发展的重要保障，比如，如何厘清"慕课"教学模式的公益性与营利性之间的关系，如何优化"慕课"课程联盟的运营模式，如何筹集"慕课"线上课程的研发经费并保障其稳定运行，如何制定"慕课"课程标准和认证办法，实现"慕课"课程联盟与高校之间互认课程学分等，都需要从体制机制创新的角度进行认真研究和大胆探索。

（四）跳出"慕课"发展的误区

首先，教育的终极目标是培养全面发展的人，大学的核心功能是培养高素质的高级专门人才，为经济建设和社会发展提供人力资源支撑。毋庸置疑，提高人才培养质量需要高校干部教师围绕立德树人做好教学和管理工作；而理论研究和国内外高等教育实践表明，一所大学优良的办学传统、校园文化和校风学风的潜移默化的熏陶作用，对大学生综合素质的养成，包括社会发展性、人际关系和公共关系等素养和能力的养成至关重要。从这个角度而言，基于互联网的教学与大学教育是两个不同的概念，"慕课"教学模式不能完全取代大学教育，"慕课"课程联盟更不可能取代大学组织。要避免"炒作"概念，片面夸大"慕课"的功能与作用，与其忧虑将来有多少传统学校会面临消亡，不如把主要精力放在如何优化网络教学环境、提高"慕课"教学质量以及与线下课堂教学的结合上，这也是目前国外"慕课"发展的重要趋势。要探索将线上教学和线下教育相互融合、扬长避短，不断改善学生的学习效果；普通高校、开放大学以及在线课程联盟和协作组织、互联网教育产业应该加强协同探索、优势互补，统筹进行教育教学改革试验。

其次，近两年来，从中央到地方，从普通高校、开放大学到互联网教育产业，从高等教育到基础教育，纷纷组建"慕课"课程联盟或协作组织，但大多还是各自为战，顶层设计和相互协调比较欠缺。通过组建联盟提高社会影响力的功利性取向较重；而如何发挥"慕课"的优势，与线下课堂教学有机结合，改善学习效率和学习效果则考虑较少；投入产出效益如何，技术模式是否互通，在校大学生如何直接受益，仍缺少关注与研究。大学要密切跟踪"慕课"等基于互联网的教学模式和学习方式的发展趋势，根据我国国情和高等教育教学需求，结合课程自身属性，在运用现代信息技术丰富教学资源、改革教学方法、创新学习方式等方面打造"精品"，探索建设多种新型的资源共享课，以满足不同教学需要和包括在校大学生在内的不同学习者的需求。同时，要加强规划和协调，避免低水平重复建设，将变革教育观念、创新体制机制与探索线上线下教学相融合的混合教学模式有机结合。改革探索成功的标准，主要在于学习效果和效率的改善以及社会的认可。

参考文献

[1] 赵应生，钟秉林，洪煜. 转变教育发展方式：教育事业科学发展的必然选择 [J]. 教育研究，2012（1）.

[2] 钟秉林. 加强综合改革，平稳涉过教育改革"深水区" [J]. 教育研究，2013（7）.

[3] 郝丹. 国内 MOOC 研究现状的文献分析 [J]. 中国远程教育，2013（11）.

[4] 钟秉林. 推进高等教育国际化是高校内涵建设的重要任务 [J]. 中国高等教育，2013（17）.

[5] 钟秉林. 互联网教学与高校人才培养 [J]. 中国大学教学，2015（9）.

从学分到学位——MOOC 与大学的融合

曾晓洁[①]

MOOC 自 2012 年美国大学推出以来发展迅猛，全球许多一流大学都纷纷加入和创建各种 MOOC 平台，推出自己的 MOOC 平台课程。但仅一年之后，对 MOOC 的质疑也纷至沓来。2013 年 1 月，Udacity 与圣何塞州立大学（San Jose State Uni-versity）合作，提供一门数学与统计学课程的 MOOC 实验计划，但效果不尽如人意，30% 的校园学生合格完成了入门的代数课程，但只有 18% 的网络学生完成；其他 MOOC 平台的课程也大多只有 5%~16% 的完成率[1]。而且，MOOC 平台的师生和生生互动也还差强人意。美国有学者批评 MOOC 只是"巨大的在线演讲厅"缺少有效的教学方式，认为观看名牌大学著名教授的讲座视频，然后参加测验和完成论文接受考核，这种方式仍然与传统的教学方式没有根本的差别。MOOC 运动的创始人之一乔治·西门斯（George Simens）也指出，"如果 2012 是慕课元年，2013 将成为反转慕课之年""批判慕课，比倡导它会更加吸引眼球"。甚至有媒体报道，现在已处于"后 MOOC"（Post-MOOCs 时期）。[2]但在各种质疑声中，世界各国大学 MOOC 的发展并没有停止。2013 年至 2014 年，世界各国的大学尝试了许多将 MOOC 与校园教学相融合的创新。本文将从 MOOC 与大学融合的角度，分析大学 MOOC 发展的最新趋向。如果说 2012 年加入各种 MOOC 平台，开设各种课程是世界许多大学发展 MOOC 的第一阶段，那么在经历了狂风暴雨式的发展之后，大学的 MOOC 发展迎来了第

---

① 作者简介：曾晓洁，北京师范大学教育学部副研究员。

二阶段，那就是从学分到学位——大学 MOOC 开始了与大学校园教育全面而深入的融合。

一、大学的 MOOC 学分

（一）对 MOOC 学分的质疑

随着 MOOC 的发展，美国知名 MOOC 平台 Coursera、Udisity 和 EdX 虽然推出了可以认证的课程证书，学生在完成课程后可付费参加考试，考试合格则可获得证书，但学生仍然无法获得大学认可的学分，其主要原因在于 MOOC 的质量与可信度。在许多教育人士看来，即使 MOOC 的许多课程是世界一流大学的教授所讲，但 MOOC 还是无法与院校真实的课堂教学相比。

在美国，2013 年 3 月加州参议院曾提出一项关于 MOOC 学分的议案 SB520。该议案提出，鉴于现在高等院校教育资源严重不足，众多课程人满为患，许多学生无法注册选课的问题日益严重，加州所有的公立大学和私立大学应给认可的网络课程授予学分认证。加州民主党参议院主席达瑞尔·斯坦伯格（Darrell Steinberg）指出，由于教育资源的欠缺，大部分学生没有机会选修课程，这导致全加州 112 所社区学院中，每所社区学院平均都有 7000 名的申请等候者。加州州立大学的学生也由于选课不足，只有 16% 的学生能在 4 年里毕业。议案提出者主张以在线教育为手段降低大学的费用，增加学生学习的机会，提高教育的效率。该议案提出由加州"公开教育资源委员会"确定选修人数最多的 50 门课程，将其转化为网络课程。如果学生在第三方机构的网络平台选修这些在线课程，修满课时合格后，可以获得相应的学分。[3]但是，加州教师协会（California Faculty Association）的主席莉莲·泰泽（Lillian Taiz）表示，"没有充分的证据表明网络课程对所有的学生都是有益的"，反对认可 MOOC 学分。加州州立大学系统的校长蒂莫西·怀特（Timothy PWhitt）也指出，"我们需要创新，但我们也需要高品质的教育，并要时刻警惕这一问题"。[4]2013 年，杜克大学教务长彼得·兰格（Peter Lange）也表示，杜克大学不会向在 Coursera 平台上完成杜克大学两门在线课程生物电和遗传学的学生授予学分，无论这些学生是否是该大学的注册学生。虽然这些课程是由杜克大学的教授所讲，但其"授课方式与我们教授杜克大学课程的方式不同"，它没有固定的上课时间，而且也不涉及面对面的指导。[5]

正如西班牙IE商学院（IE Business School）项目主任马丁·伯姆（Martin Boehn）所说的，"还有许多能力——比如语言能力、人际交往能力和团队合作技巧——是MOOC无法培养的。一流学校不会承认这种学分……接受较低的标准将是危险的"。欧洲大学协会（EUA）高等教育政策部门负责人迈克尔·格贝尔（Michael Gae-bel）在谈到MOOC学分时也强调，"虽然在欧洲不存在任何法律上的障碍阻止MOOC在欧洲学分市场上立足，但问题在于如果大学开始承认这些学分，那么是基于何种条件来承认？"。英国高等教育质量保证局（Quality Assurance Agency for Higher Education）评审主任斯蒂芬·杰克逊（Stephen Jacksor）认为，最重要的是可信度，"只有证明学习成果是实实在在的，才应被授予学分"。[6]

综上所述，许多教育界人士认为，关于MOOC学分认可的障碍在于：一是虚拟环境下难以辨识学习者学习的真实性与可信度；二是难以保证MOOC的教学质量与学习效果；三是MOOC学习目前更多地还只是体现在知识的教授上，而教学不仅是知识的教学，也是情感的教学，它还应包括师生之间情感的交流、价值观的影响等知识以外的内容。

（二）对MOOC学分的认可

可以说，评估与考核是MOOC学分认可中最具挑战性的问题。针对上述问题，各大MOOC平台和大学纷纷采取措施来确保MOOC学习过程和考试成绩的真实性和可信度，确保MOOC的教学质量和学习效果。这些新举措主要可归为两类：一是加强对学习过程、考试环节的监管，以保证虚拟环境下学生学习的真实性和可信度，完善对学生虚拟环境中学习结果的水平测评；二是限制授予MOOC学分的学生身份，以保证MOOC学习的质量。

关于第一类举措，对于学习过程一般采用新的追踪技术来验证学习者的身份。例如，Coursera 引入了"签名追踪"（Signature Track）相关技术，来识别注册了证书选项的学生身份，以保证学生学习过程的真实性。在第一批"签名追踪"5 门课程中有 4 门是本科课程，另外一门课程是职业学院课程，具体为：加利福尼亚大学的 Pre-Calculus、Algebra，杜克大学 Introductionsto Geneticsand Evolution、Bioelectricity、Aquantitative Approach，宾夕法尼亚大学的 Calculus：SingleVariable。对于学习结果，目前出现了 3 种评估与考核方式，即人工监考、线上考试和考试中心测评。Coursera 早期聘请监考人员或助教，收取考试费用，为学生提供在实体教室的考试。为了减少费用，2013 年 2 月，Coursera 开始尝试上述 5 门 MOOC 课程的在线监考，注册了这 5 门 MOOC 课程的学生需参加带实况监督的在线考试。Udacity 也使用一个自动的作业评分系统，同时与电子考试公司 Pearson VUE 合作，如选 CS101 课程的学生交付 89 美元，便可参加 75 分钟的有在线监考的期末考试。另外一些 MOOC 平台则选取设立带监考的考试中心来解决这一问题，如 Iversity 是一个位于柏林的 MOOC 平台，成立于 2013 年 10 月，它就选择用传统的现场考试来评定那些注册了试点学分制课程的学生。

随着 MOOC 平台学习监测与学业水平评估手段的完善，MOOC 学分的认可也得到了逐步的实现。正如爱丁堡大学（University of Edinburgh）首席信息官杰夫·海伍德（Jeff Haywood）所说"带监考的考试中心帮助我们解决了可信度问题，大学由此便可向 MOOC 课程授予学分"。[7]

2013 年 3 月，Coursera "签名追踪"课程获得了美国教育委员会（Ace）的认可，对这批 MOOC 课程给予学分推荐。在授予学生学分和学位时，目前美国有超过 2000 所大学会参考美国教育委员会的推荐。Coursera 也计划继续与美国教育委员会合作，希望更多的课程获得学分推荐。目前 Coursera 已经与 ProctorU 合作，可以让身处世界各地的学生通过 Webcam 参加考试。所有这些环节学生均需交费。由 ProctorU 提供的考试服务收费为 60~90 美元，而 Coursera 证书签名费用大概在 30~90 美元。除此之外，如果要获得美国教育委员会的认可证，还需要另交费 90~190 美元。[8]

为保证质量，许多大学为实现 MOOC 学分认可采取的另一举措便是限制学生身份，只为本校在校学生认可 MOOC 学分。美国科罗拉多州立大学的环球学院（The Global Campus）是美国第一所认可 MOOC 学分的大学。2012 年 9 月，美国科罗拉多州立大学的环球学院宣布接受 Udacity 的在线课程"计算机科学导论：建立一个搜索引擎"（Introductionto Computer Science：Buildinga Search Engine）的转移学分（transfercredit）。科罗拉多州立大学环球学院建立于 2008 年，主要为在职的成年人提供学士和硕士学位教育。新的举措规定，攻读本校学士学位的学生如果获得 Udacity 这门课的结业证书，并通过皮尔森 VUE 考试小组监督的考试，便可获得 3 个学分。在这之前，一些欧洲大学，包括萨尔茨堡大学（the University of Salzburg）、佛雷堡大学（the University of Freibur）、柏林自由大学（the Free University of Berlir）和慕尼黑工业大学（the Technical University of Mu-nich）也已宣布认可这一课程的学分。[9]

随着数字课程与大学校园现有课程交叉的日益密切，MOOC 学分得到了美国更多大学的认可。现在安蒂奥克大学（Antioch University）的学生也可以通过 Coursera 获得 MOOC 学分。在麻省理工学院的 4500 名学生中，超过 50% 的学生选择 MOOC 作为其课程学习的一部分。主要面向成人教育的加州约翰·肯尼迪大学（John F. Kennedy University）也已经开始承认学生在 EdX 上取得的学分。[1]

在中国，许多大学也积极将 MOOC 与校园教学进行融合，部分高校已经开始承认 MOOC 学分。从 2014 年 9 月开始，清华大学将马克思主义原理、电路原理、大数据等基础课程从线下转移到线上。在校学生经过院校教务处的确认后，可在其 MOOC 平台"学堂在线"上选课，只要通过考试，一样可以拿到学分。这意味着学生通过在线学习可以直接拿到学分。云计算等几门课程也将逐渐走向线上。学生们在线上完成学习，以学生互评的形式完成作业，最后的考试以传统方式进行：进入考场，由老师监考，闭卷答题。2014 年，"学堂在线"还尝试推出自己的学分互认体系，推动国内的几所知名高校基于"学堂在线"平台进行课程互换，以实现资源互补，将 MOOC 学分推广到更多的高校。[11]

2014 年，上海交通大学自主研发的中文 MOOC 平台"好大学在线"

还首次打通了西南片 19 所高校的 MOOC 学分互认。西南片高校联合创办于 1994 年，如今已有成员高校 19 所，包括上海交通大学、华东师范大学、华东理工大学、东华大学、华东政法大学、上海音乐学院、上海对外经贸大学等高校。19 所院校的学生通过这一平台，可选修来自两岸三地知名高校的优质课程，并可获得相应的学分。例如，上海交通大学的《媒介批评：理论与方法》、台湾新竹交通大学的《孙子兵法与企业经营》《微观化学世界——初阶基础课程》、香港科技大学的《计算机导论》等。[12]

2015 年 4 月 28 日，我国教育部发布了《关于加强高等学校在线开放课程建设应用与管理意见》，"要求根据教师、学习者的需求变化和技术发展，加强在线开放课程建设应用的师资和技术人员培训；在保证教学质量的前提下，推进在线开放课程学分认定和学分管理制度创新"。[13] 可以预见随着 MOOC 的发展，大学对 MOOC 学分的认定必将越来越普遍，相关制度也将越来越完善。

二、大学的 MOOC 学位

（一）对 MOOC 学位的质疑

相比于传统大学的学位，MOOC 一开始只能给学习者提供课程结业证书，这使 MOOC 远离正规教育。而且，与传统大学的学位相比，目前 MOOC 课程结业证书的"含金量"也不高，MOOC 证书的价值缺少社会广泛的信任度与认可度。爱丁堡大学（University of Edinburgh）的首席信息官杰夫·海伍德（Jeff Haywood）教授指出，授予 MOOC 学位最关键的问题是 MOOC 的课程内容和学习量与学位所需的学习量不相符。他以爱丁堡大学在 Coursera 上推出的首批 6 门 MOOC 课程举例，每门课程的时长仅为 5 周。他认为如果要认可 MOOC 学位，"需要的是一套能被串接在一起、形成某种有价值东西的在线课程"。[14]

美国学者约翰·希利·布朗（John Seely Brown）和保罗·杜奎德（Paul Duguid）在分析在线学位信任度的缺失时指出，学习不是装货，教学也不是送货服务，学校更不是"装货地"，人们不应将学位看成是"现场知识的提货单""学校交付知识的收据"。大学的学习具有"学徒般活动"的性质,其学习并不单单是一个获得知识、信息的问题,它需要培养专业者的性格、举止和观点以及专业的精神,而这都需要在与教师和同学之间的相处中习得和培养。群体的支持、团体的价值对人们学习的内容与方法具有重要的意义。[15]这种"学徒般活动"借用心理学家杰姆罗斯·布鲁纳的分析便是,它既包括"学得"(Learning about),又包括"学做"(Learning to be)。"在学做的过程中以及在成为实践群体一名成员的过程中,一名个人发展着一种社会认同"。[16]所以,大学学习并不是只让学生接触到知识、信息就可以了,重要的是学生要与多个群体接触,而大学的独特价值也正在于此。经过大学学位阶段的学习,学生从"学得"进入到"学做"才可能成为某一群体的一员。因而,"在线学位只能提供传统学位一半的内容,不可能当作百分百的等同学力"。[17]

针对在线教育对传统大学的挑战,美国学者约翰·希利·布朗和保罗·杜奎德还认为传统大学可用学位来竞争。他们指出,"我们并没有把颁发学位想象成是大学的唯一功能,但那确实是它们独有的、重要的特征""在美国4008所高等院校中,1741所是两年制专科学校,2267所是4年制大学。这后面的4年制大学中,有1862所只提供学士学位,1369所包含硕士学位,有488所提供博士学位。这些授予学位的大学共招生大约1460万名学生。……美国高等教育体制的核心竞争力是什么?……答案只有一个,就如上面的统计所示,那就是因为它们能够提供学位"。[18]而且,传统大学的学位与文凭具有广泛的公众支持与认可,即大学能维持公众的信任和保证学位的价值。[19]的确,经过一千多年的历史发展,大学拥有崇高的学术权威,制度化的高等教育机构天经地义地拥有对专业技能与能力标准的决定权,从而拥有学位颁授、合法文凭颁发的一种垄断[20],而这种垄断并不是轻易就能被打破的。

(二)对MOOC学位的创设

尽管对MOOC学位的质疑很多,但随着网络时代信息技术的发展、知识生产与传播方式的变化、人们生活方式及学习方式的改变以及终身学习需求的增长，这一切还是阻挡不了 MOOC 学位的出现。关于 MOOC 学位，EdX 的总裁阿加威勒（A-garwa）在接受 Independent 网站采访时，批评教育界接受新技术的速度缓慢，他说："从 16 世纪以来，交通工具已经完全改变了，从牛车到马车到航空飞船，但是从教科书发明之后，教育并没有什么真正的改变。不过在未来的十年里教育会完全改变模样。这并不是说教师们会失去工作，而是学生们获取学位的方式将会发生改变，更多的人将通过在线接受教育。"[21] 2014 年，美国佐治亚理工学院创设了计算机科学专业的 MOOC 硕士学位，实现了完全基于 MOOC 的学位教育，为学生提供了创新的学习方式。

美国佐治亚理工学院拥有全美顶尖的计算机科学课程，它与 Udacity 合作，向全球的学习者提供基于 MOOC 的计算机科学专业硕士学位，学费仅为 6600 美元，远远低于传统的在校学费 4.5 万美元。佐治亚理工学院为这一 MOOC 学位项目提供课程内容和授课教授，并因此获得 60% 的收入，Udacity 公司提供 MOOC 平台和授课助理，获得其他 40% 的收入。但与早期 MOOC 的完全开放不同，佐治亚理工学院对攻读这一硕士学位的学生设有录取门槛，以保证学生具备相应的学习能力，以保证教育的质量，从而保证这一 MOOC 硕士文凭的品质与价值。2013 年 10 月至 2014 年 5 月，佐治亚理工学院共收到来自 93 个国家的 4014 份申请。其中，前三个国家是：美国 3098 份申请，印度 316 份申请，中国 125 份申请。2014 年春，美国佐治亚理工学院的 MOOC 硕士项目第一批录取了 375 名学生。随后，在 2014 年夏季和秋季美国佐治亚理工学院又先后招收了两批学生，现在攻读这一 MOOC 硕士学位的学生共计 1395 名。这些学生的平均年龄为 33.5 岁，绝大部分在 IT 行业工作。他们来自 54 个国家和美国 47 个州，其中来自中国的学生有 30 名。这些攻读 MOOC 学位课程的学生完全通过 MOOC 学习，可以获得在线辅导和其他支持服务，最后需接受监考考试。佐治亚理工学院计算机学院院长兹维·加利尔（ZviGali）博士期望在未来几年，这一 MOOC 学位项目每年可吸引多达 1 万名学生就读，因为网络课程不涉及签证问题，这给招生带来便利。他表示，"这完全是未知的领域，所以没有人真正知道未来能否扩大规模。我们只想证明这是可以实现的计划，能够以低成本提供高质量的学位课程"。[22]

美国佐治亚理工学院 MOOC 硕士学位的创举，获得了美国社会和教育界的高度关注。奥巴马总统也积极评价美国佐治亚理工学院的创新可以很好地解决高等教育的成本问题，为更多的人提供优质教育。奥巴马总统（President Obama）科学和技术顾问委员会（Council of Advisorson Scienceand Technology）的顾问物理学家詹姆斯·盖茨（S. JamesGatesJr.）表示，"从单门非学分课程跨越到全面的学位课程，可能标志着 MOOC 下一个阶段的演变——这将为高等教育带来真正的变革。也许兹维·加利尔和塞巴斯蒂安·特伦将被证明是 MOOC 领域的莱特兄弟。对教育技术应用于扩大教学规模来说，这是首个深思熟虑、考虑周到的举措。这可能具有划时代的意义"。[23]

2015 年 5 月 7 日，我国清华大学也宣布正式启动国内首个基于混合式教育模式的学位项目——"数据科学与工程"专业硕士项目。项目将于 2015 年秋启动第一次招生，2016 年第一批学生进入该项目学习。该学位项目将依托"学堂在线"平台的数据科学与工程专业在线课程组，强调线上与线下、学习与实践的高度融合。该项目还将突破传统专业硕士学位的招考和培养模式。在招生录取环节，将依据在线课程学习的大数据选拔录取人才；在培养环节，将把传授基本知识的环节，从校园课堂转移到在线课程；在线下的课堂环节，将进行问题导向的师生交互研讨和系统的专业实践。清华大学副校长杨斌表示，"从一门一门课程的学分认可，发展到混合式教育模式基础上的学位授予，这是个富有改革意义的模式创新"。他还指出"认为在线教育仅带来便利而妥协质量，这是对真正意义上的混合式教育缺乏正确认知而产生的一种误解"。[24]

的确，市场呼唤高质量低成本的产品。佐治亚理工学院计算机学院的 MOOC 硕士项目、清华大学混合式教育模式的学位项目——"数据科学与工程"专业硕士项目，不如早期 MOOC 那样"巨大"，也不是"完全开放"，但它们是高质量的新型的学位教育。可以说，美国佐治亚理工学院、清华大学这两个 MOOC 学位项目的创设，使 MOOC 与传统大学实现了前所未有的高度融合。

三、MOOC 与大学的未来

MOOC 将如何改变传统大学？数字时代，大学的未来发展方向将是什么？笔者认为，MOOC 的出现当然并不像有些教育人士所认为的那样，只是"一个巨大的在线屏幕"，与传统大学的课堂教学没什么区别，MOOC 的出现其实表征着传统大学在数字化时代发展的一个方向和演变方式。从上述的变革中，我们已经可以窥见传统大学是如何拥抱 MOOC，是如何主动地与学校之外的组织跨界合作创设新的教学方式的。可以说，MOOC 与大学的融合预示了数字化时代大学未来发展的几个趋向：

（一）大学的虚拟化

MOOC 的产生标示着数字化时代大学的数字化生存方式。正如英国开放大学校长所言，MOOC 平台上的一门门课程就好比传统大学的一个个数字门店。[25] 可以说，MOOC 将实体的大学虚拟化，"如何在线"是每一所大学必须考虑的未来发展战略问题，因为这关涉大学的生存。MOOC 是互联网时代的产物，而"连接一切"是互联网的本质，它以其开放性、大众性、交互性、时空跨越性与技术上的便利等优势，重新定义了人们的交往方式和生存方式，而这将重塑大学教育服务的组织方式。大学通过 MOOC 平台及其在线课程获得了一个虚拟世界的身份，与世界范围的学生建立了新的关系，从而获得了互联网时代数字化的、虚拟的生存和发展空间。

（二）大学课程的在线化

在互联网时代，在线学习将成为一种越来越普遍的趋势，为满足学生数字化学习的需求，大学必须提供更多的在线课程，一些传统课程，尤其是那些导读性的基础课程很适合在线化。美国密歇根大学教授詹姆斯·杜德斯达（James J. Duderstadt）和弗瑞斯·沃马克（Farris Womack）在论著《美国公立大学的未来》中也指出，尖端的网络技术和互联网环境将教室从传统空间、时间约束中解放出来，使每个人都可随时随地学习。新生数字一代不会对大学传统的四年制教学模式、课堂教学以及直线式的、连续的教学方式忍耐太久，他们的学习是高度非线性的，他们不习惯也不愿意按部就班地学习，他们更习惯以自己的方式选择时间、进度以及内容来学习，这就要求大学必须提供新的课程与新的教学方式。[26]

（三）大学课程的模块化

在移动互联网时代，智能手机、平板电脑、无线 WiFi 等技术为人们提供了无所不在的学习环境，泛在学习、移动学习成为了一个普通的学习方式，而移动学习最显著的特点是时间的碎片化、知识的碎片化、学习的碎片化。为适应学生的学习，大学必须提供更加灵活、更加便于学生选择的课程设计。2014 年 7 月，美国麻省理工学院公布了报告《麻省理工学院教育之未来》(The Future of MIT Education)，规划了 MIT 截至 2020 年的学校发展战略。其中，MIT 在教学领域所进行的最重大的改革便是要充分利用 EdX 的 MOOC 平台开展在线教育，将学期制课程变革为模块化（Moduar）课程。报告指出，在线课程要尽可能满足学生模块化学习方式的需要，一些学院的课程将会被分解成更小的模块。"一个'类'的观念可能已经过时。这在许多方面已经反映了在校学生的喜好。'类'的分拆也反映了一个更大的社会趋势"——就如其他媒体产品一样。[27]

（四）大学教学的规模化

MOOC 平台的产生使大学有了数字化存在的方式，使传统教学突破了班级制的校园教室教学限制，第一次实现了全球范围内的开放办学，实现了几万人规模化的网路平台教学。这将极大地提高教学在大学的学术地位，也将为大学带来新的经费增收途径。这将重组大学的教学流程，创新大学的教学组织结构，从专业的设置、课程内容的确定到授课与学习方式的设计以及过程管理，大学与社会其他组织、企业的跨界合作也将越来越多。

（五）大学教学的个性化

MOOC 平台不仅是一个课程平台，同时它也是一个规模巨大的数据收集平台，MOOC 平台收集的学生在线学习过程中的大数据，经过分析，可以使大学实现高精确度的个性化学习服务。在美国，田纳西州奥斯汀州立大学的学生可以通过"学位罗盘"（Degree Cpmpas）软件的推荐来选择更适合自己的课程，教材可以基于算法订制；在亚利桑那大学，每个学生可以拥有自己的"电子顾问"来制订个人的学习计划。而且，这些个性化教学技术的应用都取得了非常不错的效果。大学教学未来的发展趋向是在线教学、在线与课堂混合式教学将成为常态，教学将更加强调以学生为本，从"以教学为中心"转变为"以学习为中心"。[28]

当今社会已进入互联网、移动互联网时代，互联网信息技术改变了人们的生存方式，改变了人们的学习方式、改变了知识的生产与传播方式。信息技术的力量已使"互联网+"成为一种颠覆传统行业的动力，推动着传统行业的转型与升级，教育行业也不可能例外。展望MOOC的发展，有人预言"传统大学的消失"，这当然是关于MOOC的一种神话。但我们应该认识到"大学在由技术引起的其他社会变化时期生存了下来，而且基本的结构和活动都完好无损。但是由进化性的信息技术引起的变化则不同，因为它们影响着知识的生产、保存、合并、传播和应用等大学基本活动的本质。更重要的是，由于信息技术改变了人与知识的关系，它可能要对大学等以知识为基础的机构产生深远的影响"。[29]因此，我们可以认为，MOOC与大学的融合为大学未来发展提供了数字化时代的发展方向和途径，从MOOC的发展与演进，我们可以看到新的技术是如何改造和重塑大学的结构、组织与功能的。

参考文献

[1][2] Larry Johnson 对于"慕课"的质疑在线学习变革引发的社会反响[EB/OL]. http://www.jyb.cn. 2013-11-05.

[3][4] 曾晓洁. 美国大学 MOOC 的兴起对传统高等教育的挑战[J]. 比较教育研究, 2014 (7). Paul Fainand Ry Rivard. California Bill to Encourage MOOC Credit at Public Higher College. Outsourcing Public Ed. March 13, 2013.

[5] 在线课程认可度日渐提高学位梦仍遥遥无期[EB/OL]. 腾讯科技. http://www.techweb.com.cn/news/2013-02-07/1276043.shtml. 2015-04-26.

[6][7] Adam Palin. On Course to Becomea Credit Worthy Qualification[EB/OL]. http://www.ft.com/cms/s/2/003fef1a-505e-11e3-9f）d-00144feabdc0.html?utm_source

=newsletter&utm—medium=email & utm—campaign=nw48 # axzz3aNmnˊwj-dA. 2015-04-16.

[8] Coursera 宣布 5 门课程的学分获得美国教育委员会认可［EB/OL］. http：//www.edu.ce.cn/xw/201308/27/t20130827—1058793.shtm. 2015-03-22.

[9] Katherine Mangan. A First for Udacity：a U. S. University will Accept Transfer Credit for One of Its Cour-ses［EB/OL］. http：//www.chronicle.com/article/A-First-for-Udacity-Transfer/134162. 2012-09-06.

[10]［14］The Future of Universities 3：The Digital Degree. The Economist（Jul. 23, 2014）［EB/OL］. http：//www.economist.com. 2015-03-22.

[11]"正规军"学堂在线：MOOC 不是为了革掉传统教学的命［EB/OL］. http：//www.tmtpost.com/159355.html?utm_source=tuicool. 2015-05-16.

[12] 上海交大 MOOC 平台上线联盟校实现学分互认［EB/OL］. http://www.learning.sohu.com/20140411/n398074876.shtml. 2014-04-11.

[13] 教育部出台《关于加强高等学校在线开放课程建设应用与管理的意见》［EB/OL］. http://www.cssn.cn/dzyx/dzyx_jlyhz7201504/t20150428_1605664.shtml. 2015-04-28.

[15]［16］［17］［18］［19］［美］约翰·希利·布朗，保罗·杜奎德. 信息的社会层面［M］. 王铁生、葛立成译. 北京商务印书馆，2003.

[20]［英］安东·尼史密斯，弗兰·克韦伯斯特主编. 后现代大学来临［M］. 候定凯，赵叶珠译. 北京大学出版社，2010.

[21] edX 总裁 MOOC 将改变教育的模样［EB/OL］. http://www.cnii.com.cn/internetnews/2014-02/10/content_1300480.htm. 2015-05-02.

[22] ZviGalil. Online Master of Sciencein Comptuter Science. 2014 年 11 月中国国际教育论坛大会报告（北京）.

[23] 在网上攻读硕士学位［EB/OL］. http：//www.cn.nytimes.com. 2013-12-23.

[24] 清华首推混合式教育学位项目［EB/OL］. http：//www.news.tsinghua.edu.cn. 2015-05-07.

[25] 曾晓洁. 美国大学 MOOC 的兴起对传统高等教育的挑战［J］. 比较教育研究，2014（7）. 新型教育模式将导致传统大学消失［EB/OL］. http://www.roll.sohu.com/20130212/n366005410.shtml.

[26] [29] [美] 詹姆斯·杜德斯达,弗瑞斯·沃马克. 美国公立大学的未来 [M]. 刘济良译. 北京:北京大学出版社,2008.

[27] Steve Bradt. The Future of MIT Education Looks More Global, Modular, and Flexible [EB/OL]. http://www.newsoffice.mit.edu/2014/future-of-mit-education-0804. 2015-05-16.

[28] [英] 维克托·迈尔-舍恩伯格,肯尼斯·库克耶. 与大数据同行——学习和教育的未来 [M]. 赵中建、张燕南译. 上海华东师范大学出版社,2015.

试析本科院校学科建设与专业建设[1]

钟秉林　李志河[2]

学科建设和专业建设是高校内涵式发展的永恒主题，高校通过专业建设和学科建设协调发展，实现人才培养、科学研究以及社会服务的功能。值得注意的是，近年来部分本科院校在处理学科建设与专业建设的关系上出现了某些迷茫或偏颇现象，如"强化专业、淡化学科""加强专业、取消学科""加强学科、淡化专业"等似是而非的观点时提出，在一定程度上影响了学校的目标定位、特色发展和应用型、技术型人才的培养。因此，厘清学科与专业的内涵，明晰学科建设与专业建设的内在逻辑关系，对于深化高等教育领域综合改革，促进本科院校内涵发展具有重要的现实意义。

一、学科与专业的内涵

（一）学科是现代大学的立学之本

学科是科学研究发展成熟的产物，《辞海》将"学科"表述为学术的分类或教学的科目。在西方，学科（Discipline）的拉丁文与英文解释兼有知识体系、规训及其组织的含义。学科以知识系统为基础，由知识构成，其基本内涵是一组相同或类似知识的集合体。

---

[1] 本文为国家自然科学基金重点项目"中国教育资源配置理论与重大现实问题研究"（71133002）的阶段性成果。

[2] 作者简介：李志河，北京师范大学硕士研究生。

从某种意义上来说，大学存在的逻辑起点是学科与知识。学科是现代大学的立学之本，是现代高等教育的重要基础。大学是围绕学科建构起来的，知识的保护、传承和创新是现代大学的重要使命。学科是大学的基层组织基础，学科组织主要指大学中教学或研究的实体机构，如学部、学院、系所、研究中心等，当前我国本科院校的二级单位设置大部分都是基于学科的组织建制。

（二）专业是课程的一种组织形式

《教育大辞典》将"专业"解释为：中国、苏联等国高等学校培养学生的各个专门领域，大体相当于《国际教育标准分类》的课程计划（Program）或美国大学的主修（Major）；根据社会职业分工、学科分类、科学技术和文化发展状况及经济建设与社会发展需要划分。潘懋元先生在《高等教育学》中将"专业"定义为课程的一种组织形式。

一般来说，专业可分为广义和狭义两种。广义的专业主要是指某种社会职业，如学校教师、财会人员、土木工程技术人员等，体现了该职业及大学设置的特定专业与其他专业不同的职业特殊性，从业者相应的职称一般称为专业技术职务，如教授、高级会计师、土木工程师等；狭义的专业主要是指大学培养人才的平台或载体，大学的专业既与社会职业紧密联系，又与学科分类密切相关，是一种涵盖实践教学在内的广义的课程组合和教学组织形式。一般而言，一个合格专业的基本标志是具有符合社会需求的明晰的人才培养目标和规格、科学的培养方案和课程体系、稳定的师资队伍、完备的实验实践基地、有效的质量监控和保障体系，学生修完全部课程，达到质量标准，获得相应的毕业证书和授予相应的学位，成为合格的专业人才，并能获得较好的社会就业机会。本文主要关注和研究狭义的专业。

二、学科与专业之间的关系

（一）学科与专业的内在联系是什么

大学中的学科与专业之间存在着不可分割的内在联系。1997年，联合国教科文组织颁布的《国际教育标准分类法》的原始文本就是按照"教育级别"和"学科"两个维度对"专业"（亦称为"课程计划"或"主修"）进行分类的。新专业的衍生需要若干个学科来支撑，一个学科也会发展出多个专业。

在我国的本科院校中，学科与专业在人才培养方面往往被理解为同一个概念，一般称为"学科专业"，这也显现了学科与专业密不可分的关系。专业是学科建设承载的实现人才培养功能的平台和表现形式，学科是专业发展的知识体系基础和支撑；人才培养质量的高低取决于学科发展的水平，高质量的人才培养又促进了学科发展水平的提升。所谓学科专业的交叉，不仅体现为不同学科专业教学功能和知识体系的交叉，而且也体现为不同学科的研究领域的交叉。近年来我国高校积极探索的"复合型"人才培养和"跨学科专业"人才培养等模式，就是学科与专业内在联系的生动体现。

（二）学科与专业的差异性何在

首先，学科与专业的发展目标不同。学科发展的核心目标是发现知识、创新知识和产出成果，学科发展成果是学科发展的一种社会产出形式，包括科研论文、学术著作、技术革新、专利发明、咨政报告以及成果转化等，也包括通过硕士、博士授权学科建设，培养高层次创新型人才。而专业发展的目标则主要是依据社会与市场的需求进行合格专业人才的培养，专业发展成果则体现为培养出高素质的高级专门人才，如金融学专业人才、计算机专业人才等。

其次，学科与专业的发展动力不同。学科发展的动力表现为多元性，有解决社会政治、经济和科学技术发展中现实问题的需要，也有进行基础性知识创新和科学研究的需要，还有学者出于对学科或知识的兴趣和敏感性而进行自由研究的需要。专业发展的动力则主要表现为社会对高级专门人才的需求，专业设置与专业结构、培养类型与培养层次、课程体系与教学内容以及招生规模与毕业生就业等都要依据经济社会和科学文化发展的人力资源需求而确定，并适时进行动态调整。

再次，学科与专业的构成要素不同。科学研究发展成熟并成为一个独立学科的标志是：特定的研究对象、完备的学科体系结构以及成熟的方法论体系，其中学科体系构成学科的主体部分。专业则以人才培养目标、规格、课程体系、教师和学生等为基本要素，其中人才培养规格是人才培养目标的具体化，包括受教育者应达到的专业素质、能力素质和人格素质等，是大学依据社会需求而设定的某类专业人才的质量标准，也是制订专业培养方案、设计课程体系和教学内容的基本依据。人才培养规格由于受到社会需求、区域发展、办学条件水平的影响而具有多样性的特点，这也形成了不同高校人才培养的差异性以及特色和优势。

三、学科建设与专业建设之间的关系

学科建设体现了大学科学研究、人才与师资队伍建设的一种价值取向，其发展反映了一个学科或一所学校的学术实力和水平；专业建设体现了大学人才培养的一种价值取向，其发展反映了一个专业或一所学校的人才培养类型和水平。因此，加强学科与专业建设是当前我国高校内涵建设的核心任务，也是优化教育资源配置机制的重要内容。学科建设与专业建设之间的关系，可以从如下不同的视角来加以理解。

（一）内在逻辑上的依附性

从学科与专业内在联系的逻辑性来看，两者之间相互依附、相互影响、协同发展。学科建设是知识传承创新与学科优势积累的过程，对专业建设与发展具有基础性的支撑作用，主要包括凝练学科方向、会聚学科队伍、建设学科基地、开展科学研究和学术交流、完善学科治理结构与学科管理制度、建设学位点与学位制度以及产出科研成果与培养高层次创新型人才等内容。专业建设是社会需求与学科建设的体现和延伸，是培养高级专门人才和形成专业特色与优势的过程，主要包括确定人才培养目标和规格、调整专业结构和专业内涵、设计培养方案和课程体系、建设教师队伍和教学管理队伍、抓好课程建设和教材建设、改进教学方法和教学手段、建设实验平台和实践基地、完善专业制度和教学管理制度以及培养合格专业人才等内容。

一方面，学科建设为专业建设与发展提供知识体系支撑，是专业发展的重要基础。通过学科建设和科学研究，可以提高师资队伍的整体素质和教师的教学和科研能力水平，有利于将学科资源有效地转化为专业教学资源，如将相关研究项目和成果转化为课程与教材的新内容、开出新的教学实验、为学生提供毕业论文（设计）选题以及支撑特色专业建设等，为提高专业人才培养质量提供条件。另一方面，专业建设为学科建设与发展提供优质的人力资源支撑和学科专业分化与融合的可能性，是学科建设的重要方面。专业建设和人才培养的过程，尤其是本科生早期参与科研以及硕士、博士研究生从事学位论文研究的过程，既是培养创新型人才的重要途径，也为促进学科发展和提升科学研究水平提供了生力军。

（二）人才培养上的统一性

从学科建设与专业建设的内涵来看，两者在人才培养方面体现出了比较高的统一性。《高等教育法》第十六条对本科生、研究生应掌握的本学科基础理论和专业知识分别做出了明确规定。国务院学位委员会和教育部颁布的《学位授予和人才培养学科目录（2011年）》，分设13个学科门类和110个一级学科，用于硕士、博士的学位授予、招生和培养以及学科建设和教育统计分类等工作，并规定学士学位按新目录的学科门类授予。教育部颁布的《普通高等学校本科专业目录（2012年）》，规定了专业划分、名称及所属门类，分设12个学科门类、92个专业类和506种专业，是本科院校设置和调整专业、实施人才培养、安排招生、授予学位、指导就业，进行教育统计和人才需求预测等工作的重要依据。通过比较不难看出，相当一部分学科和专业在名称上相同或相似，在设置上体现了学科建设与专业建设在人才培养方面的一致性。

专业建设与发展主要通过优质的师资力量、科学的课程体系培养符合规格标准的社会所需的专业人才；学科建设中的研究生层次教育主要通过高水平的科研项目、一流的师资和良好的科研条件培养具有学科专长的高层次专业人才。与此同时，高水平的学科建设促进了专业建设和人才培养水平的提升；高水平学科的强势的学科方向、一流的科研队伍、高水平的科研项目和良好的科研环境等，都会对相关专业的课程体系、教学内容产生影响。高水平的科研成果可以转化为课程专业知识，也会激发学生对科学的兴趣。

(三) 资源配置上的冲突性

资源配置机制是指调节资源使用的数量、规模、结构和布局等方面的经济机制，是经济体制的重要组成部分。高校资源配置机制的核心是将学校有限的人力、财力、物力等教育资源进行合理调节与投入，促进高校内涵发展和教育质量提升。学科建设投入主要用于人才引进、科学研究、科研仪器设备更新、重点学科建设、学科平台建设、科研成果奖励以及学术交流等方面；专业建设投入则主要用于本科质量工程建设、课程建设、教材建设、教师教学发展、教学改革研究以及实验室与实习实训基地建设等方面。由于当前我国高校的资源配置还程度不同地存在着行政权力主导、主要依靠计划、偏重外延发展、绩效评价薄弱以及公平与效率矛盾突出等问题，在学校总经费相对一定的情况下，无论是学科建设投入的增加还是专业建设投入的增加，都会影响到另一方建设投入的减少，导致高校的学科建设与专业建设存在资源配置冲突。

(四) 资源和知识整合上的协同性

学科建设与专业建设虽然在建设目标和过程等方面各有侧重、相互分离，但是从资源和知识整合的角度来看，两者之间是协同共生的关系。教育理论研究和实践探索经验表明：学科带头人和学术队伍建设促进了一批教学名师和教学骨干的成长，有利优化教师队伍结构，提高教师的教学和科研水平；科学研究是教学改革和创新的基础，科研成果可以促进课程建设、教材建设以及教学方法和手段的改进，有利于专业人才培养质量的提升；学科平台和科研平台的建设，可以改善学生的实验和实践环境与水准以及为学生早期参与科学研究、技术研发和学术训练提供条件，有利于培养学生的创新能力，促进学生的专业成长；学位授权点是培养高层次人才的平台，也是学科建设和科学研究水平的体现，优秀的本科生则是培养高层次人才的重要来源；学科制度建设与专业制度建设相互促进，是学科建设与专业建设的制度保障；学术自由的文化和严谨学风的形成，有利于营造优良的学术氛围、育人环境以及规范的教学规程和学术操守。总之，高校的学科建设与专业发展相辅相成、相互促进、协同共生。

四、正确处理学科建设与专业建设的关系

学科建设与专业建设之间既存在事实上的资源与发展冲突，又存在内在的依附性、统一性与协同性。本科院校在内涵建设过程中，应该从顶层设计、资源配置和协同创新等方面处理好学科建设与专业建设之间的关系。

（一）加强系统研究和顶层设计，推进学科与专业一体化建设

高等学校要转变教育思想观念，树立先进的教育观和科学的发展观，在明晰办学理念、发展目标和发展战略与策略的基础上，对学科建设与专业建设进行整体规划。根据经济社会发展需求变化和科技文化发展的新趋势，适时调整和优化学科结构与专业结构，不断强化学科与专业的优势与特色；将学科与专业的组织领导、规划建设、管理体制机制以及评估与激励机制相结合，将人才培养、科学研究以及社会服务与文化传承创新相结合，着力推进学科与专业的一体化建设。

对于以培养应用型、技术型人才为主的本科院校而言，当前尤其需要进一步明晰学科与专业的内涵，厘清学科建设与专业发展之间的辩证关系，科学制订学校的学科建设和专业建设规划，促进应用型学科与专业的发展。要在学生的知识、能力、素质结构设计和社会与市场特定需求定位等方面加强系统研究，细化专业人才培养规格和质量标准，以应用型知识体系为支撑，不断提高专业建设与发展水平，努力提高应用型、技术型人才培养质量。在设计人才培养方案时，处理好通识教育与专业教育、理论教学与实践教学、夯实拓宽学科专业基础与加强职业能力技能训练之间的关系，优化课程体系，更新教学内容，创新学习方式，努力改善教学效率和学习效果。加强产学研合作办学和产教融合育人，在培养学生实践能力、提高学生就业和创业能力、养成学生职业发展潜力等方面进行多样化

的探索，努力培养满足社会和用人单位需求的合格的专业人才。

（二）合理配置教育资源，促进学科建设和专业建设水平提升

无论是学科建设还是专业建设，都要涉及人、财、物的调配和资源配置机制的完善。一方面，本科院校要坚持质量为本，运用资源配置的均衡原则，协调好学科建设与专业建设之间的关系，促进学科建设和专业建设的良性互动发展。在学科建设中，既注重知识体系的系统性、前沿性和实用性，更注重学校内部不同学科之间的相互支撑、交叉与渗透，发挥学科群的系统功能，不断提高学科建设水平。在专业建设中，既注重人才培养目标和规格的设计，更注重课程体系优化、师资队伍建设和学科专业交叉融合，在专业之间形成良好的协调和知识贯通机制，为人才培养搭建高水平平台。另一方面，坚持优化结构，运用资源配置的非均衡原则，重点扶持、优先发展一批符合社会需求并体现学校优势的特色学科专业和重点学科专业，并注意培育新的学科专业。

对于以培养应用型、技术型人才为主的本科院校而言，当前尤其需要面向社会和市场需求，根据学校确定的人才培养目标和规格，将理论研究、技术创新、工程研发和人才培养有机结合，以社会及产业的需求和应用型、技术型人才培养所需的学科基础为导向，促进应用型学科的建设与发展。高度重视学科建设对专业发展的支撑作用，加大专业建设和师资队伍建设的投入，促进应用型专业发展和水平提升，培养高素质的具有职业发展潜力的专业人才。完善资源配置监督考评机制，实行绩效目标管理，建立学科专业负责人制度，形成合理调配、优先使用、共享共用的教育资源配置机制，不断提高资源利用效率，逐渐形成学科专业的特色与优势。

（三）深化综合改革，完善学科专业协同发展机制

学科与专业的内涵决定了本科院校的学科建设与专业建设是一项系统工程，本科院校要以体制机制创新为切入点，不断深化综合改革，切实抓好内涵建设。建立学科专业结构调整机制，完善专业准入、调整和退出机制，构建科学的学科专业体系。打破学校内部人、财、物、信息、组织之间的各种壁垒，建立和完善专业预警机制、学术参与机制和管理监控机

制，促进学校内部学科专业资源和人才资源的有效整合与合理配置。改革教师聘任和考核机制，引导教师将科学研究和技术研发资源转化为优质教学资源，不断提高教学科研能力和水平，积极参与人才培养模式和教学改革。加强与其他高校、企业以及政府等部门和社会组织的联系与合作，建立利益共享和风险共担机制，探索政产学研合作和产教融合育人，通过体制机制和组织模式创新实现优势互补，提高学科专业建设水平和专业人才培养质量。

对于以培养应用型、技术型人才为主的本科院校而言，当前尤其需要依据教育法律法规和学校章程，深化学校内部管理体制机制改革。建立资源配置利益协调机制，加强教育教学质量监控和保障体系建设，发挥有限的教育教学资源的使用效益。加强教师队伍建设，采取有效的政策措施，完善激励约束机制，优化教师队伍结构，提高教师的综合素质、专业水平、教学科研能力和实践能力；重视管理干部队伍建设，加强干部和管理人员的培养培训，提高他们的服务意识和业务素质。根据经济社会发展需求和文化科技发展趋势，优化学校内部治理结构，以学科或社会及产业需求为原则，调整院系设置、科研院所设置和学科专业结构；以精干高效和提高管理效能为原则，调整学校内部职能部门设置，为应用型学科专业发展和应用型、技术型人才培养提供组织架构和制度保证。

参考文献

[1] 钟秉林. 加强综合改革平稳涉过教育改革"深水区" [J]. 教育研究，2013 (7).

[2] 潘懋元. 高等教育学 [M]. 福州：福建教育出版社，2006.

[3] 张炳生. 学科、专业一体化建设研究 [J]. 中国高教研究，2012 (12).

[4] 冯向东. 学科、专业建设与人才培养 [J]. 国家教育行政学院学报，2008 (3).

[5] 钟秉林. 优化高等教育资源配置，推进高等教育内涵发展 [J]. 重庆高教研究，2014 (1).

[6] 曾冬梅，陈江波. 学科建设与专业建设的竞争与协作关系 [J]. 教育与现代化，2007 (3).

大学生自我报告的学习结果和
学校满意度的关系研究

穆兰兰　魏　红[①]

一、引言

由精英教育到大众化教育，高等教育的质量保障从重视学院特征指标转向强调学生学习结果的证据。[1]以美国为参照，20世纪80年代之后，只重输入和资源的高等教育质量评估标准受到外界的质疑，学生的学习结果成为新的评估标准关注的重点。[2]"学生学习结果是学生在一段高等教育体验之后获得的知识、技能和能力"。[3]对学习结果的直接测量不易取得，因此学生的学业成绩、自我评价、满意度、毕业率以及毕业后的发展情况都可以作为评价一所大学教学质量的参考标准。[4]

从现有使用范围较广的问卷内容看（如美国的全国大学生参与度调查及其前身大学生就读经验问卷，加州大学洛杉矶分校的合作院校研究项目问卷调查等），自我报告的学习结果和满意度量表是这类问卷的主要组成部分。随着高等教育个体成本投入的增加，让学生（作为教育的"产品"）在各方面得到完满的发展与让学生（作为教育的"顾客"满意，越来越成为高校和社会关心的热点问题。从测量方法的角度看，学生自我报告的学习结果和满意度均属心理层面的数据证据。[5]

---

① 作者简介：穆兰兰，女，原北京师范大学高等教育研究所硕士生，现美国印第安纳大学布鲁明顿分校博士生；魏红，女，北京师范大学高等教育研究所副研究员。

20世纪80年代，关于学生学习结果和满意度关系的研究就已出现。1982年，艾特肯（Aitken）通过平均成绩、课程满意度、专业满意度等作为自变量对学业满意度进行回归分析，发现学生自我报告的平均成绩是预测学业满意度的最重要变量。此外，他还考察了住宿满意度、学业满意度对第二年退学决定的影响。其结果表明，学业满意度和住宿满意度都对退学有显著影响，但后者的影响较大[6]。而不久之后，比恩（Bean）和布拉德利（Bradley）认为学生个体对学生身份的满意度是高等教育的"心理产出"。他们将学生身份满意度和学业成绩分别作为因变量进行考察。结果显示，学生身份满意度对平均成绩的影响强于平均成绩对满意度的影响[7]。诺克斯（Knox）、琳赛（Lindsay）和科尔布（Kolb）分析了满意度与学院特征、学生就读经验、平均成绩等之间的关系，发现学业成绩与学业满意度之间呈显著正相关，与社交生活、娱乐活动、学校声誉的满意度之间的关系不显著。他们认为，学习成绩高的学生会觉得课程有趣，进而学业满意度水平也高。同时研究者也指出，这种满意度和学习成绩之间的因果关系是不明确的，也有可能是学生专注于学习过程的积极方面产生了较好的学习成绩[8]。与以往研究相比，派克（Pike）在研究变量、方法和设计上均取得了较大突破，他运用结构方程模型，引入了桑代克的光晕效应（Haloeffect）理论，通过分析学生自我报告的学习结果和满意度实质相关模型和光晕效应模型来研究两者之间的关系。结果表明光晕效应模型对数据拟合更好，但他并不认为光晕效应模型可以取代相关关系模型[9]。阿斯廷（Astin）也认为满意度不从属于其他教育结果，而且，他认为相比其他教育结果，学生对学校的满意度更依赖于院校特征和学生融入校园环境的程度。托马斯（Thomas）和加兰博斯（Galambos）通过回归分析发现学生自我报告的智力发展与学生对教育质量的满意度之间显著相关，与对学校的整体满意度和是否愿意再次选择这所学校之间没有显著关系[10]。他们通过决策分析树分析发现，学生的满意度和学习结果的数据可以将学生分为三类：第一类学生占学生总数的20%，他们学习成绩好，对学校也非常满意；第二类学生对学校比较满意，成绩中等，这类学生占40%；另有40%的学生的成绩和满意度都较低，但这并不能回答满意度和学习结果之间的因果关系问题。

那么，我国大学生自我评价的"完满的发展"与对高校教育教学质量和教学环境的"满意度"之间存在什么关系呢？当前，我国学者多是分别对学生学习结果和学生满意度进行研究。从已有文献掌握的情况看，国内学者对大学生满意度和学习结果关系的探讨仅见于翟洪江和孙立群所作的"高校毕业生满意度调查实证研究"。他们以学生评价的总体满意度为因变量，以教师评价均值、课程评价均值、德育工作评价均值、图书馆评价均值、硬件设施评价均值、校园文化评价均值、后勤服务评价均值以及自我评价均值为自变量进行一元线性回归，自我评价的回归系数不显著。他们认为"学生并没有将个人的成长作为考察学校满意度的一个方面，而是更希望成为一名顾客，得到更好的服务"[11]，因此其"自我评价"主要是学生对在校获得的知识和能力的满意度的测量，而非对学生学习结果的测量。

结合国外学者的研究成果和我国高等教育的实际，探讨学生的学习结果与满意度的关系将对高校教学管理工作更好地为教学和社会服务提供有力依据，也将为我国高等教育质量评估提供证据基础。为此，本文将以"满意度"和"学生自我报告学习结果"为研究对象，依据在某研究型大学进行的本科毕业生调查所得数据，探讨我国高校学生满意度和自我报告学习结果的关系。

二、研究方法

（一）调查对象

研究表明，师生互动和同伴互动对学习结果的影响只有到大三、大四才会比较明显[12]。尤厄尔（Ewell）认为，应当在所有结果和有关的事件发生之后对学生进行问卷调查，这样学生比较容易全面回忆他们的感受、态度、一些决定的缘由等，因此他建议毕业生调查应当在毕业之前2~4个星期进行[13]。为了充分了解高校学生对学校的总体满意情况，本研究选择毕业生为调查对象以考察学生满意度和学生学习结果的关系。本研究于学生毕业前三周（2012年6月12—16日）对北京师范大学的2012届本科毕业生进行了问卷调查。

（二）研究工具

研究所用问卷的学习结果部分改编自美国 ACT 公司的"大学成果调查"（College Outcome Survey）。在测试之后，删除了不符合中国高校实际情况的3道题目，并加入了1道问题调查学生的"外语发展"情况。学生自我报告学习结果量表包括两个部分：认知学习结果和非认知学习结果。其中认知学习结果分为6个维度，由28道题目测量；非认知学习结果分为5个维度，由32道题目测量。满意度量表改编自《北京大学毕业生调查》[14]。量表分为2个维度，包括12道问题，分别测量学生对教学水平和教学环境的满意程度。所有题项均为五点量表，并对原问卷中的赋值略加调整，以期选项中的数字能够起到更好提示被试的作用。预测阶段，认知学习结果、非认知学习结果、满意度三个分量表的内部一致性 α 系数分别为：0.89、0.93、0.87。在进行调整后，正式调查数据得出的三个部分的内部一致性 α 系数为：0.92、0.96、0.92，表明问卷各部分信度良好，调查所得结果稳定、一致。①

（三）问卷施测

鉴于大四学生毕业前流动性强、联络不便的实际，本研究未采用严格的抽样方法，而是在获得大四学生住宿宿舍分布情况的数据后，选择每天的21:00~23:00到每个宿舍进行发放，除个别宿舍外，95%以上的宿舍都有问卷回收。获得问卷较为理想，涵盖了学校现有的全部院系所。北京师范大学2012届毕业生总数为2186人，我们共发放问卷410份，回收问卷352份，其中有效问卷322份，有效问卷占发放问卷的78.54%，其中男生占有效样本的比例为35.09%。

（四）统计处理

采用 SPSS16.0 和 Mplus6.12 软件对数据进行统计处理和分析。统

---

① 其中学习结果部分：进步很大=3，有些进步=2，进步较小=1，没有进步=0，有所下降=-1；满意度部分：非常满意=2，满意=1，一般=0，不满意=-1，非常不满意=-2。

计分析的过程：首先运用 Mplus6.12 分析满意度和学习结果的测量模型，获得量表的构念效度和概念关系。由于所有题项均为五点量表，故观察变量被视作顺序分类数据，并采用 WLSMV 方法进行分析[15]。然后，在高阶因子模型的基础上，运 Mplus6.12 分析满意度两个一阶因子"教学水平满意度""教学环境满意度"和学习结果高阶因子"认知学习结果"和"非认知学习结果"的相互作用。最后，使用 SPSS16.0 进行方差分析，比较不同满意度水平毕业生在学习结果各方面的差异情况。

三、结果

（一）学习结果与满意度测量模型的验证性因子分析

结合相关研究，构建学习结果和满意度的测量模型：认知学习结果、非认知学习结果、满意度 3 个分量表共 13 个一阶因子，认知学习结果分量表的 6 个一阶因子分别为"言语表达能力""数理能力""认知策略"实践能力""职业发展""现代文明通识"；非认知学习结果分量表的 5 个一阶因子分别为"自我认识""情感态度与价值观""成就动机""公民品格""人际交往"；满意度分量表的 2 个一阶因子为"教学水平满意度""教学环境满意度"。除"数理能力"外，每个因子均有超过 3 道题项测量。数据分析结果显示，模型拟合良好。模型的拟合指标：$x^2 = 3656.58$，$df = 2406$，$p<0.001$；$CFI = 0.95$，$TLI = 0.94$；$RMSEA = 0.04$，RMSEA90% 置信区间为 [0.038, 0.043]，$RMSEA<0.05$ 的概率为 1.00。除个别题项外，多数题项在一阶因子上的标准化负荷均在 0.70 左右，即因子可以解释题项 50% 以上的方差变异。一般认为，当标准化负荷系数的绝对值达到 0.30 以上，即可认为此观察变量的效度是可接受的[16]，因而三个分量表构念效度甚为理想。

如表 1 所示，学习结果的一阶因子之间表现出中高度相关，因此可以使用高阶因子简化模型。将学习结果 11 个一阶因子简化，再通过高阶因子的相互关系分析学习结果和满意度之间的相关情况。

表1 学习结果的测量模型：一阶因子相关系数矩阵

	1	2	3	4	5	6	7	8	9	10	11
1. 语言表达能力	1.00										
2. 数理能力	0.10*	1.00									
3. 认知策略	0.29***	0.20***	1.00								
4. 实践能力	0.22***	0.15***	0.32***	1.00							
5. 职业发展	0.26***	0.13**	0.34***	0.33***	1.00						
6. 现代文明通识	0.28***	0.12**	0.36***	0.34***	0.30***	1					
7. 自我认识	0.27***	0.11*	0.39***	0.36***	0.35***	0.40***	1.00				
8. 情感态度与价值观	0.20***	0.13**	0.34***	0.29***	0.30***	0.34***	0.45***	1.00			
9. 成就动机	0.30***	0.30***	0.39***	0.31***	0.39***	0.38***	0.40***	0.43***	1.00		
10. 公民品格	0.24***	0.19***	0.32***	0.27***	0.31***	0.32***	0.35***	0.36***	0.42***	1.00	
11. 人际交往	0.28***	0.16***	0.37***	0.30***	0.35***	0.44***	0.38***	0.44***	0.39***	1.00	

注：*p<0.05，**p<0.01，***p<0.001，下同。

（二）满意度与学习结果间的相关比较

使用高阶因子对测量模型进行简化后，模型中共有两个高阶因子，分别是"认知学习结果""非认知学习结果"运用 Mplus6.12 对高阶验证性因子模型进行分析，模型的拟合指标：$x^2 = 3850.98$，$df = 2467$，$p<0.001$；

CFI=0.94，TLI=0.94；RMSEA=0.04，RMSEA90%置信区间为［0.039，0.044］，RMSEA<0.05 的概率为 1.000。依据海尔（Hair）、布莱克（Black）、巴宾（Babin）和安德森（Anderson）的标准，在样本量大于 250，观察变量超过 30 的研究情境下，卡方拟合优度一般为显著；CFI>0.90，RMSEA<0.07 即可认为模型拟合良好[17]。因此两个分量表可以较好测量抽象的学习结果。从图 1 看，除"数理能力"和"语言表达能力"外，其余因子在二阶因子上的负荷均超过 0.70。"数理能力"的标准化因子负荷为 0.306，也达到了 0.30 的基本要求。一阶因子在二阶因子上的负

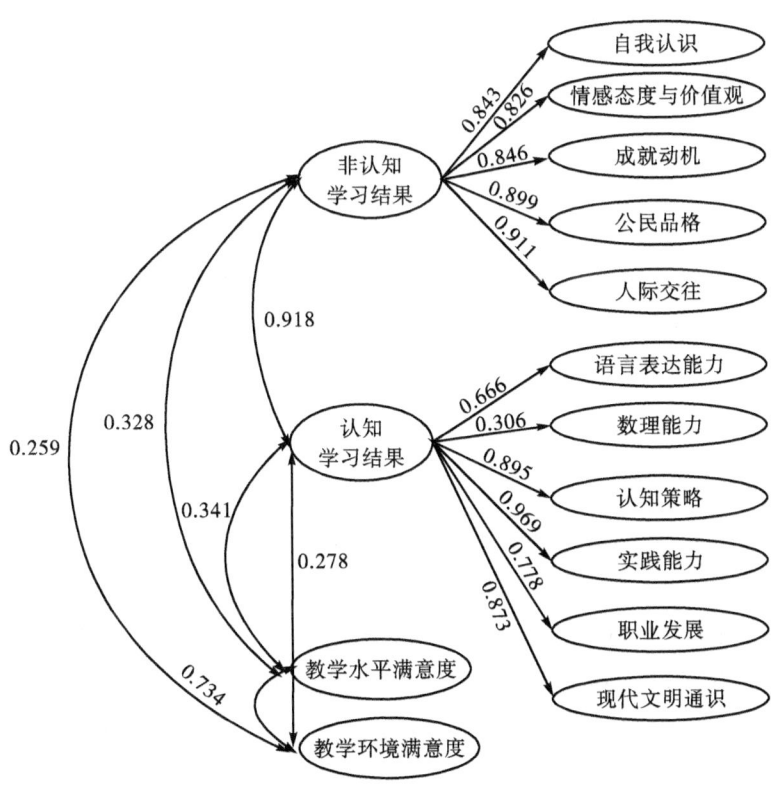

图 1　高阶因子分析结果

注：图中所有路径系数在 0.001 水平显著。

荷反映了一阶因子之间的共同度，负荷越高，说明因子之间的共同度越高。结果表明，使用高阶因子简化模型合理，高阶因子之间的相关系数显著。"认知学习结果"与"非认知学习结果"表现出强相关（0.918）"教学水平满意度""教学环境满意度"与"认知学习结果""非认知学习结果"之间也表现出中等程度的相关水平，且"教学水平满意度"与"认知学习结果""非认知学习结果"的相关程度均高于"教学环境满意度"与两者的相关度。对学习结果与满意度的高阶测量模型分析发现，认知、非认知学习结果存在强相关。认知、非认知学习结果与教学水平满意度的相关程度均大于其与教学环境满意度的相关程度。

（三）不同满意程度毕业生的学习结果的差异

以上分析发现满意度与学生的认知和非认知学习结果具有显著相关关系。下面通过方差分析考察在学习结果这个一阶因子上，满意度的两个具体方面与学生自我报告的学习结果的诸方面的相关性。首先计算满意度分数（满意度量表题项分数的总和除以题项数）。根据托马斯（Thomas）和加兰博斯（Galambos）的研究结论，按20%∶40%∶40%的比例分别将教学水平满意度和教学环境满意度题项平均分的区间［-2.00, 2.00］分为高、中、低三组，高满意度组为［1.25, 2.0］，中满意度组［0.50, 1.25］，低满意度组［-2.00, 0.50］。为统一量纲，同样以平均每题得分（该维度各题项分数总和除以该维度题项总数）表示学生自我报告学习结果的进步程度。方差分析结果如表2、表3所示。整体来看，在学习结果的大部分方面，高满意度组的均值最高，中满意度组次之，低满意度最低。按教学水平满意度分组，在学习结果全部11个方面，三组学生均存在显著差异（$p<0.05$）。但按教学环境满意度分组，不同满意度水平的学生自我报告的"实践能力"和"自我认识"并不存在显著差异；在"自我认识"和"情感态度与价值观"方面，教学环境的中满意度组学习结果的平均值略低于低满意度组。

表 2 教学水平高、中、低满意度均值及在学习结果各维度上的方差分析

	低满意度 n=58	中满意度 n=141	高满意度 n=123	F
语言表达能力	1.27	1.39	1.67	6.91**
数理能力	0.54	0.98	1.08	5.47**
认知策略	1.57	1.62	1.90	8.30***
实践能力	1.70	1.81	2.03	6.90***
职业发展	1.38	1.60	1.84	11.12***
现代文明通识	1.45	1.58	1.78	6.52**
自我认识	1.76	1.82	2.04	5.24**
情感态度与价值观	1.84	1.78	2.04	4.63**
成就动机	1.26	1.43	1.75	9.97***
公民品格	1.32	1.52	1.76	10.98***
人际交往	1.49	1.68	2.05	19.91***

表 3 教学环境高、中、低满意度均值及在学习结果各维度上的方差分析

	低满意度 n=81	中满意度 n=120	高满意度 n=121	F
语言表达能力	1.21	1.41	1.64	6.21**
数理能力	0.34	0.81	1.29	14.28***
认知策略	1.46	1.69	1.86	8.13***
实践能力	1.74	1.82	1.97	3.00
职业发展	1.40	1.55	1.84	10.35***
现代文明通识	1.34	1.59	1.80	10.44***
自我认识	1.84	1.82	1.99	2.15
情感态度与价值观	1.82	1.80	2.02	3.76**
成就动机	1.11	1.44	1.76	13.87***
公民品格	1.21	1.51	1.78	15.64***
人际交往	1.49	1.74	1.94	9.50***

分析结果显示在学习结果的大多数方面，各组方差齐性，因此可采用图基（Tu-key）的可靠显著差异法进行多重比较，检验结果如表 4 所示。按教学水平满意度进行分组，总的来看，低满意度组与中满意度组的差异不显著，但均与高满意度组的差异显著。按教学环境满意度进行分组，与按教学水平满意度分组的情况不同，在"语言表达能力""认知策略""实践能力""自我认识"四个方面，高满意度、中满意度的差异并不显著，但在"数理能力""现代文明通识""成就动机""公民品格"方面，高满意度、中满意度、低满意度三组间均有显著差异。

表 4 学习结果均值的多重比较

		教学水平满意度			教学环境满意度		
		高-中	中-低	高-低	高-中	中-低	高-低
认知学习结果	语言表达能力	0.28*	0.12	0.40*	0.22	0.21	0.43*
	数理能力	0.10	0.44*	0.55*	0.48*	0.47*	0.95*
	认知策略	0.33*	0.06	0.33*	0.17	0.23	0.40*
	实践能力	0.22*	0.11	0.33*	0.15	0.09	0.23
	职业发展	0.24*	0.21	0.46*	0.29*	0.15	0.45*
	现代文明通识	0.19	0.13	0.32*	0.21*	0.25*	0.45*
非认知学习结果	自我认识	0.22*	0.06	0.28*	0.16	−0.02	0.14
	情感态度与价值观	0.26*	−0.06	0.20	0.22*	−0.01	0.21
	成就动机	0.32*	0.17	0.49*	0.31*	0.33*	0.64*
	公民品格	0.24*	0.20	0.44*	0.26*	0.31*	0.57*
	人际交往	0.37*	0.19	0.56*	0.21*	0.25	0.46*

四、讨论和建议

本文使用高阶结构方程模型分析了学生自我报告的学习结果和满意度

之间的关系。结果表明，模型拟合良好，改编问卷的信效度理想，可以很好地测量"学习结果"和"满意度"的关系。学习结果和满意度存在较高程度的相关，且认知学习结果、非认知学习结果与教学水平满意度的相关均高于其与教学环境满意度的相关。这一结果支持了我国的新一轮高等教育质量评估从重输入转变为重输出，从重硬件（教学设施）转变为重软件（师资与教学）的评估导向。一所学校的教学水平对学生的发展意义重大，它不仅影响学生知识与能力的发展，也影响学生整个大学时期的学习体验，进而影响其情感态度与价值观的发展。教学水平满意度主要反映了教师的教学以及教师与学生的非正式互动。因此，教师是促进学生发展的关键。在我国高等教育快速发展，生师比快速膨胀的背景下，高校管理者更应把教学放在各项工作的首位，通过设计新的课堂模式，发展年轻教师队伍，控制班级过大的情况，促进教师与学生的有效交流。同时，在教学管理中发挥学生的积极作用，除传统的期末学生评价教师教学的途径外，学生团体还应有其他更畅通、更快捷的渠道表达对教学管理的意见和建议。由于本研究采用的问卷调查法不符合霍兰德（Holland）提出的因果推论的多条标准[18]，因而不能说明学习结果与满意度之间的因果关系。但在学校、学院和课程层面，满意、获得知识和技能、参与有意义的教育活动都是"大学生学业成功"的重要组成部分[19]，都值得教育管理者和研究者给予同等的关注。

对满意度和学习结果的进一步分析发现，不同满意度的毕业生自我报告的学习结果存在差异。总的来说，学习结果的各方面，高满意度组的均值最高，中满意度组次之，低满意度最低，这个结果与托马斯（Thomas）和加兰博斯（Galambos）的研究结论一致。此外，本文考察了满意度的两个方面——教学水平满意度和教学环境满意度——对认知学习结果和非认知学习结果的不同影响。分别按教学水平满意度和教学环境满意度进行分组，不同满意度水平学生自我报告学习结果的差异有所不同。此结果与派克（Pike）的研究发现一致，尽管有共同因素影响学生自我评价与满意度，但学生在对教学水平、教学环境和自我评价方面均有区分。对学校的教育和各方面的服务满意会促进学生个体在知识技能方面的学习，一旦达到平均的满意度水平,更高的满意度在认知学习方面的促进作用就不明显了。但在大学教育时期,在通识教育、成就动机的培养等方面,学生的发展和自我评价与对教学环境的满意度的关系更紧密。因此,提高教学质量、创造良好的教学环境是高校永远不能停步的工作。学生对学校满意程度的提高不仅有益于知识技能的学习,也有益于身心的发展。对低满意度的学生,学校应该尽可能发现原因,创造条件帮助学生个体提高校园生活的满意度,防止对学习效果的负面影响。

综上所述,中西方高校学生在自我报告的学习结果和满意度的关系上具有一致性。学生满意度调查,是反映高等教育质量的重要手段。从工业产品市场研究的经验看,在垄断市场中,顾客满意度往往偏低[20]。尽管高等教育毛入学率在持续增长,但对名牌高校来说,高校与学生的选择关系依然比照垄断市场[21],高校对学生反馈的重视程度依然不足。在具体实践中,高校还需要探索如何将学生满意度与教育管理有机结合,而非泛泛的调查与报告。高校管理者要防止滥用满意度调查造成学生对管理的不信任。我国的高等教育质量管理将不再缺乏数据,但亟须对数据的深入挖掘和谨慎分析,更进一步而言,是对质量改进提供有力且合理的依据。学习和借鉴西方的管理经验有助于快速提高我国高等教育质量评估体系,但也要注意不要步西方后尘,陷入数据的大海之中而忘记了数据服务于质量提高的初衷。

本研究还存在诸多不足,首先,选取个案学校进行调查,研究结果仅能反映此类研究型大学的情况,研究结果的外在效度有限。其次,在满意度量表方面缺乏对整体满意度的测量,也是本次调查的重大遗憾。

参考文献

[1] 魏红,钟秉林. 重视学生学习效果改善教育评估效能——国际高等教育评估发展新趋势及其启示[J]. 中国高教研究,2009(10).

[2] Elr-KHAWAS E H. *Accreditation in the USA: Origins, Developments and Future Pros-pects* [R]. Paris: International Institute for Educational Planning, 2001.

[3] Councilfor Higher Education Accreditation. Statement of Mutual Responsibilities

for Student Learning Outcomes Accreditation, Institutions, and Programs [R/OL]. (2003) [2014-06-01]. http://www.chea.org/pdf/Stmnt Student Learning Outcomes9-03.pdf.

[4] Middle States Commission on Higher Education. *Student Learning Assessment: Options and Resources (Second Edition)* [R]. Philadelphia: Middle States Commission on High-er Education (ERIC Document Reproduction Service No. ED 481880), 2007.

[5] ASTINA W. *Four Critical Years* [M]. San Francisco: Jossey-Bass, 1977.

[6] AITKENN D. *College Student Per for Mance, Satisfaction, and Retention* [J]. Journal of Higher Education, 1982, 53 (1).

[7] BEANJ P, BRADLEY R K. *Untangling the Satisfaction-performance Relationship for College Students* [J]. The Journal of Higher Education, 1986, 57 (4).

[8] KNOXW E, LINDSAY P, KOLB M N. *Higier Education, College Characteristics, and Student Exper-iences: Long-term Effects on Educational Satisfactions and Perceptions* [J]. The Journal of Higher Education, 1992, 63 (3).

[9] PIKE G R. The Relationship Between Perceived Learning and Satisfaction With College: An Alternative View (1993).. Research in Higher Education, 1993, 34 (1).

[10] THOMASE H, GALAMBOS N. *What Satisfies Students? Mining Student-opinion Da-ta With Regression and Decision Tree Analysis* [J]. Research in Higher Education, 2004, 45 (3).

[11] 翟洪江, 孙立群. 高校毕业生满意度调查实证研究——基于某大学数据分析 [J]. 高等农业教育, 2011 (9).

[12] PIKEG R. *The Effects of Background, Coursework, and Involvement on Students' Grades and Satisfaction* [J]. Research in Higher Education, 1991, 32 (1).

[13] EWELLP T. *Student Outcomes Questionnaires: An Implementation Handbook (2nd ed.)* [M]. Boulder, CO: Natl Center for Higher Educaton, 1983.

[14] 北京大学团委. 北京大学毕业生的调查 [J]. 青年研究, 1997 (3).

[15] BROWNT A. *Confirmatory Factor Analysis for Applied Research* [M]. New York: Guilford Press, 2012.

[16] 王卫东. 结构方程模型原理与应用 [M]. 北京: 中国人民大学出版社, 2010.

［17］HAIR J F, BLACK W C, BABIN B J, ANDERSON R E. *Multivariate Data Analysis* ［M］. 北京：机械工业出版社，2011.

［18］辛涛. 回归分析与实验设计 ［M］. 北京：北京师范大学出版集团，北京师范大学出版社，2010.

［19］KUH G D, KINZIE J, BUCKLEY J A, BRIDGES B K, HAYEK J C. *What Matters to Student Success：A Review of the Literature Commissioned Report for the National Symposium on Postsecondary Student Success：Spearheading a Dialog on Student Success* ［R］. Washington DC：National Postsecondary Education Cooperative，2006.

［20］FORNELL C. *A National Customer Satisfaction Barometer：The Swedish Experience* ［J］. The Journal of Marketing，1992，pp. 6-21.

［21］MARTIN R E. *The College Cost Disease：Higher Cost and Lower Quality* ［M］. Edward Elgar Publishing，2011，p. 62.

教育专业学位新拓展　职业教育发展新举措[①]
——写在增设职业技术教育领域教育硕士之际

钟秉林　和　震　张斌贤[②]

最近，经国务院学位委员会审议表决，职业技术教育领域教育硕士专业学位正式设立，这是继 2008 年设置教育博士专业学位之后，我国教育专业学位与研究生教育发展的又一重要事件，也是促进职业教育发展的重要举措。改革开放三十多年来，我国职业教育事业快速发展，职业教育师资队伍建设在取得巨大成绩的同时，也存在着数量不足和质量不高的问题。我国教育硕士培养体系中现有的专业结构和覆盖的教育领域已不能满足现实需求。截至目前，教育硕士包含的所有专业仍然只针对普通教育，面向职教专业教师的培养尚属空缺，这种情况既不适应职业教育发展的迫切需要，就教育专业学位体系的专业结构而言，显然也是不完备的。

为贯彻落实全国职业教育工作会议精神和《国务院关于加快发展现代职业教育的决定》要求，培养一大批高素质"双师型"职教师资，重点提升教师队伍学历层次和专业化水平，使中等职业学校拥有硕士以上学位的专任教师比例达到预定目标，论证在教育硕士专业学位教育中增设职业技术教育领域，具有重要的现实意义。受国务院学位委员会办公室的委托，全国教育专业学位研究生教育指导委员会组织有关专家学者就设置职业技

[①] 本文为国家自然科学基金重点项目"中国教育资源配置理论与重大现实问题研究"（项目批准号：71133002）的阶段性成果。

[②] 作者简介：和震，北京师范大学教育学部职业与成人教育研究所副教授，副所长，博士后；张斌贤，北京师范大学教育学院院长，教授，从事美国教育史研究。

术教育领域教育硕士专业学位的必要性、可行性和实施方案等进行了详细论证。本文将就有关问题进行阐释。

一、增设职业技术教育领域教育硕士的必要性

（一）迅速发展的职业教育对师资培养提出新的要求

进入 21 世纪以来，国家高度重视职业教育，相继召开了四次全国职业教育工作会议，将大力发展职业教育作为我国教育事业发展的战略重点之一。我国中等职业教育实现了规模上的"跨越式发展"，高中阶段职业教育与普通教育的招生比例已趋于 1∶1；高等职业教育的学生规模也占到整个高等教育的半壁江山。在保持良好规模发展势头的同时，提高人才培养质量的问题凸显，我国职业教育发展面临着扩大规模和提升质量的双重任务。

教师的素质是提高教育质量、培养高素质人才的关键。大力发展职业教育，需要建设一支具有专业理论、职业教育教学理论和职业实践能力的高素质"双师型"职教师资队伍。职教教师不仅要具有一定的专业理论水平，而且要掌握本行业最新科学技术和职业技能的发展动态，更要具有将新的理论和技术转化为课程、渗透到教学中去的能力。这种能力不是一次性的培养能够形成的，必须要依靠教师自身不断的努力，依靠更高的教育层次和更适合的教育类型来培养。因此，发展面向职业教育教学和管理实践的教育硕士专业学位势在必行。

（二）职教教师学历提升与职业发展需要拓展新的培养渠道

自 2000 年起，教育部职成司和国务院学位办在部分高校开展"中等职业学校教师在职攻读硕士学位"工作，有组织、有计划地培养骨干教师和专业带头人。十余年来，从首批招收 982 人逐渐增长至每年招收 2000 人左右，招生专业也从最初的 39 个增加到 100 多个，在一定程度上起到了提高中职教师素质和学历层次的积极作用。但学位授予仍属于学术性学位的范畴，即在我国现行学位制度框架内以同等学力申请现有学位。学习者大都被分散融入各个学科专业已有的学术学位研究生培养体系之中，分别授

予不同学科专业的学术性学位,如教育学、管理学、经济学、工学、农学等。相应的,其教学计划也基本上采用学术型硕士课程加上几门教育学门类课程的框架,首先侧重学术能力和专业理论水平,其次才是应用性的内容,如教育技术、教学方法等,不能很好地体现教师教育的要求和职业教育的特色。而且对于兼职学习的中职教师来说,由于缺乏足够的时间,学习难度很大,学位获得率较低,有的高校以影响硕士培养质量为由甚至不愿意招收中职硕士。

职业教育的师资培养有其特殊的性质:一方面,针对职业学校人才培养的特点,需要突出技术性,强调"双师型"专业素质;另一方面,它又承袭了教师教育兼顾学术性与师范性的要求,强调教师的专业性。关键是要将职业教育理论与职业教育实践更加紧密地联系起来,增强教师应对实际问题的能力。专业学位的性质显然令职教师资的培养更具优势,有利于师范性和职业技术性相融合,使职教教师的学历提升从依附于学术性的各类学科转移到注重应用性的教育硕士的轨道上来。

(三) 拓展新的专业领域是完善教育硕士学位体系的需要

不仅广大职教教师对于专业学位有着迫切的需求,教育硕士学位体系自身的建设也亟须将职教领域纳入其中。我国的教育硕士专业学位在过去的十余年中经历了专业设置由少到多、由相对单一到多样化的发展历程:从最初的"教育管理"和"学科教学"两个专业,其后陆续增设了"现代教育技术""小学教育""科学技术教育""心理健康教育"和"思想政治教育"等诸多专业;"学科教学"包含的专业方向也从最初的6个增加到11个(语文、英语、历史、数学、物理、化学、生物、地理、音乐、体育、美术)。教育硕士的发展与完善既可以是纵向的延伸,例如从高中阶段延伸到整个中小学和学前教育;同样也需要有横向的拓宽,即由普通教育扩宽到同一学历层次的职业教育。另一方面,"职业技术教育学"的硕士点、博士点均已建立多年,但是对于实践性、应用性特征鲜明的职业教育而言,旨在提升职教教师教学能力的专业学位却远远滞后。因此,有必要设置相应的专业学位,培养优秀职教骨干教师。

二、增设职业技术教育领域教育硕士的可行性

（一）广阔的生源基础

随着我国职业教育进入快速发展的轨道，中等职业教育师资队伍规模持续增长。据教育部统计，从2005年至2012年，三类中等职业学校（职业高中、中等专业学校和技工学校）的专任教师由64.66万人上升到81.43万人，数量增幅明显。从年龄结构看，专任教师队伍呈年轻化趋势。2012年，35岁以下的教师超过专任教师的一半，45岁以下的教师占80%以上。从学历结构看，职业学校教师的学历达标率，即具有本科以上学历的教师比例由2005年的72%提高2012年的86.9%。但专任教师中具有研究生以上学历的比例仅为5.1%，与教育部提出的10%的要求相去甚远。从职称结构来看，2012年，中等职业学校专任教师中具有高级专业职务的教师比例为22.98%，与教育部的要求仍有差距；而具有初级教师职务和无职称的教师比例较高，分别占到28.05%和8.41%。

综上所述，从中职学校教师规模和队伍结构的现状来看，总量大、年轻化、学历偏低、低职称比例偏高，这些特征使得专业硕士招生具有广泛的生源基础。另一方面也要看到，当前还存在着一些不利于招生的因素。比如，生师比偏高，2012年达24∶1；专业理论课教师和实习指导教师占专任教师比例偏低，2012年分别为53.69%和3.64%，专任教师教学任务繁重，难以脱产攻读专业学位。

（二）教育硕士专业学位具有包容性和适应性

我国从1996年开始在学位体系中增设教育硕士专业学位，为中小学教师和管理人员攻读硕士学位开辟了一条新的渠道，堪称"中国教育发展史上的里程碑"。"教育硕士"与"教育学硕士"是两种不同性质的学位：前者是职业性、应用型的学位，重在培养应用知识或技术的能力；后者是学术性学位，重在培养创造知识或技术的能力。我国教育硕士专业学位教育在主动适应社会需求和自我完善中不断发展，在招生对象、专业领域和方向等方面不断拓展，初步形成了多方位、多层次、多样化的专业硕士教

育体系。随着我国经济社会和教育事业的发展，不断增加专业学位类型，增大应用型人才培养在整个研究生教育中的比例，已经成为调整高等教育布局结构和人才培养类型结构、满足经济建设和社会发展需求的重要战略任务。实践探索过程表明，面对整个教育行业中各个具体领域的发展需求，教育硕士专业学位显示出很强的包容性和适应性，从而也为职业技术教育领域教育硕士专业学位的设置奠定了基础，提供了平台。

（三）现行教育硕士培养积累了宝贵经验

国内多年的教育硕士研究生培养的实践探索，已经在人才培养和教学方面体现出了不同于学术性人才培养的特点。比如，要求课程与论文并重，一般应学习3~4门学位课程以及相关的选修课程，论文选题则强调联系教育教学和管理工作的实际，重在提高综合运用所学专业理论和知识分析和解决实际问题的能力；时间安排比较灵活，研究生除用少部分时间到学校集中上课外，大部分时间是在职攻读，即在工作岗位上一边工作，一边进行学习与研究、撰写学位论文，然后通过在职申请学位的途径获取学位。这些经验和做法充分考虑到生源的工作特点，注重发挥生源的实践优势，也为职业技术教育领域教育硕士培养方案的设计提供了明晰的设计原则和宝贵的经验借鉴。

（四）职教师资培养体系不断完善

随着职业教育事业的迅速发展，我国的职教师资培养体系日益完善，为职业技术教育领域教育硕士专业学位的设置提供了重要支撑。在我国，专门的职教师资培养机构的建立始于20世纪70年代末，最初是由国家独立设置了一批"职业技术师范学院"，而后又在一些普通高校（主要是师范大学和综合性大学）下设二级学院，以"职教师资班"的形式进行招生和培养。1999年初，国务院批转教育部《面向21世纪教育振兴行动计划》，提出"依托普通高校和高等职业技术学院，建设职业教育专业教师和实习指导教师培养培训基地"，中央财政划拨专款，支持了一批"全国重点建设职教师资培养培训基地"，截至2008年已发展到54个，为建设高学历、高质量的职教师资队伍储备了丰富的硬件与软件资源。"中等职业学校教师在职攻读硕士学位"的工作,实际有一部分也正是依托部分具有硕士学位授予权的基地院校才逐渐开展起来的。

（五）职业技术教育学科发展迅速

早在1983年,"职业技术教育学"就被国务院学位委员会正式列入学科专业目录,从1987年举办全国首个"职业技术教育学"硕士点起,先后有华东师范大学、北京师范大学、天津大学等一批重点大学设立了职业技术教育学硕士点和博士点。截至2006年,职业技术教育学博士点由过去的4个增加到10个,硕士点由26个增加到48个,逐步构建起了完整的职业技术教育学科人才培养体系。职业教育学术研究机构数量持续增加,立项课题、专著论文数量逐年上升,仅"职业教育学"教材或著作到2006年已出版35部,产生了一批标志性教学成果。我国职业教育学科队伍已经初步形成,包括国家和地方以及高校的职业教育研究机构、硕士博士点学术梯队以及群众团体（如中华职业教育社）、国家和地方职业技术教育学会（协会）的研究人员,相关理论和实践研究成果为职业教育的发展,也将为职业技术教育领域教育硕士的培养提供重要的理论支撑。

三、职业技术教育领域教育硕士专业学位的特点

参照现行教育硕士的学习方式,职业技术教育领域教育硕士可以分为全日制和在职攻读两类。

（一）培养目标

对于全日制研究生,培养掌握现代教育理论、具有较强的职业教育教学实践和研究能力的高素质的中等职业学校专业课程专任教师和教育教学管理人员。学习年限一般为两年。对于在职攻读研究生,培养具有现代职业教育观念、扎实专业基础和职业素养、较强职业教育教学能力和教研能力的"双师型"中职学校教师。学习年限为2~4年。

（二）培养对象

全日制研究生招生对象为具有国民教育序列大学本科学历（或本科同等学历）人员。在职攻读研究生招生对象为具有国民教育序列大学本科毕

业，获得学士学位，并有 3 年以上中等职业教育工作实践经验的专任教师或管理人员；大学本科毕业但未获得学士学位者，需具有中级专业技术职务。

（三）招生领域

按照国家教育统计对中等职业教育专业群的分类，职业技术教育领域教育硕士的招生包括 13 个方向：信息技术、加工制造、文化艺术与体育、财经、学前教育、医药卫生、商贸与旅游、农林、交通运输、土木水利工程、社会公共事务、能源、资源与环境。

（四）课程设置

全日制研究生的课程分为学位基础课程、专业必修课程、专业选修课程、实践教学 4 个模块。总学分不少于 36 学分，其中实践教学时间原则上不少于 1 年。实践教学包括教育实习、教育见习、企业实践、微格教学、教育调查、行业企业调查、课例分析、班级与课堂管理实务等实践形式，其中到中等职业学校和企业进行实践活动的时间不少于半年。

在职攻读研究生的课程除上述 4 个模块外，增设公共学位必修课程模块。总学分不少于 34 学分，其中课程学习不少于 30 学分。课程体系突出"双师型"的职教师资培养目标。学生结合工作实际，开展教学设计研究、实训实习研究、教育调查、企业实践、校企合作工学结合研究、教育案例分析、班级与课堂管理研究等；并以"职业教育课程开发、专业建设、教学法的实践与应用"和"企业实践专题研究"为主题，提交两份研究报告。

（五）培养方式

对于全日制研究生，采用课堂参与、小组研讨、案例教学、合作学习、模拟教学等方式。在中职学校和企业建立稳定的教育实践基地，实行导师组指导制，在中职学校聘任有经验的高级教师担任指导教师，同时还须聘任一定数量具有高级专业技术职务的行业企业技术人员和管理人员担任兼职教师和指导教师。

对于在职攻读研究生，采取脱产、半脱产和在职兼读等多种方式。脱产学习年限一般为两年，其中在校学习时间不少于1年；半脱产和在职兼读学习年限一般为3年，其中累计在校学习时间不少于6个月，结合课题研究到企业实践的时间不少于两个月。培养院校应建立校内导师、中等职业学校实践导师、企业实践导师三位一体的导师团队，运用课堂讲授与案例教学、项目教学、行动学习、实践考察、模拟教学、线上学习等相结合的多元化学习方式，以职业教育教学能力和教研能力提高为重点，突出将新技术新设备等生产资源和企业文化转化为课程与教学资源的能力培养。应推进学位证书和职业资格证书"双证书"制度，鼓励毕业生获得与其所从事专业教学相关的职业资格证书。

（六）学位论文要求

职业技术教育领域教育硕士的学位论文应紧密联系职业教育实践，注重研究的实践意义和应用价值，综合运用科学理论和方法，分析解决中职教育教学和管理中的实际问题。论文形式可以多样化，如调研报告、研究报告、案例分析、校本课程开发、教学案例设计等。可以把论文答辩与展现课程开发、实训设计、教具开发、示范课等相结合，突出职业教育的特色。

职业技术教育领域教育硕士专业学位设置之后，如何保证培养质量将成为健康发展的关键。为此，应精心设计培养方案和课程体系，构建相应的质量标准和评价与监控机制，从而使职业技术教育领域教育硕士专业学位教育在推进我国职业教育改革与发展进程中发挥应有的作用。

参考文献

[1] 钟秉林，张斌贤. 我国专业学位教育发展的新突破——写在教育博士专业学位诞生之际 [J]，中国高等教育，2009（3/4）.

互联网教学与高校人才培养[①]

钟秉林

一、问题的提出

当前，我国教育改革和发展在取得巨大成就的同时也面临着诸多新的严峻挑战。一是随着教育普及程度不断提高，优质教育资源短缺矛盾凸显，并引发了教育质量、教育公平、学生就业、自主办学等一系列社会广泛关注的热点难点问题。二是教育利益相关者增多，不同群体的利益诉求呈现出多元化的价值取向，教育发展环境的变化和教育诸影响因素之间的相互作用和制约，使教育政策制定和改革举措实施的难度不断增加。三是教育体系内部不同层次、不同类型教育之间的关联度增加，一项教育政策或改革举措的出台，往往涉及学前教育、基础教育、高等教育、职业教育等相关教育领域，需要加强系统研究和协同改革。四是教育发展与经济社会发展之间的关系更加紧密，教育改革往往受到教育外部制度、政策和舆论环境的制约，需要社会配套改革的支持。五是我国教育行政体制改革不断深化，政府转变职能，简政放权，推进管办评分离，学校的办学主体地位不断增强，内涵发展和质量建设任务繁重，现代大学制度建设任务艰巨。因此，深化综合改革，坚持依法治教，不断提高教育质量已经成为缓解教育主要矛盾、破解教育热点难点问题的必由之路[1]。

---

① 本文为国家自然科学基金重点项目"中国教育资源配置理论与重大现实问题研究"（项目编号：71133002）的阶段性成果。

我们都在憧憬中国教育的未来，勾画未来中国教育的蓝图。笔者以为，未来的中国教育，将是体现"有教无类"理念的公平的教育，每个公民都可以在学习型社会框架下随时、随地、随意地学习，不断丰富和完善自己；未来的中国教育，将是体现"因材施教"理念的多样化的教育，每个公民都可以接受适合自己的教育，彰显个性和特长；未来的中国教育，将是体现"人尽其才"理念的高质量的教育，每个公民都可以在学习和服务社会的过程中实现自我价值。实现中国教育未来的蓝图，必须解决三个重大现实问题：第一，不断拓展优质教育资源，提高教育质量，尤其是人才培养质量；第二，合理配置有限的优质教育资源，促进教育公平，尤其是入学机会公平；第三，积极推进教育国际化，提升中国教育的国际地位，从教育大国迈向教育强国。为此，我国教育发展方式正在发生根本性的转变，即从以规模扩张和空间拓展为特征的外延式发展，转变到以提高质量和优化结构为核心的内涵式发展[2]。在这一时代背景下，互联网与教育的有效融合，为缓解教育主要矛盾和破解教育热点难点问题注入了新的理念和思维，带来了新的机遇和挑战。

二、互联网技术为教育发展带来了重要机遇

变革的时代需要变革的思维。社会文明的进步是以科技的进步为前提的，互联网信息技术的快速发展，正在改变人们的学习和生活方式，也为教育未来的变革之路提供了新的动力和路径。

（一）基于互联网的教学为拓展优质教育资源创造了条件

毋庸置疑，缓解教育主要矛盾的根本途径是拓展优质教育资源，提高教育质量，办好每一所学校。在知识数字化和互联网技术飞速发展的背景下，"慕课""微课程"等基于互联网的教学模式蓬勃兴起，大大降低了学习者享受优质教育资源的准入条件，学习者可以轻而易举地在线学习全球各大名校开设的网络课程，在校大学生也可以免费选修网上的优质课程，并与课堂教学相结合，改善学习效果，提高学习效率。

互联网倡导的是一种共享精神。与传统的教育模式相比，互联网技术

应用到教育领域的最大优势就在于能够将分散在不同空间、不同时间的优质教学资源整合到一起，实现优质教育资源的全民共享。无论是国内重点大学的名师课程，还是远在大洋彼岸的世界一流大学的优质课程，都可以通过网络整合到同一资源平台；不同时间节点的学习资料，可以应用相关技术实现高效集成。这种学习空间和时间上的突破，为学习者带来了极大的便利，有利于加速优质教学资源的拓展，满足社会和公民对于高质量教育的迫切需求。

（二）教育资源获取方式的多元与便捷可以有效促进教育公平

人、财、物等教育资源在区域和地区之间存在较大差距，因分布不均衡而导致教育不公平，是包括中国在内的许多国家面临的共同问题。通过基于互联网的信息化技术手段进行教育资源配置，可以为促进高等教育公平、构建学习型社会提供有效的路径。教育由线下走向线上，打破传统教育的时间和地域限制，使教学内容和手段向多媒体化和互动化发展。学习者可以有效利用碎片化时间，在任何地点参与基于互联网的"移动教育"活动，在校大学生也可以利用网上教学资源实现自主学习，而提供不同类型教育的主体的边界正变得日益模糊。

较之于传统教育教学情境中教育资源配置不均衡和优质教育资源短缺的状况，互联网教育时代可以选择"以效率促公平"的教育资源配置方式，将有限的资源投入到优质网络课程的开发。通过优先发展，实现资源开发效益的最大化；再通过政策导向，如完善教育资源共享机制、加强学校和社会的教育信息化建设等，保证优质教育资源在"二次分配"过程中体现教育公平。显然，通过互联网获取教育资源的方式，将在很大程度上改善目前优质教育资源配置不均衡的现状，进而为包括在校大学生在内的每个学习者提供更好的适合自己的教育，有效推动教育公平和构建学习型社会的进程。

（三）在线课程联盟的构建可以提升教育国际化水平

进入21世纪以来，随着经济全球化的迅猛发展，人力资源和物质资源在世界范围内的跨国、跨地区流动成为常态，并很快渗透到教育领域，形成了教育国际化的大趋势[3]，教育竞争已经在国际舞台上全面展开。在大学影响力的评估指标体系中，人才培养作为大学的核心功能，其课程体系和教学成果被世界各国公认为关键的标准之一，而基于互联网的教学模式的发展，则为提高人才培养质量和教育国际化水平创造了条件。

以"慕课"为例[4]，其概念形成于2008年，2012年在美国得到飞速发展，被媒体称为"慕课元年"，包括斯坦福大学、哈佛大学、麻省理工学院等在内的名校，几乎同时掀起了一股"慕课"风潮，并涌现出了以EdX、Coursera和Udacity等为代表的课程支撑平台，旨在建立世界顶尖高校的共享教育平台，提高教学质量，推广在线公开课程。与此同时，欧洲的"慕课"也得到快速发展，涌现出了OpenupED、Futurelearn等一批课程平台。我国在2013年掀起"慕课"热，北京大学、清华大学、香港大学、香港科技大学等一流大学相继加入国际课程联盟，国内有关"慕课"课程联盟也先后建立。从公益性角度来看，大学可以利用这一平台在全球范围内提供该校的优质课程资源与成果，使遍布世界各地的大学生和其他学习者共享优质教学资源；与此同时，大学也有自身的"精神"诉求，希望通过"慕课"课程的传播形成良好的社会形象，提高学校的国际知名度。

"慕课"等相关课程联盟和协作组织的构建和运行，促成了国际化课程、教材和课件以及教学方式等教学资源的跨国、跨地区流动和共享，使得传统的教育方式和教学手段正在经历前所未有的变革；同时，也必然伴随着教育教学理念、人才培养模式和教学管理模式的跨国、跨地区的传播与融合。显然，这对中国高校学习借鉴国外先进的教育理念和教学模式，引入国外优质教学资源和现代教学方法，深化人才培养模式改革带来了机遇；另一方面，也为中国高校优质教学资源的国际拓展以及增强国际话语权提供了平台。

三、高等学校要主动应对互联网教学带来的挑战

以"慕课""微课程"等为代表的基于互联网的教学模式以其大规模、

开放性、互动性和高质量的特征，吸引了大量学习者注册学习，使传统的教育观念和教学模式面临着严峻挑战。

（一）对传统的教育教学观念带来了冲击

基于互联网的教学模式的发展正在颠覆着传统的教育教学观念。首先，高等学校要确立促进学生全面发展的教育价值观，遵循教育教学规律和人才成长规律，践行"因材施教"的教育理念，突破传统的"千校一面""万人一面"的培养模式的禁锢。要重视研究学生的差异性，尊重学生的选择权，鼓励学生兴趣特长的发展，不断深化人才培养模式改革和教育教学体制机制改革，探索学生的多样化、个性化培养。其次，要在教学活动中坚持以学生学习为中心的现代教学观，摒弃以教师、教材和课堂为中心的陈旧教学观，探索先进的教学方式、学习方式和教学方法与手段，加强师生互动，鼓励学生自主学习和合作学习，不断提高教学效率，改善学生的学习效果。

（二）对教师队伍建设带来了冲击

基于互联网的教学模式的发展正在改变着人类获取知识的渠道和方式，知识传递的方式已经由单向转为多向互动，这使得大学的知识权威和学术垄断地位遭到威胁，教育实际效能也受到社会质疑。而最直接的冲击莫过于教师角色的转变，教师正在从知识的传授者转变成为学生的学习伙伴，要在教师与学生构建的师生学习共同体中，通过教师的引导、师生的互动、学生的合作来实现教学目标。首先，高等学校要认真研究经济社会发展和教育教学改革的新趋势，调整教师队伍建设的思路和重点，修订和完善教师队伍建设规划。其次，要加强教师的职业发展规划和在职培养培训工作，不断提高教师的教学能力和水平。当前，尤其要注重转变教师的教学观念，提高教师运用现代教育技术的能力和指导学生规划学习生涯的能力。要重视教学管理人员和学生工作干部的培训工作，引导他们创新教学管理模式和学生工作机制，为学生的成长成才提供良好服务。再次，要改革教师聘任和考核制度，引导教师将精力投入到教学工作之中，努力将科研资源转化为优质教学资源[5]，密切跟踪互联网教学的发展趋势，积极探索课堂教学模式和教学与学习方式的改革。

（三）对传统的教学方式和课堂教学模式带来了冲击

基于互联网的教学模式以其开放性和互动性的特征对传统的课堂教学模式和教学方式提出了挑战。首先，高等学校要着力改革以教师和教材为中心的传统课堂教学模式，根据不同专业和课程的基本要求和特点，探索探究式学习、讨论式教学、合作式学习等以学生学习为中心的教学方式和学习方式。当前，尤其要积极探索线上教学与线下教学相结合的教学模式，改善学生学习效果，注重养成学生的独立思考能力、批判意识和创新精神，实现学生的多样化和个性化培养。比如，利用"慕课""微课程"等线上优质课程资源，将学生接收知识的过程从课堂讲授转移到课前网上自学，而在课堂上则通过教师组织引导、师生互动和生生合作，将学生课前个性化学习到的知识融会贯通，实现知识内化的部分功能。其次，要组织教师研发网上课程，积极参与线上教学，辐射优质教学资源，促进优质教学资源在校内和校外的共享，彰显学校的教学水平和特色。再次，要优化学生的课堂学习效果评价标准和指标体系，调动学生的学习积极性和主动性，鼓励学生参与线上学习，不断提高学习质量。

（四）对传统的人才培养模式和管理体制带来了冲击

互联网教学模式带来的教学方式和学习方式的变革，对大学传统的人才培养模式、教学组织形式、教学和学生管理体制，乃至传统的教室布局都带来了冲击。首先，高等学校要加强人才培养体制和内部管理体制改革的系统研究和顶层设计，重视政策导向，发挥干部、教师的主动性和创造性，利用教育信息化手段，积极探索人才培养模式、管理体制机制和学习制度的创新。比如，根据经济社会发展需求和学校人才培养目标及规格，适时开展按大类宽口径培养、学分制、弹性学习制、短学期制、书院（学堂）制的改革探索，抑或进行订单式培养、产学合作育人等多样化的人才培养模式改革尝试。其次，要根据经济社会和科学技术发展趋势[6]，优化学科专业结构，调整院系设置和教学组织，为深化综合改革、培养创新型人才构建学科专业平台和学术组织架构；同时，要加强高校信息化建设工作，为线上学习和线下学习相结合创造条件。再次，要研究互联网教学的发展趋势和特点，完善学校内部教育教学质量监控和保障体系，明晰质量标准，优化指标体系，改革评估方式，强化评估结果反馈和改进工作的机制，建立学生学习效果跟踪和评价机制，不断改善学生的学习效果。最后，要推进和完善现代大学制度建设，制定和实施大学章程。当前，尤其要根据互联网教学的融入以及学习制度和人才培养模式改革的要求，探索教学管理体制和学生事务管理机制的创新，为大学生成长成才提供制度保障。

四、基于互联网的教学模式要不断完善

互联网技术正在为教育发展做出重要贡献，同时也要看到基于互联网的教学模式还需要直面问题，不断完善。

（一）课程教学不能完全等同于教育

教育的终极目标是培养全面发展的人，大学的核心功能是培养德智体美全面发展的高级专门人才，为经济建设和社会发展提供人力资源支撑和智力贡献。保证和提高人才培养质量，需要干部、教师遵循教育教学规律和人才成长规律，围绕立德树人做好教学工作和管理工作，坚持全员、全方位、全过程育人；另一方面，一所大学优良的办学传统、校园文化和校风学风的潜移默化的熏陶作用，对大学生综合素质的养成，包括社会发展性、人际关系和公共关系等素养和能力的养成至关重要。从这个角度而言，基于互联网的教学模式不能完全取代学校教育。笔者认为，与其忧虑将来有多少传统学校会面临消亡，倒不如把主要精力放在如何优化网络教学环境和提高教学质量上。要探索将线上教学和线下教育相互融合、扬长避短，不断改善学生的学习效果；各级各类学校以及互联网教育产业、在线课程联盟和协作组织应该加强协同探索、优势互补，统筹进行教育教学改革试验。

（二）加强"联结"与"互动"，提高学习效率

基于互联网的"慕课""微课程""翻转课堂"等学习模式的基本特

征是联结和互动,这是提高学习效率、改善学习效果的关键。互联网教学必须要创造性地运用现代信息技术手段,创新学习模式、教学内容和运行机制,更好地实现师生互动、生生互动和人机互动,并且与线下教育有机融合,吸引包括在校大学生在内的更多的学习者注册学习,才能够真正发挥其优势,实现其在共享优质教学资源、促进教育公平、提升教育国际化水平等方面的价值。否则,"慕课""微课程"等和十多年前开始尝试的网络课件就没有区别了。

(三) 完善学习监督和效果评价机制

由于互联网教学准入门槛较低,目前还缺乏有效监督和证书驱动等激励机制,总体上看,学习者的学习主动性和自律性以及所选课程的完成率普遍较低。如何对线上学习的学习效果进行科学评价,并将评价结果反馈给教师和学生,不断改善教师的线上教学水平,提高学习者的学习主动性和学习效率,已经成为基于互联网的教学模式可持续发展的瓶颈问题,也直接影响到线上教学和线下教学的结合,迫切需要有关研究人员和教师在评价标准、评价体系、评价方式和管理体制与运行机制以及大数据技术应用等方面进行深入研究和积极探索。

(四) 探索和完善市场运营机制

市场在教育资源配置中发挥着决定性作用,有市场需求和社会需求,基于互联网的教育技术和教学模式就会得到充分的发展空间。完善的运营机制是互联网教学发展的重要保障,比如,如何厘清线上教学的公益性和营利性之间的关系,如何优化"慕课""微课程"等课程联盟和协作组织的运营模式,如何筹集免费线上教学的经费并保障其稳定运行,如何与高校互认课程学分等,都需要在实践中认真研究和探索。

参考文献

[1] 钟秉林. 加强综合改革,平稳涉过教育改革"深水区"[J]. 教育研究, 2013 (7).

[2] 赵应生, 钟秉林, 洪煜. 转变教育发展方式:教育事业科学发展的必然选

择 [J]. 教育研究, 2012 (1).

[3] 钟秉林. 推进高等教育国际化是高校内涵建设的重要任务 [J]. 中国高等教育, 2013 (17).

[4] 郝丹. 国内 MOOC 研究现状的文献分析 [J]. 中国远程教育, 2013 (11).

[5] 钟秉林. 推进大学科教融合努力培养创新型人才 [J]. 中国大学教学, 2012 (5).

[6] 钟秉林. 大学人才培养要研究新问题应对新挑战 [J]. 中国大学教学, 2013 (7).

第五章
高校财政与社会筹资

引　言

　　高校财政结构改革是强国梦能否早日实现的关键。因为良好的财政结构，势必为双一流建设奠定经济基础，也为高等教育强国之梦奠定基础。当前，我国的高校财政仍然是"一条腿"走路，政府拨款占高校财政来源的绝大部分。从政府财政和社会捐赠双轮驱动的角度看，我国大学财政结构还存在着很大的问题。如何变独轮驱动为双轮驱动，将是未来较长一段时间我国高校财政研究的主要课题。大学筹资的动力在哪里，制约筹资发展的原因在哪里，解决的方案有没有，是当前教育财政探讨的热点问题。

　　《我国高校留本基金事业发展的前景及对策——兼论高等教育强国梦》主要从资金的可持续性出发，阐述我国未来大学留本基金发展的理想和目标，分析相关政策是否有缺陷，需要做什么弥补。只有未雨绸缪，我国高校财政结构才能达到拨款和捐赠的平衡。作者指出，单一的政府财政供给模式已经无法满足高等教育的大众化发展。发达国家高等教育财政供给模式为我们提供了试验摹本。

　　《如何突破民办高校筹资的困境》选择民办高校为例，说明了高校发展与社会筹资的密切关系。作者从民办高校筹资的现状入手，试图分析影响民办高校筹资的主要因素，在此基础上提出了民办高校筹资的激励措施。

　　《财政支持民办高等教育的必要性和可行性分析》运用经济学的相关理论，试图从法律视角和属性视角来探讨民办高等教育财政支持的理论依据，从公平视角来探讨民办高等教育财政支持的实践依据；从国民经济发展、社会对民办高等教育的认识以及民办高校分类管理等角度,分析政府财政支持民办高等教育的可行性,突出了政府财政资助的公平性问题。

大学筹资发展的新趋势是整合学校资源,系统设计大额捐赠目标和路径的设计,实现大学募捐效益的最大化。《当代美国一流大学"顾客导向"大额捐赠管理模式研究》是第一篇系统探讨美国一流大学筹款新模式的论文,论文通过翔实的资料展现了美国大学大额捐赠模式,分析大学筹资的理论、组织架构、运作模式和发展特点,以期为我国大学的捐赠管理提供一定的借鉴。

《当代华人企业家对美国大学大额捐赠现象、动因及政策思考》一文选择了企业家和华人这一特殊的捐赠主体,探讨了他们为什么而愿意捐款,政策和法规对刺激捐款的作用,最后得出结论,大学获得捐赠与大学的内部质量和服务密切相关。

筹款伦理涉及的是筹款过程中各种适当性问题,筹款与大学的精神是否冲突,所筹款的款项以及捐赠人有没有道德不当问题,这些问题不加注意,大学将面临各种风险。《大学筹款伦理的内涵、价值与实践策略——基于大学领导的职责》对于领导人提高伦理意识,让筹款获得健康发展,是有重要的参考价值的。

我国高校留本基金事业发展的前景及对策

——兼论高等教育强国梦

洪成文

我有一个梦，希望我国高校基金会健康发展，留本基金规模达到3000亿元。

高校留本基金的价值：一是可以缓解政府财政压力，如果将3000亿元的高校基金投资市场且回报率达到10%，那就意味着每年至少可以拿到300亿元的发展资金，政府的财政压力可明显得到缓解；二是可以提高高校财政自主能力，因为300亿元的投资回报，无疑将会给每一所高校（排名靠前的50所大学）平均增加5亿元的"活钱"；三是可以提高改变人才引进的举国体制模式（或称为政府主导型模式）；四是可以通过校友筹资、校友忠诚度培养等引导高校改善教学和学生服务工作；五是可以促进大学筹资事业发展；六是可以培育高校的市场理财能力，增强高校抵御财政危机的防御力；七是可以避免大学经费使用过程中因为突击花钱或报销带来的不必要的浪费；八是可以改变高校治理模式，如果财政自主权得以增强的话。

国际高等教育改革和发展经验表明，单一的政府财政供给模式已经无法满足高等教育的大众化发展。市场的价值成为新的杠杆。留本基金则是高校拓展资金渠道的不二选择。世界上留本基金规模最大的是美国、英国、澳大利亚、加拿大四国。其中，美国远远走在其他三国的前头。

2013年，美国高校的留本基金为4561.08亿美元，跻身百亿俱乐部的高校已达到十多所。留本基金的存在使得美国的高校有了很强的财政风险防控能力，同时也为高校建立永久性和长期的讲座教习提供了可能。这两点合起来，为美国引进人才提供了特殊机制和经济基础。美国高等教育能够领跑全球，关键在留本基金的规模和财政管理制度的灵活性。

相比之下，我国留本基金建设时期虽然很短，但发展速度却是惊人的。1994年，我国高校出现了第一家高校基金会。短短20年时间，我国高校基金会已经发展到近500家。基金规模已接近219.7亿人民币（2013年）。这一数据来之不易，因为高校留本基金是在既无经验，又无明确政策的环境下发展起来的，高校探索的艰苦和"犹豫不决"是大家一目了然的。如果留本基金事业的价值得到社会更大的认可，对高校发展高校基金政策有所倾斜，中国的留本基金将会有巨大的发展前景。因为中国有世界上任何国家所不能企及的三点特殊性：一是正处于历史上少遇的经济高速发展期，即便未来几年增速有可能放缓；二是我国因改革开放而富裕起来的老一代纷纷加入老年行列，用其部分财富支持高校或者母校发展是多数财富拥有者的财富分配计划的一部分；三是我国高校的校友总量达三四亿，雄踞世界第一，只要挖掘好校友的资源，留本基金发展将大有希望。

发展中国高校留本基金，不仅是一个纯粹的财经问题，更是一个战略问题，事关如何建设高等教育强国的大问题。我们可以设想未来世界高等教育的基本图谱以及中国在图谱中的位置。一是北美和西欧；二是东亚或东南亚；三是非洲、西亚和南美。如果留本基金达到3000亿元的话，我们首先超过的是东亚国家和东南亚的新加坡，虽然这些国家少量的大学也会有规模可观的大学留本基金，但是毕竟与中国相比名校数不足，很难从总体上与中国高等教育抗衡。其次，我们可以轻松超过法国和德国，因为法德高校奉行的是政府为本的财政政策模式，留本基金事业开展得比中国还要晚，因此，在留本基金发展上很难赶上中国，且不考虑欧洲经济较长时间的滞发展。其三，英国将是中国发展留本基金的强有力的对手。一来英国留本基金事业发展早，基金规模已经发展到了相当高的程度，牛津、剑桥两所学校的基金总额已超过100亿英镑。因此，短期看来，中国名校很难超过英国，不过，虽然超不过牛津大学、剑桥大学，超过其他英国大学还是大有可能的，且中国高校的发展相对比较平衡，不是一两所遥遥领先，而是一个学校集团同时发展，这是英国所不能比拟的。

上述预判尽管有粗糙和简单之嫌，但是复杂问题需要简单化。以此为基本思路，我们要得出的结论似乎非常明确：中国的高等教育强国梦不只是理想，至少可以通过留本基金事业的发展而加速。

如何发展我国高校的留本基金事业？其实也并非难事，最为重要的是我们要在高等教育系统内外形成一个共识：要将高校基金事业发展提到国家的战略发展层面来考虑。繁荣强大、科技发达的国家必须有世界一流的高等教育作为基础，而为国家发展服务但又可能规避行政过度的管理，为未来财政危机未雨绸缪，又能为当下高校财政提高贡献度的留本基金事业发展，一旦成为共识，当前涉及的税收减免问题、留本基金投资风控问题、基金会内部治理问题以及中国高校留本基金海外投资资格问题将会迎刃而解。

其次，要组织力量亲赴美国学习美国大学留本基金的发展、经验与挑战。一要在国家层面选派政策研究人员亲赴美国大学基金会实习和研修；二要我国高校校长出国进修课程中增加基金会管理和发展的内容；三要选派我国高校基金会管理人员去外国学习基金管理技术；四要引进外国大学基金投资专家来我国指导工作。

其三，要在高校留本基金发展的过程中形成中国特色的基金发展模式。中国特色可体现在"速度"上，因为中国行政力量调动资源最大，因此可以通过政策杠杆发挥作用，扶持和支持好的基金会，使之成为表率，从而起带动和引领更多之功用，用"速度"为中国高校留本基金发展贴标签。其次，要善于打组合拳。要鼓励高校与高校合作，让相关高校联合成立大学基金投资委员会，将基金积累起来，扩大资金池，以期获得更多投资回报，从而减少单兵独战所带来的风险，使中国高校留本基金贴上"集团化"的标签。

如何突破民办高校筹资的困境

周海涛　张墨涵[①]

民办高等教育经过多年发展，已经成为我国高等教育体系的重要组成部分。民办高等教育的规模化和高水平发展有赖于充足的办学经费作支撑，卓有成效的资金筹集工作是实现民办高校可持续发展的关键所在。目前，经费来源是困扰我国民办高等教育发展的一大难题，表面上体现在举办者投入不足、社会融资方式单一、自营收入渠道狭窄。如果加以深入分析，则是经济、政策及文化等多因素综合影响的结果。

尽管民办高校不是政府的附属部门或不直接隶属于政府，但实际上民办学校与政府有密切相连的关系。在两者的互动过程中，政府能够更好地实现教育服务能力的重建和拓展。[1]因此，加快完善民办学校资金筹措激励政策，不仅对民办高校长远发展有重要作用，对政府推进全面深化改革进程也有重大意义。

一、民办高校筹资现状与发展趋势

近年来，我国民办高校一直面临着发展较快和资金短缺并存的困境。由于我国高教体系庞大、政府财力有所增强但需求广泛以及相关政策不配套等原因，我国大部分民办高校主要依靠学费收入和自筹经费办学，教育成本分担主体单一，经费来源仍显捉襟见肘。鼓励社会力量参与办学、扩充教育经费渠道，不仅能有效缓解政府教育财政紧张状况，也是政府在教育领域简政

---

① 作者简介：张墨涵，北京师范大学教授。

放权，借助市场的力量改革高等教育资源配置方式的可行路径。

（一）我国民办高校的筹资方式亟须拓展

从我国民办高等教育发展的历史轨迹来看，上世纪八九十年代的民办高校主要靠自筹经费建立及发展，大多采取"以学养学"的滚动发展模式。1986 年，教育经济学家 D. 布鲁斯·约翰斯通提出的高等教育成本分担理论，可作为这一阶段我国民办高校收费的主要依据之一。1997 年全面收费以来，教育成本分担机制在我国得到逐步确立，高校收取的学费逐年上升，学生缴费上学成为常态。20 世纪 90 年代后，大多数民办高校在大众化的扩展政策背景下开始推行市场生存的规模化发展模式，尽管民办高校的捐赠收入、政府资助、自营收入等有所增加，但总体而言增幅有限，学费收入依然占据绝对核心地位。

对我国民办高校办学资金来源进行分析，从来源渠道上看，进入运营期后的收入主要来自学生交纳的学费，约占民办高校运营收入的 80% 以上；企业投入是除学费之外的最重要资金来源，约占 7%，但企业投入多为过渡资金，最终仍要从学费收入中予以偿还；政府资助性拨款在我国民办高校发展历程中一直占比不高，只有 4%。相比于西方发达国家作为重要收入来源的捐赠和学校自营收入，在我国民办高校的日常运营中所占比例很小，几乎可以忽略不计，约只占 0.4% 和 0.2%。从资金分布的发展趋势上看，学生的学杂费、政府拨款呈逐年递增趋势，举办方投入呈递减趋势，捐赠、学校自营收入和其他收入稳定在较低份额（见表 1）。

表 1 我国民办高校办学资金来源（2008—2012）

年份	数据类别	学杂费	办方投入	捐赠	政府拨款	学校自营	其他	合计
2008	数值（亿元）	273.11	31.92	1.25	8.64	0.72	8.99	324.63
	百分比（%）	84.13	9.83	0.39	2.66	0.22	2.77	100
2009	数值（亿元）	362.65	30.17	0.96	16.54	1.41	7.22	418.95
	百分比（%）	86.56	7.20	0.23	3.95	0.34	1.72	100

续表

年份	数据类别	学杂费	办方投入	捐赠	政府拨款	学校自营	其他	合计
2010	数值（亿元）	425.69	33.10	1.69	18.97	0.86	7.76	488.07
	百分比（%）	87.22	6.78	0.35	3.89	0.18	1.59	100
2011	数值（亿元）	481.60	26.96	1.23	26.74	0.85	8.42	545.8
	百分比（%）	88.24	4.94	0.23	4.90	0.15	1.54	100
2012	数值（亿元）	522.48	33.29	1.65	43.18	0.74	17.08	618.42
	百分比（%）	84.49	5.38	0.27	6.98	0.12	2.76	100

注：本表根据2008—2012年《中国教育经费统计年鉴》数据整编。

目前，我国民办高校为了在高校竞争中占据有利地位，借贷发展、负债办学的现象比较普遍。由于不少民办高校设立时间不长，大多仍处于发展的初级阶段，举办者的精力全部放在了学校的教育教学上，因此，除少数学校外，民办高校的社会服务收入不多。此外，由于地方政府的政策差异以及民办高校类型的复杂多样性，我国政府对于民办高校的经费资助力度也很不平衡，一般只有部分国有民办和民办公助性质的高校才能得到一些资助。在这种情况下，我国民办高校运转所需资金只能依赖学费，如果学费收取过少，则不能维持高水平的办学和运行；如果收费过高，在市场经济的"用脚投票"中，或将失去大量优质生源，被教育市场淘汰。不可忽视的是，单一的筹资渠道也存在巨大的资金调度隐患，尤其是随着近年来我国高等教育适龄人口的回落，民办高校面临着巨大的生源危机。一旦生源大幅减少，资金链就容易发生断裂，部分学校将面临正常运行的风险。

（二）多方筹资已成全球高校经费来源的重要趋势

在西方发达国家，私立高校无论是在总体数量，还是在世界一流大学的比例上都占有重要的地位。这些高水平私立大学的一个普遍特征是具有多元的资金筹措渠道，拥有很强的吸附社会资金的能力。以私立大学发达的美国为例，虽然营利性大学经费来源主要依靠学费，但整体而言，经费渠道十分多元且主要来源于非政府财政资金，如社会捐赠、投资增值、企业合作、学校自营收入等。如美国非营利性大学经费来源主要以学杂费、联邦政府投入、医院收入、捐赠为主，分别占38.93%、14.92%、11.53%和10.61%，表明除联邦政府和地方政府拨款之外，83.87%的经费来源于社会筹资，非学费比例为61.07%（见表2）。

表2　美国私立高等教育机构经费来源构成（2011—2012）

教育经费来源渠道	非营利性		营利性	
	收入（亿美元）	比例（%）	收入（亿美元）	比例（%）
学杂费	630.21	38.93	240.35	89.27
联邦政府拨款	241.47	14.92	15.28	5.68
州和地方政府拨款	19.65	1.21	1.03	0.38
合同款项、助学金	44.46	2.75	0.09	0.03
捐赠收入	171.71	10.61	—	—
投资收益	45.45	2.81	0.37	0.14
教育服务收入	50.83	3.14	3.52	1.31
附属企业收入	154.99	9.58	5.11	1.90
医院收入	186.67	11.53	—	—
其他	73.23	4.52	3.47	1.29

注：本表根据美国教育统计中心（NCES）2014年提供的2011—2012年教育统计数据整编。

不仅私立大学的经费来源有变，整个高等教育体系亦不例外。近年来，英国、美国高校经费来源中的政府财政资金比例逐步下降，通过社会力量筹集资金办大学成为大学发展的重要趋势。据英格兰高等教育基金委员会（HEFCE，英国四个高等教育基金委员会中的唯一拨款机构）提供的数据，英国高等学校公共资金由20世纪90年代的70%降到60%左右，学校自筹经费达到了40%。在美国，政府拨款比例也逐年下降，密歇根州政府对密歇根大学的拨款从2002年到2009年下降了10%；联邦政府拨款占大学收入的比例由20世纪60年代的80%减少到2009年的13.5%。[2]政府资助份额的减弱必然倒逼市场机制作用的增强,高校更多地转向以社会捐赠与自营收入等非政府财政为中心的经费来源,甚至政府的财政资助也引入了市场机制,如政府转向提供学生奖学金、助学贷款等行为,市场化程度在高等教育中明显增强。

二、影响民办高校筹资的主要因素

高等教育资金筹措模式是与其经济、政治、文化传统等密切联系的,往往受多种因素的交互影响。我国民办高校的资金紧缺,也是多方因素共同作用的结果。就根本而言,民办高等教育自身特点、法规政策的阻滞以及文化观念制约对民办高等教育资金筹措渠道的限制作用是较为明显的。

(一)经济因素:适应新常态和吸引资金投入教育的能力不够强

从国际经济形势看,各行业正在逐渐走向融合与重组,全球经济进入了新的发展阶段。2013年,德国政府提出"工业4.0"战略。在此模式中,各行业由集中式控制向分散增强式控制转变,传统行业界限将消失,产生各种新的活动领域和合作形式[3],初显全球迎来一个模式调整、结构转型的新阶段。同样,新时期我国经济的增速、结构、模式和动力出现整体性转换,民间投资不断发展,企业出现大量闲置资金,这为拓展教育空间以及民办高校筹资提供了可能。但也应注意到在经济"新常态"背景下我国民间资金流动性增强,资金投资风险也在加大。在重组和震荡时期,经济形势呈下行趋势,投资公司的投资战略已大幅收缩,企业资金运作也较为谨慎。

民办教育作为教育的一个部分,具有教育投资的一般特点。教育投资具有先期投资大、组织成本和周期成本大、投资效益相对低等特点,同时与商业活动的单纯"趋利性"不同,教育投资兼具商品性和公益性,不管投资者是否意识到了这一点,教育投资的公益性是不可替代的。民办教育的这些投资特点在一定程度上影响了其对社会资本的吸引力,使教育难以和其他领域争夺具有趋利性的资本。[4]此外,我国部分民办高校存在的家族化管理、运营与财务透明度低、缺乏科学规范、政策延续性差等问题，损及政府和社会资本对民办教育的信任度，限制了民办高校获得投资性资金的渠道和额度。

2013年，党的十八届三中全会明确了市场在资源配置中的决定性作用，提出遵循市场经济规律，推动资源配置依据市场规则、市场价格、市场竞争实现效益最大化和效率最优化。近20年来，我国民间投资在全社会固定资产投资中的比重从30%上升到60%，外商投资也有潜力。目前，通过简政放权、放管结合，可有效调动民间投资力量和企业活力。如何转变企业资金使用观念，有效引导这部分资金进入教育领域，完善政策势在必行。

（二）政策因素：现行法规政策阻滞了民办教育的投资与融资

公共政策是社会公共权威部门为解决社会公共问题或社会矛盾、调整社会经济关系而建立的社会规则。政府公共政策效果如何，主要看政策效应即政策作用的结果如何，一般用政策效益衡量。对我国民办高校而言，政府需要通过稳定的政策扶持和必要的经费资助对民办高等教育起到质量保障作用，解决进入民办高等教育领域中的民间资本营利性和高等教育公益性的矛盾；同时，政府需要适当控制局部领域的过热发展模式，通过行政力量的适当介入来取得较好的政策效益。

从我国近年来的民办教育筹资政策来看，政府相关法律法规与政策不断完善，为民办教育筹资提供了愈加便捷的政策空间。追求盈利是社会资本投入的一个重要目的，若不承认社会资本的营利性，那么社会资本的投资热情就会迅速降低。2002年前，我国的法律一直明确规定"教育不得以营利为目的"，禁止民办高校的兴办者从高校的运营中获取回报或结余，但民办高校如有亏损，却须兴办者承担。[5]这一规定把许多社会资金挡在民办教育的门外。2002年颁布的《民办教育促进法》，正式承认民办高校兴办者获得"合理回报"的权利，极大激发了社会资金投资民办教育的热情。此后，国务院在2010年5月颁布《关于鼓励和引导民间投资健康发展的若干意见》，鼓励民间资本进入法律法规未明确禁止准入的行业和领域。[6]2012年6月，教育部出台《关于鼓励和引导民间资金进入教育领域促进民办教育健康发展的实施意见》，进一步明确民间投资的重要性，强调在"加大政府教育投入的同时，采取积极有效措施，鼓励和引导民间资金进入教育领域，形成以政府办学为主体、全社会积极参与、公办教育与民办教育共同发展的格局"。[7]不言而喻，这一系列政策为民间资本进入我国民办教育领域提供了政策保障，但这些政策大多还缺乏可操作的具体实施细则，相关法律规章也没有随政策及时调整，这些法律法规和政策的不健全影响了民间投资激励政策效应的充分释放。此外，民办高校产权问题也是困扰我国民办高校发展的一个难题，无论是《民办教育促进法》，还是《民办教育促进法实施条例》，均未明确规范民办高校的产权问题，这无疑增加了社会资本投资教育的不可预期性和不确定性，由此产生的一系列衍生问题对冲了教育投资动力，阻碍了民办高校的健康发展。

（三）文化因素：传统意识、时代观念的双向影响

文化观念是文化现象在人们头脑中的综合反映，包括对文化现象的形貌、状态及其文化价值的认识。[8]它受民族传统、阶级立场和历史条件的影响，形成自己文化独特的民族性、阶级性和时代性。任何一个民族都有自己特殊的文化性，一个民族的文化多少具有一致性。真正把人联系起来的是他们的文化，亦即他们共同具有的观念和标准。[9]

文化意识对民办高校融资的影响表现在多个方面，我们的财富观念受传统文化意识的影响，如我国对财产的继承方式仍还受家族代际传承心理影响较重，"给后代留点家产作为念想"的动机较强，捐赠意识比较薄弱。又如民办学校兴办者经营管理的家族化、运营与财务透明度低以及偏重经济利益而不看社会效益的问题等，既影响了民办学校的信誉，也影响了政府和社会资本对民办高校的授信与融资。教育一直是我国社会资本捐赠的重点，所占比例呈现递增趋势，而且近年来呈现逐渐由提供奖学金转为捐赠高校的趋势。

除了传统意识之外，时代观念也会对民办高校的筹资、融资产生一定的影响。在深化改革的今天，人们的观念也在发生改变。如过去民办高校

作为一种"民办民营事业",在性质上不具有先天优势,容易受到社会的忽视或"歧视";政府在教育投资中的重国办、轻民办的政策取向,民间资本投入教育的无意识受限以及筹资、融资激励政策的不配套,限制了民办高校通过社会渠道获得更多的资金。今天,随着时代观念的转变和影响,政府和社会给予民办高校更多地关注与支持,并希望通过完善政策,鼓励和引导社会资金健康地顺畅地进入民办教育领域。

三、强化民办高校筹资激励的对策措施

基于我国民办高校筹资现状与发展趋势的判断,把握主要影响因素,需使市场在资源配置中起决定性作用和更好发挥政府作用,通过政策调整、经济调节、文化引导等形成合力,激励社会资金进入民办教育领域,突破民办高校筹资困境。

(一)鼓励多渠道筹资,拓展优质民办高教资源

拓展优质民办高等教育资源,单凭政府投资难以高效实现,需要充分借助社会力量多渠道筹集资金,促进教育服务能力全面提升。就我国高等教育实际情况来看,相对于国内一流公办大学明显的筹资优势,普通民办高校由于发展历史较短、发展定位模糊、影响力较弱,导致知名度和筹资能力不强。如何借助我国经济转型和结构调整的契机,通过市场多渠道筹措资金,增加社会捐赠、校友捐赠、投资增值、企业合作等资金来源的比重,尽快摆脱过度依靠学费的经费来源模式,吸引社会资金助力学校发展,成为民办高校发展的重大选择。针对我国民办高校投资运作的意识和能力不彰,加之金融市场不健全、风险偏高而限制资金增值空间的现状,政府可以鼓励民办高校建立自己的资金管理机构,通过专门机构筹集和管理资金,将筹得的资金投资运作管理,使资金保值增值。随着市场机制的不断完善与健全以及政府进一步转变职能,一部分民办高校可以先行先试,按商业化模式运作学校捐赠资金,通过金融市场大幅增加学校办学资金,为未来建成高水平民办大学解决资金的后顾之忧。

（二）财税配比组合，引导闲置资金进入民办高教领域

从宏观上看，国家鼓励社会力量兴办教育，主要通过财政扶持和税收优惠两种方式。就我国社会可动员资金来看，闲置资金投资或捐资民办高等教育的可能性很大，这部分资金不会影响企业正常的运营。但应注意社会闲置资金虽然暂时处于闲置状态，却带有逐利的倾向，一旦企业动用闲置资金，大部分要追求保值增值或期待通过税收优惠来获得其他利益。社会闲置资金能否投向教育领域，关键在于政策能否给予适当的激励，可操作的税收优惠政策是最有效的措施。例如，探索对投资民办高校的企业切实落实减免税收的办法，对其中贡献较大的企业可以给予适当形式的专项奖励。这种财政奖励配合税收政策，双管齐下，将会产生政策叠加的效应。这些税收优惠可以补偿企业的经济利益，将有限资金转化为能长远影响国家、社会、个人的教育收益，起到正面激励和引导资金流向的作用。

（三）政府搭建平台，促进筹资和投资双方的深度合作

民办高校筹资方和投资方的合作，也是学校提供服务、企业购买服务的过程。校企合作是双方互选的过程。发达国家，学校选择与企业合作的比例非常高，有的国家甚至到达了90%以上。我国民办高校主动寻求合作的意识较为薄弱，多停留在就业层面，且没有开展校企合作、常态化联络企业，寻求合作伙伴与推广科研成果的平台和机制。同样，企业选择与学校合作的比例偏低，即使有意向，也多选择与国内公办重点大学合作。在参与科技成果转化方面，政府可以运用市场机制为筹资、投资双方搭建合作的平台和桥梁，鼓励民办高校积极拓展校企合作方式。例如可借鉴德国职教体系，由高校以"订单式"培养模式为企业输出对口人才，换取企业对学校的投资；或通过产学研合作，以技术参股或同建产业园区的形式实现学校和企业的双赢。

（四）完善准入机制，解决社会资本投资难问题

为激励社会资本顺利进入民办高校，拓展筹资渠道，应进一步深化教育综合改革，明确高等教育投资开放的领域和政府投资扶持的范围，将民办高校作为社会公共事业的重要补充，通过完善的政策引导民间资金高

效、顺畅地进入民办高校。在当前，我国应及时修订《民办教育促进法》《民办教育促进法实施条例》以及各地民办教育管理制度，细化民办高校的准入规则、政府的监管程序与职责、政府调控权范围、信息披露机制等，同时，明确出资者的职责和禁止性行为、民办高校的职责和禁止性行为、受教育者的受教育权的保障机制，并健全退出规则和平台，消解民间出资者进入教育领域的经营冲动，妥善解决投资难的问题。

（五）转变家族财富传承观，吸引富裕阶层捐资民办高校

转变企业家族财富传承观念，培养公民社会责任感；既要从文化培育入手，也要健全法制规范，正确引导全社会树立新型财富观。研究制定遗产税征收办法，彻底改变富裕阶层家族财富传承观念与模式。设置合理偏高的税率，有可能打消大部分富裕阶层将企业财产或个人财富由家族继承的念头，转而考虑从事慈善事业或捐资教育，进而延续社会影响力。可以想象的是，未来优质民办高校将得到更多的捐助。此外，无论在国内还是国外，也无论捐赠者是学校毕业的校友，还有企业界的一些知名人士，大多是富裕阶层或成功人士。学校应积极构建社群网络，研究潜在捐资群体，并通过各种社群活动加强与捐资群体长期密切联系，吸引富裕阶层捐资民办高等教育。

参考文献

[1] 周海涛. 民办学校与政府互动合作关系的基础和路径 [J]. 北京大学教育评论，2012（4）.

[2] 刘刚，张海兰. 英美高校投资来源及对完善我国高校投资体制的启示——基于英美两国几所大学投资来源的分析 [J]. 中国高教研究，2011（9）.

[3] 高野敦. 工业4.0：德国欲掀起第四次工业革命 [EB/OL]. 日经技术在线网，2014-01-09.

[4][5] 贾东荣. 民办教育的资金问题与对策思考 [J]. 教育发展研究，2005（20）.

[6] 国务院. 关于鼓励和引导民间投资健康发展的若干意见 [EB/OL]. 中华人民共和国中央人民政府网站，2010-05-13.

［7］教育部.关于鼓励和引导民间资金进入教育领域促进民办教育健康发展的实施意见［EB/OL］.中华人民共和国教育部网站,2012-06-18.

［8］冯天瑜.中华文化辞典［M］.武昌:武汉大学出版社,2001.

［9］露丝·本尼迪克特.文化模式［M］.北京:京华出版社,2000.

财政支持民办高等教育的
必要性和可行性分析

方 芳

政府是否应当对民办高等教育进行财政支持，目前有部分学者认为鉴于中国经济还处于发展之中，仅就公立高校而言，政府的财政预算占高校教育经费的比例已经越来越少了，如果要求政府给予民办高等教育财政支持则已经超过了政府的财政能力。还有部分学者认为，正是由于国家财政对于高等教育支持的不足，才鼓励利用非财政性经费来支持民办高等教育的发展，民办高校对于缓解高等教育财政紧张起到了一定的作用，如果要求政府为民办高等教育提供财政支持，只会加剧政府的财政困难。

国外发展私立高等教育的成功经验之一是对其进行财政支持。而我国现阶段，民办高等学校的主要经费来源依赖于学费，其他渠道的经费来源也已逐步成熟且趋于稳定，在捐赠尚不能成为民办高校主要经费来源的情况下，依靠政府的财政支持来解决民办高校财政短缺问题，已成为促进民办高等教育健康可持续发展的重要手段。本文将着力分析政府财政支持民办高等教育的必要性和可行性。

一、必要性分析

（一）理论依据

与政府财政资助民办高等教育相关的理论有许多，例如人力资本理论、公共选择理论、自由市场理论以及新公共管理理论等，这些理论分别从宏观或微观的不同层面为政府财政资助民办高等教育提供了独特的理论视角。本文仅从经济学视角的公共产品和外部性理论对此问题进行审视。

1. 法律视角：基于民办高等教育发展的法律依据

《民办教育促进法》第一章第三条明确规定"民办教育事业属于公益性事业，是社会主义教育事业的组成部分。国家对民办教育实行积极鼓励、大力支持、正确引导、依法管理的方针。各级人民政府应当将民办教育事业纳入国民经济和社会发展规划"。《民办高等学校办学管理若干规定》第三条规定"教育行政部门应当将民办高等教育纳入教育事业发展规划。按照积极鼓励、大力支持、正确引导、依法管理的方针，引导民办高等教育健康发展""教育行政部门对民办高等教育事业作出突出贡献的集体和个人予以表彰奖励"；第四条也规定"国务院教育行政部门负责全国民办教育统筹规划、综合协调和宏观管理工作"；第四十四条规定"县级以上各级人民政府可以设立专项资金，用于资助民办学校的发展，奖励和表彰有突出贡献的集体和个人"。《国家中长期教育改革和发展规划纲要（2010—2020年）》第四十三条也提出"健全公共财政对民办教育的扶持政策"。

显然，这些法律规定从国家法律层面上强调了政府在民办高等教育发展中的职责。民办高等教育属于国家公益性事业的性质界定，决定了政府及其教育行政部门应该在民办高等教育领域中有所作为，从资金投入、政策优惠、制度供给等方面统筹规划民办高等教育，促使民办高等教育走上健康、稳定、可持续发展的道路。

2. 属性视角：基于民办高等教育的服务属性

讨论公共财政是否应该支持民办高等教育，首先应明确界定在市场经济中哪些产品和服务应由市场提供，哪些产品和服务应由政府提供，哪些产品和服务应由政府和市场共同提供，进而确定教育服务、民办教育服务的性质和应由谁提供。

由美国经济学家保罗·萨缪尔森（Paul A. Samuelson）和马斯格雷夫（Richard A. Musgrave）等人创立的公共产品理论，为在市场经济中界定政府和市场作用的边界提供了理论依据。公共产品理论以产品或服务在消费上是否具有竞争性和排他性、是否具有外部性为标准，将全部产品或服务分为公共产品、私人产品和准公共产品。在理性经济人的假定下依据产品或服务的成本与收益是否对称，界定公共产品应由政府提供，成本应由财政负担；私人产品应由市场提供，成本应由消费者私人负担；准公共产品应由政府和市场共同提供，成本由财政和消费者共担。

笔者认为，包括高等教育在内的非义务教育是属于有正的外部性的准公共产品。一方面，此种教育服务在消费上有竞争性，在供给有限的条件下，一个人消费了这种教育服务，就会影响他人对这种教育服务的消费，或者说，增加一个人对此种教育服务的消费，其边际成本不为零而为正；另一方面，此类教育服务同时具有排他性，从技术上这种教育服务可以分割从而可以通过招生数量、考试筛选和收取学费将一部分人排除在此种消费之外。同时，教育服务具有正的外部性，如过度排除则造成社会成本太高，因一个人接受了教育，除了本人可以受益之外，其家庭及代际间均可受益，整个社会也受益。高等教育是一国科技进步、社会经济发展的推动力，是一国精神文明和物质文明建设的重要条件保障。[1]

既然高等教育服务属于有正的外部性的准公共产品，理应由政府和市场共同提供，成本应由财政和受教育者共担。笔者认为民办高等教育服务与公办高等教育服务在性质上基本相同，都属于具有正外部性的准公共产品或服务，由此，政府有责任和义务提供两类高等教育服务，财政应予以支持，即教育服务的成本应由财政和受教育者共同负担。两者在属性上也有区别，较之公办高等教育，民办高等教育的私人产品属性更强，该类教育服务具有较强的排他性，通过较高的学费可以将不付费者排除在这一教育服务之外。可见，与公立高等教育有所不同的是民办高等教育在资源配置中市场的作用更大，因而受教育者在教育服务成本负担中所承担的比重应更大。[2]

(二) 实践依据

结合我国民办高等教育发展的实际情况可以发现，现阶段民办高校在生存及持续发展上面临的根本性问题就是筹资不足、筹资渠道单一。目前大多数民办高等学校经费完全依赖于向学生收取学费，收费成为学校的唯一经费来源，结果由于收费过高影响了较低收入阶层的子女的入学机会，也在很大程度上制约了民办高校的健康可持续发展。因此，政府对民办高校提供财政资助具有深刻的实践依据。

1. 促进高等教育入学机会均等的实现

民办高校的办学经费在很大程度上都是依赖于学杂费，政府财政资助及其他渠道取得的资金非常有限。民办高校在录取学生时主要依据两个标准，一是高考成绩，二是学费。[3]也就是说，只有招收的学生能够缴纳足额的学费，才能保证基本的办学经费，开展正常的教学。通常学习成绩在中等以上者，均有机会进入民办高校或者更好的公办高校学习。然而，进入民办高校或者能否在民办高校接受完所有教育还需具备另外一个必要条件—经济条件，即看学生是否能交付起学费，而学费的承受能力在很大程度上与学生的家庭经济条件相关。因此，民办高校在提供高等教育机会时，具有自愿或者不自愿的排他性，教育公平在不同背景人群中存在着一定的不公平。受教育机会的增多，并不等于接受教育机会的公平。只有交付起学费的人，才有可能选择或者继续在民办高校读书。民办高校的收费问题成为危及教育机会合理分配的瓶颈，限制了民办高校的生源范围，造成选择上排他性的加剧，损害了教育的公共利益。[4]

仅仅依靠民办高校自身及其现有教育政策和社会环境，是很难解决现有困境的。资金的短缺是阻碍民办高校可持续发展的一大障碍，因此需要国家和社会共同支持。国家对民办高校1个百分点的财政支持，就有可能降低学费的标准，降低因为交付不起学费而被排斥在校门之外的学生概率，有助于缓解因学费问题造成的受教育机会不均衡现象的加剧。[5]政府扩展对民办高校学生和教育机构的财政支持力度，能够保证政府和私立部门在教育领域中的互补作用，共同维护和保障人民的基本受教育权利。

2. 提供高等教育领域的"竞争与选择"

公共财政是否应支持民办高等教育还取决于民办高等教育在高等教育

中的地位和作用。目前我国民办高校的发展规模,无论是学校数的绝对量和相对量,还是学生数的绝对量和相对量都在逐年稳步上升,我国民办高等教育经历了从无到有、从小到大的发展历程。现阶段,我国高等教育体系已形成民办高校与公办高校相互竞争、相互促进、共同发展的格局。

我国民办高等教育的发展基于两种背景:一是限于政府财力有限,公办高等教育服务供给严重不足,民办高等教育的发展可满足居民对高等教育的巨大需求;二是我国正在进行经济体制和教育管理体制改革,生产资料所有制从单一的公有制逐步转变为以公有制为主体的多种非公有制并存的格局,包括教育、文化、科技等非经济的服务领域,也由单一的政府举办的公立机构转变为政府举办的公立机构和非政府机构举办的民办机构并存的局面。与此同时,教育管理体制也进行了相应的改革,旨在建立与社会主义市场经济相适应的符合教育服务性质和教育发展规律的教育管理体制。各级政府、各级各类公立学校逐步探索教育管理体制改革,而作为与公立教育性质不同的民办教育,成为探索教育体制改革的重要力量和阵地。[6]

因此,民办高等教育无论从我国的高等教育发展或是从高等教育体制改革来说,已不是可有可无,也不是高等教育的补充,而是与公办高校一样,是我国高等教育发展和改革的重要组成部分。随着民办高校越来越多地跨入到高层次的学历教育行列,对于家长来说,增加了更多的高等教育选择权,进而使得民办高校在不同层面和不同领域与公办高校存在着激烈的竞争,这样的竞争局面在一定程度上提高了教育效率。因此,政府作为高等教育的受益者,也是国民收入再分配的主体,其资助公办高校的政策完全适用于民办高校。政府财政不仅有必要支持民办高等教育,而且应当把支持民办高等教育发展作为责任和义务。

3. 加强政府对民办高校的控制与管理

政府对民办高校该如何进行管理,该如何协调行政管理与尊重民办高校应由的办学自主权之间的关系,是学者们越来越关注的一个重要课题。如果管得过多、过严,可能抑制了民办高校的生命力,最终导致民办高校教育的萎缩；如果放任自流，民办高校又可能偏离办学的方向，使得学校如公司一般完全按照市场经营。为了避免这两种情形的发生，就需要教育行政部门的管理必须以间接地引导为主，而政策扶持正好符合这一要求。政府如果希望民办高校真正有所作为，进而实现公办高校与民办高校有序竞争的良好局面，就需要变革政府观念，需要从更加理性的和长远的目标规划民办高校的功能与价值，进而通过立法、财政拨款、政策调整等手段对民办高校进行分类管理与引导。

政府对民办高等教育进行公共财政资助，既体现政府对民办高等教育的支持，也是政府对民办高等教育进行管理和控制的一种手段。由于民办高等教育主要通过市场的手段运营，因而具有一定的盲目性和随意性。政府如果放任自流，将有可能导致教育市场的混乱和失控。政府可通过资金的鼓励和诱导来实现有效的管理，如在提供资助时附加一定的条件，要求民办高校按照社会和市场需要办学，这种资助模式对接受资助的学校既是一种激励，也是一种约束，使得民办高校将更多的精力集中在教学上，确保教育教学质量，进而达到质量管理的目标。此外，通过制定获得资助的条件，对民办高校进行必要的管理。在高等教育领域，政府通过某些重要学科和研究的资助，鼓励学校培养适应社会需求的人才，一方面促使民办高校提升研究能力以获取更多的科研收入，另一方面也从整体上提高了国家的综合实力。可见，政府对民办高校提供各种形式的财政资助，不仅可以缓解民办高校经费不足，而且也可以提高民办高校的公共性程度，提高教学科研质量，实现有利于国家利益和社会利益的目的。

二、可行性分析

（一）国家财政支出逐年增加为资助提供了财力保障

政府财政资助的有无、多少取决于政府财政能力的大小，因为政府的财政规模直接影响了教育财政总量供给的规模。通常情况下，各级政府存在着财政预算的约束，因此财政能力强的地区自然更有可能拥有多余的财力为民办高校提供支持。近年来，我国经济运行总体平稳，经济秩序好转,经济效益保持较高水平。根据国家统计局公布的数据显示,2012 年,我国财政收入已经超过 11 万亿元,税收收入所占比重高达 85.81%,可见,税收收入为国家财政收入的增加和各项事业发展提供了强有力的财力保障。在财政收入的来源项目中,中央政府和地方政府的贡献率相当;在税收收入方面,中央政府的比例略高于地方政府;在非税收入方面,地方政府的贡献率非常高(见表 1)。

表1 2012 年中央和地方主要财政收入项目

(单位:亿元)

项目	国家财政收入	中央	所占比例	地方	所占比例
合计	117253.52	56175.23	47.91	61078.29	52.09
税收收入	100614.28	53295.20	52.97	47319.08	47.03
非税收入	16639.2	2880.03	17.31	13759.21	82.69

数据来源:根据国家统计局《中国统计年鉴》(2013 年)"财政"项统计数据整理而得。

2007—2012 年期间,我国财政收入由 5 万亿元增长到 11 万亿元,翻了一番有余,而且维持着正速率在逐年增长,尤其是 2009—2011 年期间,增长速度都在逐年递增,2012 年增速才放缓。对于中央和地方政府来说,财政收入所占比例基本持平,但中央政府所占比例在逐年递减,地方政府反之;从绝对值的增长来看,各级政府的财政收入均在逐年增加(见表 2)。

表2 2007—2012 年中央和地方财政收入及比重

(单位:亿元)

| 年份 | 财政收入 | | | | | 比上年增加 |
	合计	中央	所占比例	地方	所占比例	
2007	51321.78	27749.16	54.10	23572.62	45.90	32.4
2008	61330.35	32680.56	53.29	28649.79	46.71	19.5
2009	68518.30	35915.71	52.42	32602.59	47.58	11.7

续表

年份	财政收入					比上年增加
	合计	中央	所占比例	地方	所占比例	
2010	83101.51	42488.47	51.10	40613.04	48.90	21.3
2011	103874.4	51327.32	49.40	52547.11	50.60	25.0
2012	117253.52	56175.23	47.91	61078.29	52.09	12.9

数据来源：根据国家统计局《中国统计年鉴》（2008—2013年）"财政"项统计数据整理而得。

2007—2012年期间，我国财政支出的变化情况与财政收入的变化情况基本一致。财政支出额由近5万亿元增长到11万亿元，增长达两倍多，且维持着正速率在逐年增长。与财政收入情况不同的是，对于中央和地方政府来说，从财政支出所占比例来看，地方政府所占比例要远远高出中央政府；从增长情况来看，中央政府的财政支出比例在逐年下降，而地方政府的财政支出比例在逐年增加（见表3）。

表3　2007—2012年中央和地方财政支出及比重

（单位：亿元）

年份	财政支出					比上年增加
	合计	中央	所占比例	地方	所占比例	
2007	49781.35	11442.06	23.00	38339.29	77.00	23.2
2008	62592.66	13344.17	21.32	49248.49	78.68	25.7
2009	76299.93	15255.79	19.99	61044.14	80.01	21.9
2010	89874.16	15989.73	17.80	73884.43	82.20	17.8
2011	109247.79	16514.11	15.10	92733.68	84.90	21.6
2012	125952.97	18764.63	14.90	107188.34	85.10	15.3

数据来源：同表2。

比较各年份中央和地方财政收入与支出的数额不难发现，中央政府的财政支出均小于中央政府的财政收入,地方政府的财政支出均大于地方财政收入。究其原因,由于地方财政支出包括地方本级财政收入和上级转移支付两部分内容,即中央对各地区的财政补助特别是税收返还,是地方政府可支配财政收入的一个重要来源。因此,地方财政支出更能反映出各地区可支配的预算内财政资源,也相对真实地反映了地方政府的财政能力。政府的财政能力是政府集中社会资源的一种体现,也是政府提供公共产品(准公共产品)的一种客观能力。本研究在前面论述过,民办高等教育是属于有正的外部性的准公共产品或服务,因此,政府财政资助的力度自然在一定程度上受到政府财政能力的影响。随着地方政府财政支出水平的逐年提升,在很大程度上为政府财政支持民办高校提供了财力保障。

(二)相关法规政策的建立与完善营造了良好的法律环境

由于我国正处于市场经济不断深化的阶段,政府担任的发展高等教育的责任和权力都非常重大。在发展民办高等教育的过程中,政府的决策至关重要。所谓提高发展民办高等教育的认识,首要的是要解决好政府部门的认识,牢固树立发展经济必须发展高等教育、发展高等教育必须发展民办高等教育的思想,克服模板高校可有可无、最多补充、先过渡再整顿等偏见思想,切实转变观念,顾全大局。从我国的实际国情出发,依据我国教育财政的实际状况,考虑到整个社会不断增长的高等教育需求以及知识经济发展对人才数量和质量的巨大吸纳能力,各级政府已明确制定出众多相关的法律法规,这些文件和政策为民办高等教育提供了较好的政策环境和发展空间。

伴随着民办高等教育的快速发展,国家对民办高校管理政策也逐渐成熟起来。《民办教育促进法》为民办教育的健康发展提供了基本法律框架,根据《民办教育促进法》及其实施条例的要求,政府应落实民办教育与公办教育同等的法律地位,保障民办学校与公办学校及其相关利益群体的平等权利,合理规范自身行为以充分发挥市场机制在民办教育发展中的作用。同时,《国家中长期教育改革与发展规划纲要(2010—2020年)》中提出,应健全公共财政对民办教育的扶持政策,对此各地政府还专门出台了一系列相关政策，在征用土地、基建配套、地方税收等方面采取更为宽松的政策，积极鼓励和引导民办高等教育的健康发展。各级政府出台的这些政策提出政府应通过各种方式为民办教育提供资助，一方面，体现政府对民办高校的鼓励支持导向，激励民办高校的办学热情；另一方面，通过资助，适当降低民办高校的收费标准，体现教育公平，推动了高等教育的大众化进程。这些法规政策为政府资助民办高等教育提供了良好的法律环境，是民办高等教育发展的必要基础和氛围。

（三）国际上政府资助私立大学的成熟经验可供借鉴

在世界私立高等教育发展较快的发达国家，其共同经验是建立了为私立高等院校提供多种形式资助的财政制度。这些国家政府财政投入占私立高校总收入的比重均高于我国。各国政府除了直接的扶持措施以外，还制定了许多间接支持私立高校发展的政策，最为典型的是美国等国家实施的对教育捐助减免税的规定，大大调动了企业、社会组织和个人向私立高校捐资的积极性。[7]

各国政府的大力扶持对私立高校的持续发展具有至关重要的作用。一方面，财政资助缓解了私立高校的资金压力，使私立高校摆脱了财政困境，社会地位、自身实力得以巩固和加强，为长远发展奠定了物质基础；另一方面，平等地位的扶持措施有利于私立高校获得更优质的生源和教师，有机会参与科学研究、社会建设和国家发展，促进了私立高校教学质量、学术水平、科研实力、服务能力的提升，为将私立高校办成高质量、高水平大学，跻身国家乃至世界强校铺平了道路。

我国民办高校正处于快速发展的上升阶段，如果政府财政支持及时到位，将帮助民办高校突破限制发展的瓶颈，起到事半功倍的作用。"他山之石，可以攻玉。"借鉴国外私立高校财政支持的有益经验，对我国政府资助民办高等教育发展具有重要的指导意义和促进作用。

（四）民办高校的分类管理为资助奠定了重要基础

公共财政是政府提供公共物品满足公共需要的一种经济行为。民办学校作为生产教育服务，一种准公共物品的重要载体，接受公共财政的支持是历史上和当今世界诸多国家和地区的普遍做法。目前在我国，公共财政支持民办高校几乎成为社会各界的共识，各地也开展了不同程度的政策实践。然而，现有支持政策不仅较为散乱，而且多数没有考虑到不同类型民办高校的教育服务性质并不相同，从而存在支持对象不公平、经费挪用或流失等问题，因此受到人们质疑。

《国家中长期教育改革与发展规划纲要（2010—2020年）》提出了将民办学校进行营利性和非营利性分类管理的改革思路，为基本厘清公共财政支持政策奠定了重要的基础。民办学校分类管理的基本目标是要取消准营利性民办学校，消除灰色地带，从而构建以非营利性民办学校为主导的、营利性与非营利性界限清晰的分类框架。在此基础上，我们可依照财政供给的基本框架，厘清针对不同类型民办学校的支持项目，从而构建出更为公平清晰的政策体系。

参考文献

[1][2][6] 方芳，王善迈. 我国公共财政支持民办高等教育研究［J］. 北京师范大学学报（社会科学版），2011（5）.

[3] 阎凤桥. 中国民办高等教育能够满足公共利益需求吗［J］. 探索与争鸣，2008（10）.

[4] 米红，李小娃. 公益性：民办高校发展的现实观照——兼论高等教育的产业属性［J］. 山西大学学报，2009（3）.

[5] 黄洪兰，朱云翠. 民办高等教育公益性：国家财政扶持的理论与现实基础［J］. 现代教育科学，2011（1）.

[7] 王留栓. 世界私立高等教育发展模式及其对中国的启示［J］. 浙江树人大学学报，2005（3）.

当代美国一流大学"顾客导向"大额捐赠管理模式研究

林成华[①] 洪成文

"大额捐赠"（Major Gifts）一词一般在非营利性组织内部被使用，是指非营利性组织获得的相对数额较大的单笔捐赠资金。大学的大额捐赠一般与对大学具有重大意义的大型发展计划或项目联系在一起，大额捐赠管理的核心是大学与捐赠者关系的管理，它在一定的战略框架下，通过对大额捐赠人的识别、培养、劝募和后续管理等活动，实现大学与捐赠人之间的需求匹配和价值创造。大额捐赠作为一种以较低成本获得较高绩效的捐赠形式，一直为大学所重视和青睐，对大学的持续发展具有重要意义。一是大额捐赠贡献了最主要的捐赠资金，体现了大学筹款中的"九分之一"原则，即10%的捐赠者贡献了90%的捐赠额。二是大额捐赠带来捐赠者行为的"标杆效应"。即大额捐赠者会在潜在捐赠者中树立"标杆"形象，激励其他捐赠者提高捐赠积极性和捐赠额度。三是产生大学品牌的"边际收益递增效应"。即促进大学社会声誉的提升和大学品牌增值。因此，如何有效吸引大额捐赠是大学捐赠管理的重中之重。自20世纪90年代以来，随着"顾客导向"营销理念的创新和大学间筹款竞争的加剧，"顾客导向"理念在美国大学大额捐赠管理中被广泛应用，并取得了巨大成就。

[①] 作者简介：林成华，浙江师范大学中非国际商学院讲师，北京师范大学教育学部博士研究生，研究方向：比较高等教育管理、人力资源管理、大学筹资与基金投资。

一、顾客导向理论的发展与基本内涵

以顾客为导向的营销理念最早是 1960 年哈佛大学商学院教授西奥多·李维特（Theodore Levitt）在《哈佛商业评论》上发表名为《营销近视症》的文章中提出的，他指出，很多关心产品甚于顾客需求的"产品导向"型企业将面临衰退风险，企业要想获得持续发展，必须重视顾客需求。[1] 1990 年，美国华盛顿大学斯莱特（Slater S F.）教授和纳尔维尔（Narver J C.）教授强调了对顾客当前及潜在需求的关注，他们指出，可以通过发展企业与顾客的关系来获得对顾客需求的准确了解。[2] 这一富有解释力的观点后来被广泛接受和应用。2003 年，菲利普·科特勒（Philip Kotler）在《营销管理》一书中提出了"顾客让渡价值"（Customer Transfer Value）理论。他指出，"顾客让渡价值"是指顾客感受得到企业转移的实际价值，它是顾客总价值与顾客总成本之间的差额。顾客总价值是指顾客购买某一产品与服务所期望获得的利益，包括产品价值、服务价值、人员价值和形象价值等，顾客总成本是指顾客为购买某一产品所耗费的时间、精神、体力以及所支付的资金等，包括货币成本、时间成本、精神成本和体力成本等。由于顾客在购买产品时，总希望把有关成本降到最低限度，而同时又希望从中获得更多的实际利益，以使自己的需要得到最大限度的满足，因此，企业要想在竞争中战胜对手，吸引更多潜在顾客，就必须向顾客提供比竞争对手具有更多"顾客让渡价值"的产品和服务。[3]

20 世纪 90 年代以来，随着大学筹款竞争的加剧，顾客导向理念被广泛运用到大学大额捐赠管理实践中，强调以满足捐赠者需求、增加捐赠者价值为大额捐赠管理的出发点，特别注重对捐赠者的捐赠能力、捐赠偏好、捐赠动机和捐赠市场的调查分析，注重大学与捐赠者关系的培育，通过不断优化大学捐赠管理的战略、流程、项目设计和人力资源匹配，通过提升服务质量和大学的社会影响力等，努力提高"顾客总价值"，同时力求降低捐赠管理的货币与非货币成本。

二、顾客导向式大额捐赠管理组织架构

顾客导向理念的广泛运用,要求大学建立高效的大额捐赠管理机构和跨部门协调机制以适应不断变化的教育捐赠市场和捐赠者需求。美国一流大学大额捐赠管理的组织架构在实践中不断拓展延伸,形成了"一体多翼"的大额捐赠管理组织架构(见图1)。"一体"即为大额捐赠管理办公室(Office of Major Gifts),专门负责全校大额捐赠的管理、协调和服务工作。"多翼"是指其他与大额捐赠管理相关的协作部门,他们共同致力于吸引大额捐赠及其管理服务。这样的组织架构体现了美国一流大学大额捐赠管理的两个重要特点。一是捐赠市场细分和捐赠者分类管理。大学大额捐赠主要来源于大学校友、非校友富裕个体、企业、基金会等,为此很多大学都设有企业合作办公室(Office of Enterprise Cooperation)、基金会合作办公室(Office of Foundation Cooperation)、校友关系办公室(Office of Alumni Relationship)、总裁俱乐部(Presidents Club)等部门对捐赠主体进行分类管理和服务,这些部门为大额捐赠管理办公室提供潜在大额捐赠者数据和服务支持。另一特点是大学捐赠管理的功能细分。为了提供更好的

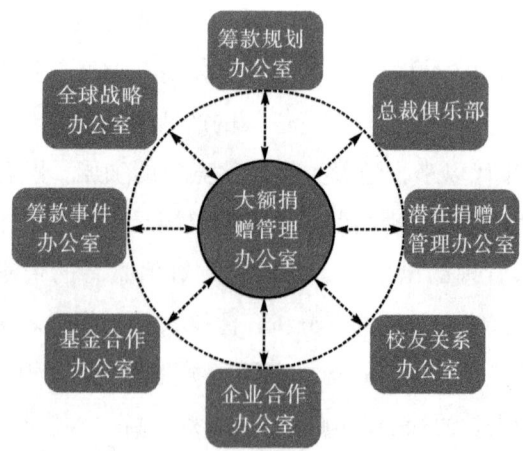

图1 美国一流大学大额捐赠管理组织架构示意图

捐赠管理服务，很多大学通过职能细分不断优化捐赠管理流程，一般都设有筹款规划办公室（Office of Fundraising Plan）、筹款事件办公室（Office of Fundraising Event）、潜在捐赠人管理办公室（Office of Prospects Management）等部门。近年来美国大额捐赠开始向国际拓展，一些一流大学，如哈佛大学等还设置了全球战略办公室（Office of Global Strategy），负责制定大学的全球化发展战略，同时也把吸引国外大额捐赠作为重要筹款战略。

三、顾客导向大额捐赠管理模式分析

"顾客导向"大额捐赠管理模式高度关注大额捐赠者需求的满足和价值创造，把大额捐赠者当作是大学履行使命、成就卓越的重要合作伙伴和赖以发展的社会资本。其管理模式从早期的"识别（Identification）—培养（Cultivation）—劝募（Solicitation）三阶段论"[4]，到"识别（Identification）—培养（Cultivation）—劝募（Solicitation）—后续管理（Stewardship）"四阶段论，到后来的"识别（Identification）—认定（Qualification）—培养（Cultivation）—劝募（Solicitation）—后续管理（Stewardship）"五阶段论，不断得到发展。在参考大量文献和对匹兹堡大学的案例研究基础上，本研究对现阶段被美国一流大学普遍接受和实行的大额捐赠管理模式进行分析并总结出了"九阶模式"（见图2），它包括"定义（Definition）—识别（Identification）—鉴定（Qualification）—发展战略（Development of Strategy）—培养（Cultivation）—劝募（Solicitation）—谈判（Negotiation）—致谢（Acknowledgment）—后续管理（Stewardship）九个阶段。

（一）定义（Definition）：根据大学战略和筹款目标定义大额捐赠

正确定义大额捐赠是大额捐赠管理的逻辑起点。本阶段的主要任务是根据大学的发展战略与筹款目标定义大额捐赠。到底多少才算大额？从大学角度看，不同大学对大额捐赠会有不同的定义。如果大学的筹款目标是100万美元，那么对该大学来说10万美元就是大额捐赠了，如果大学的筹款目标是1亿美元，那么，10万美元则算不上大额捐赠。在美国一流大学的筹款运动中，一般来说，综合实力越强、社会声望越高，其大额捐赠的

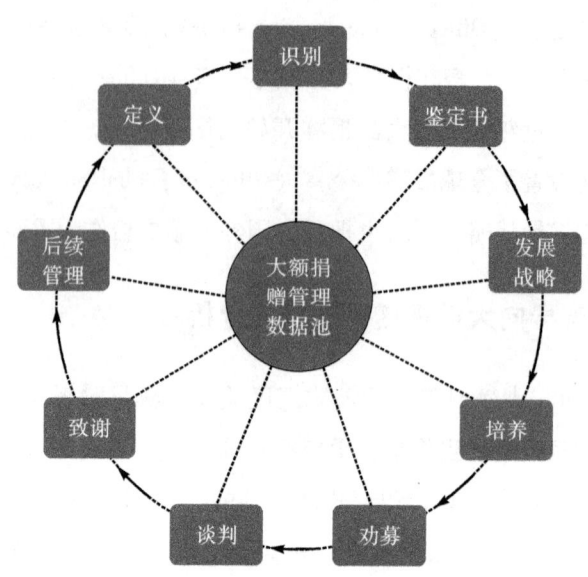

图 2　美国一流大学大额捐赠管理九阶模式示意图

起点数值就越大。从捐赠者角度看，它与捐赠者财富有关，如果捐赠者可捐赠资产有 1 亿美元，则对他而言 10 万美元也算不上大额，如果他的可捐赠资产只有 10 万美元，那么对他而言，1 万美元也算是大额捐赠了。因此，大学在定义大额捐赠时，还要综合考虑大学现有捐赠者的数量及其捐赠能力、过去几年获得大额捐赠情况，甚至同类竞争者的情况等。很多时候，大学采用"图表法"来定义其大额捐赠，即通过图表把筹款目标进行细分。一般前 10 名捐赠者的贡献将超过筹款目标的 50%，之后的 50 名捐赠者将使筹款目标达到 90%，差不多前 160 名捐赠者就可以完成筹款总目标。[5] 如果大学的筹款目标是 1000 万美元，那么捐赠者的数量及捐赠数额将如表 1 所示。

表1 当代美国大学通用大额捐赠目标分解（筹款目标1000万美元）

捐赠者序号	捐赠人数	捐赠数量	同水平捐赠总量	累计捐赠总量	目标达成（%）
1	1	$2000000	$2000000	$2000000	20.00%
2	1	$1000000	$1000000	$3000000	30.00%
3	1	$750000	$750000	$3750000	37.50%
4~6	3	$500000	$1500000	$5250000	52.50%
7~10	4	$250000	$1000000	$6250000	62.50%
前10名大额捐赠者完成了超过50%的筹款目标					
11~18	8	$100000	$800000	$7050000	70.50%
19~30	12	$75000	$900000	$7950000	79.50%
31~45	15	$50000	$750000	$8700000	87.00%
46~60	15	$25000	$375000	$9075000	90.07%
后续50名捐赠者将使筹款数量达到目标的90%					
61~85	25	$15000	$375000	$9450000	94.50%
86~120	35	$10000	$350000	$9800000	98.00%
121~160	40	$5000	$200000	$10000000	100.00%
一般情况下，前160名捐赠者的贡献就可以完成筹款目标					

（二）识别（Identification）：从捐赠者大数据池中找出潜在大额捐赠者

识别阶段的主要任务就是从捐赠者大数据池中筛选出潜在大额捐赠者。捐赠者大数据池的数据一般来自企业合作办公室、基金会合作办公室、校友关系办公室、总裁俱乐部、潜在捐赠人管理办公室以及福布斯慈善榜、财富榜、潜在大额捐赠者研究报告等相关数据。2014年美国慈善捐赠报告数据显示（见图3），在富裕个体、企业、基金会和遗产捐赠四种捐赠来源中，2014年富裕个体捐赠总额3392.4亿美元，占慈善收入的74%，可见富裕个体是慈善捐赠的最主要群体。潜在大额捐赠者的挖掘可以通过建立"3C模型"[6]在数据池中筛选和排序：一是Capacity（慈善能力），主要指可捐赠资产，即捐赠者能提供多大程度的财力支持。多数时候，固定资产拥有量在千万美元以上，可捐赠资产在10万美元以上的常被视为具备了大额捐赠的财力基础；二是Commitment（慈善担当），指的是他们对慈善事业的参与度，他们过去对本组织或相似组织是否有过大额捐赠，其捐赠处在怎样的水平，他们对大学的慈善投入与对其他领域的慈善投入相比有怎样的差异等；三是Connection（关系强度），主要指大学与捐赠者的关系，校方是否已经和他们建立了联系，有多大强度的联系等。根据筛选情况，大额捐赠管理办公室可以按需要列出其中的TOP200、TOP100、TOP50、TOP25等，一般会把TOP25作为核心潜在大额捐赠者，有重点地开展工作。

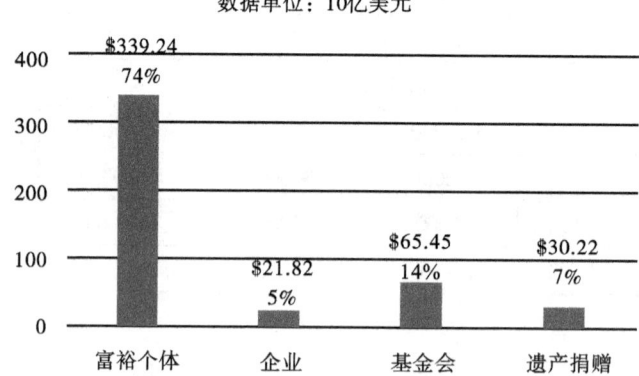

图3　2014年美国慈善捐赠的来源分布

数据来源：U. S. Charitable Giving Report（2014）。

（三）鉴定（Qualification）：研究并认定潜在大额捐赠者

鉴定阶段的主要任务是对筛选出来的潜在大额捐赠者开展深入研究，获得其相关状态数据并认定其身份。首先，为了更好地鉴定潜在大额捐赠者，大额捐赠管理办公室一般会成立一个4~6人组成的潜在大额捐赠者鉴定委员会，这些委员大致包括首席发展官（Chief Development Officer）、大额捐赠管理办公室主任（Director of Office of Major Gifts）、大额捐赠项目官（Major Gifts Officer）以及其他有能力帮助吸引大额捐赠的人等。[7]鉴定委员会负责组织对潜在大额捐赠者进行研究和鉴定，同时建立起潜在大额捐赠者的个人档案，这个档案不仅仅包括他们的名字、联系电话、家庭住址、配偶和孩子的名字等基本信息，更重要的是还应包括那些能够和潜在大额捐赠者建立起有效联系的信息，诸如其现有资产状况与捐赠能力，其就学经历和职业经历，其个人及其配偶的兴趣爱好，其过去有过的大额捐赠记录，其社会网络，包括其参与的社会组织和专业组织、其名下的商业组织的发展近况、其所在的营利性和非营利性组织的董事会成员等，还包括其慈善理念、慈善倾向等信息。在建立潜在捐赠者个人档案后，鉴定委员会一般会按照潜在捐赠者的慈善能力、慈善倾向和捐赠成熟度对潜在大额捐赠人进行分类和排序，整理出更详细的潜在大额捐赠者鉴定名单。

（四）发展战略（Development of Strategy）：制定潜在大额捐赠者的关系发展战略

该阶段的主要任务是根据每一位潜在大额捐赠者的特点，为他们制定一个有针对性的关系发展战略，同时为每位潜在大额捐赠者选定合适的劝募志愿者。正如匹兹堡大学首席发展官阿尔伯特·诺瓦克（Albert J. Novak）所强调的，"这个发展战略的制定要求立足于本大学的发展战略，其本质上是对大学理想与使命的营销，它要求大额捐赠管理人员从大学发展的战略高度去思考如何把潜在大额捐赠者培养成大额捐赠者和长期的合作伙伴，它不仅仅需要考虑募捐多少钱的问题，还包括潜在大额捐赠者关系培养战略、大额捐赠项目设计和劝募管理策略等"。此外，选择合适的劝募志愿者并全力支持其个性化地开展工作对劝募的成功至关重要。劝募志愿者的选择一般是有资源、有能力与潜在大额捐赠者建立起有效联系的人员，这些人可以是校董会成员或知名校友，或是学生家长或是已经和本大学有着密切联系的其他大额捐赠者等等。总的来说，这个发展战略就是把潜在大额捐赠者变成实际大额捐赠者的行动指南，其核心就是选择合适的人用合适的方式在合适的时间以合适的项目向合适的潜在捐赠者请求合适数量的大额捐赠。制定潜在大额捐赠发展战略，可以有效地节省劝募时间，提升劝募的成功率。

(五) 培养 (Cultivation)：从关系到参与

该阶段的主要任务是逐步培育大学与潜在大额捐赠者的关系及其捐赠倾向性，直到这一关系和倾向性成熟到可以劝募。[8] 捐赠人培养的核心就是发现共同的价值观，不断向捐赠人宣扬大学的使命并使其积极投入。在众多潜在大额捐赠者中，大致可以分为类型，一种是已经对本大学足够熟悉、认同大学理念且在过去对大学已有捐赠的潜在捐赠者，如大学董事会的成员、顾问委员会成员、杰出校友等较多参与大学事务的人。另一种是对本大学还不够熟悉、还没有参加过本大学活动、对本大学还没有捐赠记录的潜在大额捐赠者。对第一种类型的捐赠者往往可以直接进行劝募，策略重点是提高他们再次捐赠的倾向性。对第二种类型的潜在大额捐赠者则往往需要一段时间的培养才可以劝募，有些需要3~5年甚至更长时间的关系培育，策略重点在于增进了解和关系培育，而不急于劝募。正如匹兹堡大学约翰·韦德曼 (John C. Weidman) 教授所说，捐赠者的培养总体上需要经历从"潜在大额捐赠者 (Prospect)—参与者 (Involver)—投资者 (Investor)—使命者 (Visionary)"几个阶段（见图3）。匹兹堡大学教育学院大额捐赠管理办公室主任迈克·哈斯 (Michael B. Haas) 指出，事实上每个可能参与大额捐赠决策的人都应该纳入关系培育的视野，而不仅仅是你名单上的潜在大额捐赠者，包括潜在大额捐赠者的配偶、成年子女、业务合作伙伴、财务和法律顾问等。

(六) 劝募 (Solicitation)：从参与到投入

该阶段的主要任务是通过劝募团队的协作对成熟的潜在大额捐赠者进行适当的劝募，直到其给予捐赠。劝募的实质是把潜在捐赠者从参与者变成大学的投资者。劝募工作一般遵循"5W"原则，一是向谁劝募 (Whom)。优先选出最有可能做出具有倡导意义的大额捐赠的捐赠者是很重要的，它会起到标杆效应。二是派谁去劝募 (Who)。过去，大学一般先培训劝募志愿者，然后从潜在大额捐赠名单上选3~5人开展劝募活动，而现在情况恰恰相反，"顾客导向"要求为每一位潜在大额捐赠者制订个性化的劝募计划，然后有针对性地选择具有竞争力的劝募志愿者开展个性

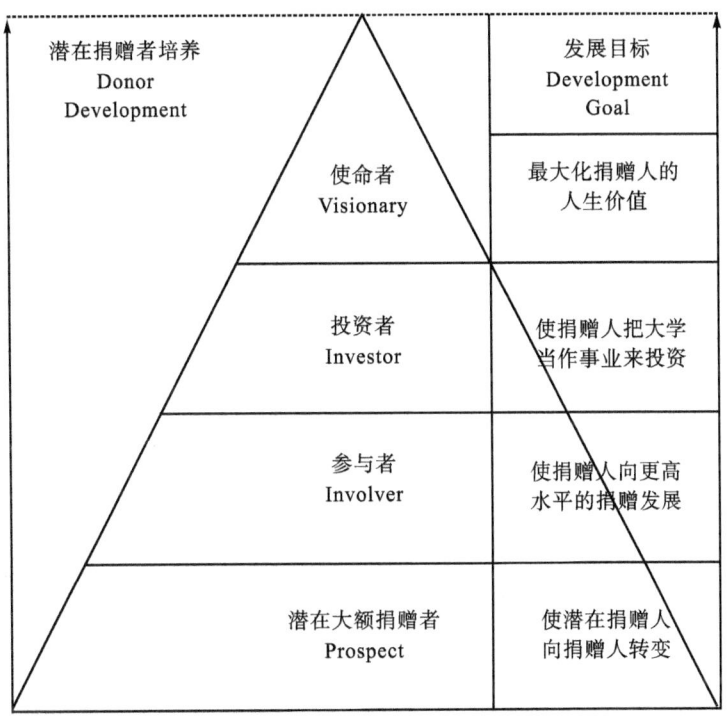

图3 潜在大额捐赠者培养过程示意图

化程度较高的劝募活动。三是什么时候去（When）。当潜在大额捐赠者已经成熟到可以接受劝募的时候，而劝募志愿者自己又优先做出慷慨捐赠的时候，就是开展劝募的最好时机。四是募集多少（What Amount）。劝募数量主要取决于潜在大额捐赠者自身捐赠能力、劝募志愿者与其关系以及潜在大额捐赠者对大学使命的理解和参与意愿。五是为什么要捐赠（Why）。主要通过对大学使命、项目和顾客价值的陈述来说服潜在捐赠者。劝募者平等友好的态度、可行的项目计划与财务监管机制、聚焦捐赠人需求的捐赠回报设计以及其他能表明筹款将获得成功的证据等是影响劝募成功的重要因素。如果劝募失败，潜在捐赠人将重新进入培养序列，除非他已明确表示不会给予捐赠。

（七）谈判（Negotiation）：劝募成果具体化

这一阶段的主要任务是在劝募成功后，启动谈判程序与捐赠人或其代表对劝募阶段达成的共识进行协商并最终形成捐赠协议。谈判小组人员一般包括劝募志愿者、大额捐赠管理办公室主任、大额捐赠项目官等。谈判可能一次达成目标，也可能要经过几轮的协商才达成协议，谈判小组需要有足够的耐心去正确理解捐赠人的意愿和需求，充分征求捐赠人意见、平等协商。包括捐赠的支付方式、受益群体、使用领域、相应的财务监管和项目运作方案以及捐赠人的特殊要求等。[9]捐赠的形式一般有现金、有价证券、不动产所有权捐赠、遗产捐赠、寿险捐赠、慈善信托、实物捐赠等。协议特别要明确给予捐赠人何种捐赠回馈和名誉激励，这里特别强调回馈措施要与捐赠人的捐赠水平、慈善热情、捐赠预期相匹配，如捐赠达到一定水平后可以以捐赠人名字命名教学场馆或教学设施、以捐赠人名字建立捐赠基金等。"一次成功的谈判，没有正确的说词，只有正确的问题与正确的回应"。[10]一般情况下，大学获得大额捐赠是件值得高兴的事，但也有一些捐赠会使大学面临风险，特别是当捐赠人的捐赠来路不明或者捐赠人提出与大学使命相背离或涉及大学重大利益的要求时，相关协议还必须经过校董会的讨论。有时，大学为了保持其独立或确保大学使命和战略的延续性而拒绝捐赠人的捐赠。

（八）致谢（Acknowledgment）

这一阶段的主要任务是对捐赠者及时致谢。准确把握捐赠者需求、恰到好处地感谢捐赠者是大额捐赠管理的重要环节，因为这会影响捐赠者的捐赠体验和再次捐赠的可能性。一般而言，致谢的方式要与大学收到捐赠的多寡、频率及其影响相切合。当前，较为常用的答谢方式有：（1）公开致谢。捐赠人的名字及捐赠情况公布在大学的主要媒介上，如大学门户网站、大学的新闻报纸、杂志和当地媒体上等，以宣传和表彰捐赠人的慷慨与贡献，特别强调这些宣传能覆盖到捐赠人的家乡、曾经工作过的地方等。（2）冠名致谢。当捐赠者的捐赠到达一定数额时，捐赠者享有大学的某一建筑、场馆或教学设备的冠名权。当捐赠用于设立永久捐赠基金或奖学金等项目时,他将享有这一基金或奖学金项目的冠名权。(3)荣誉致谢。当捐赠者的捐赠金额特别巨大的时候,大学还将会颁发一些特殊的奖项,如"杰出校友""荣誉博士""荣誉教授""荣誉主席"等荣誉,以表彰捐赠人对大学的重要贡献。(4)会员资格致谢。当前,美国很多大学都按照捐赠者的捐赠水平授予他们不同层次的俱乐部会员资格,享受不同层次的会员服务,一般来讲,捐赠水平越高的捐赠者其所在的俱乐部层次也越高。如美国的匹兹堡大学,其捐赠人俱乐部层次按每财年的捐赠总量分为共同房间、基石、灯笼、奠基者等俱乐部(见表2)。

表2 匹兹堡大学捐赠人俱乐部一览表

捐赠人层次	捐赠水平(每财年)
共同房间俱乐部 Commons Room Society	$100000 以上
基石俱乐部 Cornerstone Society	$50000~99999
灯笼俱乐部 Lantern Society	$25000~49999
约翰·鲍曼俱乐部 John Bowman Society	$10000~24999
露丝·克劳福德·米切尔俱乐部 Ruth Crawford Mitchell Society	$5000~9999
乔治·伍兹俱乐部 George Woods Society	$2500~4999
奠基者俱乐部 Founders´ Society	$1787~2499
威廉·雅各·荷兰俱乐部 William Jacob Holland Society	$1000~1786
黄金俱乐部(年轻校友俱乐部)GOLD Circle(Young Alumni)	$500~999

数据来源:匹兹堡大学网站,http://www.giveto.pitt.edu/node/369。

(九)后续管理(Stewardship):新一轮培养活动

后续管理的主要任务是对本次捐赠的后续服务和对捐赠者关系的再培育。一方面,按照捐赠协议进行后续管理;另一方面,后续管理也是新一轮关系培养活动,它对维护捐赠者与大学之间良好的合作关系,争取再次捐赠至关重要。首先,根据捐赠者的慈善需求特点来设计合适的宣传纪念活动,以美国匹兹堡大学为例,捐赠协议签订后一般要举行一次捐赠启动仪式,校方将邀请捐赠者、受益群体代表、校方领导以及媒体代表参加并请捐赠人做主旨发言，同时通过媒体宣传捐赠者事迹和捐赠项目的重要意义。如捐赠项目是奖、助学金的话，则学校方面会邀请捐赠者加入奖助学金评选委员会并就奖、助学金的政策和评选等征求捐赠者意见，每次颁奖活动也邀请捐赠者出席并为受益人颁奖或讲话。如果捐赠项目是捐赠大楼场馆、教学设备或捐赠基金的话，除了邀请捐赠者出席有关活动外，还要定期向捐赠者汇报设备或基金的使用情况，让捐赠者清楚其捐赠的去向。其次，重视与捐赠者分享捐赠项目的执行效果和影响力，现在除了定期汇报外，随着推特、脸书等新媒体的广泛应用，分享和汇报形式更趋多样化。再次，根据捐赠者所在的俱乐部，进行相应的信息推送和活动组织，不断加深捐赠者对捐赠和大学在更高层次上的认识。最后，后续管理还需要及时了解更新捐赠人信息，为下一轮捐赠人识别提供最新数据。

四、发展特点与启示

顾客导向大额捐赠管理模式的广泛应用，推动了美国一流大学教育捐赠事业的蓬勃发展，为美国高等教育的发展做出了重要贡献，呈现出以下几个主要发展特点，值得我们研究。

（一）由外而内的思维导向：从需求洞察到价值创造

顾客导向大额捐赠管理模式强调以捐赠者为中心，强调对捐赠者需求的辨析与响应，即大学要能快速理解和准确把握捐赠者需求，并对捐赠者需求进行持续回应，不断提供给捐赠者"所期待的东西"，同时顺应捐赠者需求的变化不断优化自身管理，努力提高"顾客让渡价值"，从而不断提高捐赠者的满意度和忠诚度，以获得捐赠者对大学的持续投入。一方面，顾客导向模式把"外"即捐赠需求作为大额捐赠管理的起点，强调通过大数据分析和对捐赠者的关系培育动态地把握其需求。在大数据时代，社交网络、新媒体和信息技术的发展为大额捐赠的大数据研究提供了更多支持和可能性。另一方面，强调大学"内"的努力，即优化大额捐赠管理，不断提高"顾客让渡价值"。大学需要紧跟捐赠市场发展和捐赠者需求的变化，学习如何优化管理流程、如何提升大学形象和人员素质、如何改善与捐赠者的沟通与互动、如何提供更能满足个性化需求的捐赠项目与服务，如何最大程度地减少捐赠人的"顾客总成本"，努力使捐赠者拥有良好的捐赠体验和价值感知。

（二）俱乐部式捐赠人关系管理：捐赠人内化与资产化

顾客导向大额捐赠管理更为深刻的发展特点是捐赠者的内化和资产化。捐赠者"内化"即把捐赠者视为大学发展的重要内部成员之一加以管理和关系维护。为了提高大额捐赠者对大学的忠诚度，很多大学按照大额捐赠者的捐赠水平分别建立起相应层次的俱乐部，通过俱乐部的活动和服务，不断强化与大额捐赠者的关系，不断加深大额捐赠者对自身价值和大学使命的理解，努力使大额捐赠者成为大学使命的追随者和践行者。一些具有重要影响力的大额捐赠者还会被吸收到大学的管理决策机构中，如校董会、大学发展委员会、大学筹款委员会、校友会等组织，以增强大额捐赠者的归属感、荣誉感和使命感，当捐赠者被生命价值和大学使命所感召，当他们感受到自己作为大学的重要一员的时候，他们往往能倾其全力对一所大学做出巨大数额的持续捐赠。"资产化"即大学将大额捐赠者视为大学的重要资产，作为评估大学社会影响力的重要指标。这一资产可以通过投资不断增值，大学可以通过加强对大额捐赠者的个性化服务、不断提高其"顾客总价值"来建立相互间更紧密的关系并获得高额回报。

（三）由内而外的战略潜在捐赠人培育：从本土重点到国际战略

潜在捐赠人的关系培育是大学教育捐赠事业发展的重要基石，顾客导向大额捐赠管理模式强调由内而外的潜在捐赠人的关系培育，即按照关系由强到弱有重点地开展关系培育，美国一流大学往往把与大学有着较强社会关系的本土精英阶层、在校学生与校友作为潜在捐赠人关系培育的战略重点。首先，大学所在地的本土精英与大学有着天然的"近距离"，而本土精英又有着较浓的乡土情结，因此，本土精英也是最有可能做出大额捐赠的主要目标群体之一。其次，美国一流大学视在校学生为潜在大额捐赠人的战略储备。大学一方面千方百计地吸引优秀学生入校就读，在学生就读期间重视维护学生权益，力求使每个学生都能获得进步并留下美好回忆；另一方面，大学非常注重学生慈善意识与慈善精神的培养，通过学生慈善日等活动，鼓励学生捐款捐物的同时，也倡导学生捐出自己的时间为母校为社会做力所能及的事。再次，杰出校友作为大学获得捐赠的重要目标群体之一也历来备受重视，大学通过举行校友回归节（Homecoming Festivities）、开展项目合作等形式密切校友关系。此外，随着高等教育全球化进程的推进，美国哈佛、耶鲁等世界顶尖大学纷纷制订全球战略，把争取境外大额捐赠作为新的战略增长点，这一趋势也值得我们重视。

（四）超越"顾客导向"：走向大学领先能力建设与捐赠人导向的融合

顾客导向大额捐赠管理模式是美国教育捐赠市场与营销理念发展到一定阶段的产物。不可否认，顾客导向理念在帮助大学顺应市场发展、洞察捐赠者需求、改进捐赠管理服务、提升捐赠者满意度和忠诚度等方面发挥着巨大作用。但在新经济时代，随着教育捐赠市场的发展和捐赠者主体意识的觉醒，一味地追求"顾客导向"将有可能使大学在捐赠市场的竞争中迷失自我。正如匹兹堡大学首席发展官阿尔伯特·诺瓦克（Albert J. Novak）所言"捐赠者的高满意度并不意味着高忠诚度，高满意度的捐赠者也可能会把捐赠投向其他能够为他带来独特价值的大学"。因此，大学要想在市场中获得持续竞争优势，仅仅限于捐赠人导向已然不够，如何为捐赠者设计差异化捐赠项目和服务、如何为捐赠者创造独特价值已成为大学大额捐赠管理的重要课题。大学在强调顾客导向的同时，必须重视自身领先能力的建设，主动创造捐赠需求、倡导新的慈善理念、引领捐赠人在未知领域中前行，使之不断获得惊喜和新增价值。一方面，大学要通过提升办学质量、努力发展优势学科和办学特色来建立领先优势；另一方面，大学还要结合自身特点开展面向未来的人类社会重大难点和热点问题的研究，以增强大学的前瞻性，通过大学使命去感召和吸引更多捐赠人的持续投入。

总而言之，只有好的捐赠管理才会有更好的捐赠，尤其在现阶段的我国，高等教育捐赠事业现代化尚在起步，在理念、机制、方法以及专业机构和专业队伍建设等方面还有待深入研究和探索，而美国的大额捐赠管理经验可以为我们提供较好的借鉴。

参考文献

［1］Levitt Theodore. *Marketing Myopia* ［J］. Harvard Business Review, 1960, July-August.

［2］Narver J C., Slater S F. *The Effect of a Market Orientation on Business Profitability* ［J］. The Journal of Marketing, 1990, 54 (4).

［3］Philip Kotler. *Marketing Management* ［M］. Prentice Hall, 2003.

［4］Stanley Weinstein. *The Complete Guide to Fundraising Management* ［M］. John Wiley & Sons, Inc., 2009, p.131.

［5］Major Gifts Developing Strategies for Success ［EB/OL］. http://www.goettler.com/resources/the-goettler-series/volume-9-major-gifts, 2013-06-25.

［6］How do Your Prospects Rank on the 3 C's? ［EB/OL］. http://www.andrewolsen.net/how-do-your-prospects-rank-on-the-3-cs/, 2012-03-07.

［7］Major Gifts Developing Strategies for Success ［EB/OL］. http://www.goettler.com/resources/the-goettler-series/volume-9-major-gifts, 2013-06-25.

［8］Fundraising Fundamentals, Section7.1 ［EB/OL］. http://www.case.org/Publications_and_Products/Fundraising_Fundamentals_Intro/Fundraising_Fundamentals_section_7/Fundraising_Fundamentals_section_71.html.

［9］Donor Relations and Stewardship Defined ［EB/OL］. http://www.adrp.net/assets/documents/adrpdefinitionsexpanded.pdf.

［10］Timothy L. Seiler. *Achieving Excellence in Fundraising* ［M］. John Wiley & Sons, Inc., 2011, p.220.

当代华人企业家对美国大学大额捐赠现象、动因及政策思考

林成华　洪成文

近来，接连几起华人企业家对美国大学的大额捐赠事件成为了社会舆论的热点。首先是2014年7月，SOHO中国的潘石屹夫妇以"SOHO中国基金会"的名义宣布成立"SOHO中国助学金"，将向全球范围内的世界一流大学资助总额1亿美元的助学金，其中哈佛大学首先获得了1500万美元的捐赠。10月，耶鲁大学获赠1000万美元，这些捐款主要用于资助来自中国贫困家庭的留学生。国内舆论对此一片哗然。其次是2014年9月，香港恒隆集团的陈启宗、陈庆宗兄弟通过旗下"晨兴基金会"向美国哈佛大学公共卫生学院捐赠3.5亿美元，创下哈佛大学378年校史上金额最大的单笔捐赠。这一事件又一次触动了国人的神经，引起了更广泛的争论。有人认为慈善没有国界，捐赠善举应该被提倡，但同时也遭受了更广泛的非议："身为华人，为什么把大额捐赠给美国大学而没有给更需要帮助的中国本土大学？"尽管这些企业家对美国大学的大额捐赠有着这样那样的原因和目的，但就中国大学而言，更有意义的问题是"为什么美国大学能赢得华人企业家的青睐，而中国大学却未能吸引他们的大额捐赠"。因此，本文对21世纪以来华人企业家对美国大学的大额捐赠案例进行梳理，试分析现象背后的动因和对策，以期为中国大学教育捐赠更长远的发展提供一些有益的启示。

一、21世纪以来华人企业家对美国大学大额捐赠现象回顾

笔者对2000年以来华人企业家美国大学大额捐赠（捐赠额在800万美元以上）案例进行了梳理。事实上，华人企业家对美国大学的大额捐赠已不是偶发事件。近十余年来，早就有中国温斯顿电池创始人钟馨稼、高瓴资本集团创建人张磊、雅虎创始人杨致远、AMAX科技总裁谢明等华人企业家在对美国大学的大额捐赠中创下了受捐学校的历史记录（见表1）。据资料记载，华人对美国大学捐赠的历史可以追溯到110年前，在美国做家仆的广东移民丁龙的忠诚、勤劳感动了主人卡本蒂埃，他答应满足丁龙一个要求，丁龙因此提出希望在哥伦比亚大学建立一个汉学系，让美国人认识教导他为人处世的中国教育家孔子。于是，由丁龙捐出毕生收入1.2万美元，其主人卡本蒂埃陆续跟进捐款约50万美元，建成了现在的哥伦比亚大学东亚系。[1] 近年来，华人企业家对美国大学的捐赠呈规模趋势，据《华尔街日报》对美国教育部的数据分析显示，2007年1月至2013年11月，中国香港向美国大学总共捐赠了1.81亿美元，占美国大学获得的境外捐赠额的17%，位居榜首（见图1），超过了同期的英国（1.476亿美元）和加拿大（1.36亿美元）。美国教育促进及支援委员会（Council for Advancement and Support of Education）负责国际业务的副总裁Amir Pasic称，香港被认为是"亚洲的纽约"。他说，美国所有的筹款人都必须去纽约，因为财富在那里；香港拥有巨额财富，所以筹款人同样也去香港。随着中国新一轮留学潮的兴起，美国大学筹款人开始瞄准当前赴美外国留学生的最大来源地——中国大陆，尽管2007年至2013年期间中国大陆共捐赠6040万美元，在美国大学境外捐赠排行榜中仅排在第八位，但中国被认为是下一块主要沃土。[2] 随着华人富裕阶层的增长和大学全球筹款竞争的加剧，如何有效吸引华人企业家的大额教育捐赠，是中国大学面临的一项紧迫而重大的课题。

表1 2000年以来华人企业家美国大学大额捐赠一览

(单位：亿美元)

时间	企业家	捐赠金额	是否校友	受益大学	主要用途
2014.09	香港恒隆集团陈启宗、陈乐宗兄弟	3.50	是	哈佛大学	冠名"陈曾熙公共卫生学院"主要用于资助学生、新建校舍、支援学术研究等
2014.07	SOHO中国潘石屹、张欣夫妇	1.00	否	哈佛大学耶鲁大学等	成立"SOHO中国助学金"用于资助在哈佛等世界一流大学就读的中国贫困学生
2012.04	美国福茂集团赵锡成及家人	0.40	是	哈佛大学	主要用于建设哈佛商学院"赵朱木兰中心"大楼及学生资助
2011.01	温斯顿电池制造创办人钟馨稼	0.10	否	加州大学河滨分校	主要资助该校伯恩斯工程学院开发清洁电池、太阳能以及可持续交通研究
2010.01	高瓴资本管理公司创建人张磊	0.08	是	耶鲁大学	主要用于管理学院新校区建设和资助"杰克逊全球事务学院"国际关系计划项目等
2008.10	华裔金融家、慈善家唐骝千	0.25	是	菲利普斯学院	主要用于学生资助和新建校舍
2007.02	雅虎创始人杨致远、山崎夫妇	0.75	是	斯坦福大学	主要用于建设一座新的环境研究中心和医护人员培训
2006.10	AMAX科技公司总裁谢明	0.35	是	南加州大学	主要用于"谢明电子工程系"建设
2002.10	美国麒麟电视董事长王嘉廉	0.40	否	纽约州立大学石溪分校	主要用于建设"王嘉廉亚美文化中心"，促进中西方文化交流
2000.10	华裔金融家王周露露与夫婿	0.25	是	卫斯理学院	主要用于建设"王周露露校园中心"，资助妇女教育项目等

数据来源：根据相关新闻报道整理而成。

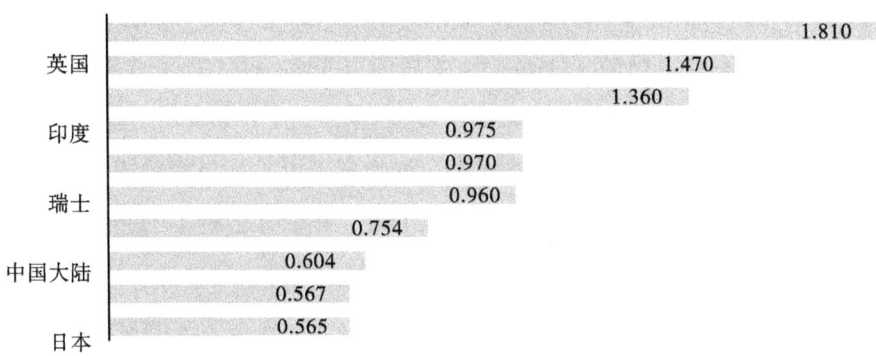

图1 美国大学境外捐赠来源排行榜（2007.01—2013.11）（单位：亿美元）

数据来源：The Wall Street Journal，http://www.cn.wsj.com/gb/20140923/lux091636.asp。

二、华人企业家对美国大学大额捐赠现象的主要动因分析

华人企业家对美国大学大额捐赠现象值得我们解读。捐赠行为的促成本质上是捐赠者捐赠动机的满足，我们将从捐赠动机以及大学品牌特征、校友关系建设和捐赠管理体系等方面深入探讨华人企业家对美国大学大额捐赠的动因。

（一）捐赠动机：华人富裕阶层教育慈善意识的觉醒是促成大额捐赠的思想基础

从本文案例看，这些捐赠者主要有来自中国香港、中国大陆和早期移民美国的华人企业家。近些年来华人富裕阶层数量稳定增长，据《2014中国大众富裕阶层财富白皮书》数据显示，仅中国大陆，2013年年收入10万到100万美元的富人达到1197万人，主要集中于金融、贸易和制造业行业，预计到2014年底，中国富人将超过1400万人。[3]再加上港澳台地区和早期移民海外的华人，不断壮大的华人富裕阶层开始更多地追求精神世界的丰富和自我价值实现，他们的慈善意识也在不断觉醒。学者卢斯艾伦·普林西（Russ Alan Prince）和卡伦马鲁·费尔（Karen Maru File）研究认

为捐赠行为实际上是一种社会交换，捐赠者与非营利组织建立关系都有特定的动机，他们把捐赠者的动机分成七类：即社群主义（Communitarians）、虔诚（Devout）、投资者（Investor）、社交（Socialite）、利他主义（Altruist）、报答（Repayer）、君主（The Dynast）。其中投资者动机属于物质性动机，它把捐赠视为一种为实现更长远目标的投资，当下教育慈善也逐渐成为富裕阶层优化资源配置、获取社会资本的新理念、新战略。而其他六种动机属于精神性动机，追求的是社交参与、社会认同、友爱、感激、利他主义、荣誉以及自我实现等。[4]从本文案例看，这些华人企业家的慈善视野已经突破了国界的局限，他们的捐赠动机主要有：一是感恩母校，二是公益事业和社会参与，三是新投资，四是自我实现。捐赠行为的促成也是捐赠者动机和需求获得满足的过程。华人富裕阶层的兴起及其教育慈善意识的觉醒是近年来华人企业家美国大额捐赠成规模出现的重要基础。

（二）大学品牌：大学品牌特征是大学吸引大额社会捐赠的重要因素

纵观华人企业家对美国大学的大额捐赠潮，这些大额捐赠的最大受益者大多是美国哈佛大学、耶鲁大学、斯坦福大学等一流大学。这些大学具有良好的社会声誉和品牌价值，对华人企业家捐赠具有较强的吸引力。营销学上把捐赠行为解释为一种投资型消费行为，即捐赠者通过购买和消费大学品牌的使用价值来实现预期收益。贝弗莉等学者研究认为，非营利性组织的品牌特征和品牌价值在吸引社会捐赠方面具有正向作用，它能够通过建立信任、传达组织理念和价值、激发兴趣来促进捐赠。[5]在2012年、2013年度美国筹款最多的大学（TOP10）中，特别是哈佛大学、耶鲁大学、斯坦福大学、哥伦比亚大学等顶尖大学，其每年获得的巨额捐赠与其在大学排行榜中的领先地位是相匹配的（见表2）。大学品牌特征主要表现在大学的战略定位、办学历史、办学条件、办学特色、教学质量、学术水平和社会声誉等方面。一般来讲，大学的办学历史越悠久、办学条件越好、教学质量与学术水平越高、培养的优秀校友越多、其品牌价值也就越高、影响力也就越大，大学吸引捐赠者捐赠的能力也就越强。同时，大学获得捐赠越多,就能更好地改善办学条件、吸引更多优秀师生,不断提高教学质量和学术水平,进而不断提高大学的社会声誉和品牌价值,此二者相辅相成。作为"理性经济人"的捐赠者,总是更愿意把财产捐赠给品牌影响力强的大学,因为这样的大学总体上更有助于实现捐赠预期收益最大化。

表2　2012—2013年美国筹款最多的大学及其综合排名统计

(单位:亿美元)

2012年				2013年			
大学名称	筹款总额	筹款排名	综合排名	大学名称	筹款总额	筹款排名	综合排名
斯坦福大学	10.35	1	5	斯坦福大学	9.31	1	6
哈佛大学	6.50	2	1	哈佛大学	7.92	2	1
耶鲁大学	5.44	3	3	南加州大学	6.74	3	24
南加州大学	4.92	4	23	哥伦比亚大学	6.46	4	4
哥伦比亚大学	4.90	5	4	霍普金斯大学	5.18	5	13
霍普金斯大学	4.80	6	13	宾夕法尼亚大学	5.06	6	8
宾夕法尼亚大学	4.41	7	5	康奈尔大学	4.74	7	15
加州大学伯克利分校	4.05	8	21	纽约大学	4.49	8	32
纽约大学	3.96	9	33	耶鲁大学	4.44	9	3
麻省理工学院	3.79	10	5	杜克大学	4.23	10	8

数据来源:1. US news 美国大学综合排名(2013),http://www.liumeinet.com/school-ranking-detail.php?id=336。

2. US news 美国大学综合排名(2012),http://www.dzwww.com/edu/lxym/lxzx/201109/t20110930_6669152.html。

3. 2013年美国各州大学筹款统计报告,http://www.cae.org/images/uploads/pdf/VSE-2013-Survey-Respondents-by-State.pdf。

（三）校友关系：校友大额捐赠是美国大学获得社会捐赠的主要途径

在10个华人企业家美国大学大额捐赠案例中，有7例是以校友名义捐赠的，是杰出校友对母校的感恩与回馈。校友捐赠是对大学是否关爱师生和办学成就的重要检验，是评价世界一流大学和校长工作的重要指标。在美国大学的办学经费中，校友捐赠占据重要比重。据美国教育援助委员会（Council for Aid to Education）2013年美国高等教育捐赠统计数据显示（见图2），2013年美国高等教育共得到338亿美元的捐赠，其中校友捐赠90亿美元，占总额的26.6%。校友捐赠比例在美国私立大学中还要高，据统计，哈佛大学办学经费约五分之三来自校友捐赠，耶鲁大学办学经费约三分之二来自校友捐赠。[6]因此，美国大学高度重视校友关系质量，他们视在校学生为潜在捐赠者，他们千方百计吸引最优秀的学生到学校就读，他们善待学生，关切学生权益，注重学生爱校情感培育。高瓴资本的张磊在被问及为什么捐款给耶鲁时曾说过"是耶鲁改变了我的人生"。许多名校还会免去那些无偿还能力的毕业生的教育贷款，理由是如果在这么优秀的

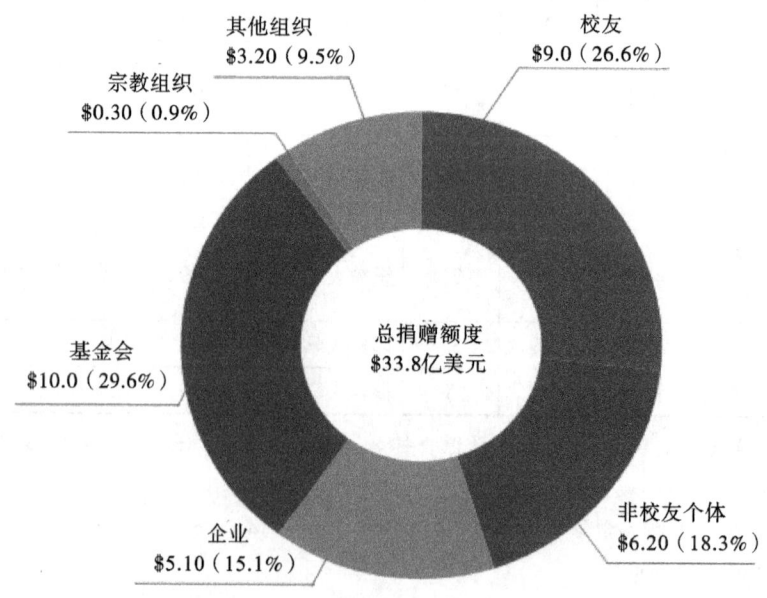

图2　2013年美国高等教育捐赠来源统计

数据来源：美国教育援助委员会2013年高等教育捐赠来源统计报告，http://www.cae.org。

大学毕业，你真没有能力获得高薪，那一定是我们教育的失败，我们要向你说对不起，也不好意思要钱了。可见美国大学对学生培养的重视。同时，他们还特别重视校友会和校友捐赠办公室的建设，跟踪校友职业发展，注重潜在大额捐赠校友的关系培养，定期向校友寄发学校的宣传册，定期举行校友回归日活动（Home Coming），邀请校友参加校园活动，参与学校重大管理决策等，以密切校友关系，争取校友对大学发展的认同和长期支持。校友关系质量是大学获得捐赠的另一重要影响因素。

（四）捐赠管理："顾客导向"的捐赠管理体系是美国大学吸引大额捐赠的根本保障

纵观大学捐赠发展历史，捐赠管理模式大致经历了三个发展阶段。[7]第一阶段是产品导向模式，大学只关注自身发展，没有专业筹款人员，大学获得捐赠主要仰仗私人关系。第二阶段是推销导向模式，大学开始注重大学品牌建设和品牌推销，主动向社会宣传大学办学理念和办学成就，找到并说服捐赠人捐赠，这一阶段开始出现专业筹款机构和筹款人。第三阶段是顾客导向模式，关注顾客需求和满意度，把潜在的捐赠人当作是潜在的长期合作伙伴，把捐赠视为实现大学与捐赠人互惠共赢的重要途径。当前，美国大学的捐赠管理主要处在第二、三阶段，很多顶尖大学已引领第三阶段，而我国大学的捐赠管理大部分还处于第一、二阶段，少数国内一流大学开始进入第二阶段。美国大学一般都设有大额捐赠办公室，由专业筹款人员负责潜在大额捐赠人的管理和个性化服务，并建有一套完备的激励、运作、监督反馈和信用机制，认真履行对捐赠人的承诺。如哈佛大学的韦德纳图书馆（Harry Elkins Widener Memorial Library），一百多年了至今还履行着对捐赠者"每天一枝鲜花"的承诺。潘石屹夫妇在接受凤凰卫视记者采访时说："美国大学对承诺的认真负责，持之以恒，让你觉得特别踏实，钱交给他们特别的信任。"[8]陈乐宗在接受记者采访时说"基本上，无论你捐哪一所美国大学，都有相当的信心相信这个钱不会乱花。法律的制约，还有民间的风气都是保障。"[9]可见，美国大学在捐赠管理机制上是深得捐赠者信赖的，也是吸引华人企业家美国大学大额捐赠的最主要原因之一。

三、政策思考

21世纪以来，我国大学教育捐赠事业总体上不断取得进步，但我国教育捐赠事业起步较晚，在发展战略、管理机制和宏观环境建设等方面还存在很多不利吸引社会捐赠的突出问题。从2012年中国教育经费统计年鉴数据看（见表3），2001—2011年，我国教育捐赠经费总量上虽稳步提高，但其所占教育经费的比例却呈下降趋势。从2014年中国大学校友捐赠排行榜看，目前校友捐赠超过10亿元的仅有清华大学、北京大学两所大学，与美国一流大学的校友捐赠相去甚远。尤其是当下，捐赠经费"去向不明""潜规则"等负面报道常见诸报端，大大降低了捐赠者的信任和积极性。华人企业家纷纷对美国大学提供大额捐赠的案例已经对我国大学的教育捐赠发展敲响了警钟，如果我们不重视，将会失去更多的捐赠者。综上分析，笔者认为我们要在战略设计、规范化管理、专业化建设和宏观环境等方面共同发力、系统推进，以不断增强我国大学吸引大额捐赠能力。

表3 2001—2011年中国教育社会捐赠统计

年份	全国教育经费总计（亿元）	国家财政性教育经费（亿元）	所占比例（%）	社会捐赠经费（亿元）	所占比例（%）
2001	4637.66262	3057.00995	65.92	112.88518	2.43
2002	5480.02776	3491.40475	63.71	127.27910	2.32
2003	6208.26530	3850.62366	62.02	104.59269	1.68
2004	7242.59892	4465.85748	61.66	93.42038	1.29
2005	8418.83905	5161.07593	61.30	93.16129	1.11
2006	9815.30865	6348.36475	64.68	89.90776	0.92
2007	12148.06630	8280.21421	68.16	93.05839	0.77
2008	14500.73742	10449.62956	72.06	102.66633	0.71
2009	16502.70650	12231.09354	74.12	125.49905	0.76
2010	19561.84707	14670.06696	74.99	107.88394	0.55
2011	23869.29356	18586.70092	77.87	111.86751	0.47

数据来源：《中国教育经费统计年鉴》（2012）。

2014年中国校友捐赠排行榜（TOP10）

名次	学校名称	类型	校友捐赠（亿元）	2014综合排名	办学类型	星级排名	办学层次
1	清华大学	理工	13.23	2	中国研究型	六星级	中国顶尖大学
2	北京大学	综合	12.93	1	中国研究型	六星级	中国顶尖大学
3	中国人民大学	综合	7.07	7	中国研究型	六星级	中国顶尖大学
4	浙江大学	综合	5.86	6	中国研究型	五星级	中国一流大学
5	武汉大学	综合	5.43	5	中国研究型	五星级	中国一流大学
6	南京大学	综合	5.24	8	中国研究型	五星级	中国一流大学
7	深圳大学	综合	2.99	98	专业型	三星级	中国知名大学
8	华南理工大学	理工	2.98	27	中国研究型	四星级	中国高水平大学
9	福州大学	理工	2.70	77	区域研究型	三星级	中国知名大学
10	中南大学	综合	2.26	17	中国研究型	五星级	中国一流大学

数据来源：中国校友会网，http://www.cuaa.net/cur/2014/16.shtml。

（一）从战略高度对大学教育捐赠发展进行全局谋划，提升大学品牌价值

战略定位如果有问题，技术是次要的。我国大学多数是公立大学，传统上习惯从政府那里争取更多的办学经费，而不够重视社会捐赠。国内很多大学对教育捐赠的认识还停留在简单筹款活动的层面，对发展教育捐赠的战略价值认识不足，从当前国内众多大学负债经营的突出问题上可见一斑。虽然已有部分大学开始重视社会捐赠，但还远远没有把它上升到大学发展战略的高度去全局筹划，大学领导人往往较重视校庆等特殊时期一时的筹款活动，缺乏对教育捐赠的战略思考、总体谋划和系统设计，未能形成影响大学发展的重大项目。我们要勇于借鉴当代美国大学教育捐赠管理的重要经验和先进理念，要转变过去对教育捐赠的认识不足和教育捐赠工作的被动局面，充分认识到大学教育捐赠对保持和增强大学持续竞争优势的重要意义，把教育捐赠发展纳入到大学长期发展战略中去，从捐赠管理理念到管理机制到技术支持系统，进行全局谋划和设计，通过制定大学教育捐赠工作规划等方式,统一思想、激励行动,使得大学教育捐赠工作有章可循,更加科学规范。同时,不断推进大学内外部治理结构优化,对内要调动广大师生积极性,努力提升学术水平和教育质量和大学品牌价值,对外要与校友、企业、社会团体和地方政府等利益相关者良好互动,宣传办学成就、促进利益相关者对大学使命的理解和认同,以使教育捐赠管理始终具有国际视野和战略前瞻。

(二) 完善"顾客导向"的大学捐赠管理机制,推进捐赠管理规范化

近年来,我国大学教育捐赠管理不透明、运作效率低,捐赠者权益保障不到位成为最大诟病。据2014年中国基金会透明指数(FTI)数据显示,截至2014年8月31日,在28所北京高校基金会中,有6家基金会的善款流向公布为零。[10]在运作效率上,繁杂的程序导致捐赠者捐赠成本偏高,而且对善款的多元化投资运作水平有限,收益不高。正如陈启宗在接受媒体采访时曾吐槽:"在海外,捐钱就是捐钱。但在内地就复杂很多,牵涉很多麻烦,最要命是花费精神和心血,等于自讨苦吃、自找麻烦。"[11]此外,国内大学对捐赠者的回馈办法不多,缺乏对捐赠者权益的保障,对捐赠者事迹的宣传非常不够,未能形成有影响力的捐赠文化。在捐赠者低满意度的状态下,捐赠是不可持续的。因此,我们首先要推进教育捐赠管理的信息公开和监督机制建设。要认真履行对捐赠人的承诺,通过项目报告和年报等方式及时准确地向捐赠人及社会公众公布善款的去向和使用情况。同时还要推进监督机制建设,建立校内自我监督、捐赠人监督、媒体监督、政府监督的多元监督体系,制约捐赠腐败滋长。其次是要健全捐赠运作机制。一方面要优化捐赠管理流程,降低捐赠人捐赠成本和大学捐赠管理成本;另一方面要努力提高捐赠资金的使用效率,使捐赠真正惠及最需要的人和发展项目,同时逐步推进捐赠多元化投资和捐赠资产增值。再次是完善大额捐赠的激励机制,从捐赠人的动机和需要出发,结合本校实际,通过荣誉激励、管理参与激励、活动参与、项目合作激励和事迹宣传激励等方式,吸引捐赠者的持续支持。好的捐赠管理,才会有好的捐赠和更多的捐赠者。

（三）加强教育捐赠的研究和战略投入，努力推进大学捐赠管理专业化

美国大学捐赠管理的专业化深得捐赠人信赖，反观国内大学，虽然也意识到了教育捐赠的重要性，但由于受大学领导人任期制和功利性政绩观的影响，真正开展长期战略行动的少之又少，他们关注短期效益，不注重对捐赠事业的战略性投入，当前在捐赠管理机构、专业人员及专业化建设方面投入非常有限。当前大学教育捐赠全球竞争加剧，美国等发达国家已将目光投向中国大陆。如果我们不采取行动，将会在竞争中处于被动。因此，接轨国际、开展本土研究和专业化建设已显得非常必要且紧迫。首先，我们要加强国际比较和本土研究，借鉴发达国家的有益经验，探索中国国情下大学捐赠管理的发展规律和特点，特别是加强对捐赠人和捐赠市场的研究，洞察捐赠人需求，分析捐赠市场发展动向，不断丰富捐赠类型和捐赠方式，激发市场潜力。其次要加强战略性投入，一方面要推动捐赠管理机构的专业化建设，成立大学发展委员会或大学筹款委员会及相关职能办公室，统筹全校的筹款及捐赠管理事务，并赋予相应的职能和地位。如设立大额捐赠办公室、捐赠事件办公室、捐赠人管理办公室、捐赠教育办公室、筹款规划办公室、捐赠基金管理办公室等，对捐赠管理事务进行科学细分，努力提高捐赠管理的专业化水平。另一方面是推进捐赠管理人员的专业化建设，采取激励性的人才政策，加大人员的配比，吸引有专业背景的人才充实管理队伍，同时大力开展专业化培训。此外，还要努力推进捐赠管理的技术革新，充分利用现代媒体和信息化技术，建立基于移动终端的捐赠信息管理系统，不断提升管理成效。

（四）加强宏观制度环境建设，培育慈善精神和教育捐赠文化

从宏观环境上看，我国大学教育捐赠缺乏有效的制度激励、管理规范和文化氛围。我国虽然颁布了《中华人民共和国公益事业捐赠法》《基金会管理条例》《中华人民共和国个人所得税法》《中华人民共和国外商投资企业和外国企业所得税法》等，制定了相关捐赠免税制度，但目前捐赠抵扣税额比例还偏低，一些企业捐赠项目还需要纳税，而且这些法律条款在实践中也没有完全贯彻落实，政府、行业、捐赠人、媒体以及大学内部的

监督体系还未能形成有效合力。在配套政策方面，尽管我国已于2009年出台《中央高校捐赠收入财政配比资金管理暂行办法》，但该办法只在教育部直属院校中执行，实行"总量定额配比"而且用途管理严格，大学使用自主性不高。此外，在捐赠文化氛围上，受传统思想的影响，社会舆论对富裕阶层捐赠的期望和道德压力都偏高，所有这些都不利于鼓励捐赠。因此，我们首先要加强教育捐赠的税收激励和配套制度建设，完善捐赠免税资格认定程序、适度提高捐赠税收抵扣比例，扩大配套政策的受益面、简化申请程序等，还要逐步尝试开征遗产税和赠予税，引导富裕阶层承担更多社会责任。同时还要营造一种宽松的舆论氛围，尤其是在教育捐赠事业还不发达的当前，舆论对富裕阶层的教育捐赠要给予更多的包容和鼓励，少些指责。此外要重视捐赠教育工作，从在校学生开始加大对教育慈善案例的宣传，从公民教育和素质养成的角度，把捐赠教育作为德育的重要内容予以推广，培养公民（企业公民）的慈善意识和慈善精神，同时还要扎根于中华传统文化，从中吸取有益营养，实现现代慈善精神与中国传统文化的对接，不断培育有中国特色的捐赠文化，为捐赠事业的发展营造积极的氛围。

综上所述，虽然近年来华人企业家纷纷对美国大学进行大额捐赠，但是，这也恰恰预示着随着华人富裕阶层的兴起和教育慈善意识的觉醒，中国式的大学捐赠时代即将来临。现在该是我们为迎接这一时代的到来而行动的时候了，如果我们能够以美国大学的捐赠管理经验来改造我们的大学捐赠管理和文化，相信华人企业家捐赠中国大学的时代一定会到来。

参考文献

[1] 华人向美国大学捐款始于110年前，捐巨款者众多 [N]，http://www.chinese.people.com.cn/n/2014/0910/c42309-25633255.html，2014-09-10.

[2] 香港富豪成美高校最大金主 [N]，http://www.cn.wsj.com/gb/20140923/lux091636.asp，2014-09-23.

[3] 2014中国大众富裕阶层财富白皮书 [EB/OL]，http://www.forbeschina.com/upload/Bj9O8CwBlZ.pdf.

［4］Russ Alan Prince, Aren Maru File. *The Seven Faces of Philanthropy*: *A New Approach to Cultivating Major Donors* ［M］. Jossey-Bass, November 2001, pp. 86-92.

［5］Beverly T. Venable, Gregory M. Rose, Victoria D. Bush, Faye W. Gilbert. *The Role of Brand Personality in Charitable Giving*: *An Assessment and Validation* ［J］. Journal of the Academy of Marketing Science, July 2005, 33（3）.

［6］2014中国大学评价研究报告［EB/OL］. http://www.cuaa.net/cur/2014/2014zgdxpjyjbg.pdf.

［7］李洁. 需求互构视域下大学筹资能力发展研究［J］. 现代教育管理, 2014（6）.

［8］潘石屹: 给哈佛捐款其实捐给了中国贫困学生［N］. http://www.phtv.ifeng.com/a/20141013/40835164_0.shtml, 2014-10-13.

［9］名校巨额募捐的背后: 国内捐助缺乏公开透明［EB/OL］. http://www.news.xinhuanet.com/fortune/2014-09/22/c_127014992.htm, 2014-09-22.

［10］晒晒捐赠这本账［EB/OL］. http://jwc.xijing.edu.cn/html/?1345.html, 2014-11-26.

［11］名校巨额募捐的背后: 国内捐助缺乏公开透明［EB/OL］. http://www.news.xinhuanet.com/fortune/2014-09/22/c_127014992.htm, 2014-09-22.

［1］华人向美国大学捐款始于110年前, 捐巨款者众多［N］, http://www.chinese.people.com.cn/n/2014/0910/c42309-25633255.html, 2014-09-10.

［2］香港富豪成美高校最大金主［N］, http://www.cn.wsj.com/gb/20140923/lux091636.asp, 2014-09-23.

［3］Financial Report Fiscal Year 2014 ［EB/OL］. http://www.finance.harvard.edu/files/fad/files/har_fy14_financialreport.pdf, 2014-11-07.

［4］Russ Alan Prince, Aren Maru File. *The Seven Faces of Philanthropy*: *A New Approach to Cultivating Major Donors* ［M］. Jossey-Bass, November 2001, pp. 86-92.

［5］Beverly T. Venable, Gregory M. Rose, Victoria D. Bush, Faye W. Gilbert. *The Role of Brand Personality in Charitable Giving*: *An Assessment and Validation* ［J］. Journal of the Academy of Marketing Science, July 2005, 33（3）.

［6］2014中国大学评价研究报告［EB/OL］. http://www.cuaa.net/cur/2014/2014zgdxpjyjbg.pdf.

[7] 李洁.需求互构视域下大学筹资能力发展研究[J].现代教育管理,2014(6).

[8] 潘石屹:给哈佛捐款其实捐给了中国贫困学生[N].http://www.phtv.ifeng.com/a/20141013/40835164_0.shtml,2014-10-13.

[9][11] 名校巨额募捐的背后:国内捐助缺乏公开透明[EB/OL].http://www.news.xinhuanet.com/fortune/2014-09/22/c_127014992.htm,2014-09-22.

[10] 晒晒捐赠这本账[EB/OL].http://www.jwc.xijing.edu.cn/html/?1345.html,2014.11.26.

大学筹款伦理的内涵、价值与实践策略
——基于大学领导的职责[1]

李庆成 尤玉军 洪成文[2]

高等教育大众化和世界大学排名的激烈竞争加剧了对经费的要求。大学领导是大学的领路人，面向社会筹款以实现大学战略目标是摆在大学领导面前至关重要的任务。然而，因筹款行为不当而导致的负面案例常有发生，并给大学带来声誉上的损失，不利于筹款事业的长远发展。为实现筹款的规范运行，规避伦理冲突和管理风险，这对大学领导如何甄别筹款中的伦理隐患以及如何合理实施筹款计划提出了要求。

一、大学筹款盛行与伦理问题并存

随着欧美各国高等教育拨款的减少和不稳定，寻求新的经费来源已成为大学领导的首要责任之一。美国是将大学筹款事业做到极致的国家，通过筹款与增值运作，美国大学基金会积累了巨额财富，为大学的运行提供了资金保障。2011—2013 年，英国 5 所大学[3]通过猎头公司发布的校长招

---

[1] 本文系江苏省哲学社会科学规划项目《高校基金会筹资机制研究》的研究成果，项目批准号：14JYB011。

[2] 作者简介：李庆成，北京师范大学高等教育研究所博士生，研究方向为高等教育管理；尤玉军，扬州大学校长办公室副研究员，北京师范大学高等教育研究所教育博士，研究方向为大学基金会治理。

[3] 这 5 所大学分别是剑桥大学（University of Cambridge），女王大学-贝尔法斯特（Queen's University Belfast），莱斯特大学（Leicester University），朴茨茅斯大学（University of Portsmouth），罗伯特·戈登大学（Robert Gordon University）。

聘信息中都对校长候选人明确提出了若干种能力特征,包括"商业性特征"[2]。由此可见英国大学校长的角色也逐渐从传统的学术人演变成带有"首席执行官"[3](Chief Executive)特质的角色。

哈佛大学前校长前校长德里克·博克(Derek Bok)在80年代论及大学筹款问题时候曾揭示:"所有的大学都会从个人、基金会、公司机构甚至外国政府的慷慨行为中获益……但有时候批评家会提出异议。这是因为捐赠者会利用捐赠达到不正当的目的,也因为他们会借势取得管理的优先权,而使得大学接受他们的捐赠成为一件严重或不体面的事。"[4]尽管筹款不失为弥补大学财政不足的有利手段,这也为大学筹款中可能潜伏着威胁敲响了警钟。例如,烟草公司打算捐赠某医学院一笔不菲的善款,这种情境下大学领导的决策就至关重要。倘若拒绝也许会丧失一笔可观的收入,但作为医学院接受这笔捐赠又存在不妥,因为这既和医学院倡导健康的宗旨不符合,又与《烟草控制框架公约》(WHOFCTC)控烟的宗旨相违背。再有,公司为大学筹款做出了贡献,为表示感谢和激励更多客户对大学提供赞助,大学对公司捐赠的回报方式是以公司的名字命名教学楼却出乎意料地引发社会指责并被斥以"象牙塔充满铜臭"。这样的行为究竟合不合理,有何策略避免此类事件?

以上问题都是大学筹款中并不鲜见的"两难"问题,不涉及合法与违法,而有关于合情不合情、合理不合理,是在大学价值观与现实利益之间抉择的问题。也反映出尽管筹款对于大学而言具有重要意义,但仍需履行某些价值和规范的要求,这类价值和规范即为大学筹款伦理。

二、大学筹款伦理的内涵与价值

伦理关系是社会生活中普遍存在的关系,因为只要有人群的地方就会有伦理关系;只要某个人的行为对他人产生影响就存在是否道德的问题。大学的筹款活动是在人类社会中产生并由人参与互动的行为,所以从伦理学的角度审视大学筹款伦理是指在大学筹款情境下应遵守的相关道德与规范;也就是要在大学精神使命、文化特征和功能定位要求下大学筹款人员应该对大学筹款活动的是非对错做出判断以及明确判断的理由,这主要涉及筹款主体行为的正当性与合理性,亦即对于筹款领导、决策和执行等活动的理法性问题。它既包括大学筹款个体在筹款实践中的道德观念、道德活动与道德规范,也包括筹资主体作为群体及组织机构在活动中所应遵循的价值规范。

大学筹资伦理是大学在筹款中理应坚守的道德与标准,是对大学筹资活动的一般规范,要求大学筹款应秉持高等教育使命和社会道德。正如英国基尔大学(Keele University)负责募款的领导团队所认为的"我们必须要以我们的使命、个人正直意识为引领,以我们与捐赠人的关系为引领。筹款的核心是有必要确保捐赠人对我们的信任不至于被亵渎,这要求我们的筹款公开、透明和充满尊敬"。[5]作为大学这部机车的驾驶员,大学领导是筹款的主要发起人、协调人和决策者,对筹款伦理的掌握与运用关系到筹款产生的一系列后果。

大学筹款是一项富有挑战性的工作,既要求大学领导兢兢业业又要求其谨守原则,否则不当的筹款决策可能会为社会传达一个信息,即大学是虚伪和不值得尊敬的。正如2010年德伦大学(Durham University)努力筹款却遭批判一样:该校校长从英美烟草公司(BAT)募集到63万英镑为阿富汗女学生设立奖学金却饱受斥责。最激烈的争议来自于反烟机构"吸烟与健康行动基金会"(FSHA),该机构声称"德伦大学接受该笔献金真是令人感到遗憾……亚洲是国际烟草公司尚未完全开发的处女地,这些大公司正努力地提高亚洲女性的吸烟率,试图将温世故和西方与吸烟的形象互相联结,不禁让人感其处心积虑"。[6]这要求大学领导在筹款中应坚持筹款伦理三大价值的有机统一:收益价值、管理价值与教育价值。

(一)大学筹款伦理的收益价值

大学筹款的直接目的是获取大学办学的收益,社会大众之所以肯为大学慷慨解囊缘于人们对大学的归属和认同。与捐赠人建立并维持良好的社会关系是大学领导对外"推销"大学的有效方式之一。此外,大学筹款必须符合筹款伦理将与筹款有关的所有行为纳入规范的管理才能赢得社会信任。前哈佛大学发展办公室专门负责募款的主任斯蒂芬·霍恩（Steven Horn）认为哈佛大学之所以深受众爱，在于哈佛总是按照合同很小心地管理和利用客户的馈赠。国内外已有经验证明大学良好的社会形象是吸引社会各界人士对大学产生关注的原因之一。因此，在筹款工作中那些越是谨守高等教育操守和筹款伦理的大学越能获得社会的一致好评，越能吸引到更多的资金投入。反之，一旦大学筹款中出现有违伦理道德的行为，将给大学的创收带来极为不利的影响。作为大学形象大使的大学领导，其募款行为举止的合理合法性直接影响公众的筹款热情。2013年威斯菲尔德州立大学（Westfield State University）撤资事件有力地证明了大学校长筹款伦理匮乏对大学收益造成的损失：鉴于维斯菲尔德校长多贝尔（Dobelle）长期奢侈挥霍生活，忍无可忍的捐赠人约翰·沃尔什（John P. Walsh）撤回了10万美元的捐赠。

（二）大学筹款伦理的管理价值

对大学来说，一场轰轰烈烈的筹款运动是否成功达成预定目标，并不能只看账户上筹集到多少资金；衡量大学筹款成败得失的标准应该看能否很好地满足大学之发展需要和是否能够把握大学的精神和使命要求。倘若大学通过筹款获得了良好的经费收益而代价是引发大学管理上的混乱，可谓是得不偿失。大学筹款涉及如政府、师生、捐赠人、家长等诸多利益相关者，大学筹款伦理理应成为大学领导协调利益纠纷与价值冲突的基本依据，从而规避大学管理危机。反之，不仅为大学领导招致丑闻而且玷污了大学多年苦心经营的社会声望。90年代，斯坦福大学向政府虚报没有用于科学研究的款项以获得更多拨款，这些名目后来被揭露实际用于"鲜花、银器、游艇折旧以及为校长换更大的床"[7]。负面的媒体报道和国会议员的批评让斯坦福大学受到严重的冲击，导致校长唐纳德·肯尼迪（Donald Kennedy）引咎辞职，大学彻底改革会计制度和财务道德行为守则。斯坦福大学所有人都希望学校"集中精力，排除困难，抹去在公众眼中的污点"[8]。

（三）大学筹款伦理的教育价值

台湾大学校长李嗣涔视大学为"社会良心的最后堡垒"[9]，这要求大学要在维护公平、独立、自由等社会正义方面发挥独特的教育和影响作用，传递有助于社会和谐进步的正能量。布鲁贝克（Brubacher）认为在政府和企业道德水平急剧下滑的时代大学应担当拯救社会道德的伦理先锋，"我们必须求助于大学而不是教会甚至政府，因为我们个人或社会行为的成功最终都建立在我们对自然宇宙的认识之上；建立在我们对历史长河中的人类命运的真实信念上；建立在关于善与恶以及如何区分善与恶；关于真理以及区别真理与谬误的认识之上"[10]。随着大学领导将越来越多的时间和精力用于筹款，作为大学精神领袖和道德楷模这类角色逐渐模糊。更有甚者，大学校长们刻意避免发表意见，以免得罪潜在的捐款者，有些校长甚至曲意迎合捐款者的伦理道德偏向。大学筹款是对大学领导道德和操守的检验，一旦他们接受了伦理上不妥的捐赠，留给大众的必然是恶劣的影响和负能量，便无法担负起教化新民的神圣使命，对社会而言大学作为社会良心的堡垒已经名存实亡了。

三、大学筹款伦理的表现形式

市场化环境下，并非每一笔善款都纯粹为了助学而捐资，善意筹款中也很难完全避免带有捐赠人某些利益诉求，但这些要求可能会危及大学作为学术组织的本质要求。因此，高等教育精神和使命要求大学不能够完全根据市场交换的法则满足捐赠人的一切利益要求，而要以大学筹款伦理作为决策的依据与准则。鉴于此，大学领导在接受外界赠款时必须明晰捐赠是否有损于其自身利益和社会利益。总而言之，筹款对大学领导提出了需要更加细致地面对众多伦理道德问题的要求。具体实践中，在大学筹款中大学领导应对价值冲突、善款性质、感恩方式以及规范管理四类筹款伦理问题加以关注。

（一）筹款中的价值冲突

筹款中的价值冲突表现为作为公民教育和学术研究之地的大学精神和捐赠附加的条件意义是否一致，这是大学筹款活动中首要辨析的伦理问题，也是对大学领导基本筹款伦理的考验。随着时代的发展，大学精神不断与时俱进，但自大学诞生就赋予的基本价值观成为不变的追求，如科学精神、人文精神、自由自治等。大学筹款的伦理底线就是不能违背学术自由等基本价值规范，大学领导为此担当的责任就是"除了募集资金之外在大学中还有别的重要作用的话，那他们就要为阐明和维护大学的基本知识价值观尽职责"。[11]对于那些有可能危及大学精神、使命的捐赠，即使条件再优厚，大学领导也不得不果断做出符合伦理的决策。耶鲁大学前校长理查德·莱文（Richard Levin）在面对一笔高达2000万美元的捐赠时毅然做出了退还的决定，原因在于捐赠人对此捐赠附加了让校长难以接受的条件——决定任课教授人选。耶鲁副校长泰瑞·霍尔库姆（Terry Holcombe）对这一举动的解释是"耶鲁有某些基本的原则，其中包括必须负责选择自己的教师，而不能交由其他方面负责"[12]。

（二）筹款中善款的性质

善款的性质包括善款来自何人、捐赠人背景如何、通过何种手段获利等信息，以不道德、不合法的手段获得的财富显然不适合充当大学筹款的来源，只能玷污大学的社会声誉。大学领导在筹款活动中应小心判断善款是否隐藏着潜在的危险，捐赠人又是什么品性的人，确保将大学面临的风险最小化。2011年3月，英国知名媒体《卫报》（the Guardian）教育版的一篇评论开篇抛出"对于大学来说可否避免最终以尴尬收场的筹款？就像卡扎菲向伦敦政治经济学院的捐赠一样"。伦敦政治经济学院2009年因接受卡扎菲（Gaddafi）次子赛义夫30万英镑的捐赠而引发大学激进学生社团的示威，校长霍华德·戴维斯（Howard Davis）也因此被迫辞职，他承认"我对委员会的建议是接受这笔钱合理，结果却是大错特错"[13]。英国大学组织（Universities UK）总裁尼古拉·丹德里治（Nicola Dandridge）表示大学领导在决定接受捐赠前一定要对其中暗含的政治和伦理进行调查。

（三）筹款中的感恩方式

陆登庭说："筹款不容易，多数人捐赠的目的并不仅仅是为了济贫。"由此可见，筹款不可能是绝对单纯的，即便是慈善家也不可避免地在捐赠中带有某种需求，这种诉求可能是名声上的、经济上的或其他形式的。市场化时代捐赠人为大学发展做出了贡献，自然也希望获得一定利益。大学对捐赠人给予恰当的感恩既在情理之中，又可以鼓励更多的慷慨之士为大学筹款多做贡献。但感恩的方式却不能根据市场买卖的公平法则有求必应，因为大学本身不是商业机构，而是治学育人场所。大学领导应努力在捐赠人与大学利益之间寻找双方都可接受的平衡点，但应明确拒绝那些有损大学正直的利益所求。对大学筹资做出突出贡献的捐赠人进行感恩和利益惠及并不代表大学应当接受捐赠人的一切要求，只有其诉求与大学精神、使命、文化、目标、师生利益并不产生冲突的情况下方可接受，而对于那些可能会与大学利益产生冲突的要求则应三思而后行。正如博克所言"一所大学必须拒绝那些要求违反正常录取标准，或要求给予捐赠者任命一个教授的权力，或要求把一个职位给予某个鼓吹特别的价值或信仰的人"。[14]

（四）筹款管理方式

筹款所得，无论是金钱还是物资都是社会或个人对大学事业的奉献，对募款的规范管理既是对捐赠人的基本尊重，也是凝聚信任的前提，这便对捐赠财物管理的妥善性、透明化等提出了伦理要求。美英大学高度重视与捐赠人的良好关系，在财物收受方面通常以书面方式双方达成协议对捐赠物品的使用附加以限制，此类限制性财物只可用于条约所限目的，违背条约即违背捐赠意图，则丧失大学信誉，影响捐赠人对大学的再次投入。透明化是增强捐赠人对大学信任最有利、最有力的法宝，美国大学对待捐赠管理以本校制定的《伦理规范》（*Codes of Ethics*）为指导，大学充分将其管理透明化使捐赠人了解大学的具体使命以及如何运用捐赠人的资源；还应让捐赠人了解大学是否具备有效利用捐赠资源实现既定目标的能力。捐赠人被赋予监督权力，捐助资金的来源、用途、去向一清二楚，接受社会监督，也接受捐赠者及其后人的监督。

四、大学筹款伦理实践策略

筹款在英国、美国等国已成为大学扩充经费的常态化行为，所取得的经济和社会效益也有目共睹。在筹款实践上这些国家的大学大多采取如下策略规避伦理和管理风险,维护大学的社会声誉,希望长期获得社会认可与赞助。

(一) 健全管理规制,确立筹款伦理规范

健全的规制是规范行为的基础,大学筹款事业的成功与确立完善的筹款规制密不可分。在美国大学,筹款办公室执行的筹款伦理指导条例成为指导筹款的规制。这些伦理条例明确筹款活动中哪些类型的善款不宜接受以及伦理冲突出现后的解决方案等内容。以南加州大学为例,在该校制定的《赠款接受规则与程序》(*Gifts Acceptance Policy and Procedure*)中明确了对捐赠人应尽的责任、接受善款的程序、如何认可捐赠人、哪些情况下的善款不可接受、有伦理争议的捐款如何决策等内容。这些规则条款较为详细且符合大学自身具体情况,成为规范大学筹款行为的自律系统。因此,完善大学的筹款规制建设而不是仅依靠筹款人员个人的主观判断因为随着情境的复杂个人的主观判断难免出现偏颇。

(二) 设立仲裁机构,实行民主决策

大学筹款伦理规范的建立是筹款伦理构建的第一步,由于规则、条例存在一定的滞后期和漏洞,但社会发展新的事物不断出现,新的筹款问题情景也层出不穷,这可能是以前从未经历过的并且在已经制定的筹款伦理指导规则中未曾提及的。比如在对待企业资助大学但需要某种新形式的合作,而这种合作并没出现在大学可以接受的范围之内。所以一旦出现新的情况为避免管理失灵,应当有一个包含广泛利益相关者的组织对筹款行为进行审查和裁决,以集体决策的方式代替主要领导人的单一决策。这一机构应坚持民主的理念,把可能会涉及到的利益相关者包含进来,广泛听取意见和建议将可能引发利益冲突的争议控制在最初始阶段,避免事态的进一步恶化。

(三) 开展人员培训,提高筹款素质

从事筹款的相关人员的技能与素质直接影响到筹款单位的形象与效益,一支专业的人员队伍为大学筹款的成功起到不可替代的作用。因为经

验丰富，筹款人员对如何规避伦理风险和利益冲突游刃有余。美国印第安纳大学的"莉莉家族慈善学院"（Lilly Family School of Philanthropy）在前沿研究的基础上专门为筹款人员提供相关领域的课程培训，内容多样化，包含筹款原则与筹款技术、信任与筹款、利用社会媒体筹款、筹款人际沟通等等，为大学和其非营利性机构筹款人员提供一整套培训，以遵循《国际募款伦理守则》（International Statement of Ethical Principles）倡导，提高其业务素质修养和操作技能。从而确保筹款管理人员和筹款决策者能够熟悉筹款中的哪些行为合乎伦理或违背伦理原则，规避因不符合规矩而带来的隐患。

（四）完善监督与问责机制

完善的问责和监督机制是保证大学增强使命意识与服务观念的一项有力措施，也是大学筹款获取社会公信与认可的必要手段。赋予捐赠人充分的权利了解筹款单位的使命、筹款用途、财务状况及其他与筹款相关的必要信息。这是美国大学明文确定的一项权利，也是美国《捐赠人权利法案》（Donor Bill of Rights）对募款组织提出的法律要求；例如捐赠人有权获悉募款组织董事会人员的身份，并要求承担起善款管理的责任；承诺捐赠所得用于募款初衷等。具体到实践层面上，大学应建立健全信息披露制度、捐赠人沟通平台等机制通过监督与问责，促使大学筹款行为更加规范、善款用途更加透明、伦理道德意识更加强烈，公众对大学的认可进一步增强，更乐意参与大学的筹款活动，形成良性循环。

五、对中国大学的若干启示

近20年来，我国大学的筹款机构——教育基金会如雨后春笋般涌现。据统计，目前全国大学教育基金会400多家，总资产达158亿元，虽与国外比较水平尚低，但相对于其历史也彰显了大学筹款的巨大潜力。大学筹款在自由吸收和利用社会资源的同时也暴露出筹款伦理的缺位。这体现在大学回报企业的方式上受到疑问和指责，如真维斯楼、富力广场引发的舆论；大学信任危机，人们捐赠海外大学而非国内院校；筹款的方式不妥，如华南某高校基金会强迫学生捐款等不合理现象。2014年，针对北京地区28所大学基金会的调查，中基透明指数（FTI）显示6所大学的善款流向披露率为零，明显有悖于筹款透明管理的伦理要求。

大学筹款事业若要健康可持续进行就不得不正视这些问题，完善并践行筹款伦理。尽管伦理对大学筹资不具有法律一般的强制作用，但因其发挥的关系调节和道德调节促进大学筹款事业向着专业化方向发展。国外大学在筹款伦理方面的实践可以为我国大学基金会筹款提供一些启示。

首先，大学领导既要充分认识筹款对大学带来的积极作用，又要清醒地认识到其中潜藏的伦理风险。筹款是对大学财政拨款的有效补充，但又如德里克·博克对大学的提醒：任何大学都会从外界接受资助，市场经济环境下这些资助难免带有利益诉求。这些利益诉求极有可能是和大学价值悖理的，如商业、政治等，可能置大学于教育价值歪曲的尴尬局面。

其次，健全的规制是大学实践筹款伦理的指导依据。根据社会学理论，人际互动过程中通过言辞和书面建立的人际信任弊端在于过多地依靠主观判断和人际情感进行决策，从而影响对行为本质的真实把握。建立完善的制度与规范从人际信任向制度信任，以规制作为管理大学筹款的手段而不是基于人际关系。我国大学可以参考国外大学筹款办公室制定的筹款伦理规范确立符合我国国情和文化的规章制度，明确筹款中可为和不可为境况。

再次，提高筹款人员专业素质是规避大学筹款伦理冲突的保障。国外大学筹款机构人员一般是经过专业培训，长期从事募款的从业人员，处理筹款相关问题游刃有余。我国大学基金会人员则一般是院校行政领导兼任基金会领导，就业务的专业性而言尚显不足。因此，领导谙熟业务及对工作人员进行专业培训，是我国大学基金会走向专业化，从而降低和杜绝伦理风险的保障。

参考文献

[1] $113 Million Gift, UC Berkeley's Largest Ever, to Support 100 Endowed Fac-

ulty chairs [EB/OL]. http://www.berkeley.edu/news/media/releases/2007/09/10_hewlett.shtml. 2014-10-19.

[2] Goodbye Vice-chancellor, Hello Chief Executive [EB/OL]. http://www.theguardian.com/education/2013/apr/16/higher-education-job-titles. 2014-10-19.

[3] 朱剑. 英国大学校长任职资历研究——基于五所大学校长招聘启事的解读[J]. 复旦教育论坛. 2014 (3).

[4] [11] [14] [美] 德里克·博克著, 徐小州, 陈军译. 走出象牙塔：现代大学的社会责任 [M]. 杭州：浙江教育出版社, 2001.

[5] *KEELE UNIVERSITY Code of Practice for Ethical Fundraising* [EB/OL]. http://www.keele.ac.uk/media/keeleuniversity/paa/policiesanddocuments/Code%20of%20Practice%20for%20Ethical%20Fundraising.pdf. 2014-10-19.

[6] Tobacco Gift to Durham Caused Turmoil at the Top [EB/OL]. [2014-10-19]. http://www.theguardian.com/education/2011/jun/07/durham-university-tobacco-funding-afghan-award.

[7] [8] [美] 弗兰克·奥利弗著, 许东黎、陈峰译. 象牙塔里的乞丐——美国高等教育筹款史 [M]. 桂林：广西师范大学出版社, 2011.

[9] 台湾大学校长李嗣涔：大学是社会良心最后堡垒 [EB/OL]. http://www.edu.cn/renwu_6123/20071101/t20071101_262903.shtml. 2014-10-19.

[10] [美] 约翰·S.布鲁贝克. 高等教育哲学 [M]. 王承绪、郑继伟、张维平等译. 杭州：浙江教育出版社, 2002.

[12] The Bass Grant: Why Yale Gave $20 Million Back [EB/OL]. http://www.yaleherald.com/archive/xix/3.24.95/news/bass.html. 2014-10-19.

[13] Should Universities Take Donations From Tyrants? [EB/OL]. [2014-10-19]. http://www.theguardian.com/education/2011/mar/08/universities-donations-tyrant-lse-gaddafi.

[15] Elson Floyd. Walking the Walk—the Reality of Ethics in the University Presidency. Speech Presented April 3, 2000 for the Center for the Study of Ethics in Society.

第六章
国际高等教育比较研究

引 言

他山之石，可以攻玉。开展高等教育国际比较研究本身即是高等教育国际化的一部分。本章共选用论文6篇。主要涉及高等教育公平、大学排名、研究生教育、一流大学建设等多个方面。论文《艰难的创业：美国高等教育早期历史的特征与成因》详细论述了美国早期高等教育由于宗教信念支配下建立的殖民地学院与社会环境的实际需要和所能提供的支持之间的巨大差距，剧烈变化的社会条件及错综复杂的社会关系所经历的异常艰难、曲折和坎坷的过程。《变革中的大学学科排名——QS世界大学学科排名最新进展与反思》介绍了QS学科排名的指标体系，并在此基础上从提高人才培养水平、扩大学科国际影响力等方面为我国建设一流学科提出了具体的意见和建议。论文《法国创建世界一流大学的政策及其特征》分析了法国"卓越大学计划"政策出台的背景及遴选审核程序。同时，还分析了法国在推动世界一流大学建设过程中通过政府顶层设计，引导高等教育机构转型发展，加强一流机构与尖端学科间的强强联合，推进立足区域经济的协同创新平台构建等举措。这对我国建设世界一流大学具有很强的借鉴价值。《外部论文项目：苏黎世联邦理工学院研究生教育的特色》分析了苏黎世联邦理工学院外部论文项目在促进研究生科研项目转化、强化对联合培养研究生的质量监管、建立有效的权责利划分机制等方面的特色。论文《美国高校绩效技术人才培养特色及启示——以博伊西州立大学组织绩效与工作场所学习系为例》《日本教职大学院的课程设置及其实践性分析——以东京学艺大学教职大学院为例》以个案研究的方式对高校课程、人才培养模式以及学位项目——教育博士项目进行了介绍。

艰难的创业：美国高等教育早期历史的特征与成因

张斌贤

从1636年哈佛学院建立到1862年《莫里尔法》颁布之前的两百多年，是美国高等教育成长的童年时期，是美国高等教育历史的奠基时期，也是国内学者较少系统涉猎的时期。国内现有美国高等教育史研究中，除达特茅斯学院案、杰弗逊与弗吉尼亚大学创办及《耶鲁报告》等少数专题外，少有系统、专门和深入的研究。

在时间维度上，从1636年哈佛学院建立到《莫里尔法》颁布前这段时期跨越了近两个半世纪，可分为两个主要阶段，即殖民地时期和美国建国初期。在这两个不同历史阶段中，高等教育发展的重点、面临的基本问题虽然不同，但都具有重要的历史意义。殖民地时期不仅产生了北美大陆最早的高等教育机构（9所殖民地学院），从而标志着美国高等教育史的开端，而且为美国高等教育制度的确立、为美国高等教育特质的形成奠定了坚实的历史、法律和制度基础。建国初期，国立大学计划无果而终、州立学院和大学相继建立，一方面消除了建立法国式中央集权的高等教育机构和高等教育制度的可能性，另一方面则开创了公立高等教育的先河，为形成真正美国式高等教育制度进行了有效探索；"达特茅斯学院案"从法律上确立了学术法人制度，而《耶鲁报告》进一步阐述了自由教育作为高等教育基本功能的思想，所有这一切，都在不同方面、不同程度上为南北战争后美国高等教育的高速发展做好了必要的准备。因此，忽略美国高等教育的早期历史或其中任何一个阶段，都将难以达成对美国高等教育发展的全面和深入的认知。

在内容维度上,这个时期主要包括欧洲大学制度在英属北美殖民地的传入、移植和"变异"。欧洲不仅是美国高等教育的直接渊源,而且始终是美国高等教育的参照系。通常所说的美国高等教育的特质、美国式高等教育等,无非是在与欧洲比较后得到的判断。

这个时期的重要内容还包括9所殖民地学院的相继建立及其早期经历,建国初期原有殖民地学院的恢复及与新国家政治和法律关系的调整,建国初期创建国立大学的曲折历程,州立学院、州立大学和专门学院的创办,学院和大学课程改革遭遇的艰辛与坎坷及作为学院和大学主体的师生状况与结构的变化。

美国高等教育的早期历史既是高等教育在北美大陆的肇始、在美国建国初期探索的历程,也是美国高等教育发展的奠基时期。但因这个时期美国的学院规模小、教育水平低,因此,国内学界的一般认识是,这个时期的美国高等教育主要处于模仿、借鉴欧洲(特别是英国)大学制度的阶段,少有真正具有美国特色的因素。这或许是这个历史时期没有得到充分关注的原因之一。但是,如果从历史的观点看,正是这个时期,在遭遇一系列挫折、经历一系列探索之后,美国高等教育在模仿欧洲的同时,逐渐形成了明显不同于欧洲的外在形式和内在特质。这些形式和特质的意义在当时或许并未真正显现,但随着时间期形成的外在形式和内在特质的作用逐步充分体现,成为塑造美国式高等教育的基本元素。正是因为这些外在形式和内在特质,殖民地时期和建国初期的高等教育变迁为美国高等教育制度的确立奠定了重要历史基础。

首先,是殖民地学院的学术法人制度的形成。大学作为法人社团是欧洲的传统,到哈佛学院建立时已经历了数百年变迁,成为非常成熟的制度。殖民地学院建立时,基本沿用了这个欧洲传统。从长远观点看,美国学术法人制度建立的重要意义在于在法律上确定了学院相对于外部权威(教会和殖民地政府)的独立性,为高等教育机构的自治提供了基本制度保证。因此,尽管这个时期的美国历史跌宕起伏、风云变幻,殖民地学院面临着生存和发展的危机,但始终能立于不败之地,其原因不能仅从学院创办者和管理者的意志、对教育的信念、对知识的追求等精神方面进行挖掘，没有法律和制度的强力保障，仅靠精神力量是很难长久保持学院的生存和发展的。学术法人不仅有效保证了9所殖民地学院的生存，而且成为美国高等教育机构普遍遵循的基本制度，奠定了美国高等教育发展的法律基础。不仅如此，法人制度还产生了美国高等教育的相关原则。杜伊（Edwin D. Duryea）认为，学术法人制度衍生的一个重要结果是产生了一种高等教育独立于政府却对它负责的基本观念，这是最终成为美国高等教育中不断谋求院校机构自治与公众问责（Accountability）之间保持平衡的思想前提。[1]

其次，是董事会制度的建立。如果说学术法人制度是殖民者从欧洲得到的最有价值的遗产，那么，董事会控制学术法人的制度则是北美殖民者最富天才的创造。无论是哈佛学院、威廉-玛丽学院的董事会与监事会并存的"两会制"或"双元制"，还是耶鲁学院和其他殖民地学院的"一会制"或"一元制"，这种由外部人士组成学院的最高权力机构对学术机构进行控制的制度设计与实践都是前所未有的。

在意大利、法国和英国等国的古老大学中，虽然王权和教会等外部力量也能对大学施加不同程度的影响，但真正对大学实行控制和管理的都是内部人士组成的同乡会、教师会、评议会等组织。这是因为这些古老大学是自然形成的，一定程度上是由学生创造了大学（如博洛尼亚大学）或学者创建了大学（如巴黎大学）。但殖民地学院不是自发形成的，而是由殖民地政府或教会创办的。因此，从一开始，美国的高等教育机构就是由"外部势力"控制的：学校由国王或殖民地议会颁布特许状设立，学校经费由议会提供，校长和教师由董事会聘任，学校的管理根据特许状进行，等等，由此形成了创办人具有主办权的惯例。这种情况下，内部人士很难在学院中发挥实质性支配作用。在相当长时间中，哈佛学院和耶鲁学院的校长甚至都不是董事会成员。不论怎样，这项"外行领导内行"的制度从殖民地时期一直延续至今，成为所有公立和私立高等教育机构共同采用的治理制度，最终成为"（美国）高等教育管理结构的基石"[2]，成为美国高等教育治理制度最具特色的因素。

再次，是州立学院和州立大学的相继开办。如果说董事会制度是美国高等教育在管理结构上的发明，那么，州立学院和州立大学则是在机构设立方面的创造。在州立学院和州立大学创办之前，无论是在欧洲还是在北美殖民地，高等教育机构都是根据来源不同的特许状而建立的，通常主要是来自国家或教会的最高权力机构的特许。为了显示自己的恩惠，颁发特许状的主体通常还赠予一定的金钱或实物。得到特许而建立的高等教育机构通常主要为特定群体提供服务（如殖民地学院主要招收本教派信众）。州立学院和州立大学则是由各州议会通过制定相关法律批准设立，由公共财政提供经费，由全部或部分通过选举产生的董事会控制，为本州人民服务。无论是与欧洲古老大学还是与殖民地学院相比，州立学院和州立大学都是一种全新形式的高等教育机构。州立学院和州立大学的建立，不仅更好地满足了不同社会群体接受高等教育的需要，而且造成了各州高等教育机构的显著差异性和丰富多样性。这种由美国特有的地方分权的行政管理体制产生的"色彩斑斓"的高等教育生态环境，既是美国高等教育有别于欧洲国家的基本特征，也是赋予美国高等教育以巨大活力的重要因素。

如果说学术法人制度、董事会制度、州立学院和州立大学是这个时期美国高等教育的外在形式的话，那么，这些外在形式包含或从中逐渐形成的价值则成为一种内在特质。北美殖民地学院从欧洲继承了古老的学术法人制度，尽管如此，大西洋两岸的情况还是有显著差异。在欧洲，特许状主要是由最高当局授予，或是皇帝和国王，或是教皇，地方当局无权颁发法人特许状。而在北美，由于不同的殖民地与英国王室的法律关系不同，加之地理位置造成的与母国的疏离，学院特许状来源非常复杂，既有王室特许（如威廉-玛丽学院）、殖民地议会授予（如哈佛学院），也有殖民地总督颁发（如新泽西学院）。这种由殖民地相互独立而带来的特许状颁发主体的多样性造成的直接结果，一方面削弱了特许状的神圣性和权威性，为20世纪前期新学院的大发展奠定了基础；另一方面则产生了经不同主体特许成立的不同学院之间的平等和差异。随着时间的推移，这种差异性最终演变成高等教育丰富的多样性。这些在特定历史条件下形成的不同学院和大学之间的差异性和多样性，正是美国高等教育制度与众不同的基本特征。

更为重要的是,授予特许状的主体的多样性使得不同法人之间的平等关系得以建立,这样就难以产生像牛津大学和剑桥大学独大、垄断学位授予权,从而形成等级森严的学术金字塔的局面。正如《1828年耶鲁报告》所言:"我们的学院不是精准地模仿欧洲大学模式而形成的……欧洲实施君主制政府的政策,将高等教育的好处集中在少数特权地方……但在我们这个国家,共和传统和思想从不允许任何一个地方存在文化的君主。"[3]没有人为造成的学院和大学之间的等级划分,有利于不同学术机构之间的平等竞争,从而赋予整个高等教育以旺盛的活力。一定意义上可以说,多样性构成了美国高等教育的生态环境,平等的相互竞争关系则是维系这个生态环境的主要动力之一(尽管这种竞争在19世纪前期也造成了不同学院为争夺生源而刻意追求校园美化,忽视对教师和教学条件的投入)。这也正是美国高等教育长期发展,最终超越英国、德国,成为高等教育强国的内在动力。

总之,在美国高等教育发展的早期,通过继承欧洲历史遗产和适应本地社会环境的需要而进行的探索,基本形成了较为完整的高等教育体系,并赋予这个体系以清晰的美国特质。尽管与同时期的欧洲(特别是德国)相比,美国高等教育无论在学术水平还是在人才培养质量等方面都存在不小差距,但经过两百多年的持续不断的努力,一种不同于欧洲的、具有鲜明特色的高等教育制度的基础业已建立。正是在这样的基础上,南北战争后,在规模高速且持续扩张的同时,美国高等教育的质量和学术声誉显著提升,最终在二战后一跃成为世界高等教育强国。

一个奠定了美国高等教育发展历史基础的时期,似乎应是一部凯歌行进、波澜壮阔、荡气回肠的宏大史诗。但实际上,无论是与南北战争到二战前的高等教育扩张与提升时期相比,还是与二战后大半个世纪高等教育的革新与调整时期相比,美国高等教育的早期历史都是一段充满艰辛、磨难和曲折的历史,是一段筚路蓝缕、崎岖坎坷的旅程,也是一部艰苦卓绝的创业史。难以想象,这些当今世界众星捧月的一流大学却有着穷困潦倒的早期岁月。所有殖民地学院的建立和早期岁月都充满了艰辛、困难和挫折，或长期得不到特许状，或经费短缺，或缺少办学空间，或校舍简陋，甚至于没有足够的学生。总之，都面临政治、法律、经济、宗教、社会等方面的严峻挑战。对于殖民地学院而言，其中任何因素的变化，都足以使其夭折，甚至一个偶然事件都足以从根本上改变一个学院的命运。

美国独立后，这些学院的生存问题不仅没有因新国家的建立而很快得到解决，反而面临更为复杂和严峻的形势：既要从独立战争造成的破坏中恢复重建，又要调整与新建国家的关系，重新确立与本教派的关系，还要采取各种措施，妥善克服迫在眉睫的财政困难，时刻提防各州政府干预学院事务、控制学院乃至使其公立化的企图。在这个过程中，曾上演了一幕幕跌宕起伏、惊心动魄的悲喜剧。杰弗逊和弗吉尼亚州政府试图对威廉-玛丽学院的改造和学院采取的抵制、新罕布什尔州试图改变达特茅斯学院的法律属性引发的"达特茅斯学院案"，从不同侧面反映了这些学院所面临的艰难处境。

对新的高等教育的探索而言，美国独立也没有很快形成有利的社会环境和社会条件。建国初期，政府与教会的关系、联邦与各州的关系、政党之间的关系、教会与教会的关系、学院与政府的关系、学院与社区的关系等，都处于调适、磨合和重建过程中。在这个过程中，不仅老的学院处于困境，各种关于高等教育的新的努力、尝试和探索同样举步维艰。从华盛顿1790年第一次国情咨文提出建立国立大学到1825年约翰·昆西·亚当斯国情咨文重提兴建国立大学，前后35年，历经美国前六任总统中的五任（从华盛顿、杰弗逊、麦迪逊、詹姆斯·门罗到亚当斯），结果不了了之，无果而终。以华盛顿、杰弗逊等人当时的崇高威望和巨大影响力及本杰明·拉什和乔尔·巴洛等社会名流的不断呼吁，竟然都难以推动大学的建立，可见其包含极为复杂的联邦与各州之间、州与州之间的利益冲突。

如果说国立大学涉及联邦与州之间、州与州之间的利益博弈，因而盘根错节，难以达成共识，那么，在州内建立公立大学似乎容易得多。事实并非如此。弗吉尼亚州立大学的酝酿和筹备过程显示，建立州立大学的难度其实不比国立大学小。从1800年杰弗逊提出在弗吉尼亚州建立一所公立大学的设想到1819年弗吉尼亚州议会通过建立公立大学的立法，再到

1825 年弗吉尼亚大学正式开办，前后长达 25 年，历尽坎坷。其艰辛与甘苦或许只有杰弗逊等亲历者才能体会得到。这或许是为什么曾经担任美国第一任国务卿、第二任副总统及第三任总统的杰出人物，会将自己晚年的全部精力投入弗吉尼亚大学的筹备和建设，以耄耋之年，对弗吉尼亚大学各项建设殚精竭虑、事必躬亲的主要原因，或许也是杰弗逊将创办弗吉尼亚大学作为一生最为重要的事业之一，并将其与起草《独立宣言》和《弗吉尼亚宗教自由法》相提并论的原因之一。

在美国高等教育早期阶段，不仅创业艰难，对已有机构和事物进行改变、革新同样不易。韦兰德在布朗大学的改革、塔潘在密歇根大学的革新，虽然在一段时间内都得到了董事会的支持，且充分反映了美国高等教育发展的基本方向，但都无疾而终，两位校长都黯然离职。甚至课程改革这样微观层面的变化，也历经磨难。从 19 世纪 20 年代哈佛大学开始试行选修制到后来多所学院进行的平行课程和不完全课程探索，或半途而废（如哈佛 1825 年改革），或功败垂成（如阿姆赫斯特学院的平行课程计划）。《1812 年耶鲁报告》是 19 世纪前期美国学院和大学课程改革为数不多的产生了具体结果的实例之一，也引起了广泛的争论。

从 19 世纪初到南北战争前的大半个世纪，美国高等教育演变过程中较为罕见的、称得上一帆风顺的变化是大量学院在短时间内急剧增加。19 世纪初，美国共有 20 所学院和大学，十年后增加了一倍；19 世纪 20 年代末，学院和大学总数超过 100 所；19 世纪中期，则达到 200 所。[4]这些学院大多为教派所办。1830 年至 1861 年美国出现的 133 所新学院都与各教派有着一定的联系，教派兴学的势头可见一斑。[5]但是，由于各教派办学的主要目的是争夺更多信众，许多学院仓促上马，缺乏系统筹划和后续支持，因此，很快就关闭了。时任纳什维尔大学校长的林德塞（Phillip Lindsey）曾说："各类学院在我们富饶的土地上像蘑菇一样快速生长，它们喧嚣一天后就很快无影无息了。"由于学院来去匆匆，以至于很难准确统计这个时期学院的数量。有学者认为，在南北战争前创办的学院中，至今仍存在的只占 20%，而倒闭的学院数则占 80%。[7]因此，霍夫斯塔特（RichardHofstadter）和梅茨格（Walter P. Metzger）等人将美国建国至南北战争前的半个多世纪称作高等教育"大衰退"时期。

总之，美国高等教育的奠基时期是一个漫长的艰难创业的过程。正是在这个曲折过程中，美国高等教育制度的结构初步确立，基本特征业已形成。这一切为即将到来的19世纪后期大发展做好了充分的准备，积累了足够的能量。

为什么美国高等教育早期史是一部艰难、悲壮的创业史？由于这个问题本身的复杂性，难以穷尽所有因素，因此，只能从主要方面加以分析。

首先，从高等教育机构建立的过程看，殖民地学院与欧洲绝大多数古老大学存在显著差异。博洛尼亚大学、萨莱诺大学、巴黎大学、牛津大学等欧洲古老大学，在正式成为大学之前，都经历了长期的自然演化过程，它们都是自然衍生的结果。在被授予特许状、成为正式学术法人之前，这些城市的知识传播活动已持续了多年。博洛尼亚早已是法律研究的中心，萨莱诺是闻名遐迩的医学研究重镇，巴黎是神学研究的圣地。牛津虽然难以与上述城市相比，但在大学建立之前，也已有了一定规模的学者聚集，有了较为频繁的教学活动。因此，对这些古老的大学而言，获得特许状、建立大学实际上是赋予已存在的人群和活动以组织的形式和法律的认可。在自然演化过程中，通常是在知识传播活动进展到一定阶段、参与知识传播的主体既感受到建立机构的需要，又具备了建立机构的必要条件，才设法通过各种途径争取获得特许状。这个过程通常较为漫长。在这个过程中，制约机构建立的各种障碍和困难往往会在时间的流逝中逐渐被弱化、稀释或消除，至少不会同时聚集在较短时间内发生作用。因此，欧洲古老大学的建立表面看似乎没有遇到严峻挑战，一切似乎水到渠成，但实际上是水滴石穿的结果，无数困难都在时间流逝中被逐渐化解。

北美殖民地学院（某种程度上也包括最早的州立学院和州立大学及19世纪前期相继建立的教派学院）完全是人造的产物，是某种信条、信念、认识或利益支配产生的结果。当马萨诸塞州议会决定建立哈佛学院时，马萨诸塞殖民地既没有前期的知识传播活动，也不存在具有接受高等教育需要的人群、不具备举办高等教育所有必要的基本条件，包括学校用地、校舍、经费、图书，更缺乏能从事"高深知识"传授的师资。尽管当时殖民地有数十位毕业于牛津大学和剑桥大学的校友，但他们都从事神职、法律、商业和公共事务管理。所以，哈佛学院的建立几乎完全是在不具有任何客观条件和客观需要前提下的平地起高楼之举，完全是清教徒对欧洲文明将在北美大陆失传的恐惧及传播本派教义的需要等精神力量的产物，是草创的结果。其他殖民地学院（尤其是稍晚建立的费城学院、国王学院和罗德岛学院）建立时的主客观条件虽已明显改善，但这些学院的建立实际上主要是人的意志、信念和需要的产物。另一方面，虽然发起创建哈佛学院的人士和早期董事会成员中不乏牛津大学和剑桥大学的校友，但他们在其母校大多只有学生的经历，而无直接从事学院管理的经验。更为重要的是，无论是殖民地学院还是州立学院和州立大学，都是在一种完全不同于英国的社会环境下进行的高等教育试验，并无多少成法可以遵循，一切都需要重新探索、尝试。这客观上加大了学院和大学建设的难度。

由于先天不足，造成了殖民地学院建校后大多命运多舛。所有殖民地学院开办初期，都面临这样那样的困难、障碍和艰辛。校舍简陋（甚至没有校舍）、学生不足、师资匮乏、经费短缺，是所有殖民地学院（包括部分建立较早的州立学院和州立大学及诸多教派学院）长时间共同面临的问题，更不用说学院内部管理和运行、处理校外董事会与校长的关系及师生间的关系，处理学院和外部的关系等方面遭遇的复杂矛盾和困难。

其次，客观社会条件造成了殖民地学院发展的艰难。1636—1862年的两百多年间，北美大陆发生了巨大变化，从英属北美殖民地到美利坚合众国的建立，从邦联到联邦，从农业社会开始向工业社会过渡，等等。此外，这期间还先后发生了独立战争和第二次美英战争（1812—1815年）。所有这些，都不同程度地对高等教育变迁的方向、轨迹和节奏产生了影响，使高等教育的发展变得更为艰难。如独立战争使大多数殖民地学院的校舍都遭到了不同程度的毁坏，教学活动被迫停顿，师生逃亡，图书散失，捐赠中断。前期建设所取得的成果几乎毁于一旦。美国独立后，这些学院进入一个较长时间的艰难恢复期，同时面临如何重建与新建国家和社会关系的考验。19世纪初开始，这些"资历"不浅但"家底"不足的老学院又面临工业化、科学发展所产生的新的社会需要的挑战，迫使其做出必要的改变。但另一方面，无论是社会还是学院，都缺乏基本的条件为这种改变提供支持。最尖锐的矛盾是经费拮据。美国建国初期，百废待兴，无论是政府、教会还是民间，都缺乏足够的财力为学院和大学提供必要的经费支持，致使许多改革的努力难以为继。选修制、平行课程和不完全课程之所以举步维艰，既是由于不同知识价值观的冲突，也是因为经费短缺，难以聘请足够的师资、开设足够的课程和购置足够的图书。教学方法的改革同样也面临经费短缺、不能购置必要的仪器设备等困境。

文化教育基础的薄弱、中等教育不足造成的高等教育社会需求严重不足，是长期制约这个时期高等教育发展的重要因素。此外，缺乏数量充足的师资，同样是直接阻碍高等教育发展的重要因素。很长时间内，北美地区人才匮乏，又因为远离欧洲，难以聘请到足够数量的欧洲饱学之士任教。另一方面，由于美国的学院和大学长期维持很小的学生规模，且只能授予学士学位，因而难以自行培养足够的人才扩大教师资源。直到1800年，原有殖民地学院一年毕业的学生仅100人。[8] 1850年，美国学院和大学的平均学生数维持在50人左右。[9]

再次，社会环境使学院和大学处于错综复杂的社会关系之中，很大程度上制约着学院和大学充分行使学术法人的独立性和自治权。欧洲古老大学本质上是一种学者行会，由校内人士组成的评议会或相关组织实施管理。大学具有足够的能力自行把握发展方向。美国的学院和大学则完全不同。由校外人士组成的董事会掌握控制权，使美国的学院和大学与社会保持密切的联系。这似乎是一种积极的现象，但凡事总有利有弊。与社会的密切联系有助于高等教育机构及时察觉社会的需要，并进行相应调整；另一方面，这种联系使高等教育机构易于受社会各种因素的干扰，尤其当高等教育机构处于新生阶段时更是如此。美国社会的特殊性造成的异常复杂的社会结构进一步加大了高等教育与社会关系的复杂性。

欧洲国家存在着中央政府与地方政府、政府与教会、大学与社区的矛盾。在美国，政府关系方面，既有联邦政府不同部门间的关系，有联邦政府与各州政府的关系，还存在各州之间的关系；各州内部，又存在着不同地方的关系。另外，由于美国教派林立，政府与教会的关系远比欧洲国家具有更大的复杂性；同时，又存在同样复杂的教派之间的关系。不仅如此，由于美国是移民国家，来自不同国家的移民群体之间的关系同样影响着高等教育机构的运行。因此，美国的高等教育机构是在一个远比欧洲大学更为错综复杂的社会关系网络中生存和发展的。这个时期一系列重大事件很好地诠释了上述判断。"达特茅斯学院案"原本是学院内部事务，是校长和董事会之间的矛盾，这种矛盾在殖民地学院历史上经常发生。但是，由于新罕布什尔州政府、议会和法院的介入，尤其是因为民主-共和党和联邦党人的涉足，使局部的问题演化为全国性的问题，使教育的问题上升为政治问题、法律问题。同样，国立大学的无疾而终一定程度上也与各种利益冲突相关。教派学院短时间内剧增，又很快消退的潮汐现象则与教会之间的竞争相连。甚至学院的课程改革也常受各种因素的制约，韦兰德在布朗大学、塔潘在密歇根大学推行的课程改革之所以夭折，也是不同利益相关者之间冲突的结果。

参考文献

[1] DURYEA E D. *The Academic Corporation：AHistory of College and University Governing Boards* [M]. New York：Falmer Press，2000，p. 55.

[2] Carnegie Foundation for the Advancement of Teaching. *The Control of the Campus：A Report on the Governance of Higher Education* [R]. A Carnegie Foundation Essay. Washington，D. C：Carnegie Foundation for the Advancement of Teaching，1982，p. 72.

[3] *The Yale Report of* 1828 [R]. New Haven：Hezekiah Howe，1828，p. 20.

[4] [9] BURKE C B. *American Collegiate Populations：ATest of Traditional View* [M]. New York：New York University Press，1982，p. 18，54.

[5] [6] TEWKSBURY D U. *the Founding of American Colleges and Universities Before the Civil War* [M]. Archon Books，1965，p. 72，24.

[7] RICHARDH，METZUER W P. *The Development of Academic Freedom in the United States* [M]. NewYork：Columbia University Press，1955，pp. 211-212.

[8] RUDOLPHF. *Curriculum：AHistory of the American Undergraduate Course of Study Since 1636* [M]. San Francisco：Jossey-Bass Publisher，1978，pp. 60-61.

变革中的大学学科排名[①]

——QS[②]世界大学学科排名最新进展与反思

刘 强 潘鹏飞 王玉清[③]

为服务学生的教育选择，从 2004 年起，国际高等教育研究机构 QS（Quacquarelli Symonds）每年发布 QS 世界大学排名，2011 年起又推出 QS 世界大学学科排名，帮助国际学生进行决策。

起初世界大学排名只在小范围内为学生与家长的选择提供参考，然而伴随着高等教育的大众化和世界范围内高等教育规模的扩张[1]，大学排名日益成为社会舆论关注的焦点，深深影响着世界高等教育的改革与发展。尽管自产生之初就不断有对排名的方法和潜在影响的质疑，但是人们还是在逐渐接受排名，并且开始认同大学排名在突出"学术成就的关键方面"发挥了有价值的作用。[2] 排名给领先高校带来的"光环效应"（Halo Effect），使得大学开始变得更加重视绩效责任、战略目标的设定以及为学生和家长及其他利益相关者提供可比的信息。[3]

然而由于大学类别和使命的多样化，大学排名并不能帮助高校精准地

---

① 本文系教育部人文社会科学研究青年基金项目"世界主要国家教育财政比较与中国借鉴"（项目编号：12YJC880060）的阶段性成果。

② QS（Quacquarelli Symonds），成立于 1990 年，总部设在伦敦，是高等教育、职业信息、自主研发和解决方案的全球领先提供商。该机构的活动范围横跨 50 个国家，与全球超过 2000 个国际大学和商学院开展积极合作。

③ 作者简介：刘强，北京师范大学国际与比较教育研究院副教授；潘鹏飞，北京师范大学教育学部教育经济研究所硕士研究生；王玉清，北京师范大学国际与比较教育研究院硕士研究生。

定位"真正的同行"。[4]每个大学都有独特的价值使命，不同学科发展之间也存在巨大差异，作为大学教学、科研、服务社会的基本单元，学科层次上的排名有着更大的现实意义。如 QS 研究部主管 Ben Sowter 所说，"如果大学排名是以广角视图展现大学发展全景，QS 世界大学学科排名则希望在学科的层面揭示一组更为丰富翔实的信息"[5]。学科水平是一所大学核心竞争力的集中体现，学科特色也是一所大学的办学特色体现，一所大学综合实力的竞争，实质上是学科的竞争。[6]

增加学科视角成为大学排名的发展趋势，在目前国际世界三大排名中，上海交通大学发布的世界大学学术排名（ARWU）、《泰晤士高等教育》（Times Higher Education）发布的 THE 世界大学排名以及 QS 发布的世界大学排名均发布了按学科领域分类的排名。在国内，教育部学位与研究生教育发展中心于 2002 年起，在全国开展了学科评估工作，帮助参评单位了解学科现状、促进学科内涵建设，同时为学生选报专业提供参考。然而作为世界范围内唯一具有学科领域下细分学科的 QS 世界大学学科排名，其对国内世界一流大学学科的建设有着重要的启示意义。

一、QS 世界大学学科排名评价对象

2015 年发布的第五版 QS 世界大学学科排名中，通过对 1 亿多条引文出处的分析、14000 多个大学提供的项目信息的验证，QS 对纳入学科评估的全球 3551 所大学中的 894 所院校进行了排名。

QS 以 QS 世界大学学术声誉调查数据库、QS 世界大学雇主声誉调查数据库和世界最大文摘和引文数据库"Scopus"三个大型数据库所提供的大学学科数据为基础，确立了进行世界大学学科排名的 5 个学科领域的 36 个学科（见表 1）。其中艺术与设计、建筑学、牙科学、兽医学、商业与管理以及发展研究为 2015 年 QS 学科排名的新增专业。

表1 2015年QS世界大学学科排名进入学科排名的机构数量和最新公布排名的机构数量

学科领域	学科	进入排名机构数	公布具体排名机构数	学科领域	学科	进入排名机构数	公布具体排名机构数
人文艺术学科	艺术与设计	1126	100	自然科学	物理学和天文学	949	400
	英语语言与文学	490	300		数学	911	400
	历史学	507	200		环境科学	907	300
	语言学	597	200		地球与海洋科学	668	200
	现代语言	1178	300		化学	900	400
	哲学	511	200		材料科学	747	200
工程技术学科	建筑学	475	100	社会科学	地理	478	200
	化学工程学	661	200		会计与金融	488	200
	土木及结构工程学	486	200		商业与管理	864	200
	计算机科学	995	400		新闻学和传媒艺术学	501	200
	电子与电子工程	835	300		发展研究	387	100
	机械、航空与制造工程	657	300		经济学与计量经济学	744	200
生命科学与医学学科	农学与林学	670	200		教育学	733	200
	生物科学	928	400		法学	584	200
	牙科学	292	50		政治学与国际研究	508	200
	医学	736	400		社会学	558	200
	药剂学与药理学	499	200		统计学	559	200
	心理学	611	200				
	兽医学	327	50				

资料来源：http://www.iu.qs.com/university-rankings/subject-tables/（2015-05-25）。

在专业遴选过程中，QS 对入选的学科设置了三大标准：（1）包含重点高校：QS 所进行的调查包括了在该学科领域的所有重点高校，无论它们是否期望被列入到 QS 世界大学排名中。（2）学者的回复水平：学科必须吸引足够多的学者回复。（3）衡量指标的总体适用性：运用于学科排名中的指标和方法被证明在突出优秀学科方面是恰当和有效的。而高校只有在满足了声誉调查指标、5 年内该学科发表论文数量高于规定最低数量，并且开设了该学科课程时才能进入该学科排名。

二、QS 世界大学学科排名指标体系

（一）数据来源

QS 世界大学学科排名采用学术声誉（Academic Reputation，简称"AR"）、雇主声誉（Employer Reputation，简称"ER"）、篇均论文引用率（Citation Per Paper，简称"CPP"）和 H 指数（H-index）四个指标。其中，学术声誉和雇主声誉的调查数据分别来自 QS 世界大学学术声誉调查数据库和 QS 世界大学雇主声誉调查数据库。篇均论文引用率和 H 指数数据来自 Scopus 数据库，旨在考查高校某一学科的学术影响力。

独特的世界学者与毕业生雇主调查是 QS 世界大学排名的基石，经过逐年改革，目前参与两项调查的受访者总共有以下七大来源（见表 2）：

表 2 QS 全球大学学术声誉和雇主声誉的受访者来源[7]

来源	解释	AR	ER
历届受访者	邀请 2004 年以来历届受访者继续提供他们的最新见解	√	√
世界科技出版公司	QS 基于学科和地域代表性，从中抽取了 18 万份数据。但由于数据有效性的逐年下降，2011 年起 QS 更多从 Mardev 名单中获取信息	√	×
Mardev-DM2	QS 公司 2014 年从中抽取了 20 万条记录	√	×

续表

来源	解释	AR	ER
学术注册	QS 公司在 2010 年开发了一个学术注册（Academic Signup）程序，吸引学者积极参与学术调查，目前已有 2.5 万名注册学者	√	×
大学提供的名单	QS 公司要求受访大学提供一份雇主名单和相关学者名单。所提交的名单在接受审查后，由 QS 对名单中的受访者进行随机抽样	√	√
QS 数据库	QS 在 20 多年的运作中已建立一个全球主要市场的雇主信息库	×	√
QS 合作伙伴	QS 有包括国际传媒组织和就业门户网站在内的合作伙伴，由他们帮助 QS 发放调查邀请	×	√

注：①AR：学术声誉调查；ER：雇主声誉调查。②"√"表示选用此途径；"×"表示不选用此途径。

（二）指标介绍

1. 学术声誉

自 2011 年推出 QS 世界大学学科排名以来，学术声誉一直是该排名的核心指标。2015 年，学术声誉调查共收到 85062 份回复。参与 AR 调查的被访者必须提供四类信息：个人信息（姓名、联系方式、职位和所在单位等）、知识专长（最了解的国家、区域和最熟悉的学科领域，至多选择两个学科领域）、顶尖大学（在熟悉学科领域下列举不超过 5 个学科，并列举自己所在机构以外的各学科中最优秀的大学，其中国内大学不超过 10 个，国际大学不超过 30 个）、其他相关信息（从 2012 年开始重视针对某一特定学科向专业研究人员进行意见征集）。

虽然世界大学综合排名和学科排名采用的是同一学术声誉调查数据，但在学科排名中，主要是根据受访者所擅长的学科领域筛选专家，并通过分析 AR 调查的结果产生新的学科排名。在 AR 调查中，受访者最多可以选择两个自己擅长的学科领域，而在结果处理中选择一个擅长学科领域的受访者的回复将被赋予更高权重。

表 3（见 471 页）显示了每一个入选学科的 AR 回复数量以及 ER 回复数量。QS 强调学科的国际声誉，因此会对国际学者的回复结果赋予双倍于国内学者的权重，以更好地识别学科领域中具有国际影响力的大学。与此同时，权重同样也被用于平衡地区的代表性。

2. 雇主声誉

QS 世界大学排名一个独特之处就是以实际就业能力（Employability）作为评估一所国际大学的关键因素。2015 年，QS 雇主声誉调查收到 41910 份问卷。参与 ER 调查的雇主同样被要求列举最能满足他们招聘需求的至多 10 个国内大学和 30 个国际大学，并列举自己更倾向录用的专业。通过这两个交叉问题的分析，推断出某一学科的优秀程度。此外，考虑到毕业生工作与专业不对口的现象，录用员工时不考虑专业背景以及录用专业范围超出 QS 排名涉及专业的用人单位也在本调查的范畴内，但是降低了这类雇主回复的权重系数，仅设定为 0.1。而对于从学科大类（例如社会科学）雇用毕业生的用人单位，其回复的权重系数被设为 0.25。从 2012 年起，QS 更加关注只对特定学科感兴趣的雇主的意见，其回复的权重系数被设定为 2。

雇主声誉调查与学术声誉调查的调查原则基本类似，也更加看重国际声誉，唯一不同的是雇主声誉不区分学科领域。因为许多学生的职业生涯道路与他们的专业间接相关。许多工程学专业的学生会成为会计师，但很少有历史学科的学生最终从事与他们的学科密切相关的职业。然而根据 QS 举办的分组座谈和学生的反馈，就业前景仍是学生在选择学科或大学时考虑的关键因素，无论他们所设想的职业与所选择就读的学科是否直接相关。

3. 篇均论文引用率

在学科排名中 QS 使用了篇均论文引用率作为衡量研究质量的指标之一。Scopus 数据库中的期刊都被标记了 ASJC（所有科学期刊分类）代码，用于识别期刊的主要学科方向（跨学科期刊除外）。在此基础上，QS 汇总了 2009 年到 2013 年论文数量及其引用情况，得出在某一学科论文数量和质量的指标。

由于一些学科在 Scopus 数据库中的文献数量不同，因此 QS 对每一个学科都设定了不同的论文数量阈值，以避免因少量高频引用的论文而引起的异常情况。与此同时，不同学科的发表类型也千差万别，如 2009—2013 年间，化学学科引文索引数量为 4432009 篇；英语语言与文学学科却只有 5352 篇。为了更好地反映学科的主要出版物和引用模式，该指标也设定了最低出版物阈值和权重。如果某学科论文篇数达不到 6000 篇，则不适用论文引用数量指标。

QS 还采取了一些质量保障措施，比如引用自己的论文不被统计在内、交叉学科的论文不被统计在内等。为了克服某一学科、某一领域的研究十分突出的高校在与著名综合型大学比较的过程中被低估的现象，QS 增加了一些统计数据的权重，比如，只回复单一学科的学术意见、仅录用某一特定学科毕业生的雇主意见、特定专业领域期刊论文的发表数量等，这也有助于提高专门学科科研机构的学术声誉。

表3　QS 世界大学学科排名指数权重及其 AR、ER 回复情况

学科领域	学科	AR 回复情况	ER 回复情况	AR 权重	ER 权重	CPP 权重	H 指数权重
人文艺术学科	艺术与设计	1199	2023	90%	10%	0%	0%
	英语语言与文学	1927	1320	80%	10%	10%	0%
	历史学	3583	604	60%	10%	15%	15%
	语言学	2878	114	80%	10%	5%	5%
	现代语言	1616	1057	70%	30%	0%	0%
	哲学	2004	520	75%	5%	10%	10%
工程技术学科	建筑学	2053	868	70%	10%	10%	10%
	化学工程学	2323	2828	40%	30%	15%	15%
	土木及结构工程学	2928	3053	40%	30%	15%	15%
	计算机科学	7043	9366	40%	30%	15%	15%
	电子与电子工程	6100	4336	40%	30%	15%	15%
	机械、航空与制造工程	2025	3501	40%	30%	15%	15%

续表

学科领域	学科	AR回复情况	ER回复情况	AR权重	ER权重	CPP权重	H指数权重
生命科学与医学学科	农学与林学	2753	628	50%	10%	20%	20%
	生物科学	6841	1456	40%	10%	25%	25%
	牙科学	648	102	30%	10%	30%	30%
	医学	5257	1570	40%	10%	25%	25%
	药剂学与药理学	1212	636	40%	10%	25%	25%
	心理学	2883	3419	40%	20%	20%	20%
	兽医学	659	244	30%	10%	30%	30%
自然科学	物理学和天文学	6894	1239	40%	20%	20%	20%
	数学	5874	2566	40%	20%	20%	20%
	环境科学	3312	1072	40%	10%	25%	25%
	地球与海洋科学	1937	516	40%	10%	25%	25%
	化学	4720	2543	40%	20%	20%	20%
	材料科学	1926	95	40%	10%	25%	25%
	地理	2205	757	50%	10%	15%	15%
社会科学	会计与金融	2839	11411	50%	30%	10%	10%
	商业与管理	7081	10450	50%	30%	10%	10%
	新闻学和传媒艺术学	1204	4489	50%	10%	20%	20%
	发展研究	765	780	60%	10%	15%	15%
	经济学与计量经济学	4656	7922	40%	20%	20%	20%
	教育学	6077	2057	50%	10%	20%	20%
	法学	3132	4348	50%	30%	5%	15%
	政治学与国际研究	3369	2942	50%	30%	10%	10%
	社会学	2435	831	70%	10%	5%	15%
	统计学	2180	1505	50%	10%	20%	20%

资料来源：http://www.iu.qs.com/university-rankings/subject-tables/（2015-05-25）。AR：学术声誉调查；ER：雇主声誉调查。

4. H 指数

2013 年，QS 世界大学学科排名指标中增加了 H 指数。H 指数是用于衡量的指标。该指数由加利福尼亚大学圣地亚哥分校物理学家 Jorge E. Hirsch 提出，作为确定理论物理学家的相关学术质量的工具，目前也广泛用于科研人员和科研群体的学术产出数量和影响力的评价，即当某科研人员或群体的论文中有 h 篇论文的被引用次数 $\geq$ h，此 h 值为我们所称的 H 指数[8]（见图 2）。

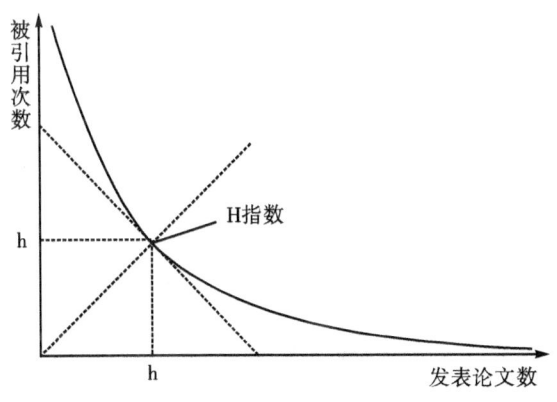

图 2 H 指数示意图

注：图中曲线表示论文数量和被引用量的分布状况，45 度角平分线与该曲线的交点就是 h 值，曲线与两坐标轴围成的区域即为论文的总被引用次数。

H 指数的计算仍然是以期刊所属的学科汇总数据集。为平衡其影响并把焦点集中在专家上，在计算 H1（可归因于既定学科的所有论文）、H2（只归因于某个学科的论文）基础上，将 H2 指标双倍权重，合计后将结果等级化和标准化。不同学科的文章发表和论文引用数量存在的差异显著，限制了 H 指数在综合排名中的使用效果，不过在学科排名中，由于偏差被大体消除，H 指数效果较好。

（三）指标权重

在指标权重方面，由于不同学科的情况不尽相同，论文发表、引用

473

率、接受调查并回馈的被访者数量等因素都不一致，因此在不同学科的排名上，指标所占的权重也不一致。如在生命科学和自然科学的发表数量和引用率远远高于社会科学或人文艺术领域，在医学和英语语言及文学领域同等强调引用率也没有意义。同样，不同学科在雇主调查中的受欢迎程度也大相径庭，同等强调雇主对于经济学和哲学的反馈同样没有意义。表3从5个学科领域的36个学科分析了AR、ER、CPP、H指数四项指标在不同学科中所占的权重，以区分排名中不同学科之间的差异。

（四）数据处理与计算

在数据处理过程中，QS公司主要通过数据筛选和加权处理，并对每项指标取自然对数处理，控制离群值和不恰当的权重对数据结果带来的干扰影响。当所有指标得分均转化为 Z 分数之后，通过线性函数 $y = \sum \omega i \cdot jZxij$，$Zxij$ 表示指标的 Z 分数，ωij 表示与指标 xij 相应的权重系数，$\omega ij \geq 0$ 且 $\sum \omega ij = 1$ 算出最终整体性综合评价值 $y = f (\omega ij, xi) j$ （$y \in [0, 100]$ 且精确到小数点后一位)，并根据 y 值对各个学科进行排序。

三、QS 世界大学学科排名新举措

自 2011 年推出 QS 世界大学学科排名以来，其排名结果在全球广受欢迎，但是也碰到一些问题，例如较之拥有良好综合实力的综合院校，在某一学科中具有突出学科优势的院校的排名被低估。因此，QS 改进了其学科排名方法，以更好地遴选院校在某一学科领域所具有的核心优势，更有效地消除大学综合实力对特定学科排名产生的影响。

在数据处理与计算中，QS 在许多环节对权重进行调整，更加注重具有针对性的回复，使排名结果更加科学。在声誉调查中，对受邀对顶尖大学某一特定学科发表评论的学者的回复、对仅就某一特定学科表达观点的学者的回复、对招聘特定学科毕业生的雇主的回复增加了权重。在论文指标上，对在某一特定学科期刊上发表的论文增加权重，并将在某一特定学科期刊上发表的论文所计算的 H 指数设定为双倍权重。

为进一步消除大学综合排名和相近学科影响力的影响，QS 比较了雇主声誉调查和各个学科领域的学术声誉调查的结果,并以此为基础,进一步调整了相关指标权重。这意味着较之综合实力,那些在特定学科实力突出的院校,其得分被按适当比例强化,而那些在特定学科实力不足的院校,其不足之处也被按适当比例强化。其结果是院校的主要优势学科更加突出,并减少由于综合排名和相邻学科的影响力而产生的影响。

在 2015 年的学科排名中,为了评估更多的学科和大学,最大程度地利用已经回收的学术声誉调查数据和雇主声誉调查数据,QS 将学术声誉调查和雇主声誉调查的数据采集年限延长至 5 年,并分别赋予其 25% 和 50% 的权重。这有助于稳固一些低回复率学科的调查样本,并增加 QS 调查样本的总量。与此同时,QS 进一步改进了 Scopes 数据库文献计量分析方法,以解决仅统计已进行学科分类的论文的情况。

四、QS 世界大学学科排名的反思

对于目前的世界大学学科排名,支持声有,反对声亦有。一方面,支持学科排名是因为该排名在一定程度上满足了学生、政府、大学等高等教育利益相关者的需要,同时也弥补了世界大学排名将大学看成一个整体,忽视各大学办学规模、发展类型、学科多样性等方面的缺陷,从而增强了排名的国际可比性和可操作性。另一方面,反对学科排名则主要对排名过程中理论的建设、方法的运用、指标体系的确定、权重系数的划分以及排名结果的使用等方面存在质疑。

截至目前,发布世界大学学科排名的机构主要有报纸和杂志等媒体、政府部门如教育部或者大学拨款委员会、大学中的科研中心等。不同的排名被赋予了不同的价值判断,世界大学学科排名缺乏科学的理论基础的支持。在方法运用方面,QS 世界大学学科排名采用了定性与定量相结合的评价方式。具体来说,QS 世界大学学科排名采用加权排行,其中主观评价包括学术声誉和雇主声誉,客观评价包括篇均论文引用率和 H 指数等。客观评价指标可以进行量化研究,反复测算。但是,看似科学的评价方法实则依然存在问题,即方法的运用和指标的选择本身就包含了排名设计者的价

值判断。对部分重要且可比的指标进行量化处理，意味着不可比的指标，如公民道德的养成；不可量化处理的指标，如教师的教学质量、学生的发展状况等一些对于大学来说不可或缺的功能都不被纳入到指标体系当中去。

因此若过分依赖排名结果，带来的风险是大学追求的目标是名次本身，而不是质量的提高。若大学仅仅关心排名的表现，而忽视大学的使命，将内部结构治理、师生发展、学科内涵建设置于附庸地位，这样的大学实在难以承担大学的责任。

五、展望：创建世界一流学科的前进方向

作为唯一具有细分学科排名的QS世界大学学科排名是衡量学科发展水平的重要参照，也为国内高校创建世界一流学科提供了前进的方向。

（一）创新教育观念，提升人才培养水平

QS世界大学学科排名主要通过声誉调查衡量学科的人才培养质量。在创建世界一流学科的过程中，国内高校必须要以国外高校同类学科作为参照，用世界一流水平的标准检验人才培养质量，以国际化的视野创新教育念，提升人才培养水平。具有国际水平的人才培养方式需要高校积极推进国际化，加强海外实习基地建设，开设国际暑期学校，扩展交换生计划，邀请海外著名专家讲学，帮助学生提升国际视野，了解学术前沿，提升高校培养的人才的竞争力。

（二）夯实科研整体实力，激发学科内在发展活力

在QS世界大学学科排名指标中，篇均论文引用率和H指数都是用来衡量某一学科科研实力的指标，H指数的引入更是体现了科研评价中更加注重质量的导向。国内高校世界一流学科的创建，必须从实际出发，找到自身的比较优势，凝练学科发展重点，激发内在发展活力。支持教师在英文期刊发表高水平论文，有实力的高校要积极筹办各学科英文学术期刊，并争取被国际知名的科技文献检索系统收录，为科学研究的发展和国际交流提供更高的平台。时刻瞄准学科发展最前沿，发挥各高校引进世界一流

学者的优势，带动一批高水平学术成果的产生，进而构建良好的学术生态系统。

（三）提升国际显示度，扩大国际影响力

国际显示度是体现学科发展的关键指标之一，也是影响高校学科发展的重要因素，主要体现为国际同行对学校学科实力的认可。因此在发展策略上，必须坚持"走出去"与"引进来"相结合，加强对教师和学生国际交流的支持，在重要的国际舞台展现学科实力，同时不断加强与国际同行的密切交流与深度合作，主办重要国际学术会议，在国际交往的过程中让国际同行对本校学科实力和人才培养产生认同感。此外，要进一步加强英文网站建设，增加更新频率，方便外界了解本校学科发展动态，联结国际学者、国际组织开展合作项目，扩大国际影响力。

世界一流学科的创建要科学、合理地运用世界大学学科排名，高校的学科建设不能仅围绕着学科排名转，而是要通过学科评估，深度分析学校学科情况，清楚每个学科在国际同类院校的位置以及背后所反映出的优势和不足。要在历史比较与国际视野中，发现差距、分析原因、实现学科的可持续性发展。

参考文献

[1] Salmi, Jami1, and A Lenoush Saroyan. League Tables as Policy Instruments Higher Education Managementand Policy, 2007, 19 (2).

[2] A Itbach, P. G.. The D item m as of Ranking. International Higher Education, 2006, p.42, pp.2-4.

[3] Hazelkom, E. Learning to Live Wish League Tables and Ranking: The Experience of Institutional Leaders Higher Education Policy, 2008, 21 (2).

[4] Hazelkom, E. The in Pact of League Tables and Ranking Systems on Higher Education Decision Making. Higher Education Managementand Policy, 2007, 19 (2).

[5] Ben Sowter Welcome to the 2015 Q S World University Rankings by Subject Report [EB/OL]. http://www.topuniversities.com/system/files/pdf-uploads/wur_by_sttb, xct-2015.pd2015-05-29.

［6］朱振国. 学科评估释放怎样的信号［N］. 光明日报，2013-02-21.

［7］刘强，丁瑞常. QS大学排名体系剖析［J］. 比较教育研究，2013（3）.

［8］赵基明，邱均平，黄凯，刘兵红. 一种新的科学计量指标——h指数及其应用述评［J］. 中国科学基金，2008，1：23-32.

法国创建世界一流大学的政策及其特征[①]

张 惠 刘宝存[②]

"卓越大学计划"（Initiatives d'Excellence），是法国政府2010年出台的旨在创建法国本土世界顶尖大学的政策，该计划力图打造5~10所具有国际竞争力的世界一流大学，提升法国高等教育和研究部门的国际竞争力与知名度。与世界其他国家和地区进行的世界一流大学建设的模式相比，法国是在已具备世界一流竞争力的高等院校、"高等教育与研究集群"与科研机构的基础上进行选拔，通过合并与转化形成协同类型的新型大学。[1]依据现行世界一流大学建设策略分类标准，法国创建世界一流大学政策属于贾米勒·萨尔米所称的协同混合式（Hybrid Formula）与择优提升式（Picking Winners）相结合的方式[2]，基于法国高等教育结构自身特点及经济、文化环境等发展模式构建的。该计划被誉为法国的"常春藤联盟"，是法国近40年来高等教育领域最大力度的改革，在近代法国高等教育中具有里程碑意义。作为法国国家级优先发展战略，该项目对提升法国在欧洲及全球经济与科技环境中的地位和吸引力起着至关重要的作用。

一、法国创建世界一流大学的政策背景

作为近代以来法国着力创建世界一流大学的重大举措，"卓越大学计

[①] 本文是教育部人文社会科学重点研究基地重点项目（13JJn880001）研究成果。
[②] 作者简介：张惠，北京师范大学国际与比较教育研究院博士后研究人员，教育学博士，从事高等教育国际比较研究；刘宝存，北京师范大学国际与比较教育研究院院长，教授，博士生导师，从事比较教育、高等教育研究。

划"出台有其独特的政治、经济、法律及文化背景。

(一) 法国"未来投资计划"国家战略

"卓越大学计划"是法国大型国家工程"未来投资计划(Programmed' Investissements d'Avenir)的重点投资和优先发展项目,其政策制定和项目实施主要依托该工程的整体建构框架和运作模式。"未来投资计划"也称"大贷款"工程(Grand Emprunt),是法国政府2010年推出的斥资350亿欧元的大型国家投资计划,依据2010年9月修订的财政法案实施,初衷是应对2008—2009年波及法国的经济危机和财政危机,由五个子项目组成。[3]该计划旨在不断提高法国生产效率、创新能力及企业竞争力,促进高等教育与培训、科学研究、工业等领域中投资和创新的平等机会,推动经济增长与社会就业。项目前期策划和筹备工作于2009年开始,由两位法国前总理阿兰·马里·朱佩(Alain Marie Juppe)和米歇尔·罗卡尔(Michel Rocard)①联合主持的"朱佩锣卡尔委员会"专门负责项目策划及部署。[4]2009年12月,时任法国总理萨科齐宣布了该计划五个重点投资领域及其拨款金额:高等教育与培训(110亿欧元)、工业部门(50亿欧元)、可持续发展(50亿欧元)、数字经济(45亿欧元)、创新型中小企业(15亿欧元),其中高水平大学建设是项目关注的核心。[5]在2013年7月公布的"未来投资计划"二期工程方案中,"高等教育与研究"领域的项目预算金额为40.15亿欧元,计划在2014年开始启动。

(二) 区域经济发展带动国家经济增长的迫切需求

作为连接高等教育、科研机构与地方企业协同发展的创新实验室,"卓越大学计划"着眼于通过刺激区域经济发展带动国家经济腾飞与生产力发展,在振兴科技生产力与高新技术创新中发挥着科技引擎的作用。2007年,美国次贷危机引发的全球金融危机波及欧洲,法国经济持续衰退。法国多家大型金融机构深陷财务危机,经济实体受到严重冲击,社会

---

① 阿兰·马里·朱佩,曾任法国总理(1995—1997),2002年当选总统多数派联盟主席,2010年出任法国国防部长,2011年出任法国外交部长。米歇尔·罗卡尔,曾任法国社会党政治家、法国社会党第一书记(1993—1994)和法国前总理(1988—1991)。

失业人数剧增。仅 2008 年 10 月的新增失业人口就高达 4.7 万人,创下 1993 年以来最大单月增幅。为应对全球性金融危机和国内经济衰退局面,法国政府斥资 330 亿欧元出台了一系列经济重振计划,实施产业和经济结构调整,通过投资研发、公共补贴及税收减免等优惠政策鼓励高科技研发创新,支持发展拥有先进技术和一定基础设施规模的产业集群,提升就业率和科技竞争力。[6]

(三) 高等教育相关法律及政策

法国前总统尼古拉·萨科齐高度重视高等教育领域的改革,上任伊始便积极采取行动,2007 年 8 月颁布实施的高等教育改革法案《综合大学自由与责任法》(*Projet de Loi Relatif aux Libertes et Responsabilites des Universities*)明确指出,鼓励大学面向社会开放,积极主动融入当地区域社会经济环境,加强与公共、私营企业及科学研究机构的密切合作,丰富融资渠道与路径;鼓励综合大学与大学校、周边国外大学、公共或私人科研机构联合,形成竞争力集群,综合大学有资格申请与上述学校或机构间的合并及优势重组;国家将赋予大学更高自主权,从以往事无巨细地直接管理人转变为大学的合作人、监督人、保证人、资助人,赋予综合大学独立的法律地位和最大限度的自主权,通过对高等教育实施宏观管理和监督,实现国家权力的下放和角色转变。该法进一步巩固了法国大学的独立法人地位和自治权,是法国历史上首次允许建立不设法人的大学、合作基金会,以减免税收的优惠条件吸引捐赠。[7] 2013 年 7 月颁布的《高等教育与研究法》(*Loi Relative d l'Enseignement Superieur et d la Recher-che*),首次将高等教育与科学研究列入统一法律条文。作为指导未来高等教育发展蓝图的革命性法案,该法着重强调高等教育与科研及与经济、社会、文化领域的紧密联系,加强高校与科研机构的人员合作,提升法国大学的科技创新力及欧洲科研项目的法国份额。赋予大学更多自主权,以提升大学效率并强化学院式民主治理。[8][9]

(四) 法国大学集群建设及"校园计划"改革

"卓越大学计划"是基于法国区域高等教育与经济协同发展的"科研

共同体"而开展的,其核心是对临近大学的优势重组,而大学区域性整合建设在法国已有数年积淀,这主要得益于"高等教育与研究集群"(Poles de Recherche et d'Enseignement Superieur)的建设及"校园计划"(Operation Cam-pus)的实施。"高等教育与研究集群"是法国政府于2006年推出的新型组织模式,依据当年出台的科研法(Loi de Programme pour la Recherche),立足于法国"竞争力集群"①(Pole de Competitivite)的构建框架,对全法60多所院校和研究机构进行整合[10],旨在同一区域内实现综合大学、高等专业学校和研究机构的优势重组,提升法国高等教育与科研机构的协调性、国际化程度和吸引力。[11]截至2012年,共有26个"高等教育与研究集群"成立。[12]"校园计划"是法国政府2008年2月启动的斥资50亿欧元的大学校园设施改造项目,针对项目筛选的10个校园集群进行国际一流水平的设施改造,重点对校舍和教学硬件设施进行翻修,提升校园生活环境的质量和科学研究条件,增强对国际学生和国外研究人员的吸引力和国际竞争力,以促进法国大学提升办学质量和世界排名。[13]基于区域资源优势整合的基础并向国际一流大学标准看齐的两项政策的实施和经验积累,为"卓越大学计划"奠定了坚实基础。

(五)重振法国大学世界典范形象

高等教育国际化与全球学生流动的浪潮,促使各国纷纷高度重视一流大学建设,权威机构发布的世界大学排行榜受到前所未有的关注。自2003年世界大学排名兴起后,法国的成绩一直差强人意。2005年,《泰晤士报》和上海交通大学公布的世界前100名大学中,法国分别有5所和4所大学榜上有名,这可谓是法国史上的最好成绩。之后,进入世界前100名的法国大学数量和名次大多在逐年下滑。2008年和2009年,法国这两项世界前100排名中分别只剩2所和3所[14]在《泰晤士报》排名中,巴黎综合理工学院(Ecole Polytechnique)已从2005年的第10位跌至2009年的第36

---

① 竞争力集群是法国政府2005年斥资15亿欧元在各地扶持60多个不同产业的科技园区,特指特定地理范围内,以共同市场或科技研究领域为基础,联合企业、公司或私营研究机构,协同开发以创新为特点的项目,寻求优势互补和竞争力提升。

位。[15] 2007年5月，萨科齐总统上台后，决心改善法国深陷经济与文化危机的局面，重塑法国大学的世界典范形象，提出要高度重视高等教育与科学研究领域的改革，到2012年实现2所大学跻身世界前20名，10所大学跻身前100名的目标，"卓越大学计划"因此应运而生。

二、法国创建世界一流大学的政策内容

"卓越大学计划"的创建及实施始终围绕其明确目标，遵循严格的项目遴选标准，经历了系统的项目审批过程。

（一）目标及任务

"卓越大学计划"有着非常明确而清晰的总目标，即为法国打造5~10所具备国际竞争力和国际视野的世界顶尖大学，能够与剑桥大学、哈佛大学等世界一流大学相媲美，改善法国高校近年来在全球大学排名中不够突出的状况。为此，法国政府决定将现有优质资源进行集中整合，呼吁所有具备资格的院校参与项目征集，以进行下一步全球性竞争。通过两轮竞标的学校将获得共77亿欧元的财政资助。"卓越大学计划"的院校集群是按照法国区域的逻辑进行整合，这些高等教育和研究机构在科教领域享有盛名，其合并目的在于寻求更深层次的整合。为此，"卓越大学计划"为所有参与成员制定了一套全面的政策目标，其重点是：（1）践行管理自治，密切机构衔接。明确学术团体与项目行政管理间的角色；在行政委员会严格控制下，实现管理的高度自治；具备快速应对战略选择及实施的决断力；构建与资源管理、知识产权管理、人力资源管理相适应的管理体系。整合所有成员，有效衔接高中与大学、高等教育机构与研究机构；建立项目与外部企业和投资商密切联系的衔接机制，实施系列举措维护项目所在区域的动态均衡发展。（2）广泛吸纳资源，逐步扩大开放。通过开发创新竞争力的关键工具及流动性资产，获取广泛信息资源，特别是数字资源；提升融资能力，吸引国家预算外资金。提升国际化程度，扩大项目成员及其国际经济等领域合作，特别是项目周边区域的合作伙伴（企业、"竞争力集群"、地方行政区）；促进研究成果的动态增值；促进外语课程开发；

密切发展学生与企业间的联系,包括企业实习、创业培训及就业政策等;开发深入反映校园生活的极富吸引力的政策。(3)对话区域环境,提升卓越竞争力。通过制定并实施"卓越"政策,对项目选拔的(现有或建设中)卓越资源进行优势重组,促进这些科研机构与经济、社会、文化等环境间的相互作用,提升其在欧洲乃至国际高等教育研究领域的吸引力,特别是对优秀学生、国际知名学者与国际一流研究团队的吸引力。同时,致力于促进项目周边区域发展,通过实施创新人才培养、革新治理模式、提升管理效能等方式推进项目周边优势资源的动态协调发展。

根据法国参议院公布的 2014 年财政修订法案,"卓越大学计划"将通过三个指标辅助其目标的实现:到 2017 年,推出 1000 种科学出版物,其引用率总和达到 500;参与项目的研究人员与"卓越大学计划"合作院校及机构公布合作协议;实现招收国外硕士生及博士生的比例增长 10%,在此前国外硕士生招收比例达到 33 %[16]。

(二)项目征集与标准

"卓越大学计划"的项目征集由法国国家研究署(Agence Nationale de la Recherche)负责,国家研究署提供常设基金对其进行资金支持,两轮项目征集分别在 2010 年和 2011 年展开。项目依托"未来投资"计划实施,因此"未来投资"计划中的其他项目遴选措施(如"卓越实验室,IABEX"和"卓越设备,EQUIPEX"计划等)将成为该计划遴选方案的关键因素。项目征集结束后有四年试用期,这期间项目每年获赠资金以非物质财产的方式进行分配,试用期结束后如果符合规定条件,资金将最终决定用于"卓越大学计划"。候选项目应具备以下五项基本特征:一是具有突出科研潜力、极具国际竞争优势的科学生产力及针对自身生产力发展的深入反思能力。采用公共协议招聘高水平研究员,建立与国际一流院校和科研机构的合作关系,汇集大规模数字资源的供应渠道。二是颇具潜力的合作伙伴关系,制定并实施开发与转让政策,强化与学生就业相关的社会经济领域乃至世界经济领域各类机构的伙伴关系。加强本土教育与国际经济、社会、文化等领域的合作。三是具备卓越的教育培训,极强的国际开放度、就业能力及创新能力。通过开发创新项目特别是硕士和博士水平的研究项目，实施与区域发展和社会、经济、文化环境相协调的卓越教育政策，推动终身教育的发展。四是具有国际能见度，广泛开展国际合作，推进国际化进程。深入发展国际教育培训与合作交流，积极制定相关政策，吸引国际一流研究人员及优秀学生。五是较强的实践管理能力与较高的管理质量。

此外，候选项目必须对新的国际竞争环境下的目标及实施标准进行诠释和界定，特别是要明确进行对照的国际院校，在上述五项标准上有变革决心及显著进步。每个项目必须明确各自的改革动力、目标、进程、路径、四年试用期间及其后应承担任务的质量和数量，提供能实现目标的可信论据，确保执行能力。参与项目征集的学校应提交议案详细说明高等教育、科研机构及利益相关者在"卓越大学计划"中特别是人力资源及财政方面的任务分配，明确指出常年合作伙伴的政策特点。

参与竞逐的候选大学按法国省区和地域分为17个，其中6个在巴黎大区：萨克雷联合大学，东巴黎大学，巴黎埃萨姆高等教育与研究群（索邦高等工艺研究院），巴黎科技与文学联合大学，索邦巴黎西岱联合大学以及索邦联合大学；另外11个分布在其他省区，分别是：波尔多、斯特拉斯堡、布列塔尼及南特-昂热-勒芒、勃艮第-弗朗什-孔泰、里昂、里尔、洛林、图卢兹、蒙彼利埃、埃克斯-马赛和格勒诺布尔大学。

（三）项目遴选与审核

"卓越大学计划"项目遴选包括第一阶段（预选拔）和第二阶段（正式选拔）。项目评审由欧洲大学协会（EUA）主席让-马克·拉普（Jean Marc Rapp）教授领导的"国际评审团"负责。[17]为确保项目的整体竞争实力、高层培训与研究的政策引导、高等教育机构的管理、科技创新、企业领导力与变革管理等的项目运作，评审团成员资格筛选非常严格，成员多是国际学术界及经济学界专家（国际专家及长期在国外研究的法国专家），包括"卓越实验室计划"、"卓越设备计划"、"医疗教学研究中心计划"（IHU）、"低碳能源卓越大学计划"（IEED）、"工艺研究中心计划"

(IRT)、"企业技术转换加速计划"(SATT)评审团的主席。"项目投资总署"(CUI)参与评审团的审议,但不具有决议权。[18]"预备项目"与"中标项目"都应根据同样标准详细说明,与评审指标所有必备条件对应。

评审团预选拔阶段的评估标准主要有12项:科学研究的区域竞争力与影响力;科学研究的愿景及质量;教育培训的吸引力与协调力;教育的研究方向与创新性;经济合作及转型与升级能力;政策的欧洲化与国际化程度;管理的可信度与有效性;管理中定向、转换及组织能力;实施路径及程序操作;管理程序与控制的有效性;资源配置模式的质量;人力资源管理政策的目标和活力。[19]其中,前6项指标侧重于战略相关标准,主要涉及院校的科研、教育、开放性及合作性;后6项标准侧重于管理、控制和实施的标准。评审团负责编制项目报告,尤其侧重于项目及相关合作伙伴的实施成效、目标水平和可信度。

进入正式选拔阶段后,评审的标准将更加详细和严格,主要集中于教育与研究的卓越性、管理的有效性及公立与私立研究机构的合作强度。具体包括四个方面:(1)项目目标与整体协调。尤其是科学研究与教学和培训的协调;项目规划与实施涉及组织、人力资源和项目运作方面的协调。特别关注项目内部资源配置模式与总体战略部署间的协调,并及时跟踪审查。(2)项目的卓越性。一是科研质量:拥有若干达到国际顶尖水准的优秀学科;对博士研究生和研究人员有创新性人力资源政策;在项目目标、吸引力、周边区域及因技术革新而推动的结构效应等方面实现数字化资源共享,以提升科学生产力。二是政策及教育培训的质量:拥有达到国际水准的极富吸引力的卓越课程(培训课程和教学内容的创新)、招生及国际化的质量、科研与教学间的联系、评估方法与包容性的联系),特别是硕士和博士阶段课程。项目周边区域的培训结构及其与项目的衔接,该区域的创新能力;整体教育供给的效果及影响:学士、硕士、博士三层面的教育活动及与学士阶段相连的其他职业活动的连锁效应。三是竞争力与参与度。项目对国家经济结构及社会、经济、文化领域的潜在影响;与当前社会经济环境、经济结构及合作项目("竞争力集群")的关系以及项目的目标、项目合作方的参与度。(3)项目管理与变革发展。一是追求高度自治及均衡治理，尤其在处理学术和行政事务的角色分配上，在董事会严格监控下，逐步面向市场，对外来专家广泛开放。二是通过为项目利益相关者提供长期可持续发展的结构性目标，更好地整合人力资源，并最大程度简化行政管理格局，同时力求使各项目点的科研实力与日俱增，提高国际知名度。(4) 项目执行能力的可信度。一是关注项目人力资源及资金的实体资源和动态资源配置，确保其内部流程顺利运转及在多重职能下卓越性能的发挥。二是项目实施区域中资金的有效利用率。三是招生质量及国际竞争力水平取决于是否制定了与实施策略一致的、大胆而严谨的人力资源政策。四是执行能力可信度的参考路径：提交长期融资计划书，包含项目实施运作方案及进度，项目4~10年内要实现的目标（科学成就、项目开发进度、教育政策和国际化程度）。五是项目资源配置各利益相关者的关联性与参与度。

评审团不仅注重项目的科学素质，还关注其应对意外情况（管理模式、组织结构）的变革能力，高等教育和研究活动质量的连锁反应能力及其对社会经济环境的影响力和国际吸引力。评估的关键标准涉及项目如何定义其4年或10年的阶段性目标、组织、管理、战略及信誉。考虑"未来投资计划"其他项目征集的结果（包括LABEX、EQUIPEX、IHU、Sante-Biotech、IRT、IEED、SATT、Carnot），对他们的贡献进行说明。此外，评审团还评估候选项目的整体协调性、总体实施战略、执行能力和治理能力。

"卓越大学计划"第一轮竞选结果由法国时任高等教育与研究部部长洛朗·沃基（Laurent Wau-quiez）2011年7月4日在波尔多正式公布，经过评审团对17个候选大学的初步审核，7所大学进入首轮项目的正式选拔，最后波尔多大学、斯特拉斯堡大学以及巴黎科技与文学联合大学三校胜出。第二轮项目征集预选拔阶段结束后，评审团主席让-马克·普拉建议督导委员会保留5个项目提案，获督导委员会批准。11个入围项目将在标书审核的基础上接受评审，并在提交第二轮竞标资格后参与2012年3月"全体候选项目听证会"，弗朗索瓦·菲永政府宣布了第二轮竞选结果，包括5所大学：索邦大学、索邦巴黎西岱联合大学、巴黎-萨克雷大学、马赛大学和图卢兹大学。

（四）经费分配

"卓越大学计划"由法国专门负责国家项目融资及实施的国家研究署负责。国家研究署2010年被指定为国家投资总署（Commissariat Ueneral d l' In-vestissement）的主要运营商，负责"未来投资计划"首期工程中高等教育与研究领域的相关项目。国家研究署提供常设基金对其进行资金支持，总投资金额77亿欧元。评审团意见的项目评审报告公示后，督导委员会将依据项目投资署提供的行动方案，指定投资收益方，并提供投资金额分配方案。国家总理在征求项目投资署的意见后，最终确定中标项目名单及资金分配。项目征集结束后有4年试用期，这期间项目每年获赠资金以非物质财产的方式进行分配，试用期结束后，如果符合规定条件，资金将最终落实到各项目点。

"卓越大学计划"首轮竞选中标的3所大学所获资助金额分配见表1[20]。第二轮遴选后胜出的5所学校同首轮胜出的3所学校一样，在一个月内分别获得1000万欧元贷款及"卓越实验室计划"10%的预付资金，"卓越实验室计划"也通过这种方式资助"卓越大学计划"。

根据法国国家财政法2010年3月9日颁布的2010-237号修正案，为"卓越大学计划"提供资助的77亿欧元的非固定资产投入使用。[21]非固定资产基金将在第一时间由国家研究署保管，按国家研究署和最终受益方共同签订的协议，这些基金产生的财政收益将支付给最终受益方。如果4年后未得到让人满意的评估结果，政府将延长其试用期或终比其项目实施，这种情况下，其非固定资产的收益将被收回。为达到较高标准的遴选要求，项目为优秀学校的集中选拔提供了专项财政征集方案，为项目的广泛开展提供特殊资金支持，对各子项目具有突出贡献的行动予以专门资助。计划同时调动项目资金及拨给现有子项目各机构的可循环流动资金。为给项目建设的各种可能开销留出充裕的自由空间，法国政府专门出台《"卓越大学计划"项目征集协助条例》。考虑到"卓越实验室计划"和"卓越创新培训计划"，总资助金额由最初的77亿欧元调整为63.5亿欧元。截至

2014年，31亿欧元的"卓越大学计划"项目经费已投入运行。作为国家融资的竞争方式，项目将在法国总统弗朗索瓦·奥朗德主持下继续实施。2014年1月30日，法国总统在斯特拉斯堡大学访问期间，宣布出资20亿欧元资助新一轮计划。

表1 "卓越大学计划"中标项目及获赠金额

所属大区	大学名称	创建机构及优势学科	资助金额（亿欧元）
阿基坦	波尔多"卓越"项目点（Idex Bordeaux）	波尔多大学集群：波尔多一大（数学/物理）；波尔多二大（生命/人类/医疗）；波尔多三大（考古/地理）；波尔多四大（法律/政治）；波尔多政治学院	7
阿尔萨斯	斯特拉斯堡大学（UNISTRA）	斯特拉斯堡联大：斯特拉斯堡一大（生物/化学）；斯特拉斯堡二大（管理/人文）；斯特拉斯堡三大（政治/法律）	7.5
巴黎	巴黎科学与文学联合大学（PSL．*Idex）	巴黎科学与文学联大：巴黎高等师范学院；法兰西公学院；巴黎高等物理化工学院；巴黎国立高等化学学院	7.5
普罗旺斯	埃克斯-马赛"卓越"项目点（A*MIDEX）	埃克斯-马赛大学集群：普罗旺斯大学（文学/艺术）；地中海大学（医学/理工）；保罗-塞尚大学（管理/法律）	7.5
南比利牛斯	图卢兹大学（UNITI）	图卢兹大学集群：图卢兹一大（法律/经济）；图卢兹二大（文学/艺术）；图卢兹三大（理学/医疗）	7.5

续表

所属大区	大学名称	创建机构及优势学科	资助金额（亿欧元）
巴黎	索邦-巴黎-西岱联合大学（USPC）	索邦-巴黎-西岱集群：巴黎三大（语言/文学）；巴黎五大（医学/药学）；巴黎七大（理学/医学）；巴黎十三大（社会/法律）；巴黎地球物理学院；巴黎政治学院；公共健康高级研究院；巴黎东方语言文化学院	8
巴黎	索邦联合大学（SUPER）	索邦大学集群：巴黎四大（语言/哲学）；巴黎六大（数学/物理）；贡比涅技术大学（工程/计算机）；欧洲工商管理学院；巴黎自然历史博物馆；国家科学研究中心；国家卫生及医学研究中心；国家研究发展署	9
巴黎	巴黎-萨克雷"卓越"项目点（IPS）	巴黎-萨克雷科研院校合作基地：巴黎十一大（理学/工）；凡尔赛大学（管理/信息）；巴黎综合理工学院等11个高等职业学院；国立中央科学研究所等7个研究所	9.5

注："集群"为"高等教育与研究集群"的简称。

资料来源：http://www.cnscignementsup-recherche.gouv.fr/cid59263/urrinvestisscment-massif-au-service-de-l-excellence.html。

三、法国创建世界一流大学的政策特征

"卓越大学计划"是按地域对法国科学研究及高等教育利益相关者（高等教育机构、综合大学、职业院校、研究机构及商业合作伙伴）进行

的有组织的区域性整合与集中，是一项长期的、动态发展的过程，具有如下主要特征。

（一）引领高等教育与科研机构的现代化转型

"卓越大学计划"被视为法国高等教育改革的一次大胆尝试，带动了法国高等教育高层次整合、体系转型与科研革新，突破了以往较为保守而故步自封的模式。与法国以往高等教育领域改革相比，逐步消除了法国综合大学、大学校与研究机构间的隔阂，促进了大学自治及管理方面的积极改革。该计划为综合性大学、高等职业院校和科研机构间建立更加密切的联系开辟了道路，将在法国教育和科学领域的现代化变革中发挥主导作用。通过融合教学与科研机构、创新人才培养模式并接轨地方经济，切实承担起大学科技创新、人才培养以及服务社会的职责。

（二）推进立足区域经济的协同创新平台构建

与同期其他世界一流大学政策相比，"卓越大学计划"并非平面化的集中整合。通过协助创新并支持初创企业，创建汇聚高新技术与国际视野的研究维度，致力于长期、动态的多边与跨域合作。强调区域协作和地域凝聚力，其创建目的与地理逻辑紧密联系，直接贡献于大学所在地域经济环境的一体化整合。与经济环境紧密联系，关注并回应区域经济体系中的复杂问题，使大学能更好履行高等教育的公共服务使命，推动学校—企业—社区的战略协作。对大多数高等院校及科研机构来说，"卓越大学计划"为他们打开了一扇大门，扩大了与地方科技企业的对接与深度合作，提升了学术研究的转换增值速度与科研生产力，创造了更多不可预料的可能性；对地方产业来说，高度集中有效保证了区域优势资源的整合与动态发展，有助于提升法国经济增长率，加快企业科技创新和技术转让的步伐。

（三）带动科技项目及其平行工程的协作发展

"卓越大学计划"注重与其平行项目的衔接，所涉领域注重与"未来投资计划"其他子项目的衔接，包括卓越实验室计划、医疗教学研究中心计划、低碳能源卓越大学计划、工艺研究中心计划、企业技术转换加速计划。这将通过围绕科技创新项目的跨学科、跨部门的深度合作，打破学科领域及院校机构间的壁垒，刺激教育及科技创新能力，促进新技术的研发、新的研究方法以及新型卓越实验室的诞生，提升高等教育系统的开放程度以及针对全球性重大而复杂的问题（气候变化、能源危机等）的应对能力。

（四）实现一流机构与尖端学科间的强强联合

"卓越大学计划"院校集群多建立于国际公认的优势学科、跨学科研究领域、研究项目、创新人才培养及具备国际标准的卓越校园。如巴黎-萨克雷大学创始成员之一的巴黎高等商学院（HEC），经重组后与另外两所综合大学、9个职业学院与7个科研机构共同组成了新的巴黎-萨克雷大学，这些机构共同形成了其自身实力基础上极富国际威望的强大群体，依附其雄厚的团队实力与世界一流的国际化改革目标，借助项目平台与世界各国科研机构、企业及学术界合作伙伴的强大联系，各原有机构竞争力得以逐步提升。2011年上海交通大学排名中，巴黎高等商学院在世界前100强中位居第76名，已在巴黎、上海、多哈和圣彼得堡等地建立了全球示范中心。可以说，"卓越大学计划"在将巴黎高等商学院推到全球商业发展的学术领跑线的同时也将各项目专项科研机构与学科推到了国际舞台的聚光灯下，引领着法国乃至世界科学研究的进步。

"卓越大学计划"在引起巨大反响的同时也饱受争议。总体看来，赞同的呼声超过反对的呼声。其中反对意见主要来自区域公平、大学自治及民主等方面。批评家们认为，基于区域建立的、择优集中的大学是未来法国经济发展失衡的隐患，不仅加剧了大学间的不平衡，也加剧了法国区域间的不平衡，中等城市因此受到冷落。另一种学术界观点认为，"卓越大学计划"是对大学自治模式的挑战，伴随着对公立高等教育服务的腐蚀性破坏，结果是区域性不均衡，对法国南部和北部高等教育的忽视，某种程度是对法国大学自治法的违背。[22]有批评家指出，这些公认为精英的科研联盟，多是建立在理学、工学为优势的区域研究集群的基础上，是以牺牲人文学科为代价的，破坏了重视文化与传统的大学文化精髓。此外，"卓越大学计划"签署时正值 2010 年 4 月法国大选，项目出台激起了法国社会主义国家工会的反对，法国国家研究联合会及评论者们声称，该项目威胁到"民主、平等"等大学及国家治理的核心原则，通过集中国家财政资源选拔集群会加剧学生、员工、机构、地区间甚至同地区内的不平等。法国科学研究人员联盟（SNCS-FSU）和全国高等教育教授联盟（SNESUP-FSU）联合发表声明说，项目未来着眼的体制变革是对高校合议管理及民主代表制度等原则的蔑视，应撤销该协议。斯特拉斯堡大学校长阿兰·贝莱茨（Alain Beretz）驳斥了批评意见，他认为"卓越大学计划"项目点是在国际评审团协助下择优竞争产生的，极少受政治干预，受到多数科学界人士的拥护；指责项目太过集中或缺乏地理均衡的说法，有基于政治考量的嫌疑，因而不够公正；出于法国国家科学实力及竞争力提升的综合考量，该项目实施还是得到了广泛认可。2012 年，新任法国高等教育与研究部部长纳维耶夫·费哈索（Uenevieve Fio-raso）在接受《世界报》专访时表示不会破坏任何优秀的项目，政府将从各个角度重新审视项目并对其进行调整。[23]

参考文献

[1] SALMI J. *The Challenge of Establishing World-Class Universities* [M]. Washington, DC: World Yank, 2009, pp.7-9.

[2] 萨米勒. 世界一流大学挑战与途径 [M]. 上海：上海交通大学出版社，2009.

[3] L: AUENCE NATIONALS DE LA RECHERCHE, in Vestissements d'Avenir [EB/OL]. [2014-10-03] http://www.agence-nationale-rechcrche.fr/nvcst-ss-mcnts-d-avenir/appels-a-projets/.

[4] Juppc et Rocard Charges do Reflechir d l' Emprunt National [EB/OL]. [2014-09-30]. http://www.lex-press.fr/actualite/politique/juppret rocard-chargedrre-flechir-xl-emprunt-national 772380, html.

[5] Commission des Finances du Scnat. Project do Loi do Finances pour 201: Rcchcrchc ct Enseignement Supcricur [EB/OL]. [2014-11-12]. http://www.scn-at.fr/rap/

113-156-322/113-156-32210,html.

[6] BAILLARUEON S. Retour sur la Crise Economiquede 2008 [EB/OL]. [2014-11-13]. http://www.terre politique.com/2013/05/23/retour-sur-la-crise-economique-de-2008/.

[7] VALERIE PECRESSE. Projet de Loi-relatif Auxlibertes des Universities [EB/OL]. [2014-11-03]. http://www.senat,fr/leg/pj106-367,html.

[8] Association pour la Qualité de la Science Française. *Projet do Loi Relatif aux Libertés et Responsabilités des Universities* [R]. Paris: Senat de François Fillon, 2007-07-14.

[9] Legifrance. LOl n⁰ 2013-660 du 22 juillet 2013 relative à l'enseignement Supérieur et à la Recherché [EB/OL]. http://www.legifrance.gouv.fr/affich Texte.do?cidTexte=JORFTEXT000027735009&dateTexte=&categorieLien=id.2013-07-23.

[10] DGCIS-CGUET. Politique des Poles [EB/OL]. [2014-12-21]. http://www.competitivite,gouv,fr/politique-des-poles-471.html.

[11] Ministere do l'Enseignement Superieur et dela Recherche, Conference des Presidents d'universite. Les Universites et les PRES [EB/OL]. [2014-12-25]. http://www.campusfrance,org/fr/page/les-universites-et-les-pres.

[12] Ministere de l'Education Nationale. PRES: Poles do Recherche et d'Enseignement Superieur [EB/OL]. [2014-12-23]. http://www.enseignementsu}rrecher-che.gouv,fr/cid2072/les-poles-drecherche-et d-enseignement supericur-pres.html.

[13] Ministere do l'Education Nationale, Ministere do l'Enseignement supericur et do la Recherche. I.' Agence Nationale do la Recherche. Lnvestissements d'Avenir: Operation Campus [EB/OL]. [2014-12-28]. http://www.enseignementsup-recherche.gouv, fr/cid51363/investissement} d-avenir-operatiorrcampus, html. 2010-04-27.

[14] 上海交通大学世界一流大学研究中心. 世界大学学术排名 [EB/OL]. [2015-01-03]. http://www.shang-hairanking,cn/ARWU2005.html.

[15] TES Global Ltd. Ecole Polytechnique [EB/OL]. [2015-01-11]. http://www.timeshighereducation.co.ulc/world-university-rankings/2014-15/world-ranking/institution/ecole-polytechnique.

[16] Commission des Finances du Senat. Projet de Loi de Finances Pour 201: Rech-

crchc et Enseignement Supcricur [EB/OL]. [2015-01-29]. http://www.scn-at,fr/rap/113-156-322/113-156-32210.html. 2014.

[17] Ministere do l' Education Nationale, Ministere do l' Enscigncmcnt Supcricur ct do la Rcchcrchc. Trois Premieres initiatives d' Excellence Selectionnces clans Projets ldex [EB/OL]. [2015-11-15]. http://www.cnscigncmcntsuxrrccherche.gouv.fr/cid56778/trois-premieres-initiatives-d-excellenc-sc-lcctionnces.html.

[18] L: Agcncc Nationalc do la Rcchcrchc. *Appcla Projcts initiatives d'Excellence Edition* 2010-*Listc des Mcmbrcs du Jury* [R]. Paris: L: Agcncc Nationalc de la Rech-crchc, 2010, pp. 1-2.

[19] Le Premier Ministre, Francois Fillon, La Ministre de 1" Economic. Loin 2010-237 du 9 Mars 2010 de Finances Rcctificativc pour 2010 [EB/OL]. [2014-10-11]. http://www.lcgifrancc.gouv,fr/affich Txtc.do;lscssionid = 57D537E18E32538}93B36D3917B}E96.tpdjo0wcid Texte=JORFTEXT0000219date Texte=20141011.

[20] L: Etudiant, Pole Commercial et Promotion, ldex; Les Rotations des Cinq Laurcats do la Seconde Vague [EB/OL]. [2014-10-12]. http://www.lctudiant,fr/cducpros/actualitc/de-la-sccond}vagucidc}lcs-dotations-dcs-cincrlaurcats-initiativd-excellence.html.

[21] Asscmblcc Nationalc et le Scnat. Loi ri 2010-237 du 9 Mars 2010 do Finances Rectificative Pour 2010 [EB/OL]. [2015-01-30]. http://www.lcgifrancc.gouv.fr/affich Jcxtc.Do cid Textc=JORFTEXT000021943745.

[22] Vcronique Soulc. Vers Unc Misc d l' Ldcx des Super-campus [EB/OL]. [2015-01-21]. http://www.libcration.fr/socictc/2012/05/15/vcrs-unc-misrxl-idcx-dcs-supcrcampus19023.

[23] PAIN E. French Research Unions Challenge Plan to Focus Science Funding [EB/OL]. [2015-01-25]. http://www.news,scicnccmag.org/2012/06/frenclr-research-runions-challenplarrfocus-scicnc-funding.

外部论文项目：苏黎世联邦理工学院研究生教育的特色[①]

马健生　田　京[②]

享有国际声誉的苏黎世联邦理工学院（ETH-Zurich）[③]在产学研联合培养研究生过程中有独特的探索，其中外部论文项目（External Thesis Project）[④]特色尤为鲜明，不仅拓宽了苏黎世联邦理工学院研究生培养的途径和方式，而且体现了政府、社会、企业与高校共同承担社会责任的愿景。外部论文项目综合了以项目为依托、校企联合培养、创办大学科技园、共建合作研究中心培养研究生等多种形式，是通过使研究生与苏黎世联邦理工学院及研究所联合体（ETHDomain）[⑤]之外（涉及不同国家）的企业、高校、科研院所合作完成短期项目论文和学位论文以提升培养质量和科研成果社会转化的论文指导方式。在以理工科见长的苏黎世联邦理工学院，哪些因素催生了外部论文项目，又有哪些激励措施和保障机制确保

[①] 本文为中国学位与研究生教育学会重点课题"世界高水平大学研究生教育发展的新特点研究"（项目编号：2013Y09）成果。

[②] 作者简介：马健生，北京师范大学国际与比较教育研究院教授；田京，北京师范大学国际与比较教育研究院博士研究生。

[③] 黎川-联邦理工学院在2014—2015年度世界大学排名中名列第12位。

[④] 外部论文项目中的硕士研究生项目以短期论文项目为主，博士研究生项目以学位论文为主，短期论文项目一般历时3~6个月，长期项目历时1年，工作地点在合作的企业、高校或科研机构。

[⑤] 苏黎世联邦理工学院研究所联合体共包含5个研究机构，分别是：PSI（瑞士保罗·谢尔研究所）；WSL（瑞士联邦森林、雪和景观研究所）；EM-PA（瑞士材料科学技术研究所）；EAWAG（瑞士联邦水科学技术研究所）；SEC Singapore（新加坡全球环境可持续发展委员会），苏黎世联邦理工学院研究所联合体5个研究机构研究是相互独立的，但后者不承担教学任务。

了外部论文项目的顺利开展和成功实践？本文旨在通过对外部论文项目的实践追踪和特色剖析，以期丰富高校与社会机构开展深入合作和联合培养研究生的路径选择。

一、外部论文项目的理念诉求

苏黎世联邦理工学院因其开拓性的基础科学研究、充满活力的工作环境、开放的信息政策、高效率的产学研结合的学生培养模式闻名遐迩。外部论文项目的设置正是秉承了科学研究服务社会发展需求的理念，并在此基础上改革传统的论文写作与指导方式，重视科学研究，打造互动平台，在实践中不断推陈出新，突破了高校与社会机构合作中形成的固有藩篱。

（一）以创新为核心，培育合作文化

良好的合作文化是促进高校协同创新培养研究型人才的文化力量，建立在积极的创新互动、双向激励、结果共赢基础上的合作关系和环境是深化合作的文化土壤。就政治民主、经济发达、文化多样性特征明显的瑞士而言，研究型的联邦理工学院较州立大学更能接近并了解工商业和企业的核心利益，更好地将企业的科研需求与学校丰富的人力资源相结合。学院大力扶植开拓性的基础研究，并重视科研成果的创新度，始终以服务社会为己任。现任校长瑞夫·艾其勒（Ralph Eichler）说："通过打下坚实的教学、科研基础，苏黎世联邦理工学院不遗余力地为解决社会所面临的一系列复杂问题而努力。"[1]此外，苏黎世联邦理工学院秉持四个维度的核心价值理念，分别为：文化权利——为充满创造力的创新思想提供发展空间；主体多元化——支持原创性、前瞻性的知识进步，强调人文学科和管理科学的价值，并视二者为苏黎世联邦理工学院教育的有机组成部分；教研结合——所有科研人员参与教学，并提倡学生尽早参与科学研究；可持续发展——科研、教学与实践的有机整合。外部论文项目的设置正是基于良好的合作环境和科研传统并融合了以上四种价值理念，强调文化的传承与创新、支持前沿研究与技术进步、鼓励学生参与科研并为社会谋福利。

（二）以项目为载体，注重科研实践

实践是提高企业生产力、促进技术革新和社会进步的主要途径，是培养研究生动手能力，促进培养质量提升的重要方法。外部论文项目始终恪守科学研究不能脱离实践，最基础的研究也需要长期观察与试验的信条，选题大多源自于工业、企业在日常生产、运作中遇到的实际困难或亟待攻克的技术难题，具有较强的实践导向性。每一个提出开展外部论文项目的合作机构都必须明确描述出要解决的关键问题，并有针对性地提出合作协议，具体到学院、学科甚至研究方向。外部论文项目通过将研究生的学习、科研与工商业界推动技术进步和产业升级的市场需求相结合，使学生能够把专业知识和学术能力运用到实践中，并产生现实效益。学校通过外部论文项目平台能够有更多的机会把学生送到工业生产、社会工作的第一线。

苏黎世联邦理工学院高水平的办学质量提升了国际吸引力，重视教育的实践价值加之显赫的声望，使其形成了密集的国际合作网络。外部论文项目面向全球开展合作，融合了以项目为载体，注重实践的价值理念。例如，2013年，日本神户RIKEN QBIC公司就生物电子学和生物传感学两个研究方向向瑞士联邦理工学院信息技术和电子工程学院、机械和工艺工程学院、生物系统科学和工程学院、物理学院四个学院提出外部论文项目的合作要求，并提供了四个不同的子项目，招募研究生去神户开展相关课题的科研攻关[2]。2014年9月，苏黎世联邦理工学院自动识别实验室与圣加伦（St. Gallen）大学推出3~6个月的短期硕士项目[3]。外部论文项目面向全球寻求合作伙伴，合作范围涉及各个学科，合作对象包括多方主体。外部论文项目问题导向明确，对学生的专业水平有较高要求，旨在通过参与项目研发，使研究生获得实践锻炼、提升科研能力的机会，共享高校和企业相关科研资源，促进企业改革与科技进步。

（三）以互助为纽带，促进协同创新

在协同创新的生态系统中，企业、高校、科研机构进行跨组织、跨学科、跨部门、跨行业的深度互助合作和开放创新是实现知识共享的过程，协同创新是利用多方资源开展科研攻关的最佳路径，合作互助是协同创新的核心基础。苏黎世联邦理工学院作为以理工科为主的顶尖院校，服务地区、国家乃至世界经济发展是其义不容辞的责任与使命；与科学界、工业界与商业界的国际合作是保持科研水平领先地位的重要基础。外部论文项目通过世界范围内的协同创新达到增加企业收益、增强学生的科研水平与实践能力的效果。作为改革智库与知识集散地的高校承担着开展科学研究、提供政策参考的重任，高质量的科研成果是科技进步与技术改革协同创新的有效保障。协同创新要有适宜的环境氛围和可以互相协调配合的资源，外部论文项目互助模式的构建与成功实践，为学生、教师、学校、企业提供了协同合作的契机。外部论文项目大多实行双导师制，即高校教师与合作机构配备的指导教师共同指导项目的实施和项目论文的写作，加强了学校与合作机构之间的深度对话；学生通过参与不同形式的外部论文项目开展专业实践，在此过程中能够掌握前沿知识、高端技能，有些还获得了相应学位；教师也能借助合作企业的平台，了解社会需求，更新教育观念、创新教学方法、优化知识结构。与科研院所、高校之间的合作互助促进各方主体最大限度地发挥自身优势，为科技创新和知识进步提供智力支持和财力保障。科研项目合作是科研机构、企业与高校知识协同创新的主要模式，外部论文项目不仅产生了较高的经济效益，进一步奠定了苏黎世联邦理工学院的国际领先地位，同时扩展了科研项目的合作范围。外部论文项目涵盖了苏黎世联邦理工学院几乎所有的学科与研究领域，融合了多种科研项目的合作形式，将基础研究与应用研究相结合，为更好地解决合作问题提供了更为宽广的平台。

二、外部论文项目的实践探索

外部论文项目聚焦科技创新中的世界性难题和区域社会发展的紧迫性议题，开阔的国际视野、灵活的论文形式、严格的质量监管、高精尖的科研成果使其在向社会传授知识并保持与政府、工商业的合作与对话过程中发挥了巨大作用。外部论文项目在实践中有效地克服了高校与社会机构合作中形式固化、动力不足、权责模糊等问题。

（一）形式多元：以人才培养为根基

人才培养是高等教育的核心使命，高质量的人才也是确保高校可持续发展的根本动力。研究生阶段的教育是高等教育的最高层次，硕士、博士阶段是培养研究型人才的主要阶段，研究型人才要求学生不仅具备扎实的理论基础、系统的专门知识和实际技能，还要有独立完成科研工作的能力。而博士阶段是培养高层次科技人才和学科专家的关键阶段，能够有效地将高等教育的人才培养、科学研究和服务社会的基本职能有机地结合起来。外部论文项目根据合作主体的不同要求设置了多种形式，以是否授予学位划分，分为学位论文和项目论文；以合作主体划分，分为校企合作、高校间合作、学校与科研院所合作三种形式。多元形式的外部论文项目兼顾了不同的研究目的和学科特性，体现了学校管理的灵活性，拓展了项目的发展空间。开展基础科学、前沿技术研究，培养高层次人才，是学校保持办学特色、提升办学质量的必由路径，外部论文项目的形式多样性不仅为多方合作提供了现实可能性，也为学校共享社会优势资源、提高研究生的培养质量提供了新选择。

苏黎世联邦理工学院的博士研究生兼具学生与科研工作人员双重身份，外部论文项目中博士研究生的项目多以学位论文为主，契合了对博士研究生作为学生与工作人员的双重要求。外部论文项目以解决社会发展和技术进步中的现实问题为切入点，以与科研院所、高校、企业间的合作为契机，根据实际需求灵活制定培养的方式与期限，其中以科研项目申请学位论文的举措突破了传统的论文写作与指导方式，是外部论文项目最为突出的特点。学位论文是衡量研究生培养质量的关键指标，较之常规项目论文，外部论文项目对研究生的科研工作提出了更高的要求，学位论文的高标准又为确保外部论文项目的研究成果提供了质量保障。多元形式的论文项目有效地激发了研究者的研究热情，科研攻关的实际需求促进了科研质量的提升，有利于从根本上提升人才培养质量。

（二）绩效驱动：以效益为动力

绩效管理不仅能够提升合作双方的工作效率，是促进苏黎世联邦理工学院深入开展外部论文项目的经济驱动力,也是合作双方互利共赢的直接体现。以与企业合作的外部论文项目为例,此类项目能够得到合作企业的大力扶植与赞助,为苏黎世联邦理工学院提供充足的科研经费和一流的实验场所,一定程度上拓展了学校筹款渠道,减轻了学校财政负担。追求经济利益是企业得以生存的根本立足点,在知识经济时代,为保持企业的竞争优势并在此基础上获得长足发展,要求企业通过科技进步与技术创新服务于产业升级与效益提升。经济的发展和社会的需求直接推动工商业、企业推陈出新、与时俱进。然而,企业的技术革新需要智力支持与财力保障,只有通过不断变革,才能提升产品与服务的质量,从而确保企业的经济效益与市场竞争力。

外部论文项目关注前沿,注重创新,项目内容多涉及企业创新、产品竞争的核心问题,项目的开展及科研攻关的顺利完成直接为合作企业带来丰厚的市场收益和较高的投资回报率。科技创新和技术改革提升了企业的生产效率和市场竞争力,学校与合作方明确的利益分配机制是确保双方通力合作的基本前提。直接的利益驱动与清晰的绩效管理也是科研成果质量检测和合作双方权益保障的有效机制。苏黎世联邦理工学院对合作机构的项目资助力度做了相关规定,并根据实际情况有所浮动,其中合作企业资助外部论文项目的科研预算可以参照表1的标准[4]:

表1 资助科研项目预算示例

(单位:瑞士法郎)

职位(全职)/花销项	合作企业补贴
博士一年级	80037.00
博士二年级	86578.00
博士三年级	93282.00
其他工作人员	15000.00
项目耗材	7000.00
项目产生的差旅费	6000.00

续表

职位（全职）/花销项	合作企业补贴
基建费（直接成本的 10%）	29791.00
知识产权费（直接成本的 35%）	104267.00

资料来源：Example for Calculating a Budget for a Sponsored Research Project [EB/OL]. https://www.ethz.ch/content/dam/ethz/main/industtyandsociety/transfer/forschung-technologietrans-fer/venraege/files/Calculationexample.pdf. 2014-10-30.

注：由于博士研究生还要承担学习任务，工作时间可以有所调整，合作企业提供的补贴可以做相应的变化。

科研成果引领产业变革和服务升级，奠定了瑞士工商业的竞争优势，这也是苏黎世联邦理工学院获得大量工商业捐助和第三方资助的秘诀。近年来，苏黎世联邦理工学院的第三方资助占学校收入的比例从 2000 年的 14.9% 上升到 2013 年的 26.7%，所占比例不断增大，与企业、第三方机构的项目合作所获得的资金占第三方资助的 36.9%[5]。与企业合作所获得的第三方资助已经成为苏黎世联邦理工学院除财政拨款之外最大的收入来源。2013 年，学院的第三方资助收入达到 3.66 亿瑞士法郎，约占学院总经费的犯%，其中商业或其他第三方资助占学院总第三方资助的 40%[6]。以经济利益为纽带而形成的互惠互利、共兴共衰的关系是促进外部论文项目顺利开展的根本动力。

（三）管理严格：以规范为准绳

严格的管理制度、专门的管理机构、标准化的管理流程是提升外部论文项目管理效果。

第三方资助指非办学部门的直接拨款，也包括其他政府部门的项目经费和企业的经费、私人渠道获得的资助。苏黎世联邦理工学院的第三方资助包括研究赞助、与联邦政府的研究合同、欧盟研究项目、商业或其他第三方资助、捐赠和遗产五个部分。

苏黎世联邦理工学院技术转让办公室（Technology Transfer Office）负责协助合作方开展对外部论文项目的日常管理工作，制订最佳的实施方案并起草相关协议，其职责在于有效地分享知识、合理利用研究结果，最终确保新技术的快速转化。协议是书面化的合作规范，项目的顺利开展离不开纲领性的合作协议，清晰、准确地定义合作项目并签订合作协议不仅便于学校对合作项目的分类管理和合理分工，还能保证合作方利益得到有效保障。外部论文项目的合作协议须明确规定合作双方的知识产权，其中包括协商许可、独占许可或关于知识产权的特别说明，并保证苏黎世联邦理工学院相关科研人员对合作项目成果的发表权。如果合作方需要申请专利保护，可以推迟或限定科研成果的发表时间。[7]

为保证学生的培养和学术论文的质量，外部论文项目有严格的申请要求和程序，设置了申请规范。就申请外部论文项目的博士学位论文而言，对论文主题有特殊限制，申请人须征得导师同意并得到院系许可，并向培养单位提交外部论文项目的研究计划、情况说明（确保合作指导教师有资格指导博士论文并加附姓名）、博士论文提纲的情况下方可申请[8]最后经由博士委员会（Doctoral Committee）推荐，学院会议（Department Conference）[9]审查是否准许参与外部论文项目。此外，合作机构必须符合相关要求，学校才能允许博士研究生参与合作机构的科研与论文撰写，具体要求如下：合作机构不限制本校教师对论文的指导权，不设置任何妨碍作者开展研究的额外条款，不限制研究结果的发表时间；申请者导师有权获得研究资料，使用研究设备；合作机构为外部论文项目开具的接收证明。硕士研究生申请外部论文项目要经由院长提名，学院学术委员会审核。

三、外部论文项目的条件保障

外部论文项目的成功实践是内部激励和外部保障双重因素相互作用和功能实现的结果。外部论文项目根植于苏黎世联邦理工学院国际性、高水准、多样化的科研沃土，在构建合作平台、强化规范管理、平衡利益关系等方面形成了较为完备的保障体系。

（一）促进研究生科研项目的成果转化

科研项目的成果转化是衡量科研价值和成效的重要指标，也是促进技术进步、鼓励科研创新和科研人员工作热情的巨大推动力。科研成果转化是一个复杂的过程，涉及解决生产技术难题、产生良好的经济效益等多方因素。瑞士联邦政府重视科技进步和技术创新，并从国家层面鼓励科研成果的社会价值转化。2012年联邦政府出台的《促进科研创新联邦法案》（Federal Act on the Promotion of Research and Innovation，RIPA）把将瑞士打造成为全球科研领导基地提升为国家战略，为支持科研创新奠定了法律基础。苏黎世联邦理工学院致力于解决具有全球性、挑战性的问题，其研究重点包括能源供应、风险处理、全球食物供应等问题，并十分注重知识的社会传播，外部论文项目的开展基于以上实践，在科研成果转化方面硕果累累。1996年到2013年间，苏黎世联邦理工学院平均每年申请新专利达80项，共剥离出26个子公司[10]，2013年苏黎世联邦理工学院的科技转化率又创新高，共注册专利103项，签订合作协议319份[11]。丰富、前沿、实用的学科背景为外部论文项目的开展奠定了良好基础。近年来，新兴经济市场经济迅猛发展，科研投入的比重不断上升，新兴经济市场对科研创新的大力扶植成为鞭策发达国家保持竞争优势、研发创新性产品的外在力量。促进研究生科研成果转化能够促使苏黎世联邦理工学院在激烈的技术竞争中开辟新的经济发展环境，通过国际竞争在世界范围内吸引优秀人才，保持学校的科研优势和世界领先地位。

（二）强化对联合培养研究生的质量监管

人才质量的高低是决定项目成果的关键因素，也是决定高校可持续发展的根本动力。合作项目是联合培养研究生的媒介，研究生的培养质量则是其价值依归，一切形式的联合培养项目都必须把学生的培养质量放在第一位，偏离对研究生培养质量监管的联合培养项目是在舍本逐末。外部论文项目的顺利开展有赖于合作方在各个实践环节的密切合作以及对科研过程的层层把关和科研产出的质量监控，对论文的研究过程和质量都提出了较高的要求，兼具时效性与针对性。外部论文项目的质量监管主要体现在学生管理、企业支持、导师指导、论文答辩四个方面。首先，参与外部论文项目的研究生工作地点大都在合作企业或大学、科研机构，很多在瑞士境外，严格的学生管理是确保项目顺利开展、如期完成的前提和人力保障。苏黎世联邦理工学院规定参与外部论文项目的研究生，工作地点无论是境内还是境外，企业还是科研院所都必须遵守学生管理条例，对差旅时间作了严格规定。其次，企业对项目的高投入与对学生和科研人员丰厚的劳动报酬是确保科研质量的直接驱动力。再次，外部论文项目规定学生的论文计划必须得到指导教师的许可，尤其是针对博士生而言，从论文的申请到审批，再到对论文的全程跟踪指导，都离不开指导教师的严格把关，作为行业领域内的专家学者，导师提供的论文指导直接确保了较高的科研水准与论文质量。最后，论文答辩是检验一定时期内研究生科研成果的直接形式，学位论文经过严格的评审才能进入并通过答辩，短期项目承担着科研攻关的任务，没有解决企业问题、满足合作方的要求就无法通过论文答辩。以上四个因素贯穿项目始终，既有内部驱动又有外部激励，为确保外部论文项目的质量提供了全方位的保障。

(三) 建立有效的权责利划分机制

在复杂的合作环境中，学校的顶层设计已不能满足纷繁复杂的合作要求，发挥项目合作方的主动优势，建立有效的权责利划分机制是维持合作项目顺利开展的内在约束。建立有效的权责利划分机制应从学生培养、知识产权、利益分配三方面入手，高校应始终重视学生的培养质量，合作方在项目开展过程中要积极配合高校对高质量学生培养的相关要求，并积极贡献自身资源为学生培养搭建平台；知识产权涉及合作的核心利益，合作双方在项目实施之前要明确科研成果的知识产权，以确保合作项目的顺利开展；利益分配是合作双方权益的衡量与博弈，基于科研任务与贡献比例的利益分配机制是避免合作纷争、强化合作关系的重要保障。外部论文项目对合作双方的权利和责任作了明确划分，对项目的花销和项目成果的知识产权有规范化的规定。如在计算项目成本时，除直接花费外合作方还要考虑学校10%的基础设施建设费，如果知识产权归属企业，则由企业承担该项费用。在合作双方达成一致的前提下，苏黎世联邦理工学院允许让渡专利申请权，在此情况下，合作方拥有指定领域内知识产权的独占许可，超出指定领域范围内的知识产权属于苏黎世联邦理工学院。合作企业的项目预算中要加入除直接成本之外35%的额外费用（例如额外费用占总预算的45%）。完善权责利分担分配与绩效管理机制，有利于促进多方合作联合培养研究生的深入开展与良性运转。

四、结语

苏黎世联邦理工学院重视教育的社会责任，强调培养具有高度胜任力的复合型人才，因此，通过创新强化高校与世界范围内的社会机构开展研究生的联合培养与科研合作需要寻求切实可行的路径并建立有效的保障机制。苏黎世联邦理工学院为提升研究生的培养质量、加强向社会传播知识、加快科研成果服务社会、积极推进协同创新，通过体制机制创新促进高校和科研机构、企业的深度合作，并将创新与合作贯穿于研究生培养的各个环节以实现资源共享，开展重大科研项目的联合攻关，以期在关键领域获取实质性成果。

外部论文项目从联合培养研究生与科研服务社会两大职能出发，以实践、合作、绩效、协同为着力点，根据社会发展的现实需求设置了多样化的论文形式。学位论文项目的实践突破了传统校企合作的论文写作方式，申请学位的论文项目一方面为研究生和合作方开展深入有效的合作与科研攻关开辟了新路径，另一方面也从根本上保障了外部论文项目的论文质量。随着外部论文项目实践的逐步深入，苏黎世联邦理工学院把对合作项目的科研要求辐射至保障科研质量的各个培养环节，形成了重视管理、激励高质量科研产出、明确知识产权和权责划分等联合培养研究生的特色。外部论文项目的成功实施与机制创新秉承科研成果服务社会的价值理念，把高校与社会机构的合作从理念转化为实践，并结合一系列激励创新与保障质量的措施，有效地解决了高校与社会机构合作过程中所遇到的现实困难，为进一步深化双方合作关系提供了模式参考和制度依据。

参考文献

[1] ETHZurich portrait ［EB/OL］.［2014-10-16］. https://www.ethz.ch/

en/the-eth-zurich/portrait.html.

[2] External Master Thesis at RIKEN QBIC in Kobe Japan on Topics in Bioelectronics and Biosensors [EB/OL]. [2014-10-16]. http://www.bsse.ethz.ch/content/dam/ethz/special-interest/bsse/bioengineering/pdfs/2013_Riken_thesis_topics.pdf.

[3] Product as a Service [EB/OL]. [2014-10-16]. https://www.siropglobal.org/app/opportunity/95f301e5-6f1-46f5-b09e-620a60312b69.

[4] Example for Calculating a Budget for a Sponsored Research project [EB/OL]. [2014-10-30]. https://www.ethz.ch/content/dam/ethz/main/industry-and-society/transfer/forschungtechnologietransfer/venraege/files/Calculation example.pdf.

[5] Annual Report 2013 [EB/OL]. [2014-10-22]. https://www.ethz.ch/content/dam/ethz/common/does/publications/annual-reports/2013/ETH_Annualreport-013_updated.pdf.

[6] 2013 Annual Reort of the ETHboard on the ETHdomain [EB/OL]. [2014-10-28]. http://www.ethrat.ch/sites/default/files/ETH-GB_2013_E_web.pdf.

[7] Research Projects With Industry [EB/OL]. [2014-10-28]. https://www.ethz.ch/en/industty-and-society/research-projects-with-industtv.html.

[8] How do I Register to Take a Doctorate? [EB/OL]. [2014-10-22]. https://www.ethz.ch/en/doctorate/registration-admission.html.

[9] Dissertation Outside the ETHdomain [EB/OL]. [2008-09-01]. https://www.ethz.ch/content/dam/ethz/main/doctorate/files-EN/external-issertationen.pdf.

[10] 2014 瑞士联邦工学院及研究所联合体简介 [DEB/OLD]. [2014-10-30]. http://www.ethrat.ch/sites/default/files/ETHBiK-014-H_web_O.pdf.//www.ethz.ch/content/dam/ethz/common/does/publications/ETH-Praesentation/141009 eth-praesentation-e-4_3.pdf.

美国高校绩效技术人才培养特色及启示[①]
——以博伊西州立大学组织绩效与工作场所学习系为例

方圆媛　刘美凤[②]

一、研究背景

绩效技术（也称为"绩效改进"），是一种整体性和系统化解决组织绩效问题的工具、手段、程序和方法。它"发端于教学技术人员认识到组织中的教学（或培训）系统缺乏效率以及不适当，需要综合考虑教学（或培训）外的其他因素（组织、人事等）"（Stolovichetal，1999），其诞生为教育技术领域开拓了新的视野。在美国，无论是学术研究、企业实践，还是高校的人才培养，绩效技术的发展都令人鼓舞。有研究针对美国绩效技术的发展情况访谈了领域相关人士，结果发现，"绩效技术正在获得美国社会越来越多的认可，一些企业或组织建立了自己的绩效改进部门，正在实现从培训到绩效改进的变迁，一些组织设立了以绩效改进为主要职责的绩效咨询师的职位，国际绩效改进协会颁发的认证绩效技术师资格证书正在获得越来越多大公司的重视"（2011）。社会认可度的提升来源于绩效技术运用于各类组织中取得的成果。

[①] 本文是教育部人文社会科学研究"中美教育技术学专业课程设置比较研究"（12YJA880078）成果。

[②] 作者简介：方圆媛，编辑，中央电化教育馆；刘美凤，博士、教授、博士生导师，北京师范大学教育技术学院。

美国教育传播与技术协会（AECT）官方网站列出了美国开设教育技术专业的高校列表，曾有研究者根据该列表对遍布美国40个州的122所高校中教育（教学）技术专业绩效技术课程的开设情况进行了调查，结果发现，共有44所高校（占总数的36%）开设了绩效技术的课程。其中多数在教育技术专业中设置了绩效技术的必修课或选修课；部分高校在教育技术系下设立相关专业，或在教育技术学专业里设置了绩效技术研究方向。唯有博伊西州立大学（Boise State University，BSU）成立了绩效技术系（2009）。相比单设置一门或几门课程的培养方式，成立"系"能更为系统地设置相关课程，有利于更加全面地培养绩效技术专业人才。

博伊西州立大学工程学院的组织绩效与工作场所学习系（Department of Organizational Performance and Workplace Learning，OPWL），源于该校教育学院教育技术系（Department of Educational Technology），随着研究方向、实践领域和面向人群的不同，从教育技术系中分化出来，作为新的系纳入到工程学院，成为旨在培养改进组织绩效专业人才的绩效技术教研机构。OPWL的毕业生就业范围很广，工作岗位包括绩效咨询、教学设计、课程开发、组织开发、企业培训、研究分析等。发展至今，OPWL不仅赢得了越来越多学生的申请，也获得了越来越多毕业生和就业单位的好评。

在美国高校绩效技术领域的人才培养中，OPWL的开设具有前瞻性。从最初孕育于教育技术专业到从教育技术专业的分离，OPWL的诞生与发展也可以看作绩效技术领域发展历程的一个缩影。分析研究OPWL绩效技术人才培养，不仅有助于我们进一步地了解绩效技术领域，也对我国高校开设相关课程提供了有益的借鉴，特别是为我国教育技术在绩效技术领域迈出实质性的一步提供了有益启发。为此，本研究围绕OPWL绩效技术人才培养的情况，主要探讨以下问题：OPWL是如何一步步发展起来的？其人才培养的目标是什么？为实现该目标设置了哪些课程？课程的实施与评价策略如何？教师队伍怎样？对我国开设绩效技术课程有什么启发？

二、研究方法与过程

为了真实客观地记录并分析OPWL的开设及人才培养情况，围绕研究问题，我们对博伊西州立大学组织绩效与工作场所学习系进行了案例研究。"案例研究是使用一种或多种方法，对人、事件、决策、时期、项目、政策、机构等进行全面分析，所选择案例将成为一类现象，或成为具有某一特征的群体的典型"（Thomas, 2011）。本研究主要使用网站调研和访谈的方法，一方面通过访问OPWL官方网站（http://opwl.hoisestate.edu/），查找有关资料并进行分析；另一方面，通过电子邮件对OPWL的专职教师安东尼·马克（Anthony Marker）副教授和琳达·哈格林（Linda Huglin）副教授进行访谈。两位教授都任教OPWL的核心课程。

三、研究结果

（一）总体情况

OPWL位于BSU的工程学院，可授予学士、硕士和博士学位。OPWL的课程已获得美国西北高校委员会（Northwest Commission on College and Uni-varsities）的全面认证，可授予组织绩效与工作场所学习理科硕士学位和三类研究生证书，分别是工作场所绩效改进证书、工作场所数字化学习与绩效支持证书以及工作场所教学设计证书。

（二）发展历程

1987年，BSU教育学院成立了教学技术系，开始提供教学技术理科硕士学位。1990年，教学技术系分化为两个系：一是教育技术系，仍留在教育学院，主要面向教师，学习课堂环境里的教育技术，授予教育学博士学位、硕士学位和理科硕士学位；另一个独立为教学与绩效技术系（Instructional & Performance Technology, IPT），归入技术学院，主要面向企业人员，提供企业培训、工作场所教学设计等课程，授予理科硕士学位。1995年，IPT开始将"人类绩效技术"课作为必修课，标志着OPWL开始重视培养学生提升组织绩效的专业能力。1997年，BSU技术学院划分为两个学院——工程学院与应用技术学院，IPT 归入工程学院。就归入"工程学院"的原因，哈格林教授谈到，"一方面，应用技术学院主要提供两年的学历课程，OPWL 主要提供硕士学位课程；另一方面，绩效技术和工程学在使用系统方法和系统思维方面有着很大的相似性，所以归入了工程学院。然而不同的是，我们解决的是社会科学领域的问题，而工程学院其他系更多是解决物理科学方面的问题。"此外，马克教授还指出，"在美国，理科硕士学位相比教育学硕士学位，更能获得公司的认可和青睐"。1998 年，IPT 与国际绩效改进协会（ISPI）签订协议，开发并主办该协会研究所的在线课程。2001 年，绩效技术领域的先驱与著名学者罗格·卡夫曼（Roger Kaufman）和戴尔·布莱泽沃尔（Dale Brethower）应邀成为该系学术研究的外审专家。2012 年，IPT 所有课程全部通过网络授课。2013 年，IPT 正式更名为 OPWL。就更名的原因，马克教授指出，"'教学与绩效技术系'这个名称对圈外人来说不太好理解，他们会将这里的'技术'误认为是特指计算机或电子技术，实际上，我们的技术是指运用科学知识来解决实践问题。因此，我们摒弃了'技术'二字，强调了领域应用的环境——'工作场所'。组织绩效和工作场所的学习突出了我们所要解决的问题和采用的方法"。

（三）人才培养目标

人才培养目标是课程设计的重要依据。对毕业生应掌握知识和能力的预期决定了专业课程的基本架构，同时影响人才培养的方向。

OPWL 人才培养的总体目标是：培养组织绩效改进与工作场所学习领域的专业人才，这些人才能设计和规划干预措施以解决组织绩效问题，同时遵守绩效改进专业实践的三条原则。三条原则分别是：基于严谨分析得出可靠的解决办法；复杂的问题需要多个维度的干预措施；专业实践需要由多种领域知识来指导。

在人才培养总目标的指导下，OPWL 为硕士课程和研究生证书课程分别设定了学习目标，细化了学生学习后应具备的多项能力和素质；再在这些目标能力基础上设计相应的课程。OPWL 硕士课程与研究生证书课程的学习目标具体见表1。

表1 BSU OPWL 硕士课程与研究生证书课程学习目标

培养类型	学习目标
组织绩效与工作场所绩效改进理科硕士学位	
1. 以系统化的方式改进工作场所的绩效	
2. 以整体化的方式改进工作场所的绩效	
3. 以与已确立的专业道德相一致的方式改进工作场所的绩效	
4. 以与已确立的专业标准相一致的方式改进工作场所的绩效	
5. 确保绩效改进措施符合组织的战略目标	
6. 确保绩效改进措施能产生有价值的结果	
7. 在任何情境下都能有效地与他人合作	
8. 在任何情境下都能有效地与他人交流	
9. 确保开展的实践活动都基于客观事实和证据	
10. 对专业实践团体有所贡献	
工作场所绩效改进证书	
1. 诊断绩效问题和机会，在此基础上为组织设计配套的多种干预措施，形成系统化的干预方案	
2. 根据组织的客观实际，创建一套系统化的变革管理计划，成功实施绩效干预措施	
3. 在工人、工作/任务和组织三个层面，识别由标志绩效改进措施成功实施的财务、物理环境和人文环境的指标	
4. 综合运用系统思维、人类绩效改进、评价、变革管理和可持续发展的原则、原理与方法，分析与设计一系列干预措施，形成一套干预方案	
工作场所数字化学习与绩效支持证书	
1. 判断需要通过数字化学习或混合学习的干预措施来解决的绩效问题	
2. 根据绩效问题的根本原因，选择合适的数字化学习或混合学习干预措施	

续表

培养类型	学习目标
3. 根据成人学习和教学设计原则，设计改进组织绩效的数字化学习或混合学习	
4. 使用成本效益比最佳的快速开发工具开发数字化学习产品	
工作场所教学设计证书	
1. 设计开发基于绩效的培训，以改进工作场所的绩效	
2. 在培训设计中运用悔瑞尔（Merrill）的首要教学原则（The First Principles of Instruction）	
3. 运用学习策略来设计工作场所学习的具体内容	
4. 运用培训设计的策略来提升培训的有效性，同时缩短开发的时间和成本	

（四）课程设置与实施

1. 课程设置与实施的基本原则

原则一：既强调深入理解概念，又强调理论的实践运用。绩效技术有一套属于自己的原则、原理和方法，而这些方法只有运用到实践中才能体现其价值。OPWL要求无论是课程内容的设计，还是课程的实施，都要帮助学生对绩效技术的各种概念形成深入的、融会贯通的理解，包括将绩效改进工具与改进流程各环节相关联，将绩效改进策略和工具的理论基础与发展历程相关联，特别要深入理解绩效改进专业实践的三条原则；还要引导学生根据绩效改进的特定情境，分析、选择并运用绩效技术的概念、原则、模型和策略，综合使用多种工具设计出系统化的干预方案以解决绩效问题。

原则二：既强调"安全性"，又强调"真实性"。绩效技术是一个偏重实践的领域，绩效技术专业人员需要成为实践型人才。OPWL强调一方面要为学生的学习提供"安全"的环境，允许他们在分析绩效问题、设计和实施改进措施的过程中经历各种"失败"，并从"失败"中吸取经验和教训；另一方面为学生的实践提供"真实"的环境，即实践情境要高度模拟各种现实的工作场景，帮助学生在课程实践和未来实际的工作情境之间建立联系。为此，教师在开发课程时，不仅要将学生在过去工作经历中遇到的问题整合到课程实践项目中，还要引导学生思考如何将课程所学运用到未来的工作中。

原则三：既要保证支持学习的技术的先进性，又要保证师生高质量的交互。OPWL 的前身——教育学院教学技术系从 1988 年就开始了网络授课的尝试，到 2012 年其所有课程都可以通过网络进行学习。为此，OPWL 一方面强调支持学生远程学习的技术是先进的，以确保学生获得高质量的学习体验；另一方面要求教师对学生提供个别化的指导、辅导和反馈，帮助学生获得满意的学习效果。

原则四：既有个别化学习，又有团队实践。OPWL 要求教师首先要为学生设计自定步调的、个性化的学习活动，以掌握绩效技术的知识和原理，发展个人有关组织绩效改进的能力；其次，要根据学生个体多样化的背景和经验，组织课堂讨论、小组项目等各种形式的团队实践活动，促进学生相互学习与共同成长。

2. 课程设置情况

OPWL 提供了一类学位课程和三类证书课程。学位课程的设置更为系统和完善，既注重理论修养，又注重实践能力，学习时间更长；学生还需要完成学术论文或提交学术成果档案袋。证书课程偏重基本知识的学习和基本技能的培养，旨在帮助学生掌握领域知识和具备专业能力，需要修习的课程数量较少，学生达到每门课程的考核要求，修满学分后即可获得相应证书。

学位课程设置：理科硕士学位课程旨在帮助学生将绩效技术的原则和技术运用于企业、政府机构、非营利组织等组织中，培养学生的能力包括分析组织需求、选择和设计教学型与非教学型干预措施、评价组织绩效改进项目的实施效果。为达到培养目标，学生需要修习共计 36 个学分的课程。其中必修课共 6 门，合计 24 个学分；选修课为 12 个学分，学生可从论文和档案袋两个方向选择。论文方向需要修习 2 门研究方法的课程（6

个学分),并完成学术论文和答辩(6个学分)。档案袋方向需要选修多门课程,并完成学术成果档案袋,即根据系的要求提交课程学习的学术成果,如课程实践环节的绩效改进项目报告等。学位课程要求和选修课程设置具体见表2和表3。

表2 OPWL 的理科硕士学位课程要求

课程类型	课程编号与名称	学分
必修核心课程(共计24学分)		
OPWL529 需求评估		4
OPWL530 评价方法		4
OPWL535 成人学习原则		4
OPWL526 组织绩效与工作场所学习的基础知识		4
OPWL537 教学设计		4
OPWL560 工作场所的绩效改进		4
选修项目(共计12学分)		
论文方向		
OPWL531 组织中的定量研究		3
OPWL532 组织中的人种志研究		3
OPWL593 论文(需要答辩)		6
档案袋方向		
二选一:OPWL531 组织中的定量研究 或 OPWL532 组织中的人种志研究		3
选修课:从选修课目录中选修(见表3)		8
OPWL592 档案袋(需要答辩)		1

表3 OPWL 选修课目录

课程名称	学分
OPWL523 快速 E-Learning 开发	3
OPWL525E-Learning 原则和实践	3

续表

课程名称	学分
OPWL531 组织中的定量研究	3
OPWL532 组织中的人种志研究	3
OPWL538 教学策略	3
OPWL547 工作场所的教学设计（高级）	3
OPWL550 绩效改进的混合学习	3
OPWL551E-Learning 内容设计	3
OPWL577 变革管理	3
OPWL578 设计可持续的组织	3
OPWL590 实习	不固定
OPWL595 阅读与会议	不固定
OPWL596 独立研究	不固定

三类证书课程设置如下：

第一类是绩效改进（WPI）证书，旨在培养学生诊断与解决工作场所绩效问题的能力，强调将绩效技术的过程模型、工具和技术运用于改进工作场所的绩效，需要修习 5 门共计 18 个学分的课程（见表4）。

表4　WPI 证书课程设置

课程名称	学分
OPWL529 需求评估或 OPWL530 评价方法	4
OPWL536 组织绩效与工作场所学习的基础知识	4
OPWL560 工作场所的绩效改进	4
OPWL577 变革管理	3
OPWL578 设计可持续的组织	3
	合计 18（学分）

第二类是工作场所数字化学习与绩效支持（WELPS）证书，旨在培养学生设计、开发和管理工作场所 E-Learning 和绩效支持系统的能力，需要修习 5 门共计 16 个学分的课程（见表 5）。

表 5 WELPS 证书课程设置

课程名称	学分
OPWL536 组织绩效与工场所学习的基础知识	4
OPWL525 E-Learning 原则和实践	3
OPWL523 快速 E-Learning 开发	3
OPWL550 绩效改进的混合学习	3
OPWL551 E-Learning 内容设计	3
	合计 16（学分）

第三类是工作场所教学设计（WIDE）证书，面向就职于企业、政府机构、军队和非营利组织中设计、开发和实施学习项目的工作人员，旨在培养他们通过创建培训与教学项目以提升员工生产力的能力，需要修习 5 门共计 18 个学分的课程（见表 6）。

表 6 WIDe 证书课程设置

课程名称	学分
OPWL536 组织绩效与工场所学习的基础知识	4
OPWL535 成人学习原则	4
OPWL537 教学设计	4
OPWL538 教学策略	3
OPWL547 工场所的教学设计（高级）	3
合计 18（学分）	

综上所述，我们可将课程内容分为四类：绩效技术原则和原理，绩效

改进需求评估、干预方案实施和评价，干预措施设计与开发以及研究方法，并将学位和证书课程归入相应类别，可得到如下表7所示的结果。根据表7可知，各类课程的人才培养侧重点不同，且与人才培养目标相一致。首先，学位课程覆盖了课程分类的所有类别，且论文方向对学生研究方法的要求最高，而三类证书课程均只涉及了其中两类。其次，三类证书课程中，WPI更突出绩效改进专业人员组织绩效分析和评价的能力，WELPS证书课程和WIDE证书课程的重点均为教学型干预措施的设计与开发。OPWL课程设置与人才培养目标密切关联，而且教学型干预措施的设计与开发类课程数量较多，这与OPWL脱胎于教育技术领域有关，也体现了教育技术在绩效改进领域的优势和特色。

表7 OPWL学位与证书课程分类统计结果

课程内容	各类课程分类统计结果（门）				
	学位课程		证书课程		
	论文方向	档案袋方向	WPI	WELPS	WIDe
绩效技术原则和原理	1	1	1	1	1
绩效改进需求评估、干预方案实施和评价	3	3	4	0	0
干预措施设计与开发	2	3	0	4	4
研究方法	2	1	0	0	0

3. 课程实施特色

第一，提供高质量的远程教育。从2012年开始，OPWL的课程全面转为在线课程。对此马克教授谈道："如果同时包含面授和在线两种方式，教授们需要上两次课。若只保留在线学习的方式，则可以减少重复工作，且允许教授们将关注点更多地放在提升课程质量上。同时由于OPWL正在计划开设博士学位的课程，教授们也需要更多时间来准备核心课程的开发和教学。另一方面，由于很多学生都是在职的，完全在线的课程能灵活满足他们多样化学习时间的需求。"马克教授还指出："因为大多数学习者来自世界上不同的国家，工作背景很多元化，这为虚拟课堂教学带来很多不同的经验，因而学生之间经验的交流和碰撞也成为非常重要的课程资源。"OPWL 曾被美国著名的 Get Educated 网站评为美国最优秀的远程教育研究生培养机构之一。OPWL 为此做出诸多努力：首先，网站上安排了学业顾问，列出远程学习者需要具备的特点和能力，为学生是否适合该专业的学习以及是否适合远程学习提供咨询和建议。其次，针对在职学生的实际情况，对课程数据库系统进行多次改造和升级，使其兼容性、交互性和教学性达到最佳的效果。最后，教师为学生学习提供积极的支持。一方面前瞻性地预测和分析学生学习过程中可能遇到的问题，并进行有针对性地辅导；另一方面，对于学生提出的疑问，教师及时给予反馈，并给出进一步学习的建议。

第二，书写案例并应用于教学，开展真实情境下的项目。访谈中马克和哈格林教授都提到常用"案例学习"的教学策略。OPWL 的"案例学习"要求学生根据自己的经验模拟一个情境，再利用本课所学知识解决情境中的问题，从而形成自己的案例。"案例学习"策略有三大关键环节：首先，是编写案例。学生根据自己的亲身经历创设一个情境，其中蕴含与本课所学相关的实际问题，如"某个绩效情境（问题）"和"绩效情境中可能的动机问题"。学生要从教师的角度书写案例教学目标，提示需要注意的细节并提出案例理解与使用的建议。其次，是分析案例。学生通过剖析情境中蕴含的问题并提出对策，如提高某情境中人们的工作动机等。最后，是交流讨论。一方面有利于学习他人对实际情境细节的观察，体会他人对理论的运用；另一方面可以利用自己的经历和视角为改进别人的案例提出建议。对于大多数在职学生而言，"案例学习"很有针对性。哈格林教授谈道："大多数学生有丰富的工作经验。他们的工作背景包括私有企业、非营利组织、医疗机构、政府部门和军队。事实上，大多数人一边工作一边完成学位……如果学生能把所学运用于他们创建的案例，往往能帮助他们更好地记忆有关知识，并在将来的工作情境中应用。"马克教授指出："这些'有意义'的经验也特别有助于学生将所学应用于实际。案例的创设为学生提供了一个综合层面的活动，便于学生在一个复杂的'问题空间'进行分析、综合及创造活动。"通过多年的"案例学习"，教师们逐步建设并完善了"案例库"，为以后的教学提供了充分的资源准备。而且，学生课程作业中的优秀作品都发布在国际绩效改进协会在线刊物 *Performance Xpress* 每月的领域专栏故事案例中。这不仅有助于激发学生的学习动机，也有助于专业的宣传。此外，两位教授都谈到教学中的"真实项目"，即教师带领学生团队在真实的工作情境下帮助组织分析存在的绩效问题并设计改进方案。

第三，学习评价多样化。OPWL 的课程评价有多种方式，学生的课程学习成绩并不由一张考卷决定，教师会根据课程目标设计不同的考评方式。例如，为考查学生对基本知识的掌握以及阅读相关书籍和著作的情况，马克教授谈到使用在线测试的方式，而哈格林教授谈到把学生课堂讨论及文献研究作业作为评价依据。为考查学生实际动手的能力，马克教授谈到使用基于项目的方法："我们要求学生找到真实世界的客户，为他们实施一个项目，之后评价这个项目。"他还谈道："我们至少有一门课程要求学生进行口试，这特别有助于锻炼学生的口头表达能力和应变能力。"

（五）教师队伍情况

OPWL 现有 7 名全职教师和 12 名兼职教师，这些教师大多有教育技术的背景，获得过相应的硕士或博士学位。同时大部分教师有多种专业的学习经历，例如，Donald Stepich 教授是心理学学士、社会学硕士和教育学博士，Anthony Marker 教授在博士研究生学习期间辅修了组织行为和人力资源专业，Donald Winiecki 教授是社会学博士。此外，多数教师都有较为丰富的企业工作经历，在企业培训、绩效支持系统设计、需求评估、组织开发、教学设计、E-Learning 等方面具有优秀的专业能力。例如，Quincy Conley 教授曾在医疗机构、金融部门、工程技术部门和销售部门工作过，曾任企业教学设计师和课程开发经理。Linda Huglin 教授曾在半导体行业做开发工程师,专注流程改进,特别是统计流程控制。Steve Villachica 副教授曾任丹佛 DLS 集团的首席学习官,创建了大规模的员工绩效支持系统。Donald Winiecki 教授曾担任过一些行业的绩效咨询师,并参加过为美国海军、陆军和空军开发的培训课程设计。可以看出,教育技术的学科背景和丰富的企业实践经历是教师们从教育技术领域跨到绩效技术领域的先决条件;同时,跨专业的学习经历塑造了不同的专业能力,为教师们在绩效技术这个大领域中发展各自的研究方向和专长奠定了良好的基础。

(六)总结

从最初孕育于教育技术土壤到从教育技术土壤中分离,BSU OPWL 的发展历程可看作国际绩效技术领域发展的一个缩影。OPWL 的前身 IPT 最初以提升企业培训绩效为教学和研究重点,以培养企业培训设计专业人员为目标,随着绩效技术领域的发展,逐渐发展为以提升工作场所的学习和组织绩效为重点,以培养组织绩效改进人员和学习设计与开发人员为目标。作为美国高校中为数不多的以系的方式培养绩效技术人才的学术机构,OPWL 的开设具有前瞻性和引领性。OPWL 的人才培养特点可归纳如下:

第一,在课程目标和内容设计上,首先根据绩效技术领域的人才需求,制定总体的人才培养目标,再根据总体目标和人才培养的不同类型细化目标能力与素质,同时根据绩效改进专业实践的特点,制定课程开发的基本原则,进而为课程内容的设计指明方向。特别指出的是,很多课程都以"学生具备何种能力",而不是"学生学习某种知识"为目标,大多数课程都侧重培养学生运用所学知识改进组织绩效的实践能力。这些都与绩效技术具有很强的实践性相符合。

第二,在课程实施与评价策略上,所有课程都在线提供,并采取多种方法确保课程的高质量,吸引了大量的在职人员参与学习。为促进课程目标的达成,培养学生的实践能力,一方面让学生书写案例并讨论交流,以帮助他们调动原有工作经验,深入理解和反思所学知识;另一方面带领学生开展真实的项目,学习实际情境中的问题解决;最后针对不同类型的知识和能力，采取多元化的评价方式，确保评价的客观有效。

第三，在师资方面，聘请的教师大多既具有教育技术的背景，又有跨专业的学习经历，同时还具有企业工作经验，这与绩效技术领域的综合性和实践性相符合。教师是课程成功设计与实施最重要的保障，OPWL的做法不仅有利于本系教师在领域中发展各个研究方向，同时也为学生发展领域实践能力提供了有利条件。

四、对我国设置绩效技术课程的启示

我国已有一些高校在教育技术专业内开设了绩效技术的课程，例如，上海外国语大学在研究生层次开设了"人类绩效技术与企业培训"的方向，北京师范大学开设了"绩效技术"研究生选修课，上海师范大学、首都师范大学等高校也围绕绩效技术开设了一两门相关课程，且进行了有益的探索。尽管如此，目前国内绩效技术的研究和实践还有待继续深入，我们可以借鉴OPWL的经验，在逐步加深绩效技术研究和扩展绩效改进实践的基础上，尝试探索开设有关课程，培养领域专业人才。

（一）围绕绩效技术人才所需能力设置相应课程

根据OPWL的经验，我们首先要明确人才培养目标，并将这些目标细化为多项目标能力与素质，进而设计课程目标和内容。为此，我们需要进一步深入研究绩效技术，在结合国外高校以及绩效技术专业协会人才能力结构的基础上，构建我们自己的绩效技术人才能力框架，并依据该框架开设相关课程。从OPWL的课程设置来看，绩效分析、评估和评价的能力以及干预措施的设计与开发能力，是绩效技术专业人才不可或缺的关键能力。此外，我们可以尝试不同层次的培养方式，如授予学位和颁发证书等，以满足不同学生的需求。

（二）课程实施应注重培养学生的实践能力，课程评价策略应多样化

从课程实施策略上讲，针对不同的课程和学习目标，教师可采取多样化的学习形式，如案例教学、项目学习等。教师要尽可能强调理论与实践的联系，让学生在学习理论的同时思考其在实践情境中的应用以及在实际

运用的过程中体会和探索绩效技术理论和原则的构建。另外，应加强与美国大学的交流合作，邀请企业管理人员或咨询公司专业人士做讲座，通过倾听他人的经验和观点，帮助学生在真实案例中获得对相关知识的认识，同时积累绩效改进项目的经验。

就课程评价而言，由于绩效技术更强调实践的能力，因此应以形成性评价为主。除考查学生对绩效技术相关知识的记忆、理解与运用外，教师可将评价的重点放在学生的学习活动中，以档案袋的方式汇集并整理学生各阶段的学习成果，包括理论知识学习的心得、参与讨论的情况、绩效改进项目的参与情况（如项目实施报告、项目总结、项目日志等），从而使评价贯穿于学生学习的始终，真正客观有效地评价学生的能力。

（三）教师学科背景应多样化，实行双导师制度

绩效技术不仅是一个应用型的领域，也是一个综合的领域。多元化背景的教师队伍能为学生提供改进组织绩效的多重视角和思路。借鉴 OPWL 的做法，可以考虑组建一支包含绩效技术、教育技术、心理学、管理学、人力资源开发等多种背景的教师队伍。这样教师就可以从各自的领域出发，通过合作研究和联合开课，而全面探索系列课程的设置。

考虑到国内高校教师的企业实践经验不足，可以尝试实行双导师制度。我国已有部分高校的企业管理等专业采用了这种做法，即由高校授课教师或本专业（方向）的导师与企业的实践工作人员联袂作为学生的指导老师。前者通晓绩效技术的基本理与知识，能对学生的学习做出学术上的指导，可称为"学术导师"。后者了解企业运作，熟悉市场与经济环境，能对学生实际工作的开展给出切实指点，可称为"实践导师"。双导师制度整合了不同群体资源的优势，既有利于理论学习，也有利于实践技能的培养，同时也为学生成为合格的绩效技术专业人才创造了有利条件。

参考文献

[1] 方圆媛，刘美凤. 美国教育技术学专业绩效技术课程设置的研究 [J]. 中国远程教育，2009（9）.

[2] 方圆媛，刘美凤. 认识美国绩效技术——从对美国绩效技术领域相关人士

的访谈谈起 [f]. 开放教育研究, 2011 (1).

[3] Stolovich, H. D, & Deeps, E. J. *Handbook of Human Performance Technology: Principles, Practices, and Potential* (2nd Ed.) [M]. San Francisco: Jossey-Bass Pfeiffer. 1999.

[4] Thomas, G. Sonia Is Typing... A Typology for the Case Study in Social Science Following a Review of Definition, Discourse and Structure [J]. Qualitative Inquiry, 2011, 17 (6).

日本教职大学院的课程设置及其实践性分析
——以东京学艺大学教职大学院为例

周逸先　陈英和[①]

进入21世纪,日本逐渐开展了具有重要影响的新一轮教师培养体系改革,各个大学纷纷设立教职大学院,以培养个性化、有极强实践能力的中小学教职人才。截至2014年,日本全国已经建立25所教职大学院,学生人数达到833人。[1]

日本教职大学院快速发展的原因,一方面是顺应教师教育高学历化和教师专业化的国际潮流;另一方面,更为重要的是为了满足日本国内中小学教育发展的实际需要。近几年,日本中小学的学生在PISA等国际性学历测试中的成绩并不令人满意,学生"学力下降""人才危机"等成为日本教育面临的新的挑战。[2]此外,校园凌辱、厌学、问题儿童等校园问题日益显著,使得社会对日本的学校教育及教师能力产生严重质疑。[3]因此,日本文部省积极组织教师教育体系改革,创设教职大学院就是教师培养体系改革的重要举措之一。

在此背景下发展起来的教职大学院,其培养目标十分明确,即培养高度实践型教职人才。[4]课程作为实现培养目标的重要手段之一,是每次教育改革关注的焦点。教职大学院的课程设置具有鲜明的特色,其中,最为突出的特点就是十分注重与实际问题的广泛联系,增强课程的实践性,着

---

① 作者简介:周逸先,北京师范大学副教授,博士,主要研究方向为课程与教学论、中国教育史;陈英和,北京师范大学教授,博士,心理学院学位分会主席。

重培养教师在教学实践中解决问题的能力。

本文以东京学艺大学教职大学院为分析对象，旨在探讨其课程设置的构成模式和发展特征，并以此为基础分析教职大学院课程的实践性内涵和具体表现，希望对我国高学历教师培养的课程改革有所借鉴和启示。

一、教职大学院的课程设置

日本文部省规定教职大学院的课程包括三大部分："共通科目""分领域选修科目"和"学校实习"。其中，"共通科目"部分为必修课程，以作为进一步学习的基础，共分为五个领域，分别是"与教育课程的编辑和实施相关的领域""与课程的实践指导方法相关的领域""与学生指导和教育咨询相关的领域""与班级管理和学校管理相关的领域"和"与学校教育和教师的应有状态相关的领域；"分领域选修科目"部分则要求学校根据校区实际情况和生源特点开设多样化的选修课程，以培养每个学生擅长的领域；"学校实习"部分包括在实习学校的观察、参与实习学校的教学和管理等内容。要求至少要修满45个学分才能拿到"教职硕士"学位。[5]

东京学艺大学教职大学院的课程在这三部分的基础上还设置了自己特色的部分，具体分为4个课程群（见表1）。[6]

表1　东京学艺大学教职大学院的课程设置

课程类型		学分	课程名称或主要学习领域
共通科目	共通基础科目（必修）	10	课程设计基础（领域1）
			授业研究基础（领域2）
			特别支援教育基础（领域3）
			学校建设和年级管理（领域4）
			教师的社会职责和职业发展（领域5）
	特别选修科目	10	课程设计和授业研究演习（领域1~4）
			儿童支援
			学校组织管理演习（领域1~4）
			以授业改善为中心的学校改善

续表

课程类型	学分	课程名称或主要学习领域
高度选修科目	10	学校危机管理的理论与实践；学校教育促进者的养成；校内研修中协调者的养成；现代教育需求的应对；通过学校和教育委员会的教育创新；人权教育的实地调查；体育中的教育可能性和教育方法；通过相互评价形成授业能力；学科教育和学习能力；学科教育理论和项目开发；道德教育理论和开发演习；通过体验互动培养人格；教育网络的建构方法；学生指导的理论和实践演习；学生支援演习应用；学习评价的理论和方法
教育实践创生演习和课题研究	6	在学校现场发现问题，合作研究，寻找解决问题的方法。研究课题例如《学习欲望的提高与教师的关系——在数学课上激发学生学习欲望的语言》《以职业教育为视点的高等学校公民科学研究》
学校实习	10	在实习学校综合体验学校的各种教育活动，如学校和年级运营管理、生活和就业指导等

第一部分是共通科目，包括必修课程和特别选修课程两部分。必修课程共设 5 门课程："课程设计基础""授业研究基础""特别支援教育基础""学校建设和年级经营""教师的社会职责和职能发展"。共 10 个学分，作为基础学科，所有学生必须全部选修。特别选修课程包括"课程设计和授业研究演习""学校组织管理演习"2 门课程，同样占 10 个学分。

第二部分是高度自由选修课程。学校共开设 18 门课程，学生根据自己的实际情况和兴趣至少选择 5 门程，达到 10 个学分。这 18 门课程包括"学校危机管理的理论和实践""学科教育的理论和项目开发""道德教育的理论与开发演习""学生的指导理论与实践演习""教师的社会调查方法和活用"以及"学习评价的理论和方法"等。

第三部分是教育实践创生演习和课题研究。这两种课程共占 6 个学分。教育实践创生演习强调小组合作，主要特点是将有工作经验和没有工作经验的学生混合分组，使学生之间取长补短，相互学习。课题研究注重学生个人研究能力的培养，主要内容是让学生在学校教学现场发现问题，形成研究课题，合作探究，寻找解决方案。

第四部分是实习科目。通过在有合作关系的中小学进行实习，让学生在实践中全面体验学校的教学活动，从实践中发现研究问题，在理论研究中改进实践方法，增强理论和实践的联系。

从课程设置来看，东京学艺大学教职大学院的课程具有两个突出特点：

第一，教职大学院的课程打破了以学科为依据设课的传统做法，改为以教师职业发展需要为依据设置课程。东京学艺大学作为最早开设硕士阶段教师教育的大学，目前仍同时存在一般教育研究生院和教职大学院两个独立的机构。但一般教育研究生院是按照学科专业或领域设置不同的课程，例如学校教育专业设置教育哲学、教育史、教育方法学、教育社会学等课程，国语教育专业设置日本文学、中国古典文学、日本语言学、日本语教育等相关课程。而教职大学院的课程设置打破了传统的教育学科内部界限，按照教师实际工作和自我发展需要设置主题行动学习单元，例如课程设计、授业研究和学校管理等，从源头上解决了理论和实际脱节的问题。[7]

第二，教职大学院的课程数量较多，实践性课程占据主导地位。东京学艺大学教职大学院仅选修课程就多达18门，涉及学科教学、学校管理和学生指导等各个方面，学生可以根据自己的特点和兴趣选择不同课程。另外，除共通科目偏重理论知识的学习，教授关于课程设计、授业研究、学校管理以及教师的社会职责与职业发展等理论知识外，其他三部分课程仅从名称上看，都以"演习"结尾或者用"和"将理论和实践结合在一起，体现出教职大学院的课程具有明显的实践性趋向。而且共通科目部分只占10个学分，其他三部分课程占总学分的3/4以上，也就是说，实践性课程占据主导地位。

二、教职大学院课程的实践性分析

教职大学院明确提出以培养高度实践性教职人才为目标，但是关于

"实践性",日本官方并没有给出一个明确、统一的定义,而是不同的教职大学院根据自己的办学理念和实际情况制定相应的标准,并且根据这些标准设置课程并开展教学。因此,对"实践性"的解释存在多样化的理解。[8]下面通过对东京学艺大学教职大学院课程进行分析,进而探究教职大学院课程的实践性内涵和具体表现。

(一) 根据教育对象的不同设置有针对性的课程目标

教职大学院的招生对象包括有工作经验的在职教师和没有工作经验的大学毕业生两类学生,相应的,教职大学院的课程也设置了不同的目标。东京学艺大学教职大学院的培养目标是对于有工作经验的在职教师,希望把他们培养成为能够带领学校全体教师创造性地解决现代教育课题的骨干教师;对于没有工作经验的大学毕业生,希望把他们培养成能和学校领导通力协作,积极参与学校建设,将来能够成为学校中坚力量的新人教师。[9]为了能更好地实现培养目标,针对这两类学生的不同特点,课程目标也有所不同。例如,在"课程设计和授业研究演习"这门课中,针对没有工作经验的大学毕业生设置的课程目标是:第一,通过对学校实地调研,了解课程的多种可能性,同时通过灵活运用课堂观察记录从教学实践中学习知识;第二,学习并活用授课中的基本知识,会制订单元学习计划和教学方案;第三,通过模拟授课和对模拟授课的反思,提升实践能力。对于有工作经验的在职教师提出的课程目标除了这三点之外,还希望通过学习这门课程帮助在职教师反思以往的教学,并且寻找授课的新想法和新方式。根据教学对象的实际特点设置课程目标,有利于提高课程的针对性,使教学效果更加显著。

(二) 选择贴近教学实际的课程内容

教职大学院的课程内容贴近中小学教育教学实际,注重从实际需求出发,具有很强的实践指导意义。例如"学生支援演习"这门课,有一章主要教授教师与学生家长面谈时应该注意的问题,内容涉及教师在与学生家长面谈时的着装、态度、谈话方式和谈话内容等具体事项。教师与学生家长是学校中的一对重要关系,如何与家长相处是很多年轻教师比较困惑的问题。东京学艺大学教职大学院围绕教师如何更好地支援学生专门开设课程,从实际需求出发设计教学内容,理论指导实践,使课程具有较强的指导意义。

(三) 采取理论和实践相结合的教学方式

教职大学院的教学特别注重理论与实践结合。一方面,课堂教学中除了讲义授课,还通过小组讨论、案例教学、模拟授课、角色扮演等方式,给学生创造运用知识的机会。在教师讲授相应的理论知识之后,学生通过小组合作等方式,自己制订一个研究计划或者写一份教学方案,把学到的知识应用在实践中。另一方面,注重现场教学。教职大学院通常将中小学的教学现场作为重要的教学途径,让学生在实际情境中学习相关知识。东京学艺大学教职大学院的每门课都有安排到中小学现场观摩的课时,并且将这种课程视为"实践和理论循环往复的课程"。其大致过程是:在大学课堂上学习理论知识——结合实际情况灵活运用——在教学现场中验证理论。如此在理论学习、实践体验和反思中形成循环,以提高实践技能。

(四) 安排贯通全程、深度参与的教育实习

教职大学院的标准学制是两年,学生必须在这两年时间里完成规定学时的学校实习。东京学艺大学教职大学院的教育实习是这样安排的:[10] 从一年级后半学期到毕业前的一年半时间里,每周的周二和周三全天在实习学校实习。早上7点半到学校,下午5点结束。实习工作和正式教师一样,除了上课之外,也要组织班会、负责班级活动,参加教师、年级以及校务会议等。此外,还需要利用暑假参加学校组织的集中研修。

教职大学院的教育实习作为教学的重要方面具有两个重要特点:第一,实习时间长,毕业时实习时间一般要达到400小时以上[11];第二,深度参与教学实践。与本科的实习不同,教职大学院的实习不是观摩教学现场,而是作为教学现场的当事人,主持和参与教学活动。从时间和任务要求两方面保证了实习的质量,真正体现了在教学实践中学习。

(五) 建立校内和校外协同联动的实践保障体系

教职大学院建立了比较完善的组织和管理机制,为教职大学院的课程

实践提供充足的保障。这主要包括校内和校外两层系统（见图1）。第一，校内系统，由教职大学院的学生和教师组成。首先，学生之间协同联动。教职大学院的学生分为两类，有工作经验的教师和没有工作经验的大学毕业生，他们中一方缺少教学现场的实际经验，一方缺乏系统的理论基础知识。因此，在教学过程中通常将二者混合编组，使其能够合作学习，取长补短，相互支持。其次，教师之间协同联动。教职大学院的师资队伍也由两部分组成，一部分是注重理论研究的大学教师，另一部分是具备高度实践能力的"实务家型的教员"。所谓"实务家型的教员"就是指有多年一线教学或行政经验，并且在某一专业领域有很高的教学和研究指导能力的教职人员。[12]这两类教师同时教授同一门课程，合作教学，充分发挥各自优势。这种教师和学生的组合体现了理论和实践的结合，在教学过程中协同合作，有利于学生实际技能的提高。第二，校外系统，包括合作学校和教职大学院的综合办公室。教职大学院的创办条件之一是拥有一定数量的合作学校，以保证学生有教学和实习的场地。合作学校的来源比较广泛，有大学的附属学校、在职教师所在的学校、学生的母校，也有大学教师项目的合作学校，等等。综合办公室的职责之一就是负责寻找合作学校，此外还负责招收优秀中小学教师参与大学教育，制定实践性课程等，是联系大学和中小学的常设机构。合作学校和综合办公室协调配合，共同为教职

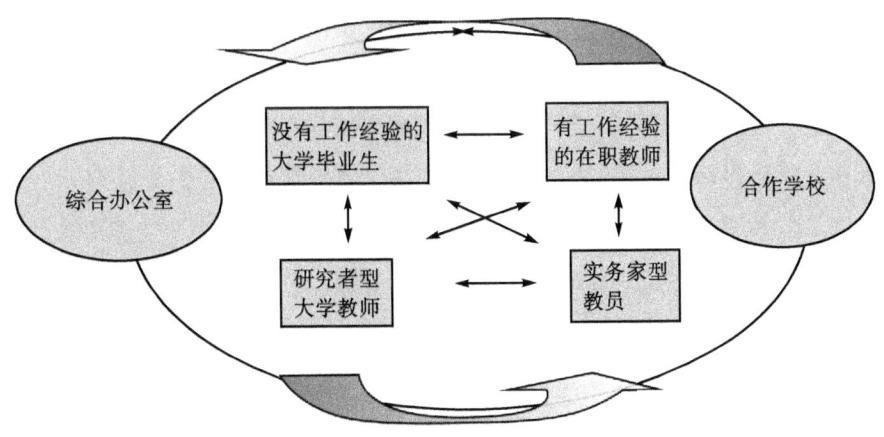

图1 教职大学院校内和校外协同联动保障系统

大学院实践性教学提供支持和保证。

三、教职大学院课程的发展趋势

日本教职大学院的创设与发展迎合了教师教育高学历化和教师专业化的发展趋势，符合日本中小学教育发展的实际需求，从创办至今得到了迅速发展并取得了很大成绩。一方面，从教职大学院毕业的学生已经在岗位上成为行业的中坚力量；另一方面，教职大学院形成了比较成熟的课程体系。特别是教职大学院的课程具有鲜明的实践性特色，从实际出发设置课程目标、安排课程内容，采用理论与实践相结合的方式进行授课，建立完善的实践保障体系，从而保证了教职大学院培养实践性教职人才培养目标的实现。

但是，目前教职大学院的课程体系仍旧存在一些问题，例如，注重实践但却削弱了学科专业基础、课程评价缺乏科学标准、本科和研究生阶段课程重复等。[13]教职大学院课程设置中存在的问题也是下一步教职大学院课程改革发展的方向：

第一，增强教职大学院课程的专业性。国内外学者对专业性存在不同的认识，总的来说，专业性一般包含专业知识、专业技能和专业态度三个方面。但是，教职大学院现阶段主要关注学生一般教学技能的培养和实践经验的积累，存在忽视专业知识和专业态度的问题。一方面，教职大学院没有按照学科设置课程，在硕士阶段的学科基础知识以及针对学科特点的教学法并没有得到重视，在专业知识上关注不足；另一方面，有学者质疑教职大学院过分注重琐碎的具体问题，是向师范教育的回归，是培养"教书匠"的机器[14]，反映出教职大学院对学生职业态度和职业情感培养的忽视。教职大学院作为培养专业化人才的专门机构，应该提供全面的专业性课程，才能真正实现教师的专业化，使教师成为像律师、医生那样具有不可替代性的专门性职业。

第二，提高教职大学院课程的协调性。有研究者指出，目前日本专业学位大学院遇到的最大问题是与现行制度的整合问题。教职大学院作为专业大学院的一种，和其他专业大学院一样，存在同样的问题，其本质是高等教育的衔接问题。也就是说，如何处理本科和大学院课程的关系，如何区分教职大学院与一般学术性大学院的课程等问题是教职大学院必须处理的问题。此外，教职大学院以实践性课程为中心，应该如何科学的设置理论性课程和实践性课程的比例，也是教职大学院课程设置应该考虑的问题。

第三，建立科学的课程评价体系。课程评价在促进学生发展、教师提高和改进教学实践中具有重要作用。教职大学院的重要特点之一就是不需要撰写学位论文和进行论文答辩，另外，课程设置上以实践性课程占据主导地位。所以，其考核方式一般以学生的实践性作业、自我评价以及指导教师的评价为主。也就是说，目前教职大学院的课程评价存在主观性和不确定性。课程评价以课程目标为标准和依据，教职大学院的课程目标是培养实践性人才，所以实践性人才如何定义关系着课程评价体系的制定。因此，明确"实践性"的定义，建立一套科学、明确的评价体系是教职大学院接下来发展的重要任务之一。

参考文献

[1] 文部科学省. 平成 26 年度教職大学院一覧 [EB/OL]. http://www.mext.go.jp/a_menu/koutou/kyoushoku/kyoushoku/08082604.htm. 2014.

[2][8] 沈晓敏. 聚焦高水准专业实践力的教师教育改革——日本教育学者市川博教授访谈 [J]. 全球教育展望, 2011 (3).

[3] 森田真樹. 教職研究生院の現状と課題 [EB/OL]. http://www.ritsumei.ac.jp/acd/ac/itl/outline/kiyo/kiyo 11/04_morita.pdf. 2011-11-18.

[4][12] 中央教育審議会, 今俊の教員養成・免許制度の在リ方について, （答申）[EB/OL]. http://www. mext. jp/b _ menu /shingi / chukyo /chukyo0 / toushin /1212707.htm. 2006-07-11.

[5] 文部科学省. 教職大学院：カリキユラムのイメージ [EB/OL]. (2015-01) http://www. mext. go. jp/a-menu/koutou/kyoushoku/kyoushoku/1354467. htm, 2015-01.

[6] 東京学芸大学教育学研究科（教職大学院）. 教育課程の構成 [EB/OL].

http://www.u-gakugei.ac.jp/~graduate/kyosyoku/h-study/12subject.html.2015-04-01.

［7］史玉伟. 中日教育硕士培养模式比较研究［J］. 黑龙江教育，2011（2）.

［9］東京学芸大学教育学研究科（教職大学院）. 養成目標［EB/OL］. http://www.U-gakugei.ac.jp/~graduate/ kyosyoku /a_about/03goa1.htm1. 2015-04-01.

［10］東京学芸大学教育学研究科（教職大学院）. 多様な学び［EB/OL］. http://www.u-gakugei.ac.jp/~graduate/ kyosyoku /e_learning /01index.htm1. 2015-04-01.

［11］大塚丰. 日本"教育硕士研究生院"的成立和前瞻［J］. 日本研究，2008（2）.

［13］平千枝. 教職大学院における学修の成果と課題−修了性の質保証のための取り組み［N］. 日本教職大学院協会年報，2014.

［14］三石初雄. 高度実践型の教員養成へ—日本欧米の教師教育と教職大学院［M］東京学芸大学出版会，2013.

［15］高益民. 日本专业学位研究生教育的初步发展［J］. 比较教育研究，2007（7）.

感 谢

《北师大高教评论（2015-2016）》即将付梓出版，除了有一种释然外，我们要感谢各位作者的大力支持，对所有为本书做出贡献的作者们深表谢意。在本书的编辑和校对上，很多同学不畏酷暑，认真工作，很好地完成了论文精选和校对工作。他们是北师大高教所的孟彦、梁显平、陈会民。我们还要特别感谢本书的编委老师，他们为本书奉献了智慧和汗水，并给予亲切指点。有了他们的关心，我们获得了莫大的勇气；有了他们的指点，我们对目标更加坚定。最后，我们要感谢学苑出版社的领导和编辑同志，没有他们的鼓励和支持，我们早已半途止步。

编 者
2017 年 6 月